Science Communication:
A Practical Guide for Scientists

科学传播：

科学家实用指南

［英］劳拉·保沃特 ［英］凯·瑶曼 著

李星男 等译

李大光 校订

科学普及出版社

·北 京·

图书在版编目（CIP）数据

科学传播：科学家实用指南 /（英）劳拉·保沃特，（英）凯·瑶曼著；李星男等译. —北京：科学普及出版社，2021.8

ISBN 978-7-110-10052-3

Ⅰ. ①科… Ⅱ. ①劳… ②凯… ③李… Ⅲ. ①科学技术—传播学—研究 Ⅳ. ① G206.2

中国版本图书馆 CIP 数据核字 (2019) 第 250255 号

策划编辑	郑洪炜
责任编辑	郑洪炜　牛　奕
装帧设计	中文天地
责任校对	焦　宁　吕传新
责任印制	马宇晨

出版发行	科学普及出版社
发　　行	中国科学技术出版社有限公司发行部
地　　址	北京市海淀区中关村南大街16号
邮　　编	100081
发行电话	010-62173865
传　　真	010-62173081
网　　址	http://www.cspbooks.com.cn

开　　本	787mm × 1092mm　1/16
字　　数	488千字
印　　张	37.5
版　　次	2021年8月第1版
印　　次	2021年8月第1次印刷
印　　刷	北京盛通印刷股份有限公司
书　　号	ISBN 978-7-110-10052-3 / G·4291
定　　价	98.00元

（凡购买本社图书，如有缺页、倒页、脱页者，本社发行部负责调换）

著作权合同登记号：01-2017-3909

主编介绍

劳拉·保沃特

劳拉·保沃特是东英吉利大学诺维奇医学院的高级讲师，目前在该大学为医科学生教授微生物学、生物化学和遗传学。劳拉此前曾作为微生物学家在位于诺维奇研究公园（Norwich Research Park）的约翰·英纳斯中心（John Innes Centre）工作，该中心是一个由英国广播公司（BBC）资助的研究机构，该研究中心参与了“Cupin 分子在细菌与真菌中的不同作用”的研究。劳拉对科学传播一直感兴趣，而且，在约翰·英纳斯中心参加了“社区 X 变化项目”Community X-change project，公众能够在诺维奇举办的 2006 年的英国科学节（British Science Festival）上讨论有关气候变化的问题。劳拉被调到诺维奇医学院后，她通过组织咖啡馆活动继续她与公众对话的活动，讨论的问题涉及公众个人化医学问题和微生物进化问题。劳拉还举办用户参与研究研讨会，同时成立了一个研究者与服务用户群联谊网。她还设计了一个研讨会来鼓励和促进研究领域的一系列技能和专业知识的发展。2009 年，劳拉还带头与诺维奇的未来广播电台（Future Radio）和东英吉利大学合作制作了一系列关于查尔斯·达尔文的生活和工作的广播节目。劳拉还撰写了她自己参与英国创新部的“科学智慧”节目经历、大学经历以及英国技能与研究委员会的文件撰写经历文章。她是普通微生物学会（Society for General

Microbiology，SGM）的会员，也是该协会教育委员会的成员。为了表彰她的科学传播工作，该委员会于 2010 年授予她“东英吉利大学科学传播中心公众参与奖”（Cue East Public Engagement Award）。

凯·瑶曼

凯·瑶曼是东英吉利大学的生物科学学院高级讲师。她是一名微生物学家，对土壤细菌和真菌特别感兴趣。她向本科生和研究生教授微生物学和分子生物学的课程。此外，她还开设了科学传播学的本科课程，并担任了生物科学传播学位课程主任。凯参与了公众对科学的理解研究，以及学生如何通过参与社区科普活动获得重要的就业技能的研究。她是“普通微生物学会”的成员以及英国菌类学会教育委员会的成员，同时还是诺维奇城堡博物馆（Norwich Castle Museum）的科学顾问。多年来，凯一直在从事学校和公众科学传播活动，并且获得了各种来源的资助，其中包括皇家学会基金和威康信托基金。2007 年，她被授予“威康信托基金会移动家庭科学实验室公众奖”，该实验室走遍了诺福克和农村交通不便的社区。实验室为不同年龄和能力的儿童和成人提供了以家庭学习为平台的生物医学相关科学活动。在这个项目中，她开发了一系列的小学俱乐部和活动日，在俱乐部，孩子们能够获得更深入的科学实践活动，大约有数百名学生从这些俱乐部的活动中获益。2007 年，她获得了“东英吉利大学教学优秀奖”，并在 2009 年获得了“东英吉利大学科学传播中心公众参与奖”。

撰稿人

马丁·阿莫斯

马丁·阿莫斯是曼彻斯特城市大学新型计算副教授。他于 1997 年获得华威大学（University of Warwick）博士学位。他是分子计算领域创始人之一，并一直致力于研究合成生物学和复杂性科学。2006 年，他写作出版的《基因机器》(Genesis Machines) 是一本很受欢迎的科学新领域的传记。他是工程和物理科学研究理事会（EPSRC）资助的“弥合差距：纳米信息生物工程”项目的首席研究员，同时他还是维康基金会支持的“自己动手学生物”(DIYbio) 曼彻斯特项目的管理者。他还负责几个欧盟委员会资助的项目，并且是“学校发言人”的参与者。(案例研究 8.3)

雅妮丝·安斯

雅妮丝·安斯是“生物多样性观察”(iSpot) 研究项目主管。她在公开大学环境、地球与生态系统系工作。iSpot 与生物多样性观察由英国的大彩票基金对 OPAL 项目的部分资金资助。iSpot 研究团队与 iSpot 用户社区由于为项目的成功做出了贡献而得到认可。(案例研究 8.5)

阿莉姗·阿西贝博士

阿莉姗·阿西贝博士是剑桥大学植物科学系成员。她在促进公众理解真菌科学方面做出了贡献。她代表英国“我的生态社会”项目制作了一套“小学生接触真菌王国”小学教育教材，其中包括“我的生态社会”项目的教材撰写。她是皇家学会研究会员，并附属于剑桥大学耶稣学院和费茨威廉学院。“真菌的乐趣”活动得到了英国真菌学会、英国皇家学会和剑桥植物科学学院的支持，同时还得到英国我的生态协会、英国皇家学会和英国剑桥大学植物学系资助。（案例研究 10.2）

斯蒂芬·阿胥沃斯博士

斯蒂芬·阿胥沃斯博士是化学院的高级讲师，他的科学兴趣在于使用激光技术研究高分辨率光谱和大气化学的光谱学。他积极从事科学传播，通过交互展示方法向观众进行科学讲解。斯蒂芬·阿胥沃斯获得 2009 年东英吉利大学科学传播中心的“东部地区优秀灯塔公众与社区科学参与奖”。（案例研究 7.2）

理查德·布瓦特博士

理查德·布瓦特博士是东英吉利大学生物科学学院高级讲师。他采用大量先进技术对 DNA 结构与细胞过程之间关系进行研究。他教授的生物科学领域广泛，并对向公众进行科学传播活动感兴趣。理查德科学传播活动获得了普通微生物学和东英吉利大学的年度基金。（章节 7.3.2）

布里斯坦 · 伯恩博士

布里斯坦 · 伯恩博士是生物技术和生物科学研究学院激励年轻科学家协调员，同时也是该学院的学院区冠军项目负责人。他在爱丁堡大学获得博士学位，他曾经担任生物化学家、讲师与科学教师。在杜伦大学获得教育学研究生学位之前，他在国家“克雅氏病（Creutzfeldt-Jakob Disease）监视小组”的研究中应用了朊病毒的分子神经病理学进行研究。“味觉和味道”活动是作为“社会和情感方面学习”（Social and Emotional Aspects of Learning，SEAL）活动中的一部分。对“学生推介单位”（Pupil Referral Units，PRUs）和对诺里奇有中度学习困难的学生提供帮助的项目是受到“SEAL”和东英吉利大学科学传播中心资助的。（案例研究 9.2）

安娜贝尔 · 库克

安娜贝尔 · 库克是牛津大学数学物理和生命科学部的科学传播学者。她拥有华威大学微生物海洋生态系统的学位，并在参与科学传播的志愿者活动中取得巨大成就，与此同时，她还在其他领域进行全时科学普及活动。在过去的 5 年内，她参与广泛的线上和线下传播活动以及公众参与活动，这些活动都受到牛津大学威康信托中心人类遗传学基金（Wellcome Trust Centre for Human Genetics，WTCHG）资助。该活动的志愿者都参与了“五日 DNA”活动。（案例研究 6.4）

希拉·达根博士

希拉·达根博士是卡迪夫大学生物科学学院的讲师。她是神经科学和精神健康研究所公众参与委员会的活跃成员，也是生化社会教育委员会的长期成员。希拉监督在学校和大学开展生物科学参与项目的大四学生的科学传播活动。作为一名科学、技术、工程和数学（STEM）大使，她参与了英国和世界其他地区的公众参与活动。2008 年，希拉被选中参加一个全国性的“搜索”项目，利用行动学习集影响公众参与高等教育的文化变革，并最大限度地发挥了影响力。（案例研究 7.4）

达伦·埃文斯博士

达伦·埃文斯博士是赫尔大学环境保护生物学讲师。他研究的重点是人类驱动环境变化对植物与动物关系的影响。他是“七叶树科学”（Conker Tree Science）的联合创始人之一，同时也是另一项新成立的公民科学项目的创始人，该项目与《观察家报》（*Observer*）一起绘制了英国 10 种高度入侵物种的分布图。他是各种会议、工作坊和科学咖啡馆的常客，在电台和电视上发表演讲，他对向公众、媒体和政策制定者传达优秀科学的必要性充满热情。（案例研究 8.4）

肯·法夸尔博士

肯·法夸尔博士是世界杂耍冠军和肥皂泡化学家。1995 年，他中了“国家彩票大奖”，创立了鼓舞人心的科学剧院公司。他从许多公益活动的工作经验中创建起自己的科学传播风格，包括街头艺人、哑剧艺术家、演员、学校教师、电视研究员和主持人。他的科学与数学展览和工作坊已经在英国和欧洲其他地区的学校、博物馆、科学和艺术节中展现。他为学校提供定制课程，为教育专业人士、学者和企业提供所有关键阶段的教育方案。（案例研究 7.5）

莎拉·菲尔德博士

莎拉·菲尔德博士是东英吉利大学生物科学学院的高级研究员，她的研究重点是用酵母发酵秸秆来生产生物乙醇。她从事科学外联活动已经超过 10 年了。她是诺福克教师科学家网络的活跃成员。“讲科学”（Talking Science）活动得到了东英吉利大学科学学院的支持。（案例研究 7.1）

萨拉·弗莱彻

萨拉·弗莱彻作为一名训练有素的物理学家，于 2005 年加入了“钻石光源行动”（Diamond Light Source），担任科学信息协调员。第二年，她在科学传播领域取得了硕士学位，现在为所有的网站和社交媒体撰写关于钻石的科学知识。在她成长的过程中，她想成为一名作家，然后转向科学，最后成为一名科学作家，她享受着科学研究和写作的两个世界的精粹。她还沉迷于社交媒体，对网络如何改变科学的实践和传播感兴趣。（案例研究 8.2）

耶阁·汉密尔顿

耶阁·汉密尔顿目前正在邓迪大学维康基金 4 年博士课程学习，他在研究细菌膜生物学，这是分子微生物学分类中弗兰克·萨根特（Frank Sargent）小组研究工作的一部分。他在诺维奇东英吉利大学完成了微生物学（2009）的本科学业。（案例研究 4.1 和 5.2；章节 4.6 和图 4.5）

蒂姆·哈里森

蒂姆·哈里森是布里斯托尔化学实验室教师研究员，布里斯托尔大学化学学院外联主任和科学传播者。他是英国皇家化学学会（RSC）“中学教育奖”、英国皇家学会的“豪克斯比奖”和布里斯托尔大学的“科学参与奖”获得者。他现在领导的布里斯托尔化学实验室的外展工作也获得了美国银行美林教育奖和 2009 年的“社区商业大奖”（Big Tick Award for Business in The Community），该奖项在 2010 年和 2011 年被重新认证。蒂姆·哈里森就职于皇家化学学会和学院委员会。他目前是《化学评论》（Chemistry Review）杂志的副主编，同时也是皇家化学学会的西部地区

分析部门的成员以及皇家化学学会的布里斯托尔地区的教育官员。（专栏 3.1 和案例研究 9.1）

亚当 · 哈特博士

亚当 · 哈特博士是格洛斯特郡大学的生物学家、昆虫学家和科学传播者。他对蚂蚁和蜜蜂有特别的兴趣，他研究它们是如何一起工作的。他的研究也包括鸟类、哺乳动物、进化和生态学。他是皇家昆虫学会的会员，也是《天线》（*Antenna*）杂志的编辑。他广泛参与了科学推广、公众参与和广播，其中包括一个关于科学研究的报纸专栏、科茨沃尔德生活杂志的专栏以及英国广播公司格洛斯特郡电台的定期科学栏目。他还为英国广播公司电台 4 台、英国广播公司国际频道和英国广播公司第 4 台编写和展示节目。2010 年，为表彰他的科学和公众参与工作，他被命名为“生物科学传播者”，并被授予“高等教育协会成员”称号。（案例研究 10.5）

莎拉 · 霍姆斯

莎拉 · 霍姆斯目前在诺福克教科学课程，她的专业为物理科学。在诺福克她也参与了科学、技术、工程和数学活动。她于 2010 年在东英吉利大学完成了生态学的本科学习，并参加了主要面向学校的科学传播活动。莎拉还完成了东英吉利大学 2011 年的研究生教育证书课程的学习。（案例研究 10.7）

乔希・霍格阁

乔希・霍格阁是布里斯托大学的化学博士生。在实验室的3年里，他设计并制造了模拟天然碳水化合物结合蛋白的人造分子。乔希是一个热心的博主和有抱负的科学作家。他的博客被收录在《2009年的开放实验室》里，这是一本关于科学博客的最佳文章的年度汇编。2011年，他被命名为英国皇家化学学会的“马里奥特（Marriott）科学作者”，并为《泰晤士报高等教育》（*Times Higher Education*）与《化学世界》（*Chemistry World*）撰稿。（案例研究 8.6）

诺米・雅克布博士

诺米・雅克布博士从诺丁汉大学获得了生物科学学士学位后进入苏塞克斯大学从事实验心理学研究生工作。她是工程和物理科学研究理事会资助的项目协调人，资助项目为“弥合鸿沟：在曼彻斯特城市大学的纳米信息生物工程”，旨在促进生物学、计算机科学和纳米科学领域的跨学科研究。她提出了“纳米信息生物”（NanoInfoBio）在公共社区活动项目，其中包括在曼彻斯特的“女孩极客晚宴活动”，参与了曼彻斯特科学节上几个引人注目的事件，包括在2011年展示的一系列活动，如“怪物、微生物学和数学”团队使用围绕僵尸的工具引导公众参与疾病、流行病学和数学模型的操作。她目前在布莱顿大学工作，支持欧盟委员会框架7方案资助的项目管理工作。（案例研究 8.3）

戴维·刘易斯博士

戴维·刘易斯博士是利兹大学生物科学学院神经科学与科学伦理的高级讲师。除了管理一个活跃的研究实验室，开展大脑对肠胃系统的控制研究，他的主要职责之一是对本科生和研究生进行伦理教学。他还积极参与科学推广活动，定期到学校与年轻人讨论科学伦理问题。（案例研究 3.4）

尼亚姆·尼·布莱恩博士

当尼亚姆·尼·布莱恩博士的第一个孩子出生时，她获得了博士后学位。现在她正在努力激发和招募下一代科学家。她坚信她的“生物学方面”（Aspects of Biology）课程如果以一种迷人的、适当的方式呈现出来，学生们完全有能力掌握具有挑战性的科学概念。这门课程是在米多布鲁克的圣·阿特拉塔的高级国家学校（St Attracta's Senior National School，Meadowbrook）的学生和工作人员的帮助下开展起来的。该课程的微生物学和显微镜学部分依赖于与格拉德·道（Gerard Dowd）先生和他的莫伊纳学院（Moyne Institute）、都柏林圣三一学院的技术人员的友好合作，以及由爱尔兰科学基金对查尔斯·多尔曼教授提供的额外补助金支持。（案例研究 10.1）

安妮·奥斯本教授

安妮·奥斯本教授是位于诺里奇市的约翰·英纳斯中心（John Innes Centre, Norwich）的助理研究主任。她的研究重点是植物的天然产物——功能、合成和代谢多样化。她是曾被100多个同行评议的科学出版物的作者，最近还与他人共同编辑了一本综合性教科书《植物性天然产物：合成、功能和应用》（*Plant-Derived Natural Products-Synthesis, Function and Application*）。她还开发和协调了“科学、艺术和写作”（SAW）活动，这是一项针对学校的跨课程科学教育计划（www.sawtrust.org）。（案例研究10.6）

詹姆斯·皮尔西

詹姆斯·皮尔西有化学硕士学位和科学传播硕士学位。自1995年以来，他一直致力于为广大观众撰写、制作和提供科学节目、讲习班和对话活动。他在公开演讲中获得伦敦音乐戏剧艺术学院金牌，并担任英国互动组（British Interactive Group, BIG）主席。在参加“科学易懂”（Science Made Simple）前，詹姆斯是位于诺维奇的一个小型实践科学中心启发探索中心的主任，他在那里开发了推广和教育项目。詹姆斯曾多次出现在电视上，以展示科学观点和演示，尤其是在“调查者”（The Investigators）节目中他参与设计和传播的节目更多。该频道曾被提名“儿童电影电视艺术学院奖”（BAFTA）。他最近参与的项目主要是苏格兰国家博物馆、布利斯和赫歇尔空间天文台的展览。（案例研究5.1）

迈克尔·鲍考克博士

迈克尔·鲍考克博士是国家生态资源中心（NERC）生态与水文中心的生态学家，此前他曾在布里斯托尔大学担任过国家生态资源中心研究员。他的研究基于理解“我们如何依赖自然和自然依赖于我们”。他是“七叶树科学”的联合创始人之一，并正在与《观察家报》（*The Observer*）、《周日开放农场》（*Open Farm Sunday*）和环境署（Environment Agency）共同开发更多的公民科学项目。他是英国研究理事会公众参与研究顾问小组的成员。他通过媒体热情地促进公众参与科学，在会议和训练学生中发言，他还参与学校和公共活动的实践活动。（案例研究 8.4）

珍妮·朗特博士

珍妮·朗特博士是诺里奇约翰·英纳斯中心的科学家，对植物病理学和代谢生物学很感兴趣。她是一名敏锐的科学传播者，与科学教育慈善机构科学、艺术与写作基金会（SAW Trust）合作，将科学、艺术和写作结合起来，用跨学科的方法探索学校的科学主题（www.sawtrust.org）。（案例研究 10.6）

迪伊·罗斯索恩博士

迪伊·罗斯索恩博士是诺维奇生物科学研究所的外联协调员，负责约翰英纳斯中心和食品研究所的学校和公共项目。迪伊同时也是诺福克科学推广活动的创始人和协调人，并在诺威克举办了年度科学会。“盛开的金鱼草”（Blooming Snapdragons）是约翰·英纳斯中心赞助的约翰·英纳斯百年庆典期间举办的一项活动，该活动初创情况被莎拉·威尔默特博士在约翰·英纳斯基金会的档案材料中发现。游戏由苏·梅奥负责，由利兹·罗斯柴尔德和伊莱塔·库马尔制作完成，由布里斯坦·伯恩负责舞台管理，约翰·英纳斯中心的传播中心提供额外支持。（案例研究 7.6）

达德利·沙尔克斯教授

达德利·沙尔克斯教授是布里斯托尔大学化学学院大气化学教授、科学与教育项目理学硕士课程中两个模块的课程协调员。2000 年，他被任命为学校的化学实验室外联员，后来成为布里斯托尔化学实验室的外联主任（直到 2010 年）。2004 年，由于他在教学方面的卓越贡献和创新而获得高等教育学院的全国教学奖学金。2005 年，达德利获得了“科学教学奖”，并获得了化学研究中心颁发的“高等教育教学奖”。2006 年，他成为第一个同时获得英国“化学工业协会”（Society of Chemical Industries，SCI）奖和“国际化学教育奖”（International Chemical Education Award）的人。2007 年，他获得了布里斯托尔大学科学学院的“参与奖”。2008 年，他被授予皇家化学研究中心“高等教育奖”，表彰他在促进化学科学所做的贡献。他通过化学知识的推广影响了在英国和海外各个年龄段的公众，尤其是中学到大学过渡时期的学生和身体残疾人。2009 年，达德利·沙尔克斯获得了皇家气象学会（Royal Meteorological Society）的“迈克尔·亨特奖”（Michael Hunt Award），该奖项每两年颁发一次，以奖励为提高公众对气象学的理解以及促进普通大众对应用学科的理解做出贡献的人。2010 年，达德利被任命为阿斯利康科学教学信托（AZSTT）的主任，该机构在 1 ～ 3 关键阶段促进科学发展。达德利也是西南大学科学学习中心（SLCSW）的指导委员会成员。（专栏 3.3 与案例研究 9.1）

肯奈斯 · 斯科尔顿博士

肯奈斯 · 斯科尔顿博士是阿伯丁大学的公众参与研究的负责人。他曾是爱丁堡皇家学会（Royal Society of Edinburgh）和科学技术设施委员会（STFC）会员，最近还获得了一个国家地理科学教师协会（NESTA）的"公众参与奖"。他为世界各地的科学中心和博物馆制作了定制展览和教育资源。在阿伯丁，他创建了英国最大的"咖啡科学"项目，目前正在协调这一项目。2012 年，他还在英国科学节（British Science Festival）上担任主角，这是他十年来首次回到苏格兰。他在阿伯丁（Aberdeen）生活了约 50 年。（案例研究 7.7）

菲尔 · 史密斯博士

菲尔 · 史密斯博士在约翰 · 英纳斯中心接受了植物病理学教育并在那里从事研究工作超过 10 年。在此期间，他与一名小学教师马克辛 · 伍兹夫人（通过教师科学家网络）开始了长期的合作关系。他们的伙伴关系继续发展，他们共同在诺福克郡和埃塞克斯郡的几所学校里工作。他们成功地获得了"国家科学周奖"和皇家学会合作资助的一系列小学科学项目"家庭科学"（2001 年）、"你的食物来自哪里？"（2004 年）、"移动微生物路演”（2005 年）。菲尔现在在诺维奇研究公园的约翰 · 英纳斯中心经营着教师科学家网络。他曾是英国生物技术与生物科学研究委员会（BBSRC）“公共参与奖”和英国研究理事会的“NSEW”奖的评审者，并且有幸获得了 2008 年“科学教育服务”生日授勋名单上的“杰出的成就或服务于社区奖”（MBE）。（案例研究 3.3 及 10.8）

尼古拉 · 斯坦利 – 瓦尔博士

尼古拉 · 斯坦利 – 瓦尔博士是邓迪大学生命科学学院的讲师。她是“布莱恩 · 考克斯（Brian Cox）高级研究员奖”的获得者，该奖项由生命科学学院授予（2010 年）。她还获得过普通微生物学外展奖（2011 年）和爱丁堡皇家学会的“英国皇家学会爱丁堡贝尔坦公众参与奖”（Royal Society for Edinburgh Beltane Prize for Public Engagement）（2012）。“神奇的微生物”得到邓迪大学分子微生物学部门的工作人员和学生支持，并获得了包括普通微生物学会和植物病理学学会在内的许多来源的资金支持。（案例研究 6.2，专栏 6.2）

伊丽莎白 · 史蒂文森博士

伊丽莎白 · 史蒂文森博士是爱丁堡大学科学与工程学院的公共事务经理和助教。她是英国皇家化学学会化学奖的获得者。2011 年，苏格兰国立博物馆、爱丁堡大学和工艺反应堆为“你的元素”活动提供了支持，这也是庆祝国际化学年活动的全部活动之一。（案例研究 7.3）

乔安娜·弗伦教授

乔安娜·弗伦教授是曼彻斯特城市大学保健科学学院的微生物学教授。她是全国教师学会成员、“迈克·皮提罗生物医学教育奖”的获得者、“应用微生物学传播奖”的获得者以及“微生物学教育彼得·威尔迪奖”获得者。她在曼彻斯特城市大学的科学与工程学院引导公众参与科学活动，并鼓励她的研究生和本科生参与。乔安娜为公众开发了各种各样的活动，使公众关注微生物学。她的活动得到了普通微生物学会、应用微生物学会、曼彻斯特公众参与和其他基金的支持。（案例研究 6.3、7.8 和 8.3）

罗伯特·D·威尔斯博士

罗伯特·D·威尔斯博士是美国休斯敦得州医学中心生物科学与技术研究所的退休教授。他的研究生涯主要集中在 DNA 结构和 DNA 代谢的生化研究上。威尔斯博士的博士后研究开始于哈尔·葛宾·科拉纳（H. Gobind Khorana）博士的实验室，作为解决遗传密码的团队的一部分，科拉纳在 1968 年与其他科学家共同分享了诺贝尔生理学或医学奖。威尔斯博士曾在威斯康星大学麦迪逊分校、阿拉巴马大学伯明翰分校和德州农工大学担任学术和研究职务。他是在伯明翰的阿拉巴马大学医学院和牙科学院生物医学系的主席和在休斯敦的阿尔伯特 B. 阿勒克生物科学与技术研究所创始主任，同时他还是得克萨斯农机大学生物化学和生物物理学教授。威尔斯博士还担任白宫医疗体系改革顾问，国家健康委员会和国家环境健康学院科学咨询顾问，美国生物化学和分子生物协会主席以及美国实验生物协会联合会主席等职务。（案例研究 7.9）

迈克尔·沃姆斯通博士

迈克尔·沃姆斯通博士是东英吉利大学生物科学学院的高级讲师。他的研究兴趣包括使用人体组织研究人类眼睛疾病和白内障手术伤口愈合后的继发性视力下降。为“为视力而战”慈善组织对失明和眼疾的研究支持了 40 多年。迈克尔一直与这个慈善机构合作并成功地为他们的研究项目筹集资金。（案例研究 3.2 及 6.1）

朱莉·沃洛尔

朱莉·沃洛尔是佛罗里达屋顶专业协会会员，在 2005 年进入东英吉利大学。她发起了东英吉利大学的年度社区参与科学调查，并在 2007 年与东英吉利大学合作，成功地成为公众参与的指导者。朱莉是东英吉利大学的参与管理人员，目前正在撰写关于公众和社区参与科学的高等教育文化的博士论文《学院和社区：在高等教育中寻找真实的声音》。（案例研究 3.1）

前　言

科学——及其研究成果是如何获得的——从未如此重要过。公众对其兴趣和好奇从未消减过。科学几乎支撑着我们日常生活的方方面面。然而，在与科学家有关的事件中，怀疑、偏见、误解和对科学的无知仍然存在。我们的政治人物中很少有科学背景，而其他许多职业也是如此，而旧的 C.P. 斯诺的二分法仍在恶化。对无数的政策问题采取更科学的方法无疑是可取的，而以证据为基础的决策显然比无知更可取。因此，自上而下式的推动科学相关的公众参与活动正在兴起，这或许并不奇怪。尤其是大学，越来越多地要求他们的学者和其他工作人员离开他们的象牙塔，与他们所在社区的公众和组织进行交流并倾听他们的看法。关于“参与式的大学”“市民大学”和“传播途径”的讨论在学术机构的走廊里产生共鸣，而经费持有方也日益受到要求更有效地与公众交流的呼声的压力。

这在实践中意味着什么？现实是复杂的，而有效的科学传播不是一件简单的事情。在对公众的科学传播中，经常有科学的和社会学的术语夹杂在陈述中。TLAs（三个字母缩写！）比比皆是，数学家觉得奇怪，对于生物学家来说，乘法和除法是一样的。然而，现在有足够的案例历史和最佳实践，让我们知道有些经验是有效的，而另一些则无效。这本书是多年多人的经验存储库——一个关于如何参与科学传播的全面的综合描述。科学传播中可以采用多种间接的方式引导公众参与科学活动——咖啡馆、展览、书籍、文章、电视、广播、社交媒体——这本书使您能够借鉴他们对科学的参与的最佳实践经验和以证据为基础的成功故事，能够有效地参与科学传播活动。这样的实践信息，在一个相对较新的领域，不可避免地处于分散状态，很难轻易获得。因此，我们两位作者成功地将所有你需要知道的知识和经验，特别是许多内容宽泛的案例研究，整合到一个可以随意参阅的专辑中，这是一个具有非常高实用价值的成就。

我们需要更多的年轻人——学生、技术人员和年轻的研究人员——参与到科学参与活动中来，同时也需要更具丰富经验的学术人员的指导。我们需要更多来自商业、工业和管理领域的科学家参与到各自的学术界以外领域的传播活动中。在参与活动中有许多人尽皆知的障碍，但不能将不知如何参与成为拒绝参与的一个正当理由。这本书已经消除了这一障碍，我希望这本书将成为必不可少的选择。

基思·罗伯茨教授，OBE

序

科学传播实践是我们作为科学家的工作的一个方面，我们都重视并享受其过程。然而，直到我们开始参加科学传播会议，我们才认识到围绕和支撑科学传播领域的研究所具有的广度和深度。我们更加意识到这个领域的研究对英国和其他地区科学传播发展所具有的影响。

这种认识能够促进我们对语境和科学家开始与公众进行接触的重要性的理解。

我们从科学家的角度认识到，自然科学家和社会科学家之间的互动是有限的。我们希望这本书能够通过描述科学传播理论和活动的发展和变化来弥补这一差距。此外，我们选择描述一些不同的问题，促进讨论和辩论的方法，许多科学家所熟悉的已经形成了现代的框架议题，陈述如何将科学传播给公众。近年来，有许多倡议鼓励科学家走出研究环境的保险柜，从而走向更广泛的社会。我们强调并描述了其中一些对正在从事科学研究的科学家的日常生活的影响，以及影响科学家与公众沟通的方式。我们在本书中还提供了关于科学家如何做、为什么做，以及他们在进入不同的传播活动范围内不同领域的见解和细节。

这本关于科学传播的书是从我们的视角进行写作的：通过向公众传播科学来真正地享受其过程和充实自己。同时，我们开发自己的沟通技巧，我们认识到，有必要撰写一本现代实用指南，为那些正在开创科学传播事业的科学家，或寻求多样化和拓展其传播经验方面提供明智的和直接的建议。我们想为那些已经具有自己熟悉模式的科学家提供一本书。最初，我们想开发一种科学传播的实验室类型手册，但我们很快意识到我们想要撰写内容更全面的作品。这本书的目的是提供有用的提示和借鉴经验，来帮助你开始从事科学传播活动。本书还提供了一些应该避免的陷阱例子，并指出你需要的其他阅读材料，以帮助你拓展自己的背景知识和对科学传播的理解。这本书还为科学家提供了重要的理论和模型，这些理论和模型充实了科学传播者的角色。然而，本书并不打算作为一门学科提供一种详细的科学传播的论述。过去已经有专家撰写的书籍提供了这类信息和知识，我们已经在文本中进行了标明。

我们使用了由科学家同行、接受科学教育的学生、接受师范教育的科学家，以及已经在科学传播领域成为专业的传播者提供的一系列案例研究。这些案例研究突出了那些热衷于将科学传播给更广泛受众的科学家所从事活动的深度和广度。这本书的一个意想不到的结果是，在个人和专业层面上，它证实了我们的信念：有一大批科学家正在开创具有创新性的和令人激动的科学传播项目。我们认识到，我们有机会描述其中的一些优秀的实践经验和专业知识，为同行和评议者提供具有启示意义的资源。

致　谢

这本书是基于我们的同事提供的案例研究撰写而成的。我们感谢他们的慷慨与支持，并允许我们与更广阔的世界分享他们鼓舞人心的工作。除了案例研究的作者，我们还感谢理查德·布瓦特（Richard Bowater）博士、斯蒂芬·阿胥沃斯（Stephen Ashworth）博士、艾恩·吉布森（Ian Gibson）博士、罗伯特·华生（Robert Watson）教授和乔安娜·弗伦（Joanna Verran）教授，感谢他们在讨论章节材料、评论草稿章节以及在提供有用的建议和资源方面的慷慨帮助和支持。我们必须对爱丽丝塔·麦克瓦尔特（Alistair McWalter）致以特别的感谢，感谢他在时间上的慷慨付出，感谢他作为图形艺术家的才华以及将我们的抽象概念和想法变成视觉现实。我们喜欢他为这本书制作的图片和插图，非常感谢他设计的封面以及部分制图。我们还必须感谢大卫·沃特豪斯（David Waterhouse）博士，他创造了大多数精美的作品，展示了每个案例研究的最优秀之处。我们还要感谢我们的约稿编辑利·兹兰维克（Liz Renwick）和露西·希尔（Lucy Sayer），感谢他们提供的帮助、鼓励和支持，让这个项目按时启动，进展顺利。我们的项目编辑菲奥娜·西摩（Fiona Seymour）耐心细致地处理未完成和已完成手稿；詹姆斯·张（James Chang）和巴尔金达·考尔（Baljinder Kaur）帮助我们整理最后的片段。我们真心地感激他们。

最后，我们要感谢我们的家人，尤其是理查德（Richard）、乔恩（Jon）、夏洛特（Charlotte）、艾丽（Ellie）、阿艾克斯（Alex）和乔治（George），在过去的两年时间内你们忍受了我们的打扰——如果没有你们的支持，我们是不可能完成这本书的写作的。

译者序

这本书在我桌子上的资料堆里已经很多年了。书中的很多资料和数据都被应用到我的课件中，其中的调查和评估方法我在课题研究中都有所采用。这是一本由数十位学者为科学家做科学传播而撰写的非常实用的书。

英国是科学起源国家之一，同时也是大工业最早开始的国家。19 世纪工业化发展的一个重要特点是英国的技术、商业和金融人才向欧洲各国输出，从而带动了比利时、法国、德国的工业和经济发展。英国皇家学会也是世界上最早的科学学术团体。英国科学研究院早在近 200 年前的“圣诞演讲”至今仍然吸引着公众。悠久而深厚的传统必然产生精粹的经验，而经验的表述由产生经验的人进行描述，与他人观察进行总结后的表述具有本质的不同。本书的作者都是科学传播的一线参与者，他们是科学家和教师，他们同时也是在信息时代将自己的亲身探索通过现代媒体进行传播的代表。

如果仅认为本书的作者就是单纯的科学传播实践者，那就错了。在书中，作者们对英国和世界的科学传播制度和政策、公众参与的心理、合作者的配合效应，甚至自己做的活动如何进行评估，以及用社会学和统计学等评估方法都进行了探讨。同时，他们用最初策划方案与最终的评估结果进行比较，从而探索在英国进行科学传播存在的问题以及设想的理想解决方法。

中国是世界上唯一有科学技术普及法的国家，同时也是世界上人口最多的国家。从今年美国《科学与工程指标》刚刚发布的国际科学素养比较数据来看，中国与西方国家相比，仍然存在巨大差距。当然，科学素养并不是科学传播的唯一目标，公众理解科学包括了公众对科学技术发展的政策、科学的伦理、科学对社会产生的影响乃至对环境的影响的理解与认识。但是仅从科学素养中对科学知识的理解程度这个单一维度来看，中国目前仍然处于落后状态。这种落后状态与教育体制有关，与科学教育普及程度有关，与中国的教育历史有关，但是，更重要的，应该与科学家参与科学技术普及的程度密切相关。中国是世界上科学技术人员较多的国家之一，但是，从参与科学普及的人数来看，还是比较少的。科学知识、科学精神以及科学价值都产生于科学家的实验室以及他们每日的科学活动。只有他们才能真正讲清楚科学到底是什么，而他们的经历和经验是行政人员所不可能具有的。科学家的缺失是科学传播中精髓的缺失。从这个角度讲，《科学传播：科学家实用指南》具有一定的价值。

这本书能够翻译出版，首先要感谢中国科学技术出版社（科学普及出版社）郑洪炜主任以及她的同事的支持。这本书的翻译工作由中国科学院大学 2016 级科学传播专业的硕士生完成：李星男（第 1 章和第 9 章）；黄楠（第 2 章和第 10 章）；尚琼洁（第 3 章、第 8 章后半部分）；刘如楠（第 4 章、第 8 章前半部分）；李力（第 5 章）；张一婧（第 6 章）；孙月茹（第 7 章）。

本书的内容复杂，翻译错误在所难免，请读者批评指正。

李大光

2018 年 3 月 13 日

目录

CONTENTS

6 公众科学传播入门

7 直接的公众传播

8 间接的公众传播

1

科学传播指南

“人们很难相信在本世纪中，除了天文学，其他学科都或多或少地含有冥思猜测。科学家们只是在神殿门廊下像孩子一样玩。这种说法可能是真实的，我们至少在自己的领域范围以外没有进展，那些研究这些学科百年之久的人，可能会这样认为。”

——德尔·泰勒博士，《博物学家的兴趣时代》（*The Playtime Naturalist*，1889）

1.1 介绍

近年来，有关科学传播的问题在全球范围内的重要性有所提升，主要是因为人们相信科学技术是知识经济的基础。科学技术是我们文化中不可分割的一部分，对我们的日常生活也具有重要的影响。科学产生的知识和应用成果是强大而令人兴奋的，人们有理由认为公众应该知道这些新的进展，因为科学改变了我们的社会。公共经费也被大量用于许多大学和政府研究机构所进行的研究，尽管我们必须承认私人与公众的科学研究和发展的资金比例在过去 50 年内大大增加。然而，不管研究的经费来自何处，其影响必须传达给公众，即使是用于战略和研究目的不同，发展资助通过私人而不是公共资金，因此其影响必须传达给公众。

科学家向公众传播科学理念已不是一个新现象。在科学家（scientist）一词被使用之前，汉弗莱·戴维（Humphrey Davy）和迈克尔·法拉第（Michael Faraday）就已开始从事科学普及工作，约瑟夫·普里斯特利（Joseph Priestly）甚至鼓励公众从事积极的科学实验。21 世纪，比较有名的科学传播者有物理学家布莱恩·考克斯（Brian Cox）和解剖学家爱丽丝·罗伯茨（Alice Roberts），他们对自己所从事学科的热爱和对一般学科的了解，使他们有不断向公众传播科学的意愿。

1.2 科学协会、慈善机构和组织的影响

1.2.1 科学协会

英国科学传播由英国皇家学会等历史悠久的机构塑造成型。他们一直致力于发表有影响力的报告，这些报告致力于描述科学与社会之间的关系。这些报告的编写者通常为知名且受人尊敬的科学家，这些报告影响了在英国以及全球范围内向公众传播科学的方式。英国皇家学会是最早建立且持续存在最久的科学协会。该学会于1660年由一群知名人士创立，其中包括罗伯特·波义耳（Robert Boyle），罗伯特·胡克（Robert Hooke）和克里斯托弗·雷恩（Christopher Wren）。英国皇家学会于1662年获得了查尔斯二世授予的皇家宪章，该协会通过依靠其会员交纳的会费维持自身发展。法国于1663年成立了法国科学院，它与英国皇家学会存在着不同，它是一个政府性机构，由路易十四提供赞助。其他国家也意识到了科学协会的价值，到18世纪末，欧洲和北美地区成立了大约200个协会。英国皇家学会并不是以促进向公众传播科学为目的而建立的，但从1666年开始，它通过出版《英国皇家学会哲学学报》提出了“科学著作”这一概念，从而实现了科学兴趣爱好者之间的交流。出版人为英国皇家学会的首任秘书亨利·奥尔登堡（Henry Oldenburg），出版费用来自他自己的自有资金。自此之后，科学著作的重要性得到了提高。它可以等同于科学的“单位生产力”，构成了21世纪用于评判科学家的标准的重要部分。它体现了以“科学著作”作为英国研究优秀框架（以前称为科研水平评估）内部的一个主要标准。这个标准是一个用于判断

大学研究成果的流程的一部分，以便于确定政府研究资助的水平。英国皇家学会成立 100 多年后，在 1779 年英国皇家研究院（Royal Institution）以研究实验室的形式成立了。它也在公共教育中发挥了作用，特别是在年轻工人的教育方面。英国皇家研究院与英国皇家学会的目的不同，尽管其活动也是依靠会员年费来维持，但是其科学研究却是可持续性的。英国皇家研究院的初始目标之一是尝试运用最新的科学技术来改善农业实践并降低贫困程度。这种慈善性目的很快就被转化为科学创业和职业发展，并取代了改变和推动社会发展的目的。英国皇家研究院取得的显著科学进步包括：汉弗莱·戴维（Humphrey Davy）发现了新元素钙、镁、硼和钡；凯瑟琳·朗斯代尔（Kathleen Lonsdale）于 1925 年确认了苯的结构；大卫·菲利普斯（David Phillips）于 1965 年确认了可促进溶菌酵素的结构。英国皇家研究院还对科学进行了推广，并且汉弗莱·戴维于 1802 年首次举办了公众示范讲座。技术工人可参加这些讲座，以便获得可促进他们职业发展的知识。这些示范讲座的形式在今天仍然存在：迈克尔·法拉第（Michael Faraday）于 1825 年首次举办的英国皇家研究院圣诞讲座在 2011 年的英国广播公司（BBC）第四频道上播出，吸引了约 86 万观众。这些现代讲座涵盖了广泛的科学学科门类，由各自领域的专家进行授课。

18 世纪和 19 世纪，英国专业学会出现，其中比较重要的包括：林奈学会（1788 年）；伦敦地质学会（1807 年）；伦敦动物学会（1826 年）；皇家天文学会（1831 年）；伦敦化学学会（1841 年）。

这些学会出版他们自己的专题期刊。地质学会的秘书查尔斯·达尔文（Charles Darwin）在发表论文之前就提出将论文发送给同行进行审查的建议。该流程目前已成为所有学科学术期刊的标准操作规程。科学成了 19 世纪的常见业余追求。在美国，即使是小城镇也拥有一个科学学会。同样，在英国，城镇也成了业余科学活动的中心。案例研究 1.1《博物学家的兴趣时间》一书即突出了这样一个学会，并向其创始人约翰·艾勒·泰勒（John Ellor Taylor）博士表达了敬意。

案例研究 1.1

《博物学家的兴趣时间》一书

凯·瑶曼

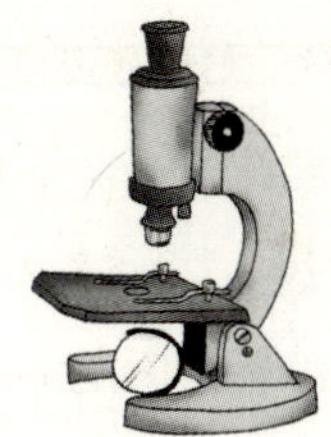

通过知识，以及幽默、罕见和优秀的演讲，他开阔了许多人的眼界，让他们看到自然界的美丽、秩序和多样性。

——纪念约翰·艾勒·泰勒博士

在阅读科学史时，我想起了1868年在诺维奇举行的英国科学学会会议。那时，英国科学学会会长是约瑟夫·胡克（Joseph Hooker），达尔文是他担任这一职务的首位支持者。

达尔文主义者们（不包括达尔文）在诺维奇举办了此次协会狂欢。他们来自四面八方，每位进化论朝圣者都受到了感召。

——德斯蒙德（Desmond）和摩尔（Moore）（1991年）

在那次会议上，坚定的达尔文支持者托马斯·赫胥黎（Thomas

Huxley）在诺维奇演示大厅向一群工人发表了演讲。演讲的题目是"一支粉笔"（On a Piece of Chalk），描述了地球的地质历史以及如何检查粉笔的结构和其中存在的植物和动物的化石残骸的时间。该演讲对诺福克海岸——克罗默上的动植物生活进行了生动的描述。

于是，克罗默的悬崖壁上就留下了一串文字，谁都可以读到它。它告诉我们一个无法被反驳的权威说法，自垩海的古老海床被抬高，土地干涸，直到被森林覆盖，这是一场盛大的逐猎，得到的战利品让地质学家们欢呼雀跃。在这种情况下，无法定论它能保持多久。但是，在这些日子里，斗转星移，带来了报复性危害。在那片干涸的土地上，数代长寿的大象死去后留下的骨头和牙齿，隐藏在古老的树根和干燥的树叶之间，逐渐沉入冰冷的海底，上面覆盖着巨大的漂流物和巨石黏土。恰如今日被限制在北极的海象之类的海兽，曾像鸟类一样在杉木最顶端的树枝之间拍打着翅翼。这种状态持续了多久，我们并不知道，但最终，这个时代结束了。隆起的冰川泥变硬后融入了诺福克的现代土壤中。森林再次生长，狼和海狸取代了驯鹿和大象，最终形成了我们所说的英国历史。

英国科学学会主席约瑟夫·胡克与诺维奇有着深厚的渊源。他的祖父是一名诺维奇商人，而他的父亲威廉·杰克逊·胡克（William Jackson Hooker）爵士于1785年出生在诺维奇。他的父亲是一位热心的植物学家，他创建了一所植物标本馆，最后逐渐变成了英国皇家植物园。这种与这些著名科学家的本土联系引发了我的想象，让我对这些人、历史和科学产生了兴趣，我开始研究维多利亚时代诺维奇的科学。我很荣幸地找到了几份关于"诺维奇科学随笔俱乐部"（Science Gossip Club）的参考文献，这些记录时至今日仍然留存。带着激动人心的兴奋心情（相当于揭开完美的南部印迹），我向诺福克郡霍尔镇进发，寻求查阅该科学随笔俱乐部的相关记录。我惊奇地发现了一系列精美的记录，该记录详细描述了俱乐部从1870年创建到第二次世界大战结束后的活动。在阅读并进行记录的同时，一位男士吸引了我的注意，我对他充满了敬仰之情，他就是约翰·艾勒·泰勒（J. E. Taylor）博士，诺维奇和伊普斯维奇科学随笔俱乐部的创始人，《科学随笔》杂志的主编，一位多产的作者，伊普斯维奇博物馆的策展人和完美的科学传播者。

约翰·艾勒·泰勒是兰开夏郡棉花厂监工的儿子。他接受过初级教育，但他上进心很强，通过自学学习知识。他在克鲁郡铁路部门工作，但却参加了曼彻斯特机械会馆的晚间课程。他对地质学着迷，并出版了他的第一部著作《地质学随笔》（*Geological Essays*），该书描述了曼彻斯特的地质概况。1863 年，他得到了《诺维奇墨丘利》（*Norwich Mercury*）杂志副编辑的职位，他将自己的闲暇时间用于科学学习，并于1864年与约翰·甘恩（John Gunn）共同创立了诺维奇地质学会（Norwich Geological Society）。我了解到，他曾参加 1868 年在诺维奇举行的英国科学学会会议，他的名字出现在了撰稿人名单上［相关记录保存在伦敦的达纳中心（The Dana Centre）］。作为一位有才华的科学家，约翰·艾勒·泰勒是一名博物学的传播者，并进行了多次受欢迎的演讲。他出版了很多著作，其中一本就是《博物学家的兴趣时间》，该书描述了一个名为供幕格比的虚构学校（Mugby School），学校里的男生参加的自然历史俱乐部。这是一本精美的图书，里面充满了关于动植物收集和分类的技巧和提示，所有这些都是为读者设计的。

1870 年，泰勒创立了诺维奇科学随笔俱乐部，其目标如下：

本学会的宗旨是，通过利用此类学科相关的双周刊，以及非经常性的开放学习，来促进其成员对科学和文学知识的探索和研究精神。

在我看来，该目标充满了关于自我完善的想法，泰勒本人就是其自身的主宰。随笔俱乐部的许多成员都被列入了记录名单。根据 1871 年的人口普查，我确定他们均来自各种不同的专业。

成员们会提交论文，讨论新想法并展示标本。谷物商人曼宁·P·斯奎勒尔（Manning P. Squirrell）先生发表了题为“关于鸵鸟和大象的故事”（Gleanings about Ostriches and Elephants）的演讲，五金商人托马斯·贝菲尔德（Thomas Bayfield）先生，在俱乐部就“瓣鳃类软体动物”（Lamellibranchiates）为主题发表了演讲。在一次特别的会议上，C. W. 尤因（C. W. Ewing）先生展示了他在诺福克海岸的蒙德斯利（Mundesley）发现的一只泽龟（Emyslutaria）的化石。此标本后来被 E. T. 牛顿（E. T. Newton）博士发表在 1897 年的《地质学杂志》（*Geological Magazine*）上。你仍然可以在克罗默博物馆（Cromer Museum）看到该标本。

1872 年，泰勒成为伊普斯维奇博物馆（Ipswich Museum）的策展人，在抵达诺福克郡九年之后，他还接手了《哈德维克科学随笔》杂志的编辑职务。该杂志以前的编辑和创始人是莫德采·库比特·库克（Mordecai Cubitt Cooke），他也是来自诺福克郡的英国首批真菌学家之一。约翰·艾勒·泰勒是一个好奇心极强之人，但有时候这会让他陷入麻烦。他在调查诺维奇出现的严重疫情时感染了天花，留下了一生的阴影。作为达尔文的一名当代支持者，他非常钦佩达尔文的作品，并于 1878 年 6 月 25 日给其写了一封信，并邮寄了他的书：《鲜花的起源、形状、香味和颜色》（*Flowers*, *their Origins*, *Shapes*, *Perfumes and Colours*）。

尊敬的先生：

您好！我冒昧地向您致信，是想请您接受我的新书《鲜花的起源、形状、香味和颜色》。在书中我冒昧引用了您的各种大作。尊敬的先生，很荣幸成为您最虔诚的学生，请接受我最诚挚的敬意。

约翰·艾勒·泰勒　谨上

——约翰·埃艾勒罗·泰勒 1878 年写给查尔斯·达尔文的信。经剑桥大学图书馆委员会许可。

同达尔文一样，泰勒是一位优秀的观察者和细心的记录者，但与达尔文不同的是，他没有显赫的背景。尽管如此，他仍然获得了博士学位并开始了科学生涯，考虑到他未接受过正规教育，因此，这是一项非常了不起的成就。

由于健康恶化，他不得不于 1893 年离开了伊普斯维奇博物馆，令人遗憾的是他于 1895 年去世时处于破产的境地。他死后留下了妻子和 4 个女儿。

我认为约翰·艾勒·泰勒博士如果生在当今的科学环境下应该会很高兴，并且会接受互联网的推广手段。我相信，如果他活在今天这个时代，他会参加诸如 iSpot 之类的公民科学项目，他会写出最有看头的博客，里面充满他的创意、意见和对初级业余自然主义者的提示！

可以公平地说，诺维奇拥有自己的科学学会并非特例，只要有一点点的发掘精神，你也有机会在当地发展类似的科学俱乐部和学会。

1830 年，剑桥数学教授查尔斯·巴贝奇（Charles Babbage）出版了他的著作《关于英国科学衰落及其原因的思考》（*Reflections on the Decline of Science in England and Some of its Causes*）。时至今日，这仍然是一本有趣的出版物，他的许多观察和反思今天仍然适用。巴贝奇担忧的是，由于缺乏公众兴趣，英国科学正逐步落后于世界其他地区。他想看到一个由研究人员组成的，能获得有偿和合理资助的现代职业的建立。作为对该出版物的响应，英国科学促进协会（以前的英国科学促进会，后来的英国科学学会）于 1831 年得以成立。它拥有一个专门的职能：不仅能促进公众的交流，也促进了与政府的沟通。作为一个类似的组织，德国研究者协会（Association of German Researchers）那时已经成立了 9 年。

英国科学学会首次会议于 1831 年在约克郡举办，自此之后，它每年都会在不同的省级城市举办，但总是会避免将举办地设在伦敦。数年后，1848 年，美国科学促进会（American Association for the Advancement of Science，AAAS）确立了一项使命："促进全球科学、工程学和创新发展，造福全人类。"美国科学促进会仍然坚定地致力于公众科学传播。它最初建立在英国科学学会基础之上，但如今已经发展为一个资金充足、影响力巨大的学会，还出版了著名的刊物《科学》（*Science*）。

最近，英国科学学会成立了英国青年科学家协会（British Association of Young Scientists，BAYS），该协会在最盛时期时曾拥有 8000 名个人会员。英国青年科学家协会日曾是英国科学学会的一个固定的特色活动，但它却被 1994 年的全国科学和工程周（National Science and Engineering Week）取代，至今该活动仍在每年 3 月份举行。科学日或科学周的概念在其他国家也存在，例如澳大利亚、丹麦和挪威均拥有一个全国科学周，瑞典和波兰举办科学节，亚洲和非洲举办其他科学传播活动。这些活动由不同的组织提供资助，可在地方、区域或国家范围内举办。美国公共科学日（Public Science Day）由美国科学促进会创办，在《面向全体美国人的科学》（*Science for All Americans*）报告出版之后，与 1985 年开始的"2061 计划"（Project 2061）对等存在。"2061 计划"是一项长期的、雄心勃勃的计划，旨在帮助所有美国人理解科学、数学和技术，旨在改善科学教育水平，定义了科学素养的基准，为学校课程设计提供具体的学习目标。

1.2.2 慈善信托

由企业资助的慈善信托机构也随后被创立了。亨利·维康（Henry Wellcome）与他的合伙人赛拉斯·伯勒斯（Silas Burroughs）于 1880 年成立了制药公司"伯罗斯维康公司"（Burroughs Wellcome and Company）。该公司引入了在英国以片剂形式销售药品的理念，并建立了多个研究实验室。维康信托基金会在亨利·维康的指导下于 1936 年成立，现已成为英国最大的致力于改善人类和动物健康的慈善机构。它还是欧洲最大的非营利性研究资助机构，在 2007—2008 年，它为英国境内外的各项研究提供了 6.2 亿英镑的资助。维康信托基金会在公众参与科学方面发布了相关报告并对大量工作给予了资金支持，旨在提高公众对医学、伦理学和生物科学的社会影响的认识。它为科学家和公众之间的交流提供了多个资金源，包括公众奖、传播奖和大规模的科学和社会奖项。

索尔特斯研究所（The Salters Institute）于 1918 年由英国的索尔特斯公司成立，其最初的目标是让年轻人在第二次世界大战后继续他们的化学研究。目前，它在支持学校化学教育方面发挥着重要作用。

美国于 1913 年成立了洛克菲勒基金会（Rockefeller Foundation），致力于促进世界各地人们的健康情况。最近，成立于 1994 年的“比尔和梅琳达·盖茨基金会”（Bill and Melinda Gates Foundation），开始为支持人们过上健康和富有成效的生活提供资金和资源支持。该基金会在发展中国家重点关注的是卫生问题，支持打击和预防疟疾、艾滋病和结核病等疾病。

1.2.3　组织机构

当前也存在一些不甚正式的组织，这些组织也在影响着科学文化的变革。1864 年，包括托马斯·赫胥黎、约翰·廷德尔（John Tyndall）和约瑟夫·胡克在内的科学界的 8 位杰出人士在伦敦市中心的阿尔伯马勒街圣乔治酒店举行了晚宴。晚餐过后，他们创立了“X 俱乐部”。尽管俱乐部没有具体的目标或规则，但其成功的对维多利亚时代科学的专业化产生了重大影响。该俱乐部的某位成员曾在某个时间段担任过英国皇家学会、英国皇家研究所和英国科学学会的主席。“X 俱乐部”似乎对其成员起到了类似指导小组的作用。其存在时间相对较短，并在成立者去世后解散。“X 俱乐部”的持久影响之一在于，支持廷德尔和赫胥黎创立了学术刊物《自然》(*Nature*)，该期刊至今仍被公认为在科学出版物中居首要地位。

1.3 现代学会和组织

自 21 世纪初以来，出现过多个以科学传播为主要任务的组织和学会。作为一个非营利性科学学会，欧洲科学活动协会成立于 2001 年，由来自欧洲各国的成员组成。欧洲科学活动协会的宗旨是：分享优秀的传播实践经验；为营销传播活动提供一个论坛；促进人与人之间的合作；能够参与由欧盟资助的项目。

2006年，美国成立了另一个网络协会，即公众理解科学联盟（Coalition on the Public Understanding of Science，COPUS）。该组织基于对美国科学现状的关注而成立，联合了大学、科学学会、媒体、科学教育工作者、科学宣传团体以及商业和工业界等团体，希望能促使公众更好地了解科学。在世界各地，还有许多其他科学传播学会，其中一些在表 1.1 中进行了详细介绍。

表 1.1 科学传播学会

学会	描述	网站
印度科学传播学会	致力于将科学传播给大众的非政府组织	http://www.iscos.org/
澳大利亚科学	为走近科学提供支持	http://www.asc.asn.au/
新西兰科学传播者学会	致力于促进科学传播	http://www.scanz.co.nz/
南非科学与技术发展署	旨在提高公众对科学的认识和重视	http://www.saasta.ac.za/
丹麦科学传播者学会	非营利性组织，致力于提高公众对科学和技术的意识和理解	http://www.formidling.dk/sw15156.asp
公众理解科学联合会	网络组织致力于促进公众对科学的了解	http://www.copusproject.org/

1.4 作为专业学科的科学传播

作为一门专业学科，科学传播面临着多个挑战，其中最大的挑战是其多学科的性质；它可包含传播学、社会学、教育学、哲学、历史学、政治学、伦理学以及科学本身。

科学传播正在持续发展，重要的是科学家们认识到，它已成为一个专业的学术领域，拥有自己的：

理论和模型；

发表研究结果和实践案例研究的同行评议期刊，尝试缩小理论与实践之间的差距（见表 1.2）；

国际研讨会，例如，两年一次的“公众科学与技术传播大会”（Public Communication of Science and Technology，PCST）；

大学本科和研究生课程；

科学传播学会，其中一些在表 1.1 中详细介绍。

本书提出的案例研究涵盖了科学传播的实践方面，大部分是由科学家设计和传播的。正如格雷戈里（Gregory）和米勒（Miller）在 1998 年指出的那样，实际意义上的科学传播通常是由科学家实施的，但对其价值和效力的反思往往是由社会科学家负责的。结果可能是这两个领域之间出现矛盾和缺乏共同语言。有一种观点认为，实践科学传播是独立于科学传播过程研究之外的，更多的是通过从业者良好的讲述，沟通和设计实现的。我们作为实践者，对此表示认同，但我们认为，基于证据的调查过程实践不能完全被忽视。作为对该证据基础的介绍，会在本章的其余章节中加以说明。

表 1.2　科学传播期刊

期刊	访问通道	网站
《公众理解科学》	订阅	http://pus.sagepub.com/
《科学传播学报》	订阅	http://scx.sagepub.com/
《科学教育杂志》B部分：传播与公众参与［*IJSE*（B）］	订阅	http://www.tandf.co.uk/journals/RSED
《科学传播学报》（*JCOM*）	公开	http://jcom.sissa.it/archive/06/02/
《印度科学传播学报》	公开	http://www.iscos.org/ijsc.htm
《高校教育杂志展与参与》	公开	http://openjournals.libs.uga.edu/index.php/jheoe/index

我们在本书中涵盖了以关键报告、研究基础为重点的科学传播核心

阶段，以及在英国和其他国家形成了的科学的传播方法的介绍。第一步是要开始了解社会科学家研究科学传播所使用的语言。为此，表 1.3 提供了通常会在科学传播文献中出现的术语定义。

出乎意料的是，这些定义无法加以确定，表 1.3 收录了我们自己提出的更简单的意见。你会在社会科学文献中找到对复杂定义的替代选择。术语在国家内部和国家之间也有所不同，例如，在英国，“外联”（outreach）通常与“公众参与”（public engagement）互换使用。外联通常是英国大学使用的术语，用于描述他们与中小学的联系。大学通常设有外联办事处，会雇用与各学校联系的专门人员。这些办事处倾向于扩大参与事项及更普遍的大学入学议程。许多欧洲国家使用“科学文化”（scientific culture）来表示“公众理解科学”，但在美国，他们会用“科学素养”（scientific literacy）来形容这一概念。美国还使用术语“公众理解科学技术”（PUST）和“公众对科学的鉴赏”（Public Appreciation of Science, PAS），但是“公众对科学的鉴赏”也会被用于代指“公众科学意识”（public awareness of science），并可被缩写为 PAWS。“公众参与科学与技术”（public engagement of science and technology, PEST）也经常被使用，霍利曼（Holliman）和詹森（Jensen）还提出了术语“SCOPE”指称“科学外联和公众参与”（science outreach and public engagement）。

表 1.3　科学传播文献中经常使用的术语定义

术语	定义	参考
科学传播	科学大众化	Davis，2010
公众	社会中的每个人	Burns等，2003
大众	人民，包括特殊领域的其他非专业科学家	Burns等，2003
科学素养	对科学事实的知识和科学研究过程的了解	本书
公众参与	与公众交流与讨论	本书

续表

术语	定义	参考
外联	与合作伙伴在教育、商业、公共和社会服务方面进行有意义的、互惠互利的合作	节选自Ray1999
公众理解科学	对科学的认识及其日常生活中的应用	本书
传播	通过符号和信息系统进行的社会互动	Gerbner，1966
缺失模式	公众被视作缺乏科学认识和了解，只能通过告知事实来补救	本书
对话模式	科学家与公众对话	本书
上游参与对话模式	在出现任何新的科学发展，和将技术变成现实之后与公众的探讨	本书
公民科学	非科学家公民大众参与研究	本书

1.5 科学传播阶段

科学传播经历了三个阶段：科学素养、公众理解科学和科学与技术公众参与。这些阶段之间存在着大量的重叠，许多术语仍然可以互换使用（第 1.4 节）。

每个阶段都有与之相关的重要报告和调查，这往往会促使公众科学传播策略发生变化。图 1.1 给出了一个影响英国科学传播阶段的模型、运动和报告流程图。

科学传播在不同国家也有着不同的发展。例如，美国仍然保有着强大的科学素养和教育方法。

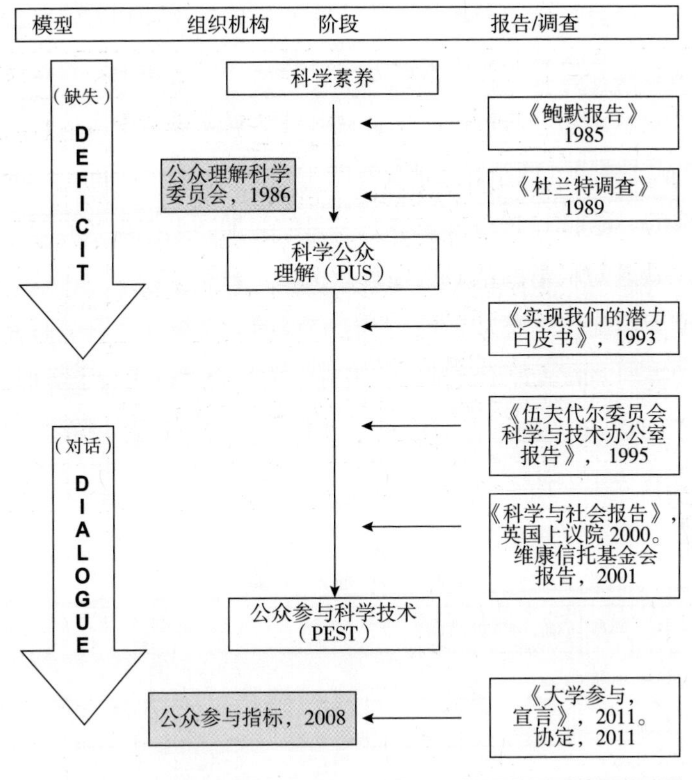

图 1.1　与英国科学传播发展相关的模式、组织、阶段和报告

1.5.1　科学素养

科学传播的第一个阶段所讨论的问题都是围绕着科学素养观念的。乔恩 · D. 米勒（Jon D. Miller，1983）将科学素养的 4 个要素确定为：

对基础教科书中科学事实的知识；

对科学方法的理解，例如，实验设计；

对积极的科学与技术成果的鉴赏；

拒绝迷信。

通过对错选择调查问题进行科学素养的测试，是了解公众掌握识读与运算之类的科学知识程度的方法。这意味着，这种知识库可以采用类似于识读与运算之类的相同测试方法。公众“科学知识”测试产生了很多关于公众“无知”的报告，并会突出科学家需要用事实填补的公众科学知识的“缺失”。该领域经常提到的工作由杜兰特（John Durant）等人负责完成的。他们于 1989 年发表在《自然》期刊上的论文表明，英国和美国公民缺乏对科学的认识和理解，例如，只有 34%的英国公众知道，地球围绕太阳旋转一周为 1 年，只有 17%的人在被问及科学研究的意义时会主动提到实验或理论测试。美国科学委员会最近进行了类似的研究，欧洲也于 2005 年实施了专门的科学和技术调查。在这些调查中提出的 13 个问题在表 1.4 中。

表 1.4　欧洲晴雨表测验

下列陈述中，哪些正确，哪些错误？
太阳绕着地球运转；
地球围着太阳转；
地球的中心很热；
我们呼吸的氧气来自植物；
被辐射过的牛奶煮沸后即安全；
电子比原子小；
我们生活的大陆数百万年来一直在移动，并将继续移动下去；
母亲的基因决定了孩子的性别；
最早的人类与恐龙生活在同一时期；
抗生素既可以杀死病毒也可以杀死细菌；
激光通过汇聚声波进行工作；
所有放射性都是人为造成的；
就目前我们所知，人类是从早期动物进化而来；
地球绕着太阳运转一周为一个月。

杜兰特等人提出的问题相似。在欧洲，科学素养水平自1992年以来得到了提高，最近的结果表明，欧洲人实际上对科学有着相当不错的了解程度。被访者的正确答案的平均比例为66%，虽然会存在一定程度的起伏。瑞典给出的正确答案平均百分比最高，达到了79%，而欧盟非成员国土耳其，其给出的正确答案的最低平均百分比为44%。尽管存在这些正面数据，但在科学素养水平方面仍存在着担忧，即罗素指出的，在确定需要掌握多少事实科学知识方面存在着事实问题。例如，虽然我对分子生物学的某些方面有着详细的了解，但很遗憾的是，我在物理学方面所知甚少，充其量也不过拥有最肤浅的认识。关于这个主题，澳大利亚国家科学中心为科学家们举办了有关公共交流的讲习班，探讨了科学素养这一概念。科学家们需按要求完成杜兰特调查中的一部分：193位科学家参与了调查，结果显示，许多科学家并不确定与他们的学科无直接关联的问题的答案。此外，没有任何一个问题，所有的科学家都能回答正确，他们对该问题持批判态度。也许重要的一点在于，并不需要在任何时候都知晓某个问题的答案，因为我们无法知晓一切，相反，重要的问题在于要有寻找答案的动机，在需要时获得所需技能并对信息进行分析。

科学素养最重要的一方面在于教育议程，并且这一阶段增加了科学教育工作需付出的努力，这种情况在今天仍然存在。目前在英国，所有16岁以下的孩子都接受义务科学教育。从消极的一面来看，科学素养缺失的公众不具备参与科学决策的能力。

试图通过传递事实信息来填补科学家和公众之间的“知识鸿沟”方法，已被人们称为传播的“缺失模式”。第9章和第10章更详细地探讨了学校中的科学和学习。

1.5.2 公众理解科学

科学传播的第二阶段是公众理解科学。20世纪80年代中期，对于公众的科学态度问题提出的担忧和1829年由查尔斯·巴贝奇提出的担忧类似。这些担忧的标志是英国皇家学会的沃尔特·鲍默（Walter Bodmer）爵士（牛津大学赫特福德学院院长、皇家癌症研究基金会前会长）发表的一份有影响力的报告，该报告被人们称为“鲍默报告”。这一报告在建立世界上的新范式方面所产生的影响不可低估。该报告在科学传播文献中被高度引用，现在被认为是描述科学传播“缺失模型”的重要文献。

鲍默报告直接导致了“公众科学理解联合会”的成立（COPUS，不要与目前美国的COPUS组织混淆），三大英国历史性机构聚集到了一起，即英国皇家学会、英国皇家研究院和英国科学学会。英国“公共科学理解联合会”组织旨在解读科学进步，使非科学工作者们更容易获得先进的科学知识。多项科学促进计划得以启动，包括一项发言人组织演讲基金，例如，妇女协会。他们还对年度图书奖提供了资助。此外，他们直接促成了目前仍在运作的“国家科学与技术工作周”（NSEW）的高度成功。事实上，本书中的许多案例研究均出自科学家们想要参与英国活动的愿望。

鲍默报告在文献中受到很多批评，它似乎代表了一点，即公众对知识和对科学理解的不足。在审查原始报告时，其中一个主要议题即为正规学校体系内的教育改革。

> 在学校实施适当的科学教育，必须要为充分理解科学提供最终依据。
>
> 鲍默（1985，第6页）

英国1989年颁布的全国统一课程大纲确保让科学成为5至16岁学生的核心课程。鲍默报告还指出，当对问题的理解得到改善时，选择质量会更好。

> 在我们看来，更好地从整体上理解科学将会大大提高公共决策的质量，并非因为即将做出的正确决定，而是因为根据对问题的充分理解而做出的决定，可能会比不理解的情况下做出的决定要更好。
>
> 鲍默（1985，第 9 页）

我们把它解释为“不认同科学没问题，但是通过更好地了解科学，你的选择才会建立在更安全的基础之上”。我们认为鲍默报告在科学传播文献中存在一些错误的解读。但是，该报告还是带来了很多令人难以置信的正面结果。报告鼓励科学家全程参与科学教育过程。“公众科学理解联合会”促使科学家认真对待对公众的科学传播。它消除了与普及科学有关的污名，并使其成为一种更具主流意义的活动。产生这一变化的部分原因在于“公众科学理解联合会”为参与项目提供了资金来源。2002 年，由于越来越多的公众理解科学机构在英国建立，“公众理解科学联合会”解散了，但个别创始机构仍然在致力于为科学参与提供资金。例如，皇家学会基金合作伙伴向学校和科学家提供资助，在案例研究 10.5 中，蜜蜂保护基金会（Bee Guardian Foundation，BGF）的亚当·哈特（Adam Hart）就是首个实施这种合作资助的范例。

公众对科学的理解是 1993 年科学与技术白皮书《实现我们的潜力》（*Realising our Potential*）中提出的一个关键问题，它清楚地表明了理解和应用科学对财富创造和生活质量具有的重要性。1995 年，英国的伍夫代尔委员会（Wolfendale Committee，由前皇家天文学家阿诺德·伍夫代尔爵士担任主席）也得出结论说，接受公共资助的科学家有义务让公民参与他们的研究活动。该委员会的建议是在研究资助中纳入一项声明，即公众应如何了解资助的科学研究的信息。基于白皮书的要求，研究委员会重组后明确表示，公众理解科学是其责任的一部分。目前，英国所有研究委员会均要求科学家把撰写影响报告作为其研究计划的一部分。这些影响报告将在第 2 章中进行更详细的研究。

1.5.3 公众对科学的理解诸问题

公众理解科学阶段并非不存在问题。“经济与社会研究委员会”（The Economic and Social Research Council，ESRC）制订了研究科学与社会之间的关系研究的计划。随着研究项目的进行和论文的发表，社会科学家们对公众理解科学运动起的作用开始凸显，这是因为：

所有的知识和专业领域知识都与科学家有关；

公众对科学的更多了解将会使公众具有更强的科学鉴赏力。

虽然科学素养被视为知识的缺乏，但公众理解科学却是一种态度缺陷。在英国，围绕疯牛病（BSE）和转基因（GM）食品危机，其在科学传播文献中通常被引用为缺失模式导致失败的完美范例。疯牛病危机确立了需要尝试和传达风险的观点，并强调了不同的公众，例如，消费者、活动家、政府和农业社区，对这些问题都有自己的认识和立场。

这也是一种信任危机，因为疯牛病和变异型克雅氏病（Creutzfeldt-Jacob Disease，CJD）之间的联系开始显现，尽管政府早先保证它们没有任何联系。在转基因农作物的案例中，宣传增强意识及公众对技术的积极态度反而产生了负面影响，导致公众对此更加怀疑。在其他危机之后，如疯牛病事件后，公众根本不相信政府会为他们做出正确的决策。而在英国，转基因农作物的商业化发展仍然处于暂停状态。在最近的统合分析中，阿鲁姆（Allum）等人表示，科学知识与态度之间的相关性较弱，当与转基因食品等具体问题相关时，有时会呈现负相关性。令许多公众理解科学运动支持者感到惊讶的是，他们在提高科学素养水平方面取得的成功最终却导致了公众更加怀疑的态度。虽然这是一个意想不到的结果，但鲍威尔（Bauer）认为，这不应被视为消极的结果，而应被视为一种积累，因为它代表着公众对问题持有的更具批判性的意识。

尼斯贝特（Nisbet）和肖菲勒（Scheufele）认为，不了解事实并不是科学与社会之间存在冲突的原因。这一点非常有趣：公民会受到自身经验以及各种文化和宗教观念的影响。该问题在福尔克（Falk）和迪尔肯（Dierking）于2000年提出的科学传播与境模式中得到了解决。该模式考虑了公众在不同背景下，随时间推移获得的知识和经验。科学家不应该忽视大众知识。他们应该考虑到，这些经验可能与科学有关，科学家可以从中得到学习。来自文献方面的一个典型例子是布莱恩·韦恩（Brian Wynne）的著作，他着重研究了坎布里亚山区农民积累的知识。这群人在山耕管理、羊群行为和生态下降方面有着丰富的经验和知识。由于靠近温茨凯尔·塞拉菲尔德核电厂，他们也有在1957年的温茨凯尔灾难发生后，在受污染的草原上放牧绵羊的经验。因此，在1986年切尔诺贝利核事故发生后，对于布里亚郡出现的放射性铯余波，这些农民有着专门的知识，这对于确定应对危机应该非常有用。然而，科学家们却选择忽视了山区农民的经验，这让农民们感觉受到了轻视和威胁。

1.5.4 公众对科学与技术的参与

科学传播的第三个阶段，及当前讨论的阶段是科学与技术公众参与阶段，也被称为科学与社会。英国上院发布的《科学与社会报告》（*Science and Society*）是2000年由詹金斯（Jenkins）爵士在委员会提出的，公众理解科学运动傲慢而又不合时宜，科学界和公众之间只存在“自上而下”的单向传播。公众对科学与技术的参与较少强调仅仅单向传播科学事实，而是将重点放在对话或科学家与公众之间的双向参与。而仅仅向公众宣传科学是远远不够的。相反，科学家应该倾听公众的意见，与他们进行谈话并记录他们的观点。这在公众参与政策制定方面是至关重要的，因为公众参与反映了民主模式，并且民主模式会提高公众对科学管理的信任和信心，以及政府随后采取的决策。

对话的概念并不是什么新鲜事。在公众理解科学运动之前，出现过两个很好的对话范例：第一次是在 20 世纪 70 年代，第二次是在 20 世纪 90 年代。第一个范例是 1976 年成立的“基因操作咨询小组”（Genetic Manipulation Advisory Group，GMAG）。这是一个非同寻常的政府协商委员会，因为它包括了“公众利益”的代表。第二个范例是 1994 年，“生物技术与生物科学研究委员会”（Biotechnology and Biological Sciences Research，BBSRC）主办的“英国植物生物技术全国性共识会议”（UK National Consensus Conference on Plant Biotechnology）（2010 年，Trench）。这是一个公民陪审团案例，由 16 名公职志愿者组成的小组确定了会议议程，选择了专家证人，提出了问题，然后做出了裁决。

1.5.5 对话模式诸问题

21 世纪的对话活动范例包括：科学与技术咖啡馆、场景研讨会、审议式民意调查、公民陪审团、人民团体和美国公民共识会谈。从表面上看，这些似乎都是对话事件的很好例子，但是经过仔细观察就会发现“以对话为中心”的方法存在着一些问题。2009 年，萨拉 · 戴维斯（Sarah Davies）在伦敦的达纳中心（科学博物馆的一个专用中心）对一项非正式公开对话活动进行了调查。这些均为小组活动，由专家小组成员讲话，然后公众发表评论并提出问题。她发现的结果是，这种评论、提问和答复形式并不是一个简单的对话活动，这些小组活动包含了对话和不足要素。这项研究表明，纯对话活动往往是难以实现的。此外，尚不清楚的是这些非正式对话实际上将会如何融入政府的政策。

“基因国家”（GM nation）是 2002 年至 2003 年在英国举行的一个正式对话活动的例子，参与人数较多。这是一个雄心勃勃的公共协商项目，耗资 100 万英镑，政府承诺在制定转基因技术商业化决策之前，听取公众和专家的意见。在研究了该活动结果之后，显然需要上游参与，即在任何新的科学发展和技术成为现实之前，与公众进行讨论。这使反思性实践能够在公众观点分化之前就道德问题和风险展开讨论。新兴的纳米技术领域被视为实践和试验上游参与的绝佳机会。其中一个例子是由德莫斯（DEMOS）（一个独立的政治智囊团）和兰开斯特大学的研究人员与“生物科学研究委员会”和“工程与物理科学研究委员会”（EPSRC）在英国合作举办的活动。这次对话活动被称为“纳米对话”（Nanodialogues），经历了三次会议，涵盖了公众价值观、关注度、愿望以及公众在参与影响科学研究方面发挥的作用。有两组公民参与了该实验，第一小组由全职母亲组成，第二小组由职业男性和女性组成。根据奇尔弗斯（Chilvers）实施的评估表明，该活动是成功的，因为：

提供了专家协商通道；

能观察到多组对话，科学家们能互相交谈，也可与公众交谈。

然而，该对话流程却存在一个问题：公众意见保留。仅有 4 人（从总体 14 名参与者中选取）参与了最终对话，所有参加者均表示，活动奖金才是他们参与活动的最大动力。有人建议，尽管有关公众已了解了纳米技术和相关研究委员会的运作事宜，但活动的真实价值在于它对研究委员会带来的影响，因为“生物科学研究委员会”和“工程与物理科学研究委员会”会了解并反思公民在制定研究议程时发挥的作用。

另一个最近的例子是由“生物科学研究委员会”和“工程与物理科学研究委员会”组织的合成生物技术对话活动，该活动得到了“商业、创新和技能科学计划”（Department for Business，Innovation and Skills Sciencewise，ERC）的支持。该活动举办于 2009 年，包含 12 个审议研讨会，共有 160 名公众人士参与，并在英国 4 个不同地点举办了 3 次。活动评估结果表明，公众对这一过程表示赞赏，并认为他们的意见得到了重视和倾听。然而，他们对这些意见将如何直接反馈到政策决策中并不清楚。与会者还表示，他们希望继续进行对话，并提出“长流接触”（long stream engagement）一词。

上述评估报告强调，双向对话参与活动存在着自身缺点：

参与人数有限；

参与者通常在制定议程方面没有起作用；

组织者对将调查结果纳入政策方面没有承担直接责任；

对于持续性对话而言，需要对参与者的期望进行管理；

与会公民并不能代表公众整体，与会人员可能会对所讨论的问题有充分的了解并且提出建设性的意见；

将对话模式转化为大众参与的实际科学传播活动存在着困难。大多数活动可能会采取缺失框架和对话的混合方式，活动表明尽管对话的言论不一，但缺失框架的做法仍然很普遍。

我们认可布瑞克（Brake）和威特坎普（Weitkamp）提出的建议，只要公民有机会参与讨论或决策，所有科学传播活动就不一定采用面对面对话的形式。告知和激发公众对科学的兴趣依然非常重要。

最近，“莫利民意调查公司”（MORI）对公众开展的对商业创新和技能部门的科学态度调查表明，公众对公众协商活动持有强烈的怀疑态度，50%的受访者认为，“协商活动仅是公共关系活动，其对政策制定没有任何影响”。人们认为协商很重要，但不一定要自己参与。多年来，丹麦人已经认识到了公众协商的重要性。1995 年，丹麦议会成立了丹麦科学与技术委员会（Danish Board of Technology，DBT），这是一个致力于传播技术知识的独立机构。其中心任务是“促进技术辩论和公众对技术潜力和结果的启蒙”。丹麦科学与技术委员会向丹麦议会和政府提出建议，并向议会委员会提交研究报告。

在一篇关于科学民主化的文章中，特奈（Turney）指出，公众参与缺失的一个领域是实际研究议程的设定，虽然有一些孤立的例子，但它并不是普遍的。该文章中提到的一个例子是英国医学研究委员会（Medical Research Council，MRC），它有一个涉及公众的小组，专门参与评估公民终身健康和幸福计划（Lifelong Health and Wellbeing initiative）在第三阶段的资助情况。公众参与议程设定的另一个很好的例子是英国阿尔茨海默氏病学会（UK Alzheimer's Society），2000 年，他们建立了痴呆症定性研究网络（Quality Research in Dementia，QRD），患者和护理人员享有参与研究优先权，他们会审查研究计划，并在评估和监督研究资助方面发挥作用。协商活动可以最终影响研究议程，一个很好的例子是 EPSRC 资助的名称为“SuCit”项目，它是一项支持公民科学可持续发展（Citizen Science for Sustainability）的计划。该项目由布鲁内尔大学、威斯敏斯特大学和全球可持续发展能力中心协同实施。该项目的目的是为当地社区提供环境和可持续发展研究发言权。他们会专门与接触困难型群体合作，包括老年人，残疾人和那些拥有少数民族背景的群体。SuScit 采用小组、焦点小组、社区视频和审议研讨会的混合方式来为“工程与物理科学研究委员会”制定研究议程并提供建议。作为项目结果、研究人员，实践者和居民正在共同研究当地举措和未来的研究项目。

1.6 最近的举措

2008 年，公共参与灯塔计划（Beacons for Public Engagement）在英国启动。该项目是迄今为止公共参与资金投入最高的项目，由英国研究委员会、高等教育资助委员会和维康信托基金会提供资金资助。投资的目的是帮助大学更好地与公众接触，不只在科学方面，而是包括所有学科。六所大学合作伙伴获得了灯塔奖，它们分别是爱丁堡、加的夫、纽卡斯尔、曼彻斯特、伦敦和诺维奇大学，在布里斯托大学还设立了“国家公共参与协调中心”（National Co-ordinating Centre for Public Engagement，NCCPE）。

在英国,《公众参与宣言》（*The Engaged University*）是由国家公共参与协调中心起草的，其中大学和研究机构被要求就“庆祝和分享公众参与活动”进行签名，并表明其与公众合作的战略承诺。

英国的研究资助者也最近制定了一系列促进公众参与研究的准则：协议“协议签署人应认识到公众参与的重要性，以便最大限度地发挥英国科学研究的社会和经济影响”。有关这些最新举措的更多详情见第 2 章。

1.7 前行之路

2011 年莫利民意调查公司对公众科学态度的调查表明，英国公众对科学的态度非常积极，86%的人会对科学取得的成就感到惊讶，82%的人认为“科学在我们的生活中已占据了如此大的部分，我们都应该关心科学发展”。这在欧洲，美国和澳大利亚的其他研究中也得到了同样反映。科学家希望将科学知识传播给公众，我们应该受到这些调查结果的鼓舞。我们可以采用许多令人兴奋和有趣的方式，通过各种不同的媒体来传播科学，例如，采取面对面（例如科学咖啡馆）、展览会、科普图书、杂志、电视节目、网络和社交媒体等方式。我们也必须承认，我们是拥有自身长处、经验和不同个性的个体，相比其他人可能更喜欢采用更多的方法来传播科学。本书的案例研究中提供了许多与受众进行科学传播协作的不同形式的有趣范例。就缺失框架和对话形式而言，虽然我们在本章中强调了许多不同的科学传播模式，但是我们绝不能只困守一种方法。我们想利用本书及其包含的案例研究来证明，我们在不同的时间、不同的情况和不同的受众中使用不同的方法来进行科学传播是完全可以被大众接受的。本文将会引导和实现充满动力和活力的科学界与公众的有效沟通。

参考文献

[1] ALLUM N，BRUNTON-SMITH I，TABOURAZI D. Science knowledge and attitudes across cultures：a meta-analysis [J]. Public understanding of science，2008，17（1）：35-54.

[2] BAUER M W，ALLUM N，MILLER S. What can we learn from 25 years of PUS survey research? Liberating and expanding the agenda [J]. Public Understanding of Science，2007，16：79-95.

[3] BAUER M. Paradigm change for science communication：commercial science needs a critical public [M]//Cheng D，Claessens M，Gascoigne T，et al. Communicating Science in Social Contexts. Berlin：Springer，2010.

[4] BARTON R. Huxley，Lubbock and half a dozen others：professionals and gentlemen in the formation of the X-Club [J]. History of Science Society，1998，89（3）：410-444.

[5] BODMER W. Public understanding of science：The BA，the Royal Society and COPUS [J]. Notes and Records of the Royal Society，2010，64：S151-S161.

[6] BRAKE M L，WEITKAMP E. Introducing science communication [M]. New York：Palgrave Macmillan，2010.

[7] BROKS P. Understanding popular science [M]//ALLAN S. Issues in cultural and media studies. Maidenhead: Open University Press, 2006.

[8] BURNS T W, CONNOR O, et al. Science communication: a contemporary definition [J]. Public Understanding of Science, 2003, 12: 183–202.

[9] DAVIES S. Learning to engage, engaging to learn, the purposes of informal science public dialogue [M]//HOLLIMAN R, WHITELEG E, SCANLON E, et al. Investigating science communication in the information age. New York: Oxford University Press, 2006.

[10] DAVIS L. Science communication: a "down under" perspective [J]. Japanese Journal of Science Communication, 2010, 7: 66–71.

[11] DALEY S M. Public science day and the public understanding of science in America [J]. Public Understanding of Science, 2000, 9: 175–181.

[12] DESMOND A, MOORE J. Darwin [M]. London: Penguin Group, 1991.

[13] DURRANT J R, EVANS G A, THOMAS G P. The public understanding of science [J]. Nature, 1989, 340: 11–14.

[14] FARA P. Science: a four thousand year history [M]. New York: Oxford University Press, 2009.

[15] FALK J H, DIERKING L D. Learning from museums: visitor experiences and the making of meaning [M]. New York: Altamira Press, 2000.

[16] GREGORY J, MILLER S. Science in public communication culture and credibility [M]. New York: Basic Books, 1998.

[17] GERBNER G. An institutional approach to mass communications research [M]// THAYER L, GRIBBIN J. Communication: theory and research science a history. London: Penguin Books, 1966.

[18] HANNAM J. Explaining the world: communicating science through the ages [M]// BENNETT D J, JENNINGS R C. Successful science communication. Cambridge: Cambridge University Press, 2011.

[19] HASTE H, KEAN, et al. Connecting science: what we know and what we don't know about science in society [R]. [S.l.]: The British Science Association, 2005.

[20] HOLLIMAN R., WHITELEG E, SCANLON E, et al. Investigating science

communication in the Information age [M]. New York: Oxford University Press, 2009.

[21] IRWIN A. The politics of talk: coming to terms with the 'new' scientific governance [J]. Social Studies of Science, 2006, 36: 299–320.

[22] IRWIN A. Moving forwards or in circles? Science communication and scientific governance in an age of innovation [M]//HOLLIMAN R, WHITELEG E, SCANLON E, et al. Investigating science communication in the information age. New York: Oxford University Press, 2009.

[23] LOCK S J. Deficits and dialogues: science communication and the public understanding of science in the UK [M] //BENNETT D J, JENNINGS R C. Successful science communication [M]. Cambridge: Cambridge University Press, 2011.

[24] MCCLELLAN J E, DORN E. Science and technology in world history, an introduction, 2nd edn [M]. London: The Johns Hopkins University Press, 2006.

[25] MILLER J D. Scientific literacy: a conceptual and empirical review [J]. Daedalus, 1983, 11 (1): 29–48.

[26] MILLER J D. To improve science literacy, researchers should run for school board [J]. Nature Medicine, 2011, 17 (1): 21.

[27] MULDER H A J, LONGNECKER, et al. The state of science communication programs at universities around the world [J]. Science Communication, 2008, 30 (2): 277–287.

[28] NISBET M C, SCHEUFELE D A. What's next for science communication? Promising directions and lingering distractions [J]. American Journal of Botany, 2009, 96 (10): 1767–1778.

[29] PEARSON G. The participation of scientist in public understanding of science activities: the policy and practice of the UK research councils [J]. Public Understanding of Science, 2001, 10: 121–137.

[30] POLIAKOFF E, WEBB T L. What factors predict scientists' intentions to participate in public engagement activities? [J]. Science Communication, 2007, 29 (2): 242–263.

[31] RAY E. Outreach, engagement will keep academia relevant to twenty–first century societies [J]. Journal of Public Service & Outreach, 1999, 4: 21–27.

[32] RENNIE L J, STOCKLMAYER S M. The communication of science and technology:

past, present and future agendas [J]. International Journal of Science Education, 2003, 25 (6): 759-773.

[33] RIISE J. Communication science in social contexts [M]//CHENG D, CLAESSENS M, GASCOIGNE T, et al. Communication Science in Social Contexts. Berlin: Springer, 2010.

[34] RUSSELL N. Communicating science [M]. Cambridge: Cambridge University Press, 2010.

[35] SCANLON E, SMIDT S, THOMAS J. Investigating science communication in the information. New York: Oxford University Press, 2009.

[36] STOCKLMAYER S M. The background to effective science communication by the public [M]//STOCKLMAYER S M, GORE M M, BRYANT C. Science communication in theory and practice. Dordrecht: Kluwer Academic Publishers, 2001.

[37] STOCKLMAYER S M. New experiences and old knowledge: towards a model for the personal awareness of science and technology [J]. International Journal of Science Education, 2002, 25 (8): 835-858.

[38] TAYLOR J E. The playtime naturalist [M]. London: Chatto and Windus, 1889.

[39] TRENCH B. Towards and analytical framework of science communication models [M]// CHENG D, CLAESSENS M, GASCOIGNE T, et al. Communicating science in social contexts. Berlin: Springer, 2010.

[40] WILKINSON C. Science and the citizen [M]//BRAKE M L, WEITKAMP E. Introducing science communication. New York: Palgrave Macmillan, 2010.

[41] WYNNE B. Misunderstood misunderstanding: social identities and public update of science [J]. Public Understanding of Science, 1992, 1: 281-304.

科学家与公众之间的传播活动

“科学如果不向社会进行传播，它将没有任何价值，科学家们要开始学习如何履行他们的社会责任了。”

——安妮·罗（Anne Roe）

《一个科学家的诞生》（*The Making of a Scientist*）

2.1 介绍

公众参与科学的理论的总体目标是要向公众传递科学和人文社科中的一切。科学和人文学科间的交流常在校园环境中进行（第 9 章和第 10 章），他们也在更广泛的公众间（第 7 章和第 8 章）以及政策制定者间（第 7 章）进行。图 2.1 可应用于开展公众参与的实践活动以及对该过程的研究。

如第 1 章所述，我们现在正处于科学传播的第三个阶段：科学与社会。这一阶段明确且强烈地要求科学家要更多地与公众接触。作为科学家，我们首先应该是去思考：

- 在科学与社会这一阶段，科学家的工作环境改变了吗？
- 谁应该是科学传播者？
- 科学家目前进行科学传播的水平怎么样？

目前，虽然回答这些问题的文献研究数量有限，但在此方面仍有不断涌现的研究成果。在惠康信托的全科学专家组（The Science for All Expert Group）、公众参与的灯塔项目，以及英国皇家学会和皇家工程学院以及商业、创新和技能部（BIS）的几个开创性报告中都有阐述。这些报告的摘要见表 2.1。

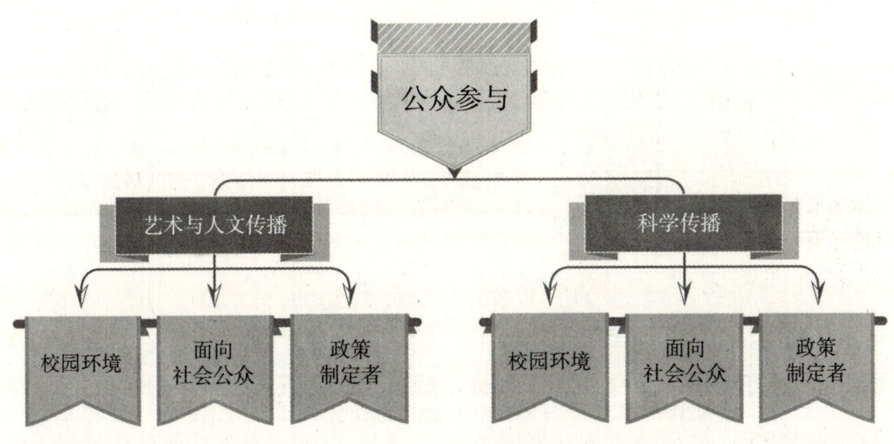

图 2.1　公众参与的层次

表 2.1　相关研究报告、基金及研究目的

研究报告	基金	研究目的	网址
科学家在公众辩论中的角色	惠康基金，由益普索莫里调查研究机构主导（1999年12月到2000年3月）	研究旨在调查科学家是否考虑对公众的影响，在科学家看来在更深入推进公众理解科学有什么优势和障碍，科学家们在科学传播中扮演更重要的角色还需要进行的改进	http://www.wellcome.ac.uk/stellent/wtd003425.pdf
科学传播	皇家学会（2006年6月）	由科学家和工程师主导的影响科学传播因素的调查	http://royalsociety.org/policy/publications/2006/science-communication/
公众参与的认可度与报酬间的关系	为所有专家组的科学报告（2009年11月）	研究的两个主要目的是：把已有研究中的研究发现及建议相结合以探索有效的公众参与学术界、工业界、卫生与公共服务当中存在哪些影响其认可度的障碍；以及当奖励和认可度的关系作为影响公众参与决策的因素时其重要性如何	http://www.britishscienceassociation.org/NR/rdonlyres/B5899730-F2D5-481B-9047-577C1A600A10/0/RewardandrecognitionFINAL.pdf

续表

研究报告	基金	研究目的	网址
定性研究东英吉利大学公众参与的基线报告	研究由诺维奇城市学院研究中心为东英吉利大学公众参与灯塔项目（2008年12月）	研究的总体目标是探讨对公众参与的学术态度以及影响其参与的文化和制度因素	http://www.uea.ac.uk/polopoly_fs/1.134441!Baseline%20research%20report.pdf
公众文化作为专业科学	惠康基金，由益普索莫里调查研究机构主导（1999年12月到2000年3月）	以数据为驱动，将生命科学领域的工作者与公众参与和公众对话相关的解读，看法，观点，判断和经验进行社会学分析	http://eprints.kingston.ac.uk/20016/1/ScoPE_report_-_09_10_09_FINAL.pdf
朝着参与公众参与的科学家具有职业发展的道路前行	为惠康信托桑哥研究所的研究做准备工作（2010年3月）	文件报告了研究设计方案并初步测试了促进科学传播工作走向职业化发展的框架	http://www.sanger.ac.uk/about/engagement/docs/professionaldevelopmentframework.pdf
在高等教育活动中嵌入公众参与	代表公众参与国家协调中心所做有关国家行动研究的最终报告（2011年9月）	其目标是通过深入了解关键问题，并从提出的问题建立寻证改革方案，支持在英国高等教育部门嵌入公众参与的部分	https://www.publicengagement.ac.uk/sites/default/files/Action%20research%20report_0.pdf
促进公众参与科学及工程中的商业动机	英国皇家工程院和商业创新技能部（2011年9月）	其目标是了解以科学，技术，工程和数学为基础的企业开展公众参与活动的动机，回报与障碍。使得当科学、工程科技取得更广泛的传播，同时也为致力于公众参与的群体提供一个资源，让他们能够与企业界建立更有效的联系与伙伴关系	http://raeng.org.uk/news/publications/list/reports/engaging_the_public_in_science_and_engineering.pdf
科学与公众的兴趣：向公众传播最新的科学成果	英国皇家学会（2006年5月）	本报告旨在帮助有出版计划的研究人员获得更广泛的传播（附录1十分有用）	http://royalsociety.org/policy/publications/2006/science-public-interest/

2.2 “科学与社会”对科学家意味着什么？变化着的环境

为了进一步回答这个问题，我们要研究的是过去几十年来发生了怎样的变化，使得科学家的工作环境更有利于从事科学传播活动。那么在英国，都发生了怎样的变化呢？

2.2.1 英国视角

在英国，几项具有开创性的报道的出版，消除了先前与科普有关的一些污名，其中包括《鲍默报告》（1985 年）和 1993 年科学技术白皮书中的《实现我们的潜力》。此后，“通过科学传播吸引公众成为更主流的活动”。此外，研究理事会的重组导致了英国研究理事会（RCUK）扮演的新角色：它开始鼓励研究人员与公众进行接触，并将所有学科中公众参与的理念纳入高等教育（HE）及研究部门。在英国建立公众参与的灯塔项目时，能够清楚地看到支持公众参与的英国资助机构做出的承诺。这个项目是迄今为止投入最多的公众参与项目。它由英国研究理事会、英格兰高等教育资助委员会（HEFCE）和惠康信托资助。2007 年 2 月，英格兰高等教育基金管理委员会邀请高等教育机构（HEIs）申请在试点项目下设立为期四年的六个合作中心以及一个协调中心。这笔资金的投入注定会取得不凡的效果；资助者提供了超过 900 万英镑的经费，用于支持和鼓励各个大学更有效地开展与公众进行接触的活动，这不仅是在自然科学领域，而是在所有的学科领域进行的。灯塔项目是以大学为基础建立的协作中心，它致力于支持、认可、鼓励并构建公众参与的能力。目前已有超过 100 所高校申请加入，共有 6 名成功的申请者。

- **东北地区灯塔项目（Beacon North East）：**在纽卡斯尔大学，杜伦大学和生命中心之间建立了合作关系。
- **东英吉利大学公众参与灯塔项目（CUE East）：**由东英吉利大学（UEA）领导，拥有最多的社区合作伙伴，其中包括诺维奇研究园、诺维奇大学艺术学院、塞恩斯伯里中心、诺维奇市议会，东部的英国广播公司，教师科学家网络以及 SAW 基金（S：科学，A：艺术，W：写作）。
- **爱丁堡贝尔坦（Edinburgh Beltane）：**是灯塔项目的大型合作伙伴之一，其会聚了爱丁堡五所高等教育机构的专家并预计将有未来高地和群岛大学（UHI）加入。
- **曼彻斯特灯塔项目：**合作伙伴有曼彻斯特大学、曼彻斯特城市大学、萨尔福德大学、曼彻斯特科学与工业博物馆和曼彻斯特：知识资本。
- **伦敦大学学院：**合作伙伴有大英博物馆、伦敦南岸中心、伦敦大学伯贝克学院、切尔滕纳姆科学节，艺术催化剂组织以及城市·伊斯灵顿学院。
- **威尔士灯塔项目：**由卡迪夫大学、格拉摩根大学、卡玛森学院，威尔士国家博物馆记忆威尔士 BBC 组成合作伙伴。

除了以上 6 个灯塔项目，布里斯托大学还设立了为开展公众参与活动的国家协调中心（NCCPE）[①]。总体说来，为公众参与建立的灯塔项目的战略目标是：

- 激发文化的转变；
- 增强公众参与的能力；
- 建立有效的合作伙伴关系，鼓励各成员将公共参与纳入其日常工作范畴中。

——国家公众参与协调中心（NCCPE，2010）

（National Coordinating Center for Public Engagement）

近日，国家公众参与协调中心制定了公众参与宣言[②]：建立公众参与大学（The Engaged University）。该宣言邀请大学和研究机构签署庆贺并分享所开展的公众参与活动，传递愿与公众接触的战略承诺。目前，该宣言正越来越多地吸引着来自英国各地高等教育机构的签署人。截至 2012 年 1 月，共有 39 位高校签署此宣言[③]。2010 年，英国推出了《与公众进行研究的协议》[④]。协议概述了研究资助者对在大学和研究机构所有学科中嵌入公众参与的期望和责任。该协议的关键原则是：

① Http://www.publicengagement.ac.uk。

② Http://www.publicengagement.ac.uk/why-does-it-matter/manifesto。

③ Http://www.publicengagement.ac.uk/why-does-it-matter/manifesto/signatories。

④ Http://www.rcuk.ac.uk/Publications/policy/Pages/perConcordat.aspx。

- 英国的研究机构对公众参与做出战略承诺；
- 研究人员参与的公众参与活动能够得到认可和重视；
- 研究人员能够获得适当的培训，受到支持并有机会参与公众参与活动；
- 本协议书的签署者和支持者将定期审查各自以及更广泛的研究部门以促进英国公众参与的进展。

——转载自英国研究理事会

此协议已得到众多签署者的认可，其中包括英国研究理事会、英格兰高等教育基金管理委员会、皇家学会和环境、食品与乡村事务部（DEFRA）。此外，它还得到了英国政府部门、科研院校、社团以及大学的支持。本协议的签署人也认识到："与公众进行接触是一种可以在各高校进行融合的方法。"（例如：在开展的教学活动中融入公众参与活动）

为持续 4 年灯塔试点项目提供的资金于 2012 年结束。然而，英国研究理事会已经认识到他们仍然需要：

- 支持科学家和研究人员将公众参与嵌入其职业生涯中；
- 将开展公众参与纳入高校的核心战略。

因为如果没有这个政治动机，没有其支持的经济基础和相关组织机构，研究人员为公众参与所做出的努力还只能停留在实验室内。因此，作为对这项担忧的回应，2011 年 9 月，英国研究理事会公布了一项新的融资流程，即"催化剂"（Catalysts）流程[①]，它旨在支持一种在大学内的正式的公众参与文化。那些没有参加灯塔项目的高等教育机构也有资格

① 更多信息：http://www.rcuk.ac.uk/per/pages/catalysts.aspx。

申请项目资助。成功的申请人可以借鉴灯塔项目的经验，把公众参与纳入其机构工作中。一些经济奖励和价值认可机制也会用以激励研究人员参与到公众参与活动中，同时还鼓励机构表彰并分享那些优秀实践活动。

在英国，鼓励研究人员参与公众讨论并让公众参与到高等教育及研究部门工作中的例子不胜枚举，这种转变的文化环境已经清晰可见。而在高等教育机构也可以找到一些鼓励公众参与的声明，例如东英吉利大学就宣布了其团体计划（2008—2012）[①]，其中列出的两项主要战略就有：

> 积极支持参与到国际机构、各国政府、企业和慈善组织在全球和国际面临的挑战，尤其是在那些跨学科研究的重点领域，如气候变化、全球健康和扶贫的问题上；使东英吉利大学公众参与灯塔项目成为公众参与的有效信号，帮助公众了解重大问题，促进我们现有的教师、家长和学生对建设公众参与这一工作的理解。
>
> ——转载自东英吉利大学

同样，当对由生物科技和生物科学研究委员会（BBSRC）战略性资助，位于诺维奇研究园区的植物科学研究所的约翰内斯中心的公司规划进行审查时，它指出：

> 我们的任务是通过创新型研究来产生植物和微生物的知识，培养未来的科学家，将我们的知识应用于农业、环境、人类健康和福祉，并参与到政策制定者和公众中。[②]
>
> ——转载自约翰内斯中心

① Corporate plan；http://www.uea.ac.uk/polopoly_fs/1.74259！ corporateplan.pdf。

② JIC，http://www.jic.ac.uk/corporate/index.htm。

显然，不同的高校和研究机构在其任务说明、业务纲领和文化中所嵌入的公众参与的内容，都显示出各自不同程度的战略及实践上的支持。在英国，有一些大学已经接受了这一理念，并已将公众参与牢牢地嵌入制度之中。然而向前迈进的脚步总是各不相同的，尽管英国所有的大学都在继续朝着这个目标前进，但其中总有在前进中脚步较慢的。这种将大学和研究机构嵌入公众参与的愿望也并不是英国独有的。最近，在一篇对遍布欧洲 40 多所科研机构进行公众参与活动进行调查研究的论文中指出，40 多所被调查机构中很少有公众参与其核心活动。在本报告中，缺乏体制支持被细化为：

- 缺乏机构的相关资金；
- 缺乏对活动中设计、组织、传达和评估的支持；
- 缺乏开展公众参与的科学传播活动所需要的相关培训。

20 世纪 90 年代以来，所有英国研究理事会的资助机构都开始向公众进行科学传播。英国研究理事会有其产生影响力的途径，它强制性要求受研究资助的机构提交相关报告。这些研究涵盖了科学研究造成的经济和社会影响，同时它也将把公众参与纳入科学传播研究中（图 2.2）。用于判断研究资助是否能够通过申请的主要评估标准仍然是“科学卓越”与否[①]。然而：

> 这条“影响之路”在同行评审过程中只是诸多需要考虑的其他标准之一，它还要通过项目优先申请的小组评审。
>
> ——英国研究理事会

① This statement is found on the RCUK website，http://www.rcuk.ac.uk/documents/ impacts/ RCUKImpactFAQ.pdf。

这些影响报告的提交途径仍是同行评审，这也构成了授权申请的二级评估标准的一部分。另外，许多研究委员会还提供小规模资金，用以开展科学传播活动。一系列此类内容均可在本书附带的网站上找到。影响报告的部分内容来自沃尔芬代尔委员会（Wolfendale Committee）（第一章）的研究结果。

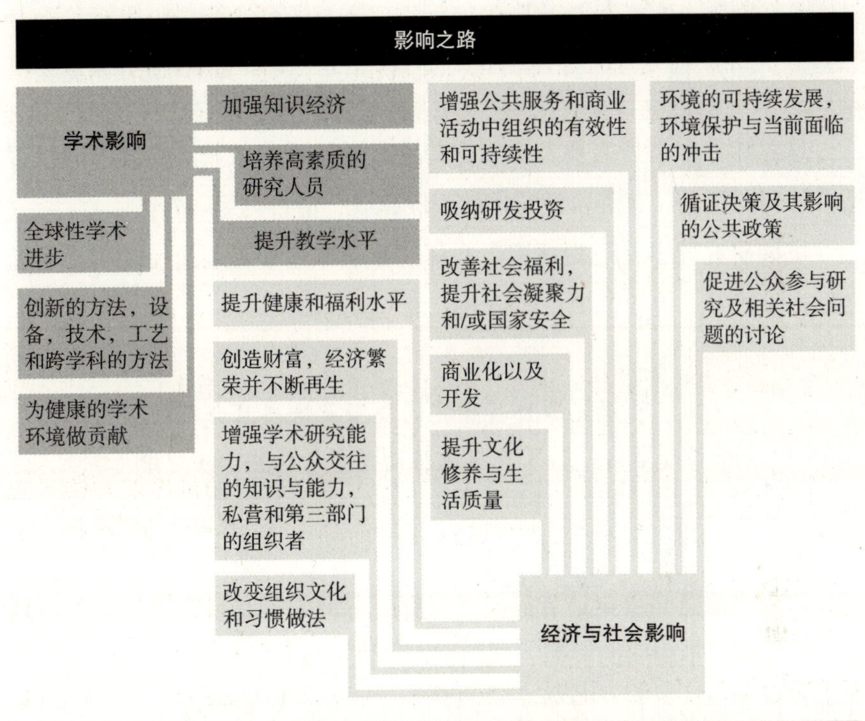

图 2.2　英国研究委员会影响之路

> 原则上，所有从公共资金中获得资助的人都应该承担相应的责任，还要向公众解释资金的用途，研究能够为公众做什么，它为什么重要，以及如何将研究适用于更广泛的知识领域。
>
> ——沃尔芬代尔委员会（1995）

英国研究理事会就影响资助申请中的影响综述和影响途径评估进行了说明。申请者首项需要注意的事宜是评审方案的评审者。

> 你的影响综述和影响途径将由同行评审者进行研究，他们可能是非学术界人士（比如，潜在的用户和受益人），也可能是学术界人士。
>
> ——英国研究理事会

这意味着申请者需要考虑用于传达科学的语言及其潜在的影响是否适合外行的读者。有关科学写作的一般建议，请参见第 4.7 节。

英国研究理事会还为评审者在评阅影响综述和影响途径时所寻求的帮助提供指导。他们说项目申请人应该考虑到：

> 拟议的研究项目其研究的类型是恰当且合理的，应充分重视受益者，如果有可能将使其参与到整个项目中。[①]
>
> ——英国研究理事会

这个声明意味着申请者需要考虑哪一部分人群是目标受众。公众是一个广泛而各不相同的群体，他们拥有不同的人格、态度、兴趣、年龄、性别和社会经济地位（见第 6.2.2 节）。一旦确定了目标受众，还需要考虑将公众参与活动的机制，比如，是直接参与还是间接参与，活动是以信息驱动还是以会话为导向（见表 6.1）？

2014 年，卓越研究框架（REF）将审查英国学术机构其学术研究的成果及质量。在英国，许多高校都加入此项科研框架中。这项工作的结

① Further information can be found on the RCUK website， including the following document. http://www.rcuk.ac.uk/documents/impacts/RCUKImpactFAQ.pdf。

果将决定英格兰高等教育基金管理委员按质量评价 10 级标准[①]（QR）给出资助的资金水平，以支持在这些机构中开展所有学科（包括科学）的研究。各机构的研究成果质量都将成为所提供资金水平决策的主要驱动因素，当然其中也会考虑一些其他因素。2014 年卓越研究框架的网站还有一部分题为“有关评估研究影响决定”[②]的内容。它指出：

> 案例研究可涵盖发生于评估期间内，任何学术界之外的社会、经济、文化的影响及相关利益，于指定时间内向机构提交的优秀研究项目都将得到支持。
>
> ——英格兰高等教育基金管理委员会（2011）

卓越研究框架指标中强调的这一研究影响反映了英格兰高等教育基金管理委员会在图 2.2 中所示的影响路径。如果可以证明其能够提供“社会、经济、文化影响或利益”，这有可能为研究人员提供一个支持和鼓励公众参与活动的环境。然而，这其中包含的影响是有所争议的。其提出的担忧包括了：

- 在不同研究规范下，评估影响时会缺乏同一性。
- 如何在不同研究学科间，通过研究学科的透明度和公平性来成功评判研究的影响和效益。
- 企业影响对公众参与影响具有的相对优势。

① The Research Excellence Framework （REF） is the new system for assessing the quality of research in UK higher education institutions （HEIs）. It replaces the Research Assessment Exercise Research （RAE） and it will be completed in 2014. The REF will be undertaken by the four UK higher education funding bodies. http://www.hefce.ac.uk/research/ref/。

② Information is available at， http://www.hefce.ac.uk/research/ref/pubs/2011/01_11/。

从同时作为科学传播者的科学家角度来看，在科研卓越框架评估中纳入“影响”这一评估因素，提供了这样一种政策：它能够鼓励在高校中进行科学传播和公众参与文化的发展。2014 年之后参与评估的企业数量与参与度比例有所变化。

2.2.2 英国以外国家的政策变化

显然，在英国，因为科学传播的重要性，它在政治议程中的地位提升了。2009 年，英国科学部部长德雷森爵士（Lord Drayson）发表了一个观点：“科学家在科学传播中负有责任——特别是当他们由纳税人资助从事公共场合的时候。”这个观点在全球得到回应，它与其他政策声明一同阐述了一个由参与到公众间的科学家所推动、公众参与科学的社会的重要性。

英国科学家在工作中必须考虑如何展示他们的研究影响，以确保获得基金资助。国际科研资助机构也受此影响。佩斯（Pace）等人的报告中指出，在美国，国家科学基金会在 1997 年建立了“更广泛的影响”标准，作为其评审过程中的优势部分。[①]

在欧盟的研究授权机构中也引入了类似的标准，例如欧盟委员会的资金框架。[②]另外，在其他国家中也可以找到明确的政治决策，旨在鼓励构建一个公众参与科学的社会。例如：

① Further details on the National Science foundation's 'broader impacts' criterion can be found on the following website：http://www.nsf.gov/pubs/gpg/broaderimpacts.pdf. http://www.csid.unt.edu/topics/NSF-broader-impacts-criterion.html。

② As highlighted in the following website：http://ec.europa.eu/governance/impact/key_docs/ key_docs_en.htm。

- “激励澳大利亚”（The Inspiring Australia）计划，旨在于科学和社会之间建立有力而开放的关系，并通过对科学及其效用的有效传播得以巩固。作为对这一国家战略的重要支持，政府在2011—2012年度预算中为未来三年提供2100万美元，用于“激励澳大利亚”计划（《激励澳大利亚报告》）。
- 中国科学技术协会成立于1958年，旨在促进科学普及。中国科协协调科学界和中国政府间的互动。此外，它还在鼓励科学家将科学向更广泛的公众，包括偏远地区进行传播的过程中发挥了关键作用。2002年，中国颁布了《中华人民共和国科学普及法》，2006年，科技部等政府部门就防治SARS（严重急性呼吸综合征）和H5N1禽流感等流行性疾病开展了科学普及活动，并作为“中国公民科学素养提升计划”（Scheme for the Advancement of Chinese Scientific Literacy）[①]的一部分。

南非政府的科学技术部最近推出了“公众理解生物技术”计划（PUB）。其任务是“确保民众对科学原则，科学相关问题和生物技术潜力有清晰而平衡的理解，并激发公众对生物科技在社会进行应用的辩论”。“公众理解生物技术”计划的目标是，让公众具有对生物科技及其相关应用进行公开辩论的意识与机会。[②]

因为这些政策，全球范围的科学家都被要求去参与公众对话。

2.2.3 评估机构对公众参与所做承诺的实用步骤

在英国及其他地方工作的个人，可以采取直接而实际的步骤，用以更好地评估个人所在机构对公众参与“公开表达”的承诺。这些步骤将

① english.cast.org.cn。

② More information can be found at http://www.pub.ac.za/index.php?option=com_content &view=frontpage&Itemid=93。

使个人了解到其所在的机构与该行业中同类机构的差异。这些步骤在专栏 2.1 中进行了说明。

专栏 2.1　评估高校对公众参与所做承诺的实用步骤

- 仔细评审任务说明、总体规划、校长声明、地址以及你的机构面向公众的网站。问问自己他们对公众参与做出的承诺是否有任何详细说明？他们是否能举出开展公众参与活动的例子？
- 浏览国家公众参与协调中心的网站，你可以获得“公众参与宣言”的详细信息。您所在机构是否被列为签署人，您的大学所在组别是否有其他成员已经成为签署人。在英国，您所在高校是以下团体之一的成员：

  a Million+ 集团；

  b 英国艺术与设计院校协会；

  c 1944 集团；

  d 罗素大学集团；

  e 共同分享高等教育的相关理念和资源的大学联盟。

  宣言可在以下网站中找到。此外，网站中还列出了如何签署宣言的细节以及成为签署人的潜在益处。

  http://www.publicengagement.ac.uk/why-does-it-matter/manifesto/signatories.
- 公众参与研究协议的支持者可在以下网站中找到。

  http://www.rcuk.ac.uk/per/Pages/supporters.aspx.

这将使您深入了解参与本协议的高校，以及资助机构和科学协会的数量。花时间阅读本协议还将让您了解，您所在的高校机构公开表示做出支持的公众参与承诺，其深度和广度如何。

2.2.4 EDGE 工具

一个能够简单、快速和有效地评估用户所在的学校、部门、教职员工，机构或工作场所支持公众参与的方式，就是使用EDGE工具（表2.2）。该工具是公众参与科学灯塔项目的工作成果之一。它是为了用户能够：

- 考虑在部门、教师和机构各层面的战略支持水平；
- 确定用户能对公众参与科学做出支持，并使其产生积极变化的领域。

用户可以选择独自使用该工具，也可以与组内同事一起，将其作为非正式研讨会的一部分进行使用。或者，也可以邀请几位同事单独完成该工具，然后比较不同部门、不同院系的回答。以这种方式比较结果，可能会为用户所在的机构在为公众参与提供支持时存在不同看法，提供潜在而有力的见解。该工具为不同水平进行公众参与的机构人员提供描述性总结陈述，它包括日常工作流程、策略、任务和意见。

相关信息可在表2.2中找到，但是有关EDGE工具的更多信息和资源可以在公众参与国家协调中心的网站上找到，网址为www.publicengagement.ac.uk/support/planning-change。

公众参与灯塔项目　公众参与国家协调中心

EDGE 自测表

使用帮助

公众参与国家协调中心　自测表使用帮助　www.publicengagement.ac.uk

表 2.2 EDGE 工具由公众参与国家协调中心许可出版

EDGE 工具：使用帮助 通过对 6 个灯塔项目的工作进行思考，并借鉴了其他机构，项目及研究的经验，我们确立了构建支持公众参与的文化所必需的 9 个维度： • 任务 • 认可 • 职员 • 领导 • 支持 • 学生 • 传播 • 学习 • 公众
下文给出的自测表，您可用于测试对公众参与的支持程度。它根据所确立的五个关键部分进行评测，每个部分占有一定的比例： A 初期：开展的活动较少或基本没有。 B 发展期：开展了一些活动，但相对不具有系统性和战略性。 C 成熟期：机构按步骤制定出具有系统性和战略性的方式。 D 投入期：机构已制定出战略并能够在面临挑战时开始运营，营造支持公众参与的文化。
使用说明 你可以多种方式使用该测评表，比如： • 您可以根据自己对机构的了解，单独填写； • 您可以在研讨会时与同事和其他股东一起填写； • 或者您可以邀请一些人分别单独填写，然后将它们放在一起比较他们的观点。比较机构不同部门间的意见可能是一个很有力度的活动。

虽然在这里我们假定了投入式的公众参与对于组织机构而言是有利的，但有些组织机构可能会选择不在所确定的所有领域中都采用嵌入式的方法。在某些情况下，非正式和快速紧急的处理方法可能会优于正式的方法。

在官网上，如在网站“改变计划”这一部分，用户可以深入了解 UCL 灯塔项目及其他人如何面对支持公众参与时的挑战。这里包括一些比较简短的案例研究和职员们在工作中的经验与思考，网址为：www.publicengagement.ac.uk/support/planning-change/support。

公众参与国家协调中心　自测表使用帮助

支持				
议题	初期	发展期	成熟期	投入期
专家团队的资金投入	没有人负责在校园中支持和投入公众参与。可能有一些部门的个人会参与公众参与活动	有一些职员参与支持和投入公众参与；然而他们的任命大多是临时的／资金也不是核心资金，并且这只是他们众多的工作之一	职员受雇时有明确的职责即支持并投入公众参与活动。一些任命是永久的但大多是临时的／资金非核心资金	机构的核心资金用以支持具有公共参与专业知识的成员，负责在整个组织机构中支持和投入公众参与
有效的网络和协调配合	没有试图协调公众参与活动，也没有构建整个机构的学习和专家网络	采取了一些协调公众参与活动的尝试，但对这项工作没有战略规划。存在一些自发组织的网络，而不是由机构支持组建的	公众参与活动的监督和协调工作已经被正式分配（例如，给一个工作组或委托人），但对活动的资金支持和资源很少。有一些基于主题或职业的具体网络	该机构有一个集中协调的战略计划，一个负责监管这一计划的正式责任机构（或几个机构）以及可用于协助实施和投入公众参与的资源。有一些受认可和支持的网络
职员和学生可获得的机会	职员很少能获得与公众参与相关的机会。职员会在组织机构外部寻找一些机会	几个部门为参与的学生和职员提供一些机会，但仍然没有系统性的支持。中央经纪人可能会对外界的机会提供一些细节	大部分部门已经做出了一些规定，为机构和学生参与公众参与活动提供了机会	该机构积极促进和沟通以获得更多参与的机会，并提供实际的支持措施（如证券，助学金，奖学金；借调机会）。它还在各机构范围中投资提供了第一步计划的项目

续表

支持				
议题	初期	发展期	成熟期	投入期
活动的评估	没有开展机构间有组织的评估，来评估正在进行的公众参与活动的数量和质量，也没有认识到正式开展评估的价值	一些部门尝试评价公众参与活动的数量和质量。跨机构间不进行评价交流。评估主要为了对活动进行监管	已经开始系统地评估公众参与活动的数量和质量。总结性评估十分常见	目前正在进行系统的评估，以评估整个机构正在进行的公众参与活动的数量和质量。评估反馈正在用于指导未来的活动和策略制定。形成性评估是公众参与活动的预期部分
雇用以及合作的工作关系	很少或没有尝试促进公众获取本机构内的信息或专业知识。很少或基本不支持宣传活动。例如，开放一些培训机会，为项目推广撰写资助申请	一些基本的“路标”已经到位——比如，用以描述此机构致力于开展公众参与并加强联系的网页。为职员进行活动推广提供一些支持	已经具备有效的“路标”。一些代理合作伙伴开始寻求与外部的合作。组织有积极的“前门”，可以响应外界的新要求。支持员工发起自己的推广活动	该机构对路标进行投资，以方便与社会接触，提供了一些专门的经纪业务和正在采取的战略方针，以伙伴关系进行发展。它与当地社区邻居长期合作

2.3 科研人员是否应加入公众参与活动?

2008 年，出版了一份关于东英吉利大学学术人员参与公众参与的定性基准报告。报告中对 55 名跨学科的科研人员进行了访谈，其中 14

名来自科学院，14 名来自社会科学院，12 名来自健康学院，具有高级职称的学者比例很高。这份报告显示，接受采访的学者中有 84%认为自己参与过“某种由个人定义形式的公众参与”。

格拉斯等人最近发表了另一项探索性研究。这项研究是在研究活动密集的密歇根州立大学进行的，该大学有着为公共事业服务的历史传统。研究人员审查了 2002—2006 年，所有学科中获得晋升的人员及获得终身教职的 173 名教师的晋升和任职文件，以确定由工作人员列出的不同类型的公众参与活动。研究人员确定了频率水平，并对不同类型的活动进行了分类：

（1）公众参与研究与有创造性的活动，其中包括了社区驱动及资助的研究机会和艺术类的项目。

（2）公众参与公开教学，其中包括一般教学（可能是学分制或非学分制），或与社区合作伙伴联合的交流。它还包括向公众提供学术资源。

（3）为公众参与开展的服务，其中包括专家证词、技术援助、临床和诊断规定。

（4）为公众参与开展的商业活动，包括新发现的商业化，如通过技术转让，获得许可证将产生的新知识转化为公共领域的“盈利”。

这项研究显示，总体看来，有 94%的教职员工报告至少参与过一种公众参与的学术活动。对 4 个不同类别的深入研究表明：

- 72%的教职员工至少参与了 1 种公众参与的研究与有创造性的活动；
- 超过 88%的教职员工至少参与了 1 种公开教学；
- 71%的教职员工承担过为公众参与的服务；
- 只有 15%的教职员工表示进行过为公众参与开展的商业化活动。

从科学家角度来看，这项研究的有一个有趣的结果，即不同领域的教师在公众参与活动中有显著的差异。该报告指出，与艺术和人文学科的教师相比（虽然物理和生物科学教师表现也并不太好！），自然科学和健康学科的教师更有可能进行不同类型的公众参与活动。公众参与显然是适用于所有学科的术语和哲学体系。在本书中，我们将科学传播定义为将公众参与应用于科学中，在不同群体之间进行的传播，包括政策制定者、更广泛的公众及校园的环境中。

2.3.1 谁是科学传播者？

惠康信托桑格研究所（The Wellcome Trust Sanger Institute）是参与人类基因组计划的重要机构之一。这是研究机构支持科学传播的又一个案例，其目前致力于鼓励更多的科学家积极参与到面向公众的传播。2010年，艾莉森·麦克劳德（Alison MacLeod）为桑格研究所出版了一份关于《参与公众参与工作的科学家专业框架》的报告。它描述了为建立促进科学传播专业发展的框架所进行的研究、设计和初步测试。第一步，作者认识到进行科学传播的传播者来自不同的群体，并具有不同的传播动机。科学传播也是跨学科的，很多人都能够参与其中。这些不同的传播群体在表 2.3 中都有所定义。

表 2.3 谁是科学传播者

专业的科学传播者——此科学传播者群体可由科学中心或博物馆、研究机构、大学雇用，也可以是自雇人士。他们经常被作为科学家培养，但他们不再以“科学家”为主要职业
进行科学传播的专家学者——他们也参与到科学传播活动中。这个群体是由具有科学或社会科学背景的学术专家组成。他们既开展自己的研究，也讲授科学或社会科学的硕士学位课程

续表

科普工作者——通过写作、演讲、新闻报道或广播获得公众的欢迎：这个群体是有动机地激发新受众探知科学的科学家
科学捍卫者——他们工作于重要的或有争议的科学话题，并试图解释自己的工作：这组科学家积极地参与科学传播，但他们首先将自己定义为科学家。他们参与科学传播源自其认为自己的研究领域是"有争议的或有新闻价值的"
科学家——在学校或科研工作中参与科学传播，作为他们主要工作的"副业"：这最后一组的动机是与公众接触，因为他们想通过解释自己或其他科学家的工作给学术共同体之外的受众，以此来回馈社会
摘自《Towards a professional framework for scientists involved in public engagement work》，由 A. 马克莱德为惠康桑格研究所编写的报告。通过惠康信托桑格研究所的许可转载

这些定义强调了目前归于科学传播的群体的不同性质，但清楚的是，科学家们可以参与到各个群体中。阅读这本书的科学家可能有兴趣通过科学传播活动吸引大众，也可以找到所属的群体。值得注意的是，随着科学家的职业发展，科学家可能会从一个团体开始，然后进入了另一个团体，因为参与科学传播活动的原因在不断地变化或发展。

2.4 科学家当前进行的科学传播处于怎样的水平?

2.4.1 《科学家在公众科学议题讨论的作用调查》报告

直到 20 世纪末，惠康信托基金一直热衷于了解科学家对公众参与的看法，尤其是：

> ……调查科学家是否认为自己是对公众最有责任感并最有传播科学研究能力的人，更多的公众理解科学有哪些益处与障碍，以及科学家要在科学传播中扮演更重要的角色，还需做出哪些改变。

根据在英国和爱尔兰处于领先地位的市场研究机构益普索所 · 莫里（Ipsos mori）做的一项调查，他们在 2000 年发表了一篇题为《科学家在公众科学议题讨论的作用调查》（*The Role of Scientists in Public Debate*）的报告。益普索 · 莫里与英国高等教育研究部门（HEIs）对英国各个研究机构的科研工作者进行了访谈。这是首次透露科学家对科学传播的观点和态度的报道之一。报告指出，在参与调查的科学家中：

- 84％的人同意他们有责任向公众传播他们的研究结果；
- 91％的人认为所有科学家都有责任将研究中的社会和伦理影响传达给政策制定者与公众；
- 97％的人认识到公众对科学有更深刻理解的相关益处；
- 56％的人在前一年进行了科学交流活动；
- 69％的人，这一令人惊讶的百分比，认为应该将把其科学研究传播给更广泛的受众作为自己主要责任。

这项调查显示，自《鲍默报告》呼吁科学家开始行动开始，15年来，大多数科学家认为自己有责任将研究成果传达给外行的受众，并且也见到了相关的益处。

2.4.2 科学家是否应向公众进行传播?

到2006年，英国科研基金组织有关公众参与的理念变得更具有对话性质，处于科学与社会的阶段。基金组织热衷于鼓励科学家同社会公众以对话的形式进行科学传播。为了支持这一理念，英国皇家学会在英国研究委员会和惠康信托基金会的支持下成立了一项研究。

这项研究的结果发表在《科学传播报告》(*The Science Communication Report*)。其目的是为科学研究资助者提供鼓励科学家进行科学交流传播的证据。报告的目标包括“探索可能促进或抑制科学传播的因素”，同时也试图提供有关“大学和其他研究机构及其资助者如何促进有效地进行科学传播”的证据。该报告总结了在一些代表性的科学家和研究人员组进行的一项基于网络调查的研究。这些科学家和研究人员的职业生涯的各个阶段都在高校。随后挑选出对最初调查做出回应的科学家们，与其就科学传播的看法进行了访谈。这份报告的一个重要发现是，74%的科学家表示，他们在调查前一年至少参加了1次以上的科学传播活动（不包括机构开放日）。这意味着在英国，在2000—2006年这一时期，积极参与科学传播的科学家比例已经有所增加。

2.4.3 职业鸿沟

鲍尔和詹森决定描绘参与科学传播活动的科学家的群体特征。他们重新分析了皇家学会科学传播报告的数据，并得出结论：高级研究人员比其初级研究人员参加这些科学传播活动的可能性高出三到四倍。他们还发现，以研究为主要任务的科学家比研究与教学时间均衡的科学家参加科学传播活动的可能性降低了55%。惠康信托基金授权的报告《科学家在公开辩论中的角色》（*The Role of Scientists in Public Debate Report*）也表明“资深科学家……更有可能参与科学传播活动”。在另一项研究中也有类似的发现，该研究着眼于在国家科学研究中心（CNRS）工作的法国科学家，其指出“参与活动的积极性随着资历的增加而大幅增加”。

如果我们将注意力转向美国，安德鲁斯等人在2005年发表了一项对美国科罗拉多大学从事各学科研究的科学家在不同的职业阶段进行外联活动（美国“外联”往往与“公众参与”互换使用）的报告。这项研究表明，科学家所处的职业生涯阶段对其参与外联活动有影响。然而，与2000—2006年的英国科学家不同，法国科学家在2004—2009年的6年间进行了跟踪调查发现，科罗拉多大学的科学家如果处于早期职业阶段，则更有可能参加外联活动；与具有教师职位的科学家相比，研究生花费了近两倍用于外联活动的时间。

2.4.4 性别鸿沟

如果我们比较性别差异造成的公众参与的水平差异时，证据之间有些是矛盾的。

（1）主要是男性：在英国，2000 年出版的《科学家在公开辩论中的角色》中表明，男性科学家和女性科学家之间参与科学传播活动数量是有所不同的：59%的男性科学家表示他们参加过科学传播活动，而女科学家则为 48%。

（2）没有差异：最近的《科学传播报告》（*Science Communication Report*）中并没有显示出男科学家与女科学家在参与科学传播间存在差异。鲍尔和詹森对这一报告数据进行了重新分析，他们说，"考虑到资历在积极进行公众参与活动的因素十分突出。性别……并未显示出差异。"

（3）主要是女性：然而，在美国由安德鲁等人在 2005 年进行的研究显示，与 2000 年调查的英国科学家相反，科罗拉多大学的女科学家比男科学家更有可能参加公众参与活动。6 年来对参与科学传播活动的 7000 名法国科学家的统计学研究中收到的数据也表明，与男性科学家相比，女性科学家更倾向于参与这些活动。女性科学家中 60% 表现活跃，男性科学家则为 57.4%（p 值低于 0.0001）。

这些数据表明，不同科学传播的模式以及受到性别的影响可能是由多个不同因素造成的。

2.4.5 科学共同体内进行科学传播活动的层级

2006年“科学传播报告”要求科学家报告他们在过去的12个月内是否参与了科学传播活动。报告将科学传播活动分为11种不同类型（见表2.4）。在调查前一年，74%的科学家表示他们参加了10项科学交流活动中的至少一项（只有10种类型被使用，因为机构开放日不包括在此计算中）。更深入地研究表明，对于每个独立的活动，更多的科学家并没有实际参与。科学家参与的最普遍的传播活动类型是机构开放日，大多数的大学，往往都会有一个由“招生营销”驱动的议程。①《科学传播报告》中突出显示的科学传播活动统计资料中未列入机构开放日的数据，此部分将在下文进行说明。

表2.4 科学家在不同科学传播活动中的参与层级＊

公众参与活动	从来没有	一次	大于一次（最多五次）
机构开放日	44%	36%	21%
公众演讲（包括作为小组的一部分）	60%	21%	20%
与政策制定者合作	67%	16%	17%
与教师／学校合作	70%	15%	15%
接受新闻采访	77%	13%	11%
与非政府组织（NGOs）合作	77%	9%	14%
为非专业的公众写作	75%	15%	10%
公众对话活动	80%	13%	7%
与科学中心／博物馆合作	87%	6%	7%
接受电台采访	88%	7%	6%
比赛评委	89%	8%	11%

＊改编自皇家学会在英国研究理事会（RCUK）和惠康信托基金支持下进行的“科学传播”报告（2006）。

① 有科学家支持和参与的开放日成了科学传播活动的一种选择。大多数大学和研究机构的大多数开放日都有进行招生或营销的议程。因此，报告中为开放日的数据不包括在评估科学传播活动水平中。

报告还显示：尽管有74%的科学家参与了10项活动中的至少一项活动，其中63%处于中低水平的活动参与度（每年1～10次，参加活动次数的中位数为两次），其中10%的科学家报告中显示其具有很高的活动参与度（每年大于10次）；有26%的科学家没有进行过传播活动，但其中超过一半（53%）的科学家表示“他们想花更多的时间与非专业公众进行传播关于科学的有关内容”。然而，这意味着有一部分科学家显然不想花时间参与科学传播活动。

这项调查还向科学家们询问其他群体参与研究对其而言的重要性如何，是“重要或非常重要”。各群体的重要性如下：政策制定者是其中的领跑者（60%），老师（50%），工业/商业界人士（不直接影响研究经费）（47%），专业记者（45%），非专业的公众（39%），已经从学校毕业的青年（38%），非政府组织（NGOs，34%），媒体中的其他人士，如作家、纪录片和其他节目制作人（33%），排在最后的为一般记者（31%）。这项调查显示，在两项科学家参与最为频繁的公众参与活动中（公开演讲和公开演讲），不同群体的重要性存在差距，科学家认为与政策制定者和教师之间的关系非常重要。

当鲍尔和詹森对“科学传播报告”中的数据进行了二次分析时，他们发现报告中所列出的科学传播活动可以进行归组。他们发现科学家：

- 与小学和中学教师接触较多者也更倾向于参加公开演讲和开放日活动；
- 积极参与决策的人也积极参与非政府组织；
- 与博物馆和科学中心合作的人士也更有可能进行公开辩论，担任陪审团成员，担任竞赛的评委；
- 与报刊媒体合作的人士也会与广播和大众科学书籍有所合作。

这说明科学家对不同类型的参与活动有一定倾向性，他们更倾向于符合自己兴趣和个性的活动。这就表明一个机遇将导致另一个机遇，例如当我们与学校接触，和教师合作时也将带来更多类似的机遇。

2.5 结语

显然，实现科学与社会愿景已经由政治角度有所承诺，用以鼓励高校、科研机构和科学家个人自愿参与到公众中而提供的财政支持及奖励机制已经到位。尽管变革的方向是不变的，但在整个科学领域中，对实现这一愿景进行的活动和承诺有着不同的层次。信奉科学与社会愿景的理由，以及科学与社会对个人、组织和机构的意义和范畴也是各不相同的。在这一阶段，科学传播仍在逐渐形成并构成自己的特性。它的成就和成功之处在于：

- 科学工作者愿意更加坚定地接受这一理念，并考虑到他们工作造成的社会影响；
- 更加关心科学和科学问题的公众。

只有时间才能回答这个愿景是否能成功地变为现实。

[1] ANDREWS E, WEAVER A, HANLEY D, et al. Scientists and public outreach: participation, motivations and impediments [J]. Journal of Geoscience Education, 2005, 53: 281-293.

[2] BAUER M D, JENSEN P. The mobilization of scientists for public engagement [J]. Public Understanding of Science, 2011, 20 (1): 3-11.

[3] GLASS C R, DOBERNEC D M, SCHWEITZER J H, et al. Unpacking faculty engagement: the types of activities faculty members report as publicly engaged scholarship during promotion and tenure [J]. Journal of Education Outreach and Engagement, 2011, 15 (1): 7-30.

[4] JENSEN P. A statistical picture of popularization activities and their evolutions in France [J]. Public Understanding of Science, 2011, 20 (1): 26-36.

[5] NERESINI F, BUCCHI M. Which indicators for the new public engagement activities? An exploratory study of European research institutions [J]. Public Understanding of Science, 2011, 20 (1): 64-79.

[6] PACE M L, HAMPTON S E, et al. Communicating with the public: opportunities and rewards for individual ecologists [J]. Frontiers in Ecology and the Environment, 2010, 8 (6): 292-298.

鼓励科学家与公众交流

我们最直接和最紧急的任务是协助科学家：学习与公众沟通、愿意这样做，并把这样做看作自己的责任。

——鲍默（1985）

3.1 介绍

显然，向科学界更深入参与的境地迈进，鼓励科学家接受这一愿景至关重要。科学家们开始回应这一呼吁，并开始在科学传播活动中发挥更积极的作用，但障碍仍然存在。本章将讨论 3 个问题：

（1）所有科学家是否应该学会与公众沟通，他们是否愿意这样做，并认为自己有义务呢？

（2）科学传播活动的障碍是什么？

（3）我们如何消除这些障碍，并提供鼓励科学家更多地参与科学传播活动的激励措施？

3.1.1 向公众传播科学领域的科学家分类

全科学专家组（Science for All Expert Group）发布的《公众参与奖励与认可》（*Reward and Recognition of Public Engagement*）报告中最近进行的调查结果表明：

> 愿意参与的研究人员范围包括：从那些根本就不会参与的人到那些有兴趣、欲望以至于会克服任何障碍来参与的人。
>
> ——全科学专家组（2009）

报告明确指出，与公众沟通的义务不应该扩散至所有的研究人员。有些科学家很乐意参加科学交流活动，但他们即使经过培训，也可能无法具备有效的沟通者所需的技能或能力。报告建议这些科学家不应该参加与公众参与面对面的活动。伯恩斯（Burns）和斯奎尔兹（Squires）也认为这个团体“绝对不是在任何地方都能随意出现在公众身旁的学术机构”。其他研究人员可能愿意参加科学交流活动，但对自己的技能或能力缺乏信心。一个明显的解决办法是培养和支持这些科学家发展他们的技能和信心。与此相反，我们有的科学家，他们有天生的能力成为有效的科学传播者，却不愿意参与。这些科学家需要有动力和支持，因为他们显然有做贡献的潜力。报告显示，可以通过激励和提供奖励来鼓励这个群体。最后，我们有一批科学家，即使给他们提供支持、奖励和认可，也不会参加科学传播活动。 珀利亚考夫（Poliakoff）和韦布（Webb）也认同存在这样的科学家群体。他们报告说：“一些科学家尽管认识到了潜在的职业收益，但也不打算参加。”

我们可以按照图 3.1 所示的沟通范围来将科学家分类。右上角的象限代表了愿意并能够成为有效传播者的科学家。这些科学家应该得到奖励并且他们的成果应该得到承认。左上角的象限代表了不是天生传播者的科学家。这个象限中的科学家分为两个明确的群体：如果接受培训和支持，第一组可以成为有效的科学传播者；相比之下，第二组是即使训练后也不应该参与与公众面对面活动的科学家。左下角最后一个象限代表了那些没有天生的能力也不愿意参与科学交流活动的科学家，即使给这一组科学家提供鼓励、刺激和培训也没什么动力，他们属于低优先级。

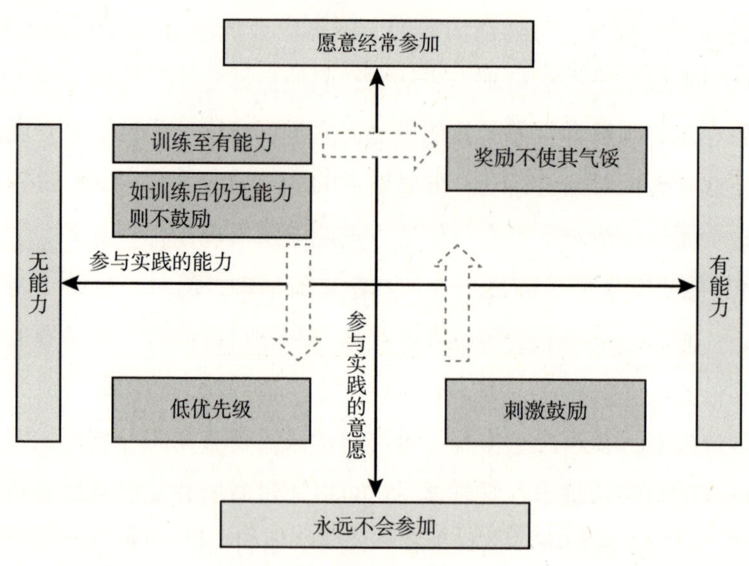

图 3.1 关于科学家参与公众事业活动的意愿和资质的二维模型

摘自《对公众参与的奖励和认可》的报告（*Reward and Recognition of Public Engagement*）。经 RCUK 许可转载。

3.2 科学传播的障碍

英国皇家学会 2006 年《科学传播报告》表明，有一批科学家不愿意参加公共交流活动。像任何新的活动一样，存在阻碍。这些障碍可以分为关于时间、同行支持、不适、暴露和易受伤害的问题。

3.2.1 时间作为抑制因素

科学家在《科学传播报告》中被问到的问题之一是他们“是否愿意花费更多/更少/相同的时间与非专业的公众进行科学传播?”答案分别为:

- 45%的科学家表示，他们愿意花更多的时间;
- 41%的人表示对这项活动花费的时间感到满意;
- 3%的人表示想花更少的时间;
- 11%的人表示他们不知道。

这意味着科学传播活动因为科学家缺乏必要的参与时间而受到影响。在全球范围内，来自不同研究背景的科学家，如高等教育机构、研究机构或工业界，以及他们职业生涯的各个阶段，都对他们的时间有很多不同和相互竞争的需求。例如，如果我们考察目前在英国的高等教育部门聘用的研究科学家，典型的工作角色可能包括:

- 准备，讲授和评估教学;
- 提高和确保学生对学生体验的满意度;
- 部门、学院和院系对于高等教育顺利运行所需的各种行政职能;
- 发起、谈判、刺激、促进和提供企业和创收的机会;
- 确保研究产出水平，包括监督研究生和博士后工作人员、撰写文件和获得经费支持;
- 参加公共小组或研究委员会小组、审查科学期刊的学术论文和/或编辑职责、组织会议;
- 进行冷静客观的工作。

最近，英国对科学家的需求和压力都在增加，原因是在这个行业内，市场驱动的经济正在增长。其中有三个关键因素：

（1）增长的学生费用；

（2）“卓越研究框架”（Research Excellence Framework，REF）产生的压力；

（3）产生第三方收入（企业）的要求。

大学资金的分配和来源正在大幅度超支，政府的核心资金被大幅上涨的学生费用所取代（每年至少3000英镑，最高可达9000英镑）。学生被要求“物有所值”，并且优秀的学生经历被牢固地置于每位学生的愿望清单的顶端。大学为了收取这些增加的学费，需要给学生提供准备支付的“产品”。这将不可避免地影响学术时间，因为这需要增加教学负担和教工与学生的接触时间来满足需求。巴恩斯（Burns）和斯库阿斯（Squires）也指出，花时间进行科学交流活动的工作人员可能会对同事的时间产生影响。这是因为当他们的同事花时间在大学外与公众沟通时，教学负担沉重的工作人员不得不承担起更多的教学责任。

第二个关键因素是确保从事研究工作的产出水平在2014年发布的“卓越研究框架”中被判断为令人满意的（或以上）。这项工作将审查英国学术机构学术研究的产出质量。这项工作的结果将决定高等教育机构的相关质量（Quality-Related，QR）经费支持水平。很明显，科学家在重压下要在世界知名的高影响因子期刊上发表研究论文，以确保他们的机构相关质量学术资金。但实现这一层次的研究成功，将会对花在其他活动上的时间产生负面影响，包括科学传播。

最后，除了教学和研究收入，研究人员中还有越来越多的人从企业活动中获得收入。尽管这些变化正在影响已有建树的科学家，但早期的职业科学家（如研究生）并不能免除他们对时间的要求。安德鲁斯（Andrews）等人讨论了科罗拉多大学博士生所经历的时间限制。研究生没有按时完成研究的时间压力，但经常遇到经济压力，他们要通过承担付费的研究或教学活动来减轻压力。这意味着他们几乎没有时间进行科学传播活动。正处于寻找职业晋升阶梯的初期职业研究人员，也面临着按时完成研究的时间压力，他们努力寻求一份包含任职和能够在长久职位任职的成功的科学事业。这一切都要利用时间密集型需求来判断研究成果，如发表论文、成功申请的补助金，以此来评估研究潜力。在这种情况下我们要问，如果期望年轻科学家从事科学传播活动，但这可能会危及他建立一个成功的职业生涯时，我们的期望是道德的吗？

2007 年，波利考夫（Poliakoff）和韦伯（Webb）也提出了如何预测科学家是否有意参加科学传播活动的问题。他们向曼彻斯特大学在职业生涯不同阶段的科学家分发了 1000 份问卷，并收到了 169 份完整的回答问卷。他们的研究指出：时间的匮乏对于科学家参与科学传播的意愿并没有很大的影响。相反的是，被认为缺乏的时间与“公共参与事业的更负面的看法有关”以及“时间的限制可能被用作掩盖对参与公共事业担心的借口”。作者没有明确定义其他的担心是什么，但是对那些中近期在追逐科学事业的人来说，这些担心很可能使得他们要进行教学、研究和企业的管理职责之间的平衡。除去科学传播的附加要求，成功的科学事业需要对这些不同的、竞争性的需求之间进行的调和，而这极具挑战性。

3.2.2 同行支持的抑制因素

科学传播的障碍不仅仅是时间的限制，同行和同事缺乏支持也阻碍了这些活动。年轻科学家（如研究生）认为，资深同事开展科学传播使他们感到很气馁。安德鲁等人描述了这种气馁：“很少有教职员工明确地与学生讨论过外联的主题。虽然他们通常并没有明确地阻止他们的研究生参与外联计划，但大部分人从未与学生讨论过这个话题。”有趣的是，这种对话的缺乏导致无论是研究生还是教职员工都相信双方对科学传播活动兴趣不大。

结论很明显，当科学家们认为面向科学传播活动的机构支持较少时，会产生负面影响。最近的一篇论文检验了40位于欧洲各地的研究机构中科学传播的重视程度。研究表明，这些机构中似乎很少将科学传播纳入其核心活动。这种机构支持程度的缺乏可以归纳为：

- 机构资助缺乏；
- 对于活动的设计、组织、实施和评估支持的缺乏；
- 培训支持活动的缺乏。

安德鲁等人和麦克戴德（McDaid）的研究指出科学家描述了一种缺乏机构激励或认可的传播活动。其结果是，科学家们有义务在体制允许的情况下进行他们的外联和科学传播活动，并且不在同事的视线之内。此外，科学家通常将个人成功与同行之间的良好声誉联系起来，他们担心与公众沟通会有“被认为是受欢迎的思想家”（“being deemed a popular thinker”）的风险。《公众参与奖励与认可》（*Reward and Recognition of Public Engagement*）报告还强调了一种观念，即作为“科学传播者”的科学家可能是在科学研究工作中不成功的科学家。一位年轻的科学家承认，他担心如果他参加科学传播活动，他的同事会说“他这样做是因为他不能建立一个足够好的研究生涯”。女性科学家还有另外一个问题。他们担心科学传播实际上加强了对女性科学家的刻板印象：没有男性同事那么认真，科研能力差。“我被资深同事轻轻地警告过：‘如果你是女性，那么你不要涉及轻松肤浅的话题。’，即科学与公众交流的一般话题”。

3.2.3 抑制因素：不适，暴露与易感

科学家也不得不在情绪层面上进行科学传播活动。波利考夫和韦伯定义了一个“科学家中的少数”——他们担心与公众进行沟通时遇到“并不知晓的问题”，尽管他们发现大多数科学家都没有提到这个问题。《专业科学公共文化——最终报告》(*Public Culture as Professional Science, Final Report*) 中“科学推广和公众参与”项目的结果与此截然相反。该报告描述了诸如“不适、暴露和易感”等障碍。科学家们对于他们学习与公众互动所需的沟通技巧的能力感到非常担忧。在整个职业生涯中，科学家们已经磨炼了一种语言，以便将他们的科学和研究的复杂性能够传达给同行。这种对准确性和复杂性的关注导致了一种科学的语言和术语的开发，主要用于解决外行听众，甚至包括来自其他学科的科学家对这些语言和术语可能无法理解的问题。为了有效地与公众交流，科学家必须学会将科学写作的技术复杂性转化为无术语的、简单的语言，这样就可以在不丢失科学真理或对科学不确定性进行曲解的情况下被公众理解。报告显示，科学家已经认识到，他们不能采取“一刀切”的方式。这是因为科学家面对的不是仅仅一个“公众”，因此必须注意确保科学的语言和内容适合每个受众。如果不这样，科学就会变得遥不可及，而且我们的受众会产生被脱离、被剥夺获知权利或被排除在外的感觉。使用不适当的语言也可能导致公众的误解，清晰度缺乏可能涉及伦理问题。

对参与科学推广和公众参与项目的一部分科学家进行访谈，深刻感觉到非临床科学家从事临床疾病研究的另一个担心。这些科学家对于想要讨论他们亲人的疾病或自己疾病的公众所提出的要求感到焦虑。这些对话需要以敏感而谨慎的方式处理，以尽量减少任何可能导致的误会、虚假希望或缺乏希望，使得最终陷入困境的人的误解。这需要真正的技

能和训练。最后，一些在动物研究等研究领域工作的科学家表示他们感到很紧张，这些研究领域吸引了具有敌对议程的活动家团体。可以理解这些科学家不愿意参与公开对话，因为他们担心自己的人身安全或家人和同事的安全。

3.3 消除障碍并提供奖励

最近讨论的一个关键问题是如何鼓励更多的科学家进行科学传播活动。决策者、科学家和公众显然都知道参与的积极原因，但仍然有重大障碍需要消除，以便：

- 鼓励更多的科学家参与；
- 鼓励参与的科学家更经常地参与科学传播；
- 鼓励参与的科学家参与更多类型的观众和更广泛的活动。

3.3.1 政治环境

消除与科学传播有关的障碍的第一步是认识到障碍的存在并确定这些障碍是什么，第二步是开始消除这些障碍的政治意愿。

在鼓励和促进工作场所的科学交流的政策领域已经进行重大改进，工作场所也开始对此做出回应。这方面的证据是：

- 提交标书以获得“灯塔身份”（beacon status）或“激励”（catalyst）基金的高等教育研究所数量；
- 已经签署了最近的“协作协议”（concordat）研究机构和高等教育研究所组织的数量；
- 科学机构（包括英国皇家学会和爱丁堡皇家学会）和几个科学学会（如表 3.1 所列）提供的奖品数量增长。

越来越多的研究机构和高等教育研究所获得奖励，如颁奖、奖金和晋升等，促进了科学传播的成功。有关这些奖品的许多信息，包括符合资格以及提名名单列在表 3.1 中。

表 3.1　科学传播活动的奖项和奖励

奖项	资格	提名程序	网页
英国皇家学会科恩奖	任何学科的早期职业科学家	可以被提名也可以自我提名	http://royalsociety.org/awards/kohn-award/
RSE Beltane 公共参与高级奖	高级奖颁发给展现出持续高质量的公众参与记录和表现出典范性的沟通和创新技能的人	爱丁堡皇家学会会员提名	http://www.rse.org.uk/667_RSEBeltanePrizesforPublicEngagement.html
RSE Beltane 公共参与奖创新奖	展示示范性的沟通和创新能力 创新奖是颁发给没有长期参与历史但被认可为新兴人才，创新能帮助他们发展事业的人	爱丁堡皇家学会会员提名	http://www.rse.org.uk/667_RSEBeltanePrizesforPublicEngagement.html
名人实验室	二十一岁以上在英国工作或研究科学技术、工程、医学或数学的人，这包括私营和公共部门的雇员	进入比赛	http://famelab.org/

续表

奖项	资格	提名程序	网页
英国皇家学会Michael Faraday奖	执业科学家或工程师	必须被提名	http://royalsociety.org/awards/michael-faraday-prize/
科学写作奖	研究生及以上的英国专业科学家或任何对科学感兴趣的非专业人士（包括本科生）	进入一个比赛	http://www.mrc.ac.uk/Sciencesociety/Awards/index.htm
玛格丽特·米德奖	提供给有特别成就的年轻学者，例如书籍，电影，专著或者服务，这样解释了人类学数据和原则，使其对广泛关注的公众有意义	必须有两封提名推荐信	http://www.aaas.org/aboutaaas/awards/public/
约书亚·菲利普斯科学创新奖（乔希奖）	任何被公认为在科学传播中具有创新性和新思路崭露头角的人才	必须被提名	http://www.eps.manchester.ac.uk/about-us/features/joshua-phillips-award-nominations/
萨根科学公共传播奖	做出杰出传播的活跃的行星科学家	行星科学部门成员	http://cssp.us/public-understanding/sagan-award-for-public-understanding-of-science.html
卡林加科学普及奖	候选人应该对科学普及做出重大贡献	各会员国政府	http://www.kalingafoundationtrust.com/website/home.htm
生物学会	新的研究人员或已有建树的科学家	必须被提名	http://www.societyofbiology.org/newsandevents/scicomm
BBSRC年度创新者	向所有BBSRC资助的科学家开放	必须被提名	http://www.bbsrc.ac.uk/innovator
开尔文奖章和奖杯	在物理学中对公众参与做出杰出贡献	必须被提名	http://www.iop.org/about/awards/education/kelvin/page_38636.html
布拉格奖章	物理教育和扩大参与	必须被提名	http://www.iop.org/about/awards/education/bragg/page_38627.html

续表

奖项	资格	提名程序	网页
罗克奖章	个人、小的团体或组织	学术研究人员和外部申请者	http://www.raeng.org.uk/prizes/pdf/Awards_Medals_Brochure.pdf
HEPP集团科学社会奖	早期在他们的职业生涯中进行粒子物理学拓展的物理学家	必须被提名	http://www.iop.org/activity/groups/subject/hepp/prize/society/page_40789.html
SGM彼得·威尔迪奖	微生物学家	必须被提名	http://www.sgm.ac.uk/about/prize_lectures.cfm
SGM推广奖	进行推广的微生物学家	必须被提名	http://www.sgm.ac.uk/about/prize_lectures.cfm
JBS哈尔达内2012讲座	对于在遗传学研究专题传播中具有杰出能力的个人	必须被提名	http://www.genetics.org.uk/page/4386/The-JBS-Haldane-Lecture-2012.html
个别大学颁发的个人奖项	爱丁堡大学谭达利尔公众与科学参与卓越奖	必须被提名	http://www.ed.ac.uk/news/all-news/dalyell
	UEACUEEast公众和社区参与个人奖	必须被提名	http://www.uea.ac.uk/ssf/cue-east/awardsfunding/publiccommunity

3.3.2 奖励和认可

如果科学家认为奖励和认可是一种激励，那么问题是：什么是可以激励我们与公众接触的工作场所的文化变化?

英国许多大学已经开始将参与活动纳入包括科学在内的所有学科的学术人员的推广标准。值得研究的是，其工作场所是否包括公众参与以及其他推广标准，如教学、广告管理职务、企业和研究。例如，东加利福尼亚大学（UEA）将公众参与纳入其推广标准，这是2008年获得公众参与的指南状态的直接结果。东加利福尼亚大学东灯塔主任朱莉·沃洛尔（Julie Worrall）在案例研究3.1中描述了导致这一变化的过程。

案例研究 3.1

创造奖励公众参与的机构文化

朱莉·沃洛尔

2008—2012年，东英吉利大学的“东英吉利大学公共参与项目”在6个国家“公众参与指南”的帮助下，创造了一种制度文化，“公共参与”作为高等教育的学术实践的一部分被认可并获得奖励。2008年，“东英吉利大学公共参与项目”委托进行基线调查，探讨学术界对东英吉利大学对公共参与的态度以及影响其参与的因素。它揭示了缺乏正式承认对公共参与影响的令人信服的证据：

> 这并不是我们在未来的工作简历中可以使用的任何东西，所以我认为，残酷的事实是，它必须作为一种社会公民行为来完成，而不是其他任何事情。
>
> ——东英吉利大学高级研究员麦克戴德
>
> （McDaid，2008）

该项目还提供了一个可以评估变化的基准，认同已经开始的公共参与活动，并指出个人参与的动机和存在的障碍。

从一开始，东英吉利大学就认为他们的角色是提供“胡萝卜”，而不是研究资助者通过奖励和资助标准提供的“大棒”。在2008年年初，东英吉利大学的人力资源主管邀请东英吉利大学传播中心起草新的学术推广标准，并开始为所有人都能接受的重大变革提供清晰和令人信服的理由。与当时名为“知识转移”（Knowledge Transfer）的管理人员合作，东英吉利大学传播中心制作了一个简单但有效的模型，以帮助讨论评估与公共参与有关的个人绩效和影响。模型包括：

— 什么是参与？

— 为什么参与应该被包括在内？

— 您如何衡量投入、产出和影响？

— 评估框架实际上可能是什么样的？

— 在实施评估时，我们可能会遇到哪些复杂的问题？

东英吉利大学传播中心还设计了反映参与活动方式的三种简单的公共参与模型。

方式一：传播知识和丰富文化生活

例如：公开讲座，媒体工作，为非专业者写作，展览，展示学术案例知识，无偿计划，向公众传播研究，担任主要节日主题的主角，为参与活动的组织和实施做出贡献。

方式二：提供服务并参与公众和社区对话

例如：志愿服务，推广和雇佣研究用户的参与和合作生产的研究，论坛，专题小组，研讨会和公众参与的辩论，无偿方案，戏剧展，博物馆教育，继续教育和终身学习，为参与活动的组织和实施做出贡献。

方式三：与公众和政策制定者对话

例如：专家小组、政府牵头的公众咨询和专责小组等专业学术机构的政府委员会，专业机构的积极参与。

标准草案随后和东英吉利大学修订的推广活动一并被纳入《绿皮书》，并试用了一年。在此期间东英吉利大学传播中心得到了有关个人和学校推广委员会有关遇到的问题的反馈意见。考虑到早期哪些活动应该被纳入参与的事项，东英吉利大学传播中心在准则草案中提供了许多活动和效果的例子。然而，这似乎使事情变得混乱，而不是澄清事实，而标准被认为是“弥散的”。最终的修正案在 2010 年由东英吉利大学的执行团队正式批准。

东英吉利大学传播中心还以 1000 英镑的慰问金和东英吉利大学年度会议颁发的证书形式颁发了“个人公共参与奖”，为东英吉利大学和诺维奇研究园区工作人员提供了另一种更为公开的方式来承认和奖励其对公共参与的承诺。获奖者表示认可比财务奖励更重要。奖项专门针对：

— 确定可以作为他人榜样的模范个体；

— 鼓励和奖励大学与社区之间的双向对话；

— 提高公众和社区参与的形象。

本案例的主要教训：

- 要意识到转变组织文化的挑战；
- 从小处入手，不承诺太多以管理期望；
- 战略性：系统地确定障碍和动机，并用有针对性的资源来解决这些；
- 做基线研究，因为这提供了用以衡量成功的一个至关重要的比较。

本案例研究的更长版本可以在 NCCPE 网站 http://www.publicengagement.ac.uk/how/case-studies/recognition-promotion-uea 上找到。

关于 CUE East 个人奖的"迷你"案例研究可以在 NCCPE 网站 http://www.publicengagement.ac.uk/mini-case-study-cue-east-individual-awards 上找到。

通过与公众的互动活动而获得晋升的惯例并不局限于英国。艾琳·多兰（Erin Dolan）在 2008 年写道：在美国，"许多机构都为外联奖学金提供晋升和终身教职"。例如，她为威斯康星大学提供的推广标准中：教师必须在主要领域（即研究、教学或外联 / 延伸）中表现出卓越的成就，并在其余两个领域之一中取得重大成就，以此作为晋升或任期的理由。

作为一般的科学家，我们很乐意根据用于建立研究成果的措施和指标，重新搜索成就案例，这些措施和指标可以通过以下方式来衡量：

- 授予奖励和资助成功；
- 出版研究论文，数量和质量由影响因素判断；
- H 指数（引用率测量）；
- 在会议上发言的邀请；
- 研究成果的奖项和奖励；
- 研究的影响（如企业活动）。

同样，在高等教育机构工作的科学家也在发展可以突出他们的教学成功和成就的教学资本。对科学传播的公开承认包括奖励、任期或推广纳入，很显然，现在越来越要求发展个人的简历或公众参与资料来记录和突出个人的成就。即使你的工作场所目前尚未认识到或重视你的科学传播活动，请记住还有其他来源可为你提供可以申请的奖品和奖励。花点时间思考一下你可以用来显示你的成功和成就的大量指标，使得你的成就能够对照专栏 3.1 中突出显示的那样进行衡量。

专栏 3.1　用于衡量成功和成就的指标

- 获得资金是一个好的想法和优质书面授权申请的直接成果：它提供了资金成功的证据。
- 出版案例研究、评估报告或与同事分享好的做法和技巧：这提供了可以被明确识别和评估的证据。
- 收到邀请在会议上发言（科学传播和专题会议）：提供成功、尊重和良好实践的良好指标。
- 被提名并获得科学传播活动的奖品和奖励：为你的良好做法和成就提供证据和认可（表 3.1）。
- 分享好的实践与借鉴你的经验可以通过咨询和指导的要求来证明。
- 您参与的活动的数量和范围以及受众的类型可以在科学传播组合中加以记录：你参加的活动是否有明显的社会影响，是这一领域成功和成就的一个关键指标。

有证据表明，包括科学传播活动在内的公众参与是促进推广的关键因素。“灯塔”报告中的附录文件描述了在东英吉利大学、爱丁堡大学、曼彻斯特大学、曼彻斯特城市大学、卡迪夫大学、格拉摩根大学和伦敦大学进行的参与活动的推广。此外，英国研究理事会 2010 年出版了一本小册子《对我有什么好处？》（*What's in It for Me?*）。这本小册子包含一系列案例研究，强调来自英国各地的研究人员所经历的科学传播的益处。

这本小册子的第一个案例研究是由工程与物理科学研究理事会、萨里大学高级媒体研究员（EPSRC）金·艾-卡里里（Jim Al-Khalili）教授撰写的。他被引用的话是，由于在科学传播活动上越来越成功，“我提前几年被晋升为物理学教授”。

3.3.3 作为激励的基金

鼓励科学家与公众沟通的另一个动机是吸引潜在的资金，这是大多数研究科学家必须忍受的令人厌倦的工作之一。

在佩斯（Pace）等人最近的一篇文章中说道，传播活动的潜在回报是:“提升公众对研究的认识（例如通过媒体新闻报道），也可以吸引潜在的资助者，包括私人捐助者和基金会的关注。”此外，参与和外展活动的优点还包括“在更广泛的社区范围内提高科学家以及他们的研究机构的形象”。以下案例研究 3.2 概述了东英吉利大学高级讲师迈克尔·沃姆斯通（Michael Wormstone）博士和国家慈善机构“为视力而战”（Fight for Sight）之间的合作关系，该活动旨在提高当地社区视力研究的意识。此次活动的结果包括：

- 提高对视力研究的认识和理解；
- 为慈善机构“为视力而战”的视力研究提供额外资金。

案例研究 3.2

世界视觉日 2009

迈克尔·沃姆斯通

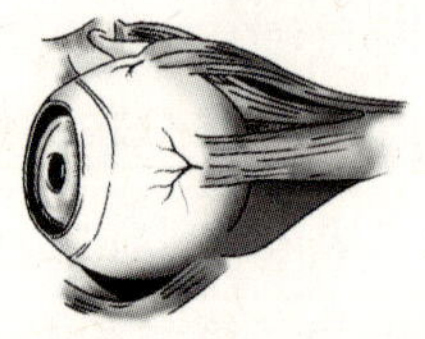

2009年10月8日，世界视觉日（World Sight Day）——我的实验室和慈善机构“为视力而战”（Fight for Sight）组织了一天以提高视力研究的意识的活动。与英国最大的眼科研究资助者“为视力而战”的代表进行的讨论中，显而易见的是，尽管东英吉利大学进行的研究世界领先，但相对全国其他地区，诺福克（Norfolk）慈善机构的知识和支持基础都很薄弱。我们都同意，需要主动采取一些行动来强调眼科研究对诺福克人民和整个世界的重要性和价值。考虑到这一点，我和东英吉利大学的同事们开始制定一个开展活动的方法。

我们组织了两次活动。白天，我们在诺维奇（Norwich）的贾罗尔德（Jarrold）百货公司设立了一个展位，团队由眼科研究科学家、东盎格鲁眼库（East Anglian eye bank）成员以及“为视力而战”的代表组成。这让我们有机会与不熟悉东英吉利大学或“为视力而战”资助的研究人员工作的公众进行交流，并说明我们今后所做的工作与我们的目标价值所在。第二个活动是“为视力而战”首席执行官米歇尔·阿克顿（Michele Acton）的晚会演讲，随后是我自己作为主发言人的演讲。后来进行了非正式讨论和问题招待会。当天晚上的活动只是一个启动仪式。虽然我们在世界视觉日的活动组织中花费了相当多的努力，但对于所有参与这些活动的人来说，都是一次非常有益的体验。

贾罗尔德百货公司的展位非常受公众欢迎。我们在地面入口附近占据了良好的位置，所以很难被忽视。几个人一直站在展位上讲解，公众开心地参与了我们准备的活动，并热情地观看了我们展示工作的演讲。大家提出了各种各样的问题，并且通过这样的活动，研究人员可以发现人们真正关注的东西，从而有助于确定下一个研究途径。

在晚上，我们决定将发言人数限制在两个。米歇尔·阿克顿（Michele Acton）简单介绍了“为视力而战”，之后是我自己做的单一主题演讲。演讲结束后，观众的成员能够与实验室成员、为视力而战团队和诺福克及诺威治大学医院（NNUH）的临床医生相互交流。听众提的问题能够得到充分回答，人们可以带着更多的知识开心地回家，这一点非常好。

影响

“世界视觉日”活动已经过去好几年了，我们可以回顾一下当时的反响。我们从零开始，通过东英吉利大学的同事和“为视力而战”的努力工作和支持，我相信这些参与者都度过了真正难忘的一天。

在晚间的活动中，慈善机构邀请早前支持“为视力而战”的人们及其朋友和家人共同参与。这件事情本身就提高了眼科研究、慈善事业、东英吉利大学和诺福克和诺威奇大学医院（The Norfolk and Norwich University Hospital，NNUH）的工作形象。

随后的反应让慈善机构应接不暇。在这次活动之前，在诺福克很少有代表“为视力而战”的活动，但这次活动鼓励来自伯纳姆市场的简·雷德利（Jane Ridley）举办午餐会，以提高其知名度。简评论道：

在了解了这个慈善机构以及它在诺福克和其他地方资助的出色研究工作之后，我想激励大家支持这项正在进行的工作，以帮助预防失明和恢复视力的人们。

随后的两年，支持者又组织了10次活动，更多的其他活动正在计划中。这些活动包括午餐、测试、咖啡早餐、品酒、冰激凌以及诺福克的罗斯玛丽·拉什布鲁克（Rosemary Rushbrook）乐队的“谢林汉姆·弦迪曼（Sheringham Shantymen）之夜”。罗斯玛丽说：“我参加了东英吉利大学的世界视觉日并且认识到了视力对我的重要性，我决定帮助视力研究筹集钱款。”

每一个组织的活动都有25～150人参加。在克里克修道院市场（Creake Abbey Market）还设立了一个摊位，每次约有400名与会者参加。在有18000人参加的法肯汉姆圣诞树节（Fakenham Christmas Tree Festival）上还展出了以彩色眼镜装饰的“为视力而战”树。

诺福克郡（Great Walsingham）的艺术家莎拉·卡斯威尔（Sarah Caswell）参加了2011年伦敦马拉松赛，并为“为视力而战”筹集资金。她说：“我想支持为视力而战，因为我是一名超大超亮型绘画的画家，由于视网膜极度脱离、近视和家族性青光眼，我绝对知道眼睛研究的重要性。”

总的来说，我对“为视力而战”的结果非常满意。上述活动提高了眼睛研究和“为视力而战”的形象。同样令人兴奋的是，这次活动为重要的眼科研究募集了 7500 英镑。

“为视力而战”的米歇尔·阿克顿（Michele Acton）表示：

> “为视力而战”非常感谢东英吉利大学和“诺福克和诺威奇大学医院”的支持。一起工作的时间里我们能够向初次的活动参与者阐释我们所做的工作的重要性。人们在了解到这些信息后又在其网络上进一步传播，这对于帮助提高眼科研究的形象和资金需求至关重要。

3.3.4 解决认知

科学家已经表达了真正的担心：任何与公众沟通的企图都会受到同事的嘲笑，特别是通过媒体进行的论坛传播，因为“学者对它有偏见，因为它不被看作恰当的学术活动，而仅仅是新闻”。然而，许多受尊敬的科学家对这一观点不能容忍，劳伦斯·布拉格爵士（Sir Lawrence Bragg）指出：

> “他们一般会认为试图进行通俗谈话的同事是哗众取宠的演员，他们通过过度简化使科学变得廉价，破坏了科学高贵的尊严。当我们的科学家们采纳这种态度时，我非常不赞同。”

如果您也有这些担忧，那么希望您可以在《公众参与中的科学家：从传播到审议报告》（“*Scientists on Public Engagement*：*from Communication to Deliberation*” *Report*）中所提供的不同观点结果中找到更多的鼓舞信心的信息。这个项目是一项深入的社会科学研究，调查了科学家们对科学传播的看法。作为该项目的一部分，2007 年 3 月至 2008 年 6 月，30

名在职业生涯的各个阶段的科学家就他们对科学传播的看法接受了访谈。报告清楚地表明，许多科学家对科学传播有着积极的认识。他们的认识表明了这样一个事实：那些热心科学传播而取得成功的科学家被同事们看好，因为他们用积极的方式展示了科学界的形象。

如果你是一个年轻的职业科学家，那么你应该注意到这些访谈中出现的另一个观点：年轻的科学家在面向公众的活动，特别是针对儿童和青少年的活动中被认为比他们的资深同事更重要。资深同事们认为，年轻的科学家可以用一个年轻、激动人心、有吸引力的个人和有趣的前景来取代那种疯狂、衰老的灰白色头发科学家的观点、看法和刻板印象（图 3.2）。

图 3.2　疯狂的科学家

> 你需要的是年轻人，你需要那些充满活力、令人兴奋的人，他们通过他们所研究的科学产生影响，但同时传达出那种对公众的热情。
>
> ——波奇尔，等（Burchell，et al，2009 年）

案例研究 3.3 由教师科学家网络主任菲尔·史密斯（Dr. Phil Smith）博士撰写。他赞同“科学推广和公众参与项目”的创建，因为该项目突出了科学家以及学生和教师在消除对科学家的负面刻板印象方面的好处。此外，该报告也阐述了为科学家提供提升传播技巧的机会所带来的益处。

案例研究　3.3

对科学家、学生和老师的益处

菲尔·史密斯

“教师科学家网络”是一个被认为是支持当地学校的科学教育的教师和科学家之间合作伙伴计划组织。教师与科学家以类似伙伴的关系与学生一起工作，以期改变对科学家的刻板印象，以及公众对科学家的看法。这种长期性质的伙伴关系意味着学生和教师可以：

- 与科学家建立关系；
- 在更非正式的场合认识科学家；
- 让科学家看起来与其他成年人相似，对外界感兴趣而非仅与其实验室的象牙塔相联系。

许多证据表明，科学家的“极客”（geeky）形象是影响年轻人对科学技术理解的不利影响因素之一，所以任何企图反对这一点的尝试都对该计划有好处。

很明显，教师和学生受益于科学界的投入，科学家也获益匪浅。科学家们说，他们发现与老师及其学生一起工作是非常有价值的，并可以从实验室工作中得以放松。他们对立即见效的效果感到满意：在学校，孩子们对活动立即做出反应，而在研究实验室，可能需要数周或数月才能看到结果。

在课堂上的合作伙伴关系为科学家提高沟通技巧提供了理想的平台，有些人表示他们以新的和更广泛的视角看待他们的研究。可能从长远来说，科学界是最受益的——如果我们的孩子长大后对科学有更积极的看法，我们未来的公民也许会更好地在民主社会中对科学作出理性判断。

关于“教师科学家网络”活动的更多细节见第 10 章案例研究 10.8。

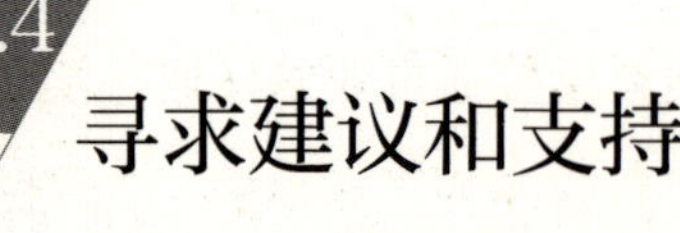

3.4 寻求建议和支持

如果我们想增加参与科学传播活动的科学家的数量，首先要考虑的就是动员愿意参加科学传播活动但缺乏必要的信心和技能的科学家。《科学推广和公众参与报告》中透彻分析了许多科学家共同的担心：他们在考虑参加科学传播，但是感到没有准备好，并且不愿意暴露自己缺乏技能和能力。如果你是这些科学家之一，那么你应该记住的第一件事就是：你可以参与科学传播活动，但不必工作在面向公众的第一线。每个活动或项目都需要一个初步的想法，以及规划，这可以为你在非公开场合做出贡献提供机会。活动中面对公众的工作可以由其他同事担任。例如，可以考虑任命外部主持人，或者联系当地的外联员（专栏 3.2）以帮助你

专栏 3.2　外联员

- 卡尔·哈灵顿（Carl Harrington）是东英吉利大学科学专业的外联员，设立该职位是大学致力于扩大公众参与的一部分。他的主要任务是与当地学校，特别是中学合作，让学生了解高等教育的益处，并鼓励他们离开学校后继续接受教育。作为外联员，卡尔的角色之一是与学校保持联系，鼓励他们参与外联活动和服务。他还在设计、组织和开展外联活动和项目方面发展了专长。作为角色的一部分，卡尔有机会通过他们的教学计划和东英吉利大学的学生大使计划（http://www.uea.ac.uk/teachers/pre16/amb）与本科生分享他的经验。他还与热衷于和学校合作的硕士生、博士生和学者协作，不仅提供初步的培训和支持，而且还担任非正式导师。
- 卡尔说：我很乐意与正在考虑开展科学传播事业的任何科学家合作。我可以让科学家有机会与我一起参加学校活动，看看我在做什么，或者我可以与他们一起设计他们的活动。与学校的学生合作是非常有益的，但是人们很难找到做这种事情的机会，特别是如果你以前没有和学校一起工作过的话。

进行沟通活动。这种潜在的额外费用可以纳入资金申请中。许多高校和研究机构聘请外联员来支持科学家的科学传播活动。所提供的支持将取决于各机构和部门的类型以及每个外联员的技能和职责。专栏 3.2 中强调了外联员的一个典型作用，以及他们可以提供的支持。

3.4.1 培训课程

2010 年，阿丽逊·马克莱尔德（Alison MacLeod）开始探索在桑格中心工作的科学家是否能够利用培训来发展科学传播活动所需的必要技能。她总结说，尽管很难确定某个人成为专家这个过程所必需的合适的实践和培训量，但有足够的机会可以使其从"新手到经验丰富的传播者"。这个过程如图 3.3 所示。马克莱尔德解释说，这个图是将新手科学传播者发展成经验丰富的传播者，然后成为专家的极简过程图。成为专家所需的时间因以下原因而有所不同：

- 科学学科；
- 可以用于科学传播者练习和训练的时间；
- 科学家的天赋能力。

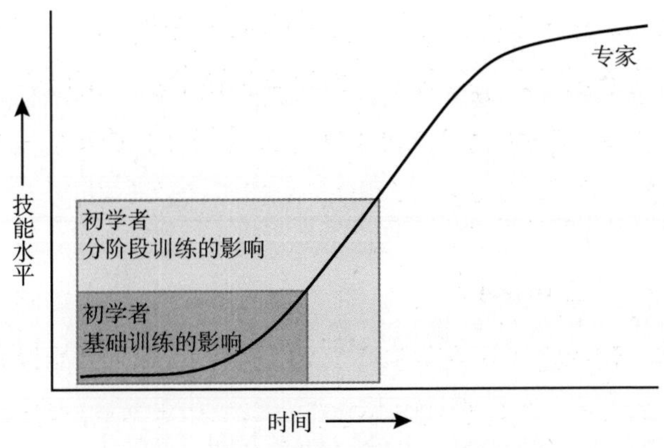

图 3.3 全职科学传播者的终身发展

插图框显示了科学家的主要职业实践在初次培训（并被教导为副作用）时可用于科学传播的时间和发展的数量要少得多。然而，在整个职业生涯中，通过支持和规划，“专家”的不断进步可以实现。摘自《迈向科学家参与公众参与工作的专业框架》报告，由阿·马克莱尔德（A. Macleod）为威康桑格研究所（Wellcome Sanger Institute）编写。经威康桑格研究所许可转载。

尽管有这些差异，但培训在发展科学家进行科学传播所需的技能方面发挥了关键作用。如果你是一个希望在这方面发展技能的科学家，但是觉得需要培训，那么你可以考虑优先几个专门设计的课程。这些课程包括持续两三天的短期课程以及学分制的研究生课程。他们包括在科学传播实践方面的培训，例如开发演讲技巧和与媒体合作。还有包括科学传播、哲学和历史的课程。其中一些课程的详情见专栏 3.3。

专栏 3.3 培训课程

▸ 物理研究所

物理研究所全年在不同的时间和地点开展外联讲习班。

www.iop.org/outreachworkshops

▸ 英国西部大学（UWE）

英国西部大学提供各种培训课程，包括科学传播研究生班，这是一门为促进科学传播专业发展而设立的强化课程。

www.scu.uwe.ac.uk/index.php?q=node/199

▸ SciConnect

为研究型科学家提供定制的科学传播和媒体技能培训课程。

http://www.sciconnect.co.uk/courses.html

▸ 科学传播小组

设立于英国西部大学基础上的科学传播小组的目标是通过创新手段将科学传播给多种观众。它提供一系列短期的科学传播讲习班，包括“科学通讯研究生班”和“定制培训项目”。

http://www.scu.uwe.ac.uk/index.php?q=node/201

▸ 科学变得简单（Science made simple）

具有十年以上演示和发展科学报告的经验。它为博物馆和科学中心的工作人员、科学传播学生、本科生、研究生和研究型科学家举办为期一天或为期两天的系列培训课程。

http://www.sciencemadesimple.co.uk/page24g.html

▸ STEM NET

为 STEM 大使提供培训，请联系您当地的 STEM 大使合约持有人，并查看他们可以提供什么内容。

http://www.stemnet.org.uk/content/ambassadors

▸ 皇家学会——科学传播讲习班

英国独立科学院提供专为科学家设计的一天的沟通技巧课程和一天的媒体培训课程。这些课程都是由记者和传播专业人士教授。此外，他们还提供一个为期两天的住宿课程，将下面的沟通和媒体技能课程合二为一。在白金汉郡的卡夫利皇家学会国际中心举行。

http://royalsociety.org/training/communication-media/

▸ 胡桃木局（The Walnut Bureau）

一个专业的事务管理顾问，提供媒体培训、演讲技巧、危机和事务管理、公众理解科学、公众对话、新闻信息、公共关系和传播。

http://www.walnutbureau.co.uk/page1/index.php

▸ 自有研究所（Your Own Institute）

一些大学或研究机构为在读研究生或作为员工发展计划的一部分而提供的公众参与或外展培训。

科学传播硕士课程

▸ 英国西部大学（UWE）

UWE 提供了一个硕士学位，提供将科学直接带给公众的媒体的实践经验以及项目设计。

www.scu.uwe.ac.uk/index.php?q=node/199

▸ 卡迪夫大学

提供科学、媒体和传播学硕士学位：为学生提供了独特的实践和理论技能课程。

www.cardiff.ac.uk/socsi/degreeprogrammes/postgraduate/taughtmasters/degreeprogrammes/sciencemediaandcommunication/index.html

▸ 伦敦城市大学

提供科学新闻学硕士学位，为健康、科学和环境新闻的最佳实践提供全面的基础，同时教导学生成为科学信息的重要消费者。

www.city.ac.uk/courses/postgraduate/science-journalism

▸ 都柏林市立大学

提供一个探索科学技术社会问题以及与此相关的传播和争议的硕士学位。

www.dcu.ie/prospective/deginfo.php?classname=MSC & originating_school=60

▸ 格拉斯哥大学

提供内部－专业科学、教育与传播的硕士学位，探索科学传播与教育发生的不同语境。

www.gla.ac.uk/postgraduate/taught/interprofessionalscienceeducationcommunication/

▸ 伦敦帝国学院

提供两个在读研究生教学项目，科学传播硕士学位和科学媒体生产硕士学位。这些课程提供了平衡的技术和理论培训，与在公共参与或科学政策中寻求职业的人高度相关。

www3.imperial.ac.uk/humanities/sciencecommunicationgroup

▸ 肯特大学

提供科学、传播和社会学硕士学位，为科学传播提供经验丰富、实用、专业和批判的观点。

www.kent.ac.uk/bio/study/postgraduate/master/sc/index.html

- 曼彻斯特大学

提供科学传播硕士学位，为那些想要专注科学家与非科学家交流的学生而设立，非科学家不仅包括“一般大众”，而且还包括那些有影响力的支持者、政策制定者和非科学领域的专家。

www.chstm.manchester.ac.uk/postgraduate/taught/courses/routesciencecommunication/

- 开放大学

为那些想要在研究生水平探索科学和社会的人提供科学与社会硕士学位。

www3.open.ac.uk/study/postgraduate/qualification/f48.htm

- 谢菲尔德大学

已经有所发展，现在提供科学传播硕士学位。

http://shef.ac.uk/faculty/science/learning-and-teaching/msc-in-science-communication

3.5 在你的工作中嵌入公众参与科学活动

虽然有明确的举措鼓励将科学传播纳入科学家的角色中，但把这种活动付诸实践仍存在问题。许多科学家提到的主要问题之一是缺乏时间，如第 3.2.1 节所述。权衡轻重缓急从来都不是一件容易或简单的事情，而“待办事项”清单上还有另一项“任务”的想法并不能鼓励人们全身心地接受科学传播。然而，一些科学家和研究人员发现参与科学传播活动实际上支持了他们在讲习班的其他角色。

3.5.1 拨款申请的一部分

最显而易见的起点之一就是现代科学家最基本的角色之一——为研究活动筹集资金。英国研究理事会改变了他们资助科学传播活动的方式。他们渴望改变有关科学传播的文化，使它不再是一个“靠活动维系”，而是从一开始就“内置”在里面的工作中。这个工作的必要性表现为用于具体的科学传播项目的资金经常被撤出。相反，研究人员被要求在他们的研究经费拨款建议书中申请资金来资助他们的科学交流活动。虽然英国研究理事会要求科学传播活动应该并且重点与有资金支持的研究领域先联系，但是他们也提供了机动性：

- 他们将资助的科学传播活动的类型和规模；
- 在科学传播活动本身的过程中；
- 与专业科学传播者合作是可以接受的。

这种更加鼓励“公开地参与研究”的举措，要求科学家将科学传播纳入他们的研究实践中。虽然这并没有给他们额外的时间来承担这项新任务，但确实让这些活动从不引人注目转变为值得他们花费时间、精力和努力的活动。

3.5.2 把科学传播纳入研究中

研究与科学紧密地交织在一起，不再是专业科学家的专利。有一些令人兴奋的新发展使科学传播能够被纳入研究过程的各个阶段。第 8 章详细介绍了公民科学家的作用及其可以给研究带来的好处。

3.5.3 把科学传播纳入教学中

在美国，科学传播活动通常被视为“服务”（service）。1990 年，当时卡内基基金会的主席埃内斯特·博耶尔（Ernest L.Boyer）写了一篇名为《重新考虑学术：教授的首要任务》（*Scholarship Reconsidered：Priorities of the Professoriate*）的重要报告。他问道：“教授的哪些活动最值得赞赏？”他研究了教授不断变化的作用。报告讨论了学术团体出现的不同角色，高等教育最初愿景始于穿过大西洋的清教徒移民，即通过教学来提高学习能力的以学生为重点的经验。19 世纪晚期，以新兴工农业经济为基础的国家不断增加，这个挑战对学生的教育要求产生变化。针对这一点，美国的私人和公共大学在其使命说明中增加了对服务的简短说明：“不仅服务于社会而是要重塑社会（not only serving society but reshaping it）。”与此同时，通过研究推动知识优先在美国高等教育中扎根，但直到第二次世界大战结束后，科学研究的进展被美国政府视为优先事项，并被国立大学采纳。

波伊尔（Boyer）建议学术界的工作应该“学术包括四个一般性观点：发现、整合、应用和教学”。高等教育就是“为国家和世界服务”。对波伊尔来说：

- “发现”代表学术研究的观点；
- “整合”代表着解读、聚焦和引导新的见解的原创性研究的学科工作；
- “应用”转向参与，因为学者会问知识如何负责任地应用于相应的问题？如何对个人和机构有帮助？
- “教学”是在教师的理解和学生学习之间建立桥梁。

波伊尔认为，“教学”和“应用”是学术和学术科学家的核心角色。虽然这似乎不太明显，但是科学教育和科学传播给公众提供了一些明确的例子和机会来相互支持。戴维·刘易斯博士（Dr David Lewis）提供的案例研究3.4，凸显了这种相互支持的互动作用。这个案例研究描述了科学传播如何提供：

- 生物学学生有机会利用体验式学习发展可转化的技能，增强他们的职业前景；
- 解决教学问题，即为最后一年的学生提供缺乏的合适的、新的实验室研究项目；
- 有机会向当地社区推广你的研究所、部门和研究，并与当地学校建立联系。

案例研究 3.4

生物科学本科生作为“科学与社会”大使

戴维·刘易斯

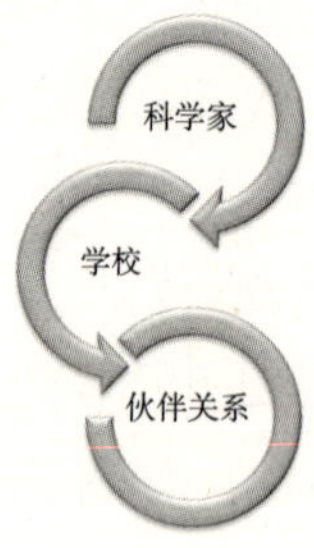

背景

英国利兹大学（University of Leeds）的生物科学学院发现，为所有的应届生提供足够多的、以实验室为基础的研究项目越来越难，因此需要开发其他类型的项目。由于大多数生物科学的毕业生不从事科学研究，因此我们想给学生提供机会，让他们有机会从事与他们最后的职业目标更接近的项目。“科学和社会”项目是为了满足这些需要而开发的。

本科生设计了1～2小时的教学课程，适合小学3～6年级（关键阶段1和2）、中学9～11年级（关键阶段3和4）或AS级学生。学生可以自由选择课程的形式，但必须：

- 互动；
- 支持和加强全国统一课程；
- 与导师的研究兴趣相匹配；
- 能够适应不同年龄组和学习风格。

学生选择的主题包括："脊髓损伤""健康的生活方式选择背后的科学""伦理与胚胎"和"别传染我！"，还包括为学生设计的互动元素。

一旦进入学校，学生将使用调查问卷，用以反馈课前、课后知识或观点以及学生和工作人员对课程的反应，来评估教学课程的有效性。对于学生来说，反馈包括他们最喜欢和最不喜欢的内容、他们从课程中获得什么，以及他们是否愿意参加类似的课程等问题；对于教师而言，反馈意见包括教学质量方面的问题，是否加强全国统一课程的问题，以及任何有关下一学年课程的改进建议。学生和老师都非常喜欢这些课程，随后的反馈包括：

我不敢相信他在第一次真的做到了——他简直是个天才！

很高兴主持X和他的健康生活方式研讨会。他教得很好，热情又知识渊博。

非常感谢贵部门和学生的工作！

因为今年的课程给人留下了深刻的印象，所以明年很想再举办一次。

学生还需要定期反思他们的进度，并在自己的个人项目博客中发布这些反思，无论是在活动期间还是在教学课程期间，用以改进之后课程的活动。虽然他们最初认为项目非常具有挑战性，但他们很快就意识到这些项目对他们未来事业发展的重要性。

富有挑战性、令人愉快和有收获。

参与并且与儿童交流、多重思维和推理，可转换到医疗事业中。

自信和领导力、清晰地表达、用简单的术语解释相当困难的概念。

这些项目也得到了外部审查员的良好反馈。

一个真正特别的项目；很高兴读到这个。

这些项目使我们能够与当地学校建立密切的伙伴关系。这些学校都非常感谢这些活动，并希望在未来几年能再次开展活动。我们已经和其中一些学校一起工作3年了。

“科学与社会”项目是：

- 让年轻人参与科学的好方法，包括学生和本科生；
- 一个用于促进您的院系及其研究以及您的机构与当地社区的有价值的工具；
- 有助于与当地学校建立密切的伙伴关系；
- 是发展本科生关键就业能力的理想工具；
- 一个优秀的项目资源，我们正在使用它来填充一个资源数据库，我们可以在随后的几年里使用它，也可以在其他教师推广活动中使用；
- 新实验室项目的可行替代方案。

3.6 个人利益和更广泛的社会利益

为激励科学家参与科学传播活动，一些措施被提出。这些措施的激励手段可以分为个人利益和更广泛的社会利益。科学家描述的个人原因是：他们喜欢参加科学传播活动，并与更广泛的观众分享自己的研究主题或对科学的热爱。英国研究理事会最近出版的小册子《对我有什么好处》（*What is in It for Me?*）包含了一些描述科学发现的案例研究。

科学家们发现公众开始欣赏他们的研究，并在更深层次上理解它。

与更广泛的观众开展科学传播活动也可以开发和磨炼技能，如教学技能、时间管理和演示技巧。还能获得额外的激励措施，包括：吸引潜在的资金、推广、发展合作关系。

最初的文献和最近的报道已经道出了科学家参与科学传播活动的一些更为无私的原因，可以给社会提供更广泛的好处，如：

- 消除科学家的负面刻板印象；
- 纠正新闻媒体对科学的误读；
- 与更广泛的观众分享他们的个人热情和科学知识；
- 确保科学突破能够使社会受益的渴望；
- 树立积极的榜样和对科学的热情，以此鼓励和吸引下一代新科学家。

总而言之，有很多科学家参与科学传播的激励措施。达德利·沙尔克斯（Dudley Shallcross）和蒂姆·哈里森（Tim Harrison）提供的一个案例研究说明了这一点。他们的案例研究描述了如何为学生开展的示范讲座。他们进行科学传播活动的直接结果和额外好处见专栏 3.4。

最后，过去的几年对科学界来说充满了挑战。公众的注意力再次集中在科学和科学家身上。“气候门事件”、最近的福岛灾难和墨西哥湾深水地平线石油泄漏等事件，已经加入了科学报道的行列，成为媒体头条。这些故事有一个共同点：它们会导致不满的公众向科学界寻求答案和解释。毫无疑问，我们将继续呼吁科学家与公众接触，我们必须通过学习成为更好的沟通者来应对这一需求。南希·巴龙（Nancy Baron）指出，应对这一挑战可以带来回报，“良好的沟通可以让你成为更好的领导者和科学家”。

专栏 3.4 从《污染物的故事》中获得好处

▸《污染物的故事》系列讲座（APT：A Pollutant's Tale ）由大气化学和气候变化教授达德利·沙尔克斯（Dudley Shallcross）创建，蒂姆·哈里森（Tim Harrison）继承，他也是布里斯托大学化学学院的一名学校教师。该系列讲座可被当作示范：

- 向学生教授大气化学和气候变化；
- 适合在英国、爱尔兰、新加坡和南非不同教育阶段不同年龄的学生。

沙尔克斯和哈里森承认，在示范讲座中已经有好几个在其构想时没有预料到的好处了。提到的有 5 个：

1. 英国的资助研究经费，提出要求将“影响说明”作为一项资助申请的一部分，即向广大公众传播研究成果的方法。有许多种的 APT 将最近的气候化学研究纳入适当的目标表现之中。

2. APT 的各个方面一直是经验丰富的教师和其他研究人员作为他们硕士学位的一部分进行研究的主题。

3. 在针对学校的学生和教师期刊上，如《化学评论》（*Chemistry Review*）和《学校中的科学》（*Science in School*），已发表文章的都在写一些大气化学和气候变化方面的内容，部分是对想知道更详细的大气系统如何工作、如何在示范中进行演示和实践的教师的回应。

4. 当然，像其他任何外展工作一样，参与 APT 也会对年轻的研究型化学家产生影响。学生根据未来的雇主的要求开发出“软技能”，这种技能涉及与具有不同科学知识观众的沟通、提高演讲技巧，时间管理和团队合作。事实上，以教育角色与年轻人的接触甚至导致一些研究人员在学校教学和讲课中任职。

5. 近几个月来，布里斯托（英国）和罗德斯（南非）之间的现有合作甚至已经脱离了研究合作关系，数百万兰特补贴用于测量天然卤碳排放量。这是一个外展工作引导研究方式的很好的范例，而非只是通常的研究传播的一个例子。

参考文献

[1] ANDREWS E，WEAVER A，HANLEY D，et al. Scientists and public outreach：participation，motivations and impediments [J]. Journal of Geoscience Education，2005，53：281–293.

[2] BARON N. Stand up for science [J]. Nature，2010，468：1032–1033.

[3] BOYER E L. Scholarship reconsidered [M]. San Francisco：Jossey–Bass，1990.

[4] NERESINI F，BUCCHI M. Which indicators for the new public engagement activities? An exploratory study of European research institutions [J]. Public Understanding of Science，2011，20（1）：64–79.

[5] PACE M L，HAMPTON S E，LIMBURG K W，et al. Communicating with the public：opportunities and rewards for individual ecologists [J]. Frontiers in Ecology and the Environment，2010，8（6）：292–298.

[6] POLIAKOFF E，WEBB T L. What factors predict scientists' intentions to participate in public engagement of science activities? [J]. Science Communication，2007，29：242–263.

[7] TAYLOR C. The art and science of lecture demonstration [M]. Bristol，England：Adam Hilger，1988.

4 传播、学习与写作

4.1 传播学理论

传播学的产生可以追溯到公元前5世纪的哲学家柏拉图和亚里士多德。在20世纪，传播学成了一门学术研究，并且被定义为“人们通过符号创造和解释意义的一个系统过程”。早期模型表明，传播过程是通过某种渠道从信源到接收者。这是一种线性的单向通信方式，类似于第1章讨论的传播中的缺失模型，在此模式中，信息从科学家直接传递给公众。最常提到的线性模型是1949年开发的香农－韦弗模型（Shannon-Weaver Model）（图4.1），即使当时更复杂的模型已经形成，但在引领传播理论中的其他众多模型方面，它也被认为是功不可没的。该模型是由贝尔电话实验室的工程师克劳德·香农（Claude Shannon）和瓦伦·韦弗（Warren Weaver）开发的，他们试图优化电话线和无线电波的效率，正是这种模型使得通信的数学原理得以发展。

如图4.1所示，香农－韦弗模型具有一个产生信息的信息源，发送

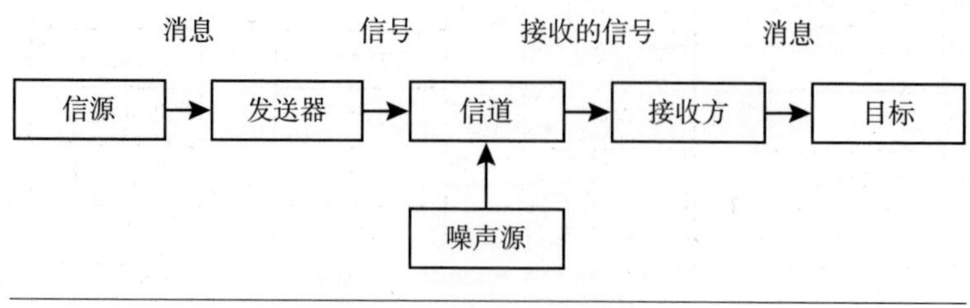

图4.1 香农－韦弗模型

器将其编码成信号。信号通过信道传递给接收器，接收器会解码（重建）信息。噪声可能是干扰预期信息的任何事物。这种模式的优点在于它的简单性，但其缺点是它没有考虑到更复杂的传播过程，例如从接收器到发送者的反馈。

1960 年，大卫・贝罗（David Berlo）将香农－韦弗模型应用于人际传播（图 4.2）。贝罗认为成功传播最重要的方面在于传播者（信源）和听众（接收者）之间的关系，科学传播的参与模式（第 1.5.4 节概述）无疑很重视这种传播关系。然而，因为它们过于简单，大多数传播学学者认为这些线性模型与传播学不相关。他们更喜欢将传播视为一种“交往模式”（transactional model），如图 4.3 所示，这是伍德（Wood）提出的模式，他认为传播既是交互式的又是双向的。人们同时通过语言和非语言的传播方式与其他人交流，参与者都被定义为“传播者”（即传播者 A 和 B），而不是分为信源或接收者。它也考虑到了传播过程的环境，并且承认了传播者的经验范围。该模型表明，存在一个交叉的经验范围，并表明这种经验范围可以随着时间的推移而改变。这种交易方式当然更像是平等对话而不是科学传播中的缺失模型（第 1.5.4 节）。

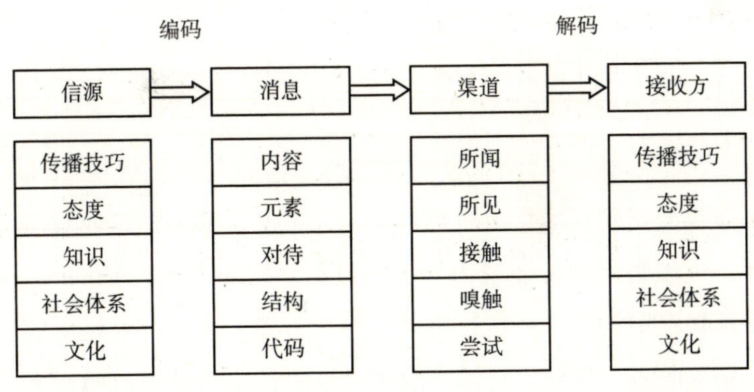

图 4.2 大卫・贝罗模型（Berlo’s model of communication）

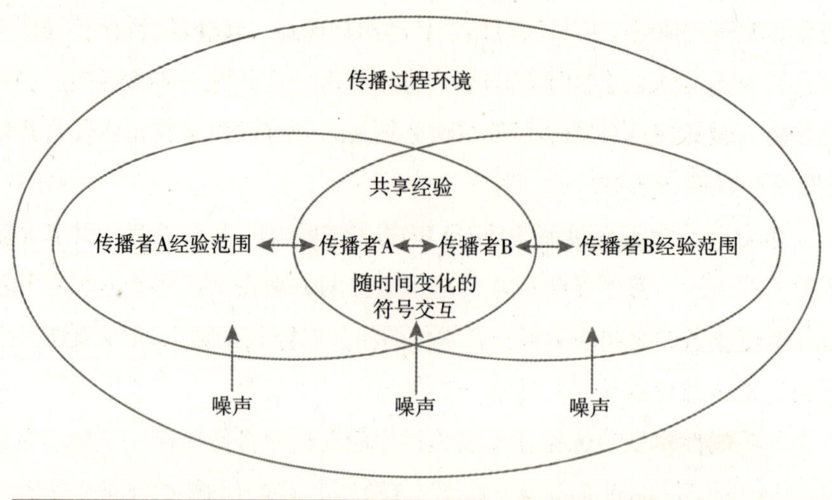

图 4.3 基于伍德的传播交往模型（Wood，2003）

4.2 学习和学习理论

传播模型在确定信息流时是重要的，但使用缺失模型或对话模式的方法时，可以将科学传播视为学习的过程。缺失方法（deficit approach）是从事实材料中学习，往往是单向（线性传播）的：仅仅是从信息提供者到信息接收者。另外，对话方法更具反思性，包括通过对话来进行经验的检测，从而进行学习。在这种方法中，参与者和推动者都参与学习过程，这是一种双向交互的过程（交互传播）。当你设计科学传播活动时，应考虑到人们会用不同的方式进行实际学习，这一点很重要。良好的传播可以被视为使用尽可能多的不同方式说同样的事情，以便尽可能多的不同的人能够在这个过程中进行学习。

学习理论是教育研究的重要组成部分，因为它可以让我们理解不同的学习机制。卡莱尔（Carlile）和乔丹（Jordan）指出，“教育理论可能被认为是其他人提炼出来的经验”，并且他们认为这很重要，因为如果没有教育理论，教育就是“时好时坏”。

学习是我们所有人从出生就做的事情，它将持续我们一生。迪尔肯（Dierking）等人认为，通常的学习，特别是学习科学不会经常发生在某次单一的经历中；它通过许多不同的互动方式进行，随着时间的推移而逐步建立。这些可以学习的互动体验包括：

- 读书和杂志；
- 看电视；
- 听收音机；
- 参观博物馆、科学中心和动物园；
- 通过与互联网的互动；
- 社交方面，通过与朋友和家人的谈话。

4.3 学习理论框架

学习理论有几个经典的哲学框架。本文中涵盖了：人本、认知和建构主义。人本主义学习包括个人对学习的渴望，它是价值驱动的。许多与公众进行的科学传播活动属于这一框架，许多与公众进行的科学交流活动也属于这一框架，因为参与者“选择”参加活动，活动设计者成为学习过程的“促进者”。

行为学习发生在对刺激的反应中，包括通过重复进行学习。学习者是一个空的容器，然后被“知识”填满，之后产生行为；你可能会发现这与科学传播的“缺失模型”相似。

认知学习关于理解，思考过程和发表见解。它涉及通过经验学习——通常称为体验式学习。为了说明体验学习，美国教育家大卫·科尔布（David Kolb）设计了图 4.4 所示的科尔布学习周期（learning cycle）。这个循环周期汇集了经验、看法、认知和行为。大多数科学传播事件都包含体验式学习的一些方面，如人们在事件中经历、反思并形成想法。

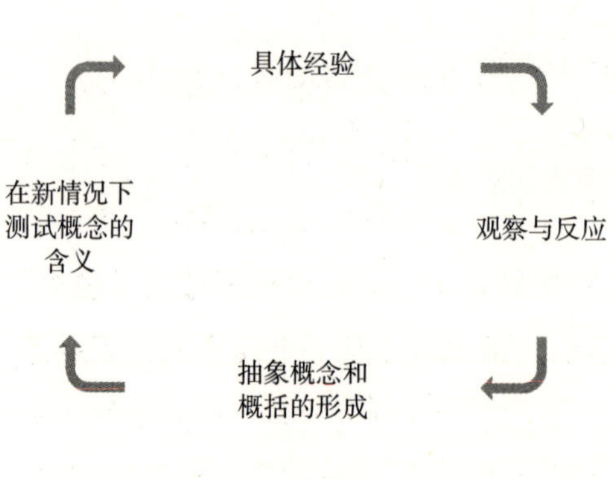

图 4.4 科尔布的学习周期

改编自 Kolb，1984。

最后，建构主义是一种表明所有的新知识都是建立在个人已经知道或经历过的基础之上的学习理论，并且在这个背景下接受或拒绝新的想法。

4.4 建构主义及其如何应用于科学传播事件

建构主义被认为是可以解释人们如何在正式情况下（例如学校）和非正式情况下（例如科学中心和博物馆）学习科学的最有用及最相关的理论。科学的学习不会在真空中发生；这是一个累积的过程，并且包括媒体、学校正规学习和课外（非正规）学习等各种来源。

为了将建构主义背后的想法应用于科学传播事件或活动的设计中，你需要考虑以下几点。

相关性：除非有什么东西要建立，否则就不可能有学习。尝试在一个事件中吸引本地人的注意力是非常好的。例如，我们设计的一个公共活动是“诺福克科学的过去，现在与未来（Norfolk Science Past，Present and Future，见 Jaeger Hamilton 的案例研究 4.1）。你也可以使用“诱饵”（hooks）来鼓励人们来参加你的活动。诱饵可以是一个现有的知识或经验。如果你不知道你的观众是谁，设计这个诱饵可能会具有挑战性。关于诱饵的一个很好的例子是由斯蒂芬妮·梅尔（Stephanie Meyer）撰写的《暮光之城》（*Twilight*）吸血鬼系列青少年小说引发了当下对吸血鬼的兴趣。这个诱饵被乔·弗伦（Jo Verran）用来吸引年轻观众参与的案例研究 6.3 中描述的“暮光与吸血鬼的科学”（Twilight and the Science of Vampires）活动。

参与者学习和互动：考虑使用实践活动、提问或征求意见，鼓励反思和自我分析。这方面的一个例子是，人们被要求从出生开始记录他们对全基因组分析的观点，或使用转基因食品以及干细胞技术或其他有争议的问题。这可以直接进行面对面的讨论，间接通过民意调查机制或简单地鼓励人们在留言板上写信。案例研究 6.4 和 10.2 中有很多很好的实践活动案例。

我们也非常喜欢斯多克梅尔（Stocklmayer）的断言：“你不需要刻意地去充分参与科学。”这是一个支持所有科学传播活动的设计和运行的观点。

4.5 学习风格

霍尼（Honey）和芒福德（Mumford）在科尔布（Kolb）的研究基础上，确定了专栏 4.1 中概述的 4 种不同的学习风格，分别是活动家、实用主义者、理论家和反思者，并且他们都可以与科尔布的学习周期联系起来。大多数人倾向于综合使有这些风格，但通常由一种风格主导。

专栏 4.1　基于科尔布学习周期的学习风格定义

- 活动家：活动家通过做——学习使用具体的经验和积极的实验；
- 反思者：反思者回顾过去的经验，往往富有想象力，善于从不同的角度看待事物；
- 理论家：理论家擅长分析观察和创造理论模型。他们可以使用归纳推理来证明决定；
- 实用主义者：实用主义者通过测试思想来学习，看看他们是否在实践中工作。他们善于将想法付诸实践和解决问题。

美国教育心理学家霍华德·加德纳（Howard Gardner）扩展了不同学习风格的想法，他确定了以下 7 个想法：

- 语言能力：掌握语言，使用语言表达，也可以存储信息；
- 逻辑：检测模式和推理，通常与科学和数学思维相关；
- 空间：创造心理图像的能力 - 不限于视力，失明的孩子也可以拥有空间智力；
- 音乐：响度，音调和节奏。听觉功能需要音调和音调，但不需要节奏；
- 身体运动感觉：使用个人的精神能力来控制身体运动；
- 人际关系：理解他人的感受和意图；
- 内心的：理解自己的感受和动机。

这些已经被凝练成 VARK 系统，它代表了视觉、听觉、读 / 写和动美学。大多数人会发现他们会混合使用这些不同的学习风格，但有些人对其中一种风格有强烈的倾向（见表 4.1）。

表 4.1 学习偏好（改编自弗莱明和邦威，Fleming and Bonwell，2009）

视觉	偏重于当前的信息，例如作为地图，图表，流程图和其他其他设备来表示作为单词可能呈现的内容
听觉	偏重于那些被说出来或听到的信息
读 / 写	偏重于显示为单词的信息读取或写入
运动感觉	偏重于与使用经验和实践相关的（通过做来学习）
多种方式	以上学习风格的混合，可以是两种，三种或全部偏好的组合

如果你有兴趣了解自己的学习风格，有几个网站（一些是免费的，另一些需要付费）可以使用。皮特·霍尼出版社（The Peter Honey Publication）网站提供了 40 个或 80 个问题的调查问卷，均基于原始的霍尼和芒福德（Mumford）学习风格问卷调查表（www.peterhoney.com），都要求付费，但是，这两个问卷都可以在线完成，可以立即分析数据。VARK 网站由 16 个问题组成，可以在线完成，立即分析数据并发送到你的电子邮箱（http://www.vark-learn.com/english/index.asp），VARK 价格便宜，同时也提供了关于怎样为每种学习风格定制信息的有用建议。学习风格网站（www.learning-styles-online.com）是一个免费的网站，它提出了 70 个问题，所以需要一些时间才能完成，在这个网站上可以获得结果的输出图表，但没有如何使用有关学习风格的知识的更多信息。

当你设计科学传播活动为了吸引多样化的学习者时，思考自己的学习风格偏好可能会很有用。表 4.2 展示了如何将学习风格的理念融入其中，首先是在设计活动的时候，然后才是实际操作的时候。记住，目标不是要把学习者分类，而是允许设计一个提供多种学习方法的事件。这将确保同样的事情能够以尽可能多种不同的方式来表达。

表 4.2　将学习偏好与科学传播活动的设计和实现联系起来

学习偏好	获取信息	活动设计
视觉	○ Charts	○ 使用丰富多彩的海报来传达信息
	○ 地图	○ 在活动中充分利用图像
	○ 图表	○ 考虑使用不同的字体
	○ 示意图	○ 突出显示或在关键词下划线
	○ 颜色	○ 使用流程图来解释概念
	○ 模式	○ 解释时使用手势
	○ 文字图片	○ 图片和文字周围的空白区域
	○ 荧光笔	○ 用图片或符号替换文字 ○ 考虑信息的空间布置
听觉	○ 解释	○ 考虑你对这个活动的口头解释
	○ 和其他的学习者或老师 / 协调人讨论话题	○ 给个人和团体讨论的机会 ○ 使用录音
	○ 描述图片和其他视觉材料	○ 请孩子给父母 / 照顾者解释活动或解释给老师或同龄人 ○ 指出并描述视觉信息 ○ 尝试使用辩论 ○ 让他们朗读一个活动的说明 ○ 提出关于先验知识的问题 ○ 描述已经学到了什么
读 / 写	○ 清单	○ 使用 PowerPoint 进行演示
	○ 定义	○ 分发印刷材料
	○ 引文	○ 在海报或者其他书面材料中使用引文
	○ 印刷讲义 ○ 短文	○ 在印刷信息中使用定义，也许是术语

续表

学习偏好	获取信息	活动设计
读 / 写	○报告	○分发印刷说明
	○网页	○使用在线资料
	○记笔记	○如果做一个校园活动，让学生写下他们做了什么和学到了什么
	○说明	
运动感觉	○视频	○设计实践活动或实验来证明概念
	○实地考察	○使用视频资料辅助解释概念
	○应用机会	○让人们观测中
	○实验	○制作或绘制东西
	○实践活动	○制作他们自己的视频或录音
	○使用感官	○获得很多人们可以触摸或感知的
	○资料收集	○案例材料
	○现实生活中的例子	○到室外收集或观察
	○试错	○测量事物
	○事物的样品，例如岩石收藏	○使用游戏来展示原则
	○原则的例子	○允许人们犯错
		○使用概念如何应用于口头或书面材料中的真实生活中的例子

在科学传播活动的设计中构建不同的学习偏好，将确保每个参与者都有与他们自己特定的学习风格或风格组合相关的活动。表 4.3 显示了如何将学习风格纳入学校课程计划。此外，围绕学习风格的想法也可以用于设计公众事件。案例研究 4.1，由耶阁 · 汉密尔顿（Jaeger Hamilton）撰写，表明如何在单个活动中提供不同的机会和经验，以方便不同顾虑的人进行信息交互。

表 4.3　主要阶段 2（10 ～ 11 岁）学生在课后科学俱乐部学习关于血液的课程

概念	行动	学习方式
先验知识	提问（您可以使用个人回答系统）	听觉和动态
循环	小学生躺在一张很长的纸上，画了一个身体轮廓。循环系统被映射到身体轮廓上，这个活动涉及要包括什么和为什么要包括的讨论。在活动前后测量脉搏。人类 / 狗和蜂鸟的心跳。用生物活性剂做心电图。可以在打印的检查结果上做标记	观察，聆听，动态阅读 / 可视书写，动态观察，动态学习，阅读 / 书写
血液的组成成分	不同血液细胞的流动视频和图像 讨论不同的血细胞的功能 血液成分比例工作表 选出可爱的血液细胞（giantmicrobes.com）	观察，讨论，书写，动手
血小板的功能	游戏：两个长度的丝带代表动脉。有些孩子代表不同的血液成分，在动脉中上下流动。有些孩子代表入侵细菌。丝带在一个特定的点被切断，在细菌进入之前，血小板需要冲到被切断的地方	聆听与动手
血液疾病	关于血液疾病的讨论，请以血友病为例	聆听后参与其中
静脉和动脉病变	静脉和动脉模型显示正常和病变状态 用卫生纸和彩色黏土制成的不同血液成分来建造你自己的动脉	观察与动手
学习情况总结	问答配对卡片游戏，一个问题的答案挨着另一个问题	聆听

案例研究 4.1

将学习风格嵌入公众参与活动中

耶阁·汉密尔顿

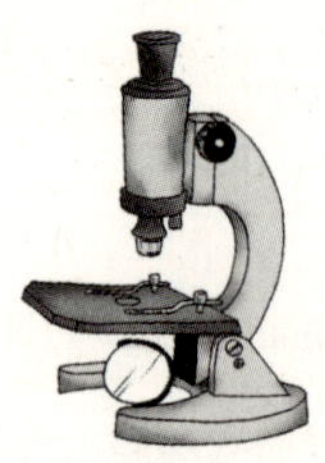

背景

这个被称为“诺福克科学的过去、现在和未来”的活动是国家科学与工程周的一部分，旨在吸引本地居民。水霉菌首先被18世纪诺福克哲学家、皇家学会会员、博物学家威廉·阿德隆（William Arderon）鉴定为鱼类病原体。我们决定展开有关水霉菌的活动，不仅为了纪念他和当地人为科学做出的贡献，也是因为水霉菌本身是有趣的。该活动发生在诺维奇城堡博物馆（Norwich Castle Museum），诺维奇的主要旅游景点之一。它拥有大面积的自然历史画廊，并且是家庭科学活动的理想地点。

规划活动

在规划活动中最重要的一点是，它应该能够被每一种类型的学习者所接受，而且是一种充满活力、创造性和开放性的学习体验。在某种意义上，它应该是“不言而喻的，直接的”。活动中的科学基础应该从活动的参与中体现出来。我的活动将集中在学习者身上，我将采取促进者的角色。我认为水霉菌游动孢子囊孵化的过程（Saprolegnia zoosporangia hatching），释放它的游动孢子到外部世界的过程十分具有戏剧性，并将吸引大多数人。使用水霉菌的优点是，它不是孤立存在的，水霉菌释放到其外部介质中的糖和渗出物使其成为其他微生物如钟形虫、轮虫和草履虫的完美“家园”。在显微镜下，水霉菌菌丝呈现分支网状，活跃的微生物跳进跳出。它与这些微生物的偶然相遇可以将沉闷无生命的“池塘生活”转变为对于各生命之间互联性的生动体验。

我通过想象实际事件可能会带来什么效果来规划活动。我意识到这个事件可能会吸引来一大群十分忙碌的人，很少有个人交谈的机会，但是每个人仍然需要做一些事情。我的目的是给学习者提供一个综合的，同样也属于自己的行动和发现。我将活动安排在两张桌子上，有一台笔记本电脑显示着在显微镜下载玻片上的水霉菌，并使用摄像机显示。在我使用显微镜后，学习者有机会在载玻片上搜寻。电脑上还有讲义和反馈表。桌子后面有两张海报，其中包含可能吸引不同学习者的科学信息。我计划参考海报来说明与科学活动有关的具体要点。

在设计活动时，我选择考虑科尔伯（Kolb）的体验式学习理论。科尔伯的学习周期涉及经历、感知、认知和行为的 4 阶段周期性过程。有 4 种学习风格（实用主义者，活动家，反思者，理论家），其对应于学习周期的每个阶段，每种不同的学习风格意味着学习者将接受不同的学习情境。

- 对于一个活动家，我意识到事件应该涉及某种形式的具体经验，有些事情必须要做。因此，学习活动提供了大量的“动手实践”经历：学习者可以将一个水霉菌载玻片放置在显微镜下。我解释了如何使用显微镜并且怎样研究载玻片，如何将显示器下方的图像显示在笔记本上。这为活动家风格的学习者提供了与家人、朋友分享经验的机会。
- 反思型的学习者需要思考、观察和思考学习活动的空间，并且将由于避免“追赶”而受益匪浅；他们需要观察的空间。对于反思型的学习者，提供给他们大量材料以供思考。准备了两张海报，一张描述了卵菌（水霉菌是一种卵菌）和它们与其主要领域（动物，植物，真菌）的系统发育关系，一些水霉菌的描述，还有一些与之相关的生物（例如：草履虫）。反思型学习者也有很多活动要看：显微镜下的任何东西都是通过摄像机显示在笔记本电脑屏幕上。反思型学习者可以学习而不必直接参与活动。
- 理论家们更喜欢将他们的经验融入逻辑上的理论。学习活动适合理论型学习者；它提供了从海报以及支持者、促进者那里收集的大量信息。我的作用是使理论型学习者吸收新知识，并将其与其他科学知识（借助海报）进行对比。
- 实用主义者对现实生活中有明确实际应用的情况有最好的学习效果。为了将这个活动面向务实的学习者，我用了一整张海报去解释我们正在研究一种卵菌，这种卵菌对于农业有着很大的影响。这样一来，实用主义者就会理解对水霉菌的有机体的研究可能对我们的生活方式有真正且重要的影响。

个人收获：

我的活动尝试了非正式科学学习活动的“多方面”对话，重点是“学习各方面”，而不是为专业缺乏的观众提供“科学事实”。活动的价值是通过各方学习的分享经验创造的。这是一个矛盾的概念——为了教别人，我们应该考虑我们如何与别人一起学习。但这似乎很有效果，我相信许多学习者将会因为这种多种方式的过程而记住水霉菌；而如果我们只是想告诉他们是什么，我怀疑他们什么也难记住。就我而言，我学到了许多关于人们在非正式场合中学习的方式，以及如何更好地与人沟通，通过尝试向他人解释，我对于科学的理解也更加深入。

4.6 以家庭为中心的学习模式

5 年前，我（凯·瑶曼，Kay Yeoman）从惠康基金会（Wellcome Trust）为“移动家庭科学实验室”（MFSL）的资助中获得资金。我想为所有年龄段的儿童和成人创造一个令人兴奋的，与我们特别开发的科学技术活动和生物医学相关的科学进行互动的方式。移动实验室绕诺福克旅行，用于举办学校的和公共的活动。“移动家庭科学实验室”使人们能够讨论和辩论与科学有关的主题。“移动家庭科学实验室”聘请了两名本

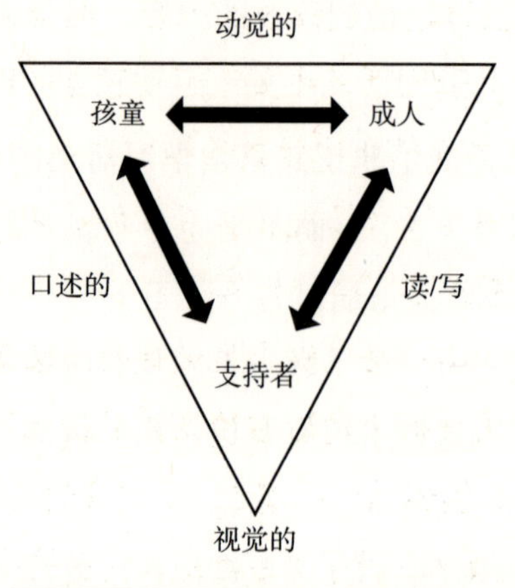

图 4.5 以家庭为中心的学习模式
（Yeoman and Hamilton，2012）

科生，其中一名现在是科学教师，另一名正在攻读博士学位。许多其他本科生和研究生也参与辅助设计和执行活动。在最初三年，我们在城市和农村举办了 10 次公开活动，吸引了大约 13600 名观众。在举办这些公开活动的同时，用参与观察法来观察家庭之间及在公共场合的实践活动中如何互相交流。这使我们能够建立以家庭为中心的学习模式，如图 4.5 所示。在这个模型中，实践活动（由倒三角形表示）适用于不同的学习风格：口头、视觉和运动感觉。在参与活动中，协调支持者、孩童和成年人进行三方交谈，由三角形内的箭头表示。

我们发现，孩子们往往对学习有强烈的运动感觉，尽管有些人会在他们亲自参与之前先观看朋友或兄弟姐妹进行实践活动。有些孩子立即带领大人，说“来看看！”。但反过来，一个紧张的孩子也可以被成年人以相同的短语鼓舞而去参加大多数孩子喜欢与协调人和另一个成年人（通常是父母）口头交流，了解他们正在看和做的事情。孩子往往不阅读或讨论书面信息，但是他们的注意力可以由协调人或成人来指导。大龄儿童（>12 岁）可以讨论他们读过的内容，但是大部分年龄较小的孩子对此失去了兴趣，并返回活动中关于运动感觉的部分。一般来说，我们发现成年学习者从书面信息中获益；他们在孩子进行活动时阅读信息。成年人就活动的信息与协调人交谈，然后与儿童学习者进行交流并观看他们参加活动，但通常不直接参与其中。

我们观察到，只有少数儿童自发地提及与活动期间获得的新知识相关的先验知识，但大多数人可以在协调人的提示下做到这一点。成年学习者倾向于提出更务实的问题，例如“为什么这对社会很重要？”和“这有什么帮助？”。反过来，成年学习者将协调者的信息反馈给儿童学习者，例如“你看到的，我们可以在家里找到！”。相比之下，很少有孩子会提出如何把这些新知识进行应用的明显的问题，但他们中的许多人实际上是有想法的，他们想要“继续”学习，并且希望通过运动感觉的学习来获得“成功”。总体来说，这种“沟通三角”模式会持续相当长的一段时间（15 ～ 60 分钟），一些家庭小组会重返活动现场继续参与互动活动。

两代人之间存在明显的差异。我们了解到，成人学习者倾向于表现出理论、反思性学习的倾向，以及对知识如何适用的实际关注，而儿童学习者往往是“积极参与者”的学习方式。

4.7 为向公众传播的成功科学写作

一本书应该用它的读者的语言来写，但是相当多的科学作家没有意识到这一点。有一些人大胆地用他们的科学方言写作，而且在技术方面的娴熟和紧凑的处理上当然有相当大的乐趣；但这样的作家并不赞赏这样的事实：这是一种习得后获得的味道，而公众并没有获得它。

——H.G. 威尔斯，"普及科学"（《自然》，1894）

当你设计科学传播活动以及思考沟通模式和学习风格时，你还必须确保你进行的传播是有效的，使学习和参与成为可能。为了实现这一点，你需要培养的关键传播技巧之一是清晰的写作风格。作为一个科学家，你有不同的机会和不同的媒介为公众写作。这些包括：

- 书籍；
- 杂志文章；
- 报纸文章；
- 博客；
- 网页；
- 支持学校活动的材料；
- 海报和其他科学传播活动材料；
- 促销材料，包括新闻稿。

有几本优秀的图书提供有关特定类型的写作建议，例如新闻稿和报纸文章。在本章末尾列出了推荐阅读清单。本节旨在为你提供一些一般性的信息，以帮助你开始为公众撰写文章。大多数科学家已经花了很多年时间，被培训从事与同行评议期刊的科学论文相关的正式"科学的"风格的写作。作为科学家，我们被教导使用过去时态和被动的语态，例如"在液氮中闪冻之前，最终纯化步骤后所获得的蛋白质样本和等量体积的 10%（v/v）甘油被混合，以确保样本在 -80℃下的安全储存”。

使用这种时态和被动的语态可以使科学写作看起来更客观，但从公众的角度来看，这并没有使其变得特别可读。可读性是评估一段文本可以被多大程度地简化阅读和理解的方法。当你以任何形式与公众沟通时，包括写作，你的目标是让你的读者知晓这些内容的重要意义。你必须花时间考虑以下的观点、问题和需关注的事项。

顾及你的读者：在开始写作之前，最重要的一件事是你的读者。你在为谁写材料？他们多大年龄？他们的背景是什么？回答这些问题会影响你使用的语言的复杂性。魏特坎普（Weitkamp）认为，你可以通过将读者视为你的孩子、父母、祖父母、兄弟姐妹、阿姨、叔叔或邻居来构建其精神图像。

看不同的写作实例：一个很好的直截了当的实用的建议由科妮莉亚·迪恩（Cornelia Dean）提供，她是《我讲清楚了吗？》（*Am I Making Myself Clear?*）的作者。她建议你寻找以前的写作的例子，对于你想表达的内容进行理解。接下来，问问自己是否认为他们是清晰写作的好例子，还是可以改进的有代表性的写作实例。其次是考虑是什么特定的因素使这些作品可以清楚阅读和易于理解或难以阅读和难以理解。一旦定义了与清晰写作风格相关联的性质，你就可以开始将这些性质构建到你自己的工作中。

定义科学术语：避免使用科学术语是不需要什么特别理由的，但是你确实需要确保所有科学术语都被很好地解释，并且尽可能地保持上下文的语言简单。毋庸置疑的是：科学难以理解，特别是对于非专家读者来说。另外，作为科学家，我们经常使用那些对不同的人和不同受众有不同含义的科学术语。一个很好的例子是“证明”这个词，这是科学界普遍使用和理解的原则，但“证明”对于出版者来说其含义完全不同。这些差异不仅限于科学和非科学界。有一些关键词，如“核”，它可以对不同类型的科学家意味着不同的东西。对粒子物理学家来说，核是原子的中心，而生物学家认为核是含有 DNA 的细胞室。

使用图像：图像在你希望为公共活动提供的海报或其他类似材料中具有特别的作用。确保你被允许使用该图像，并且没有违反版权法。有些组织在网站上提供图像，其中一些是免费使用的，其他的图像则只允许付费使用。表 4.4 提供了有用的组织的例子，它们提供可从他们的网站下载的图像，也接受申请，而后通过电子邮件发送给你高质量图像文件。当你开始为公众观众撰写和制作海报时，请考虑咨询专业人士进行实际布局和设计，或考虑利用自己所在机构的设计部门。图像使用和专业设计的成本包括在资金申请中（第 6.8 节）。

表 4.4　提供图像的组织

组织	费用	网址
科学图片库（Science Photo Library）	付费	http://www.sciencephoto.com/
威康信托基金会形象（Wellcome Trust Images）	付费	http://images.wellcome.ac.uk/
生物科学图片库（Biosciences Image Bank）	免费	http://bio.ltsn.ac.uk/Imagebank/
品味物种资料库（ARKive）	免费	http://www.arkive.org/

减少文字数量：“如有疑问，请留下”。与先前曾制作的科学会议海报相反，旨在公开展示的海报需要较少的单词。当我们编写尺寸为 2 米 ×1 米的上拉展示横幅的内容时，我们的目标是使用不超过 300 个字，我们的横幅展示示例可以在书籍网站上找到。

不要用行话：它真的可以使人们迷惑，甚至其他科学家。如在分子生物学领域，研究论文可以充满令人费解的术语和首字母缩略词，包括特有的基因名称、酶的名称和不同分子技术的名称。

避免太多的缩写词：如果使用缩写或首字母缩略词的话，要确保你能够明确定义它们。不要将定义放在括号中，因为人们总是跳过这个信息。应考虑使用以下格式提供缩写。

例如：牛海绵状脑病（Bovine Spongiform Encephalopathy）这几个词可以被缩写为 BSE（疯牛病）。

在写作中使用主动的语态：动词有两种语态：被动或主动。主动的语态是当句子的主语执行动词的动作时，被动的语态是句子的主语接受动词的动作。示例在表 4.5 中提供。

表 4.5　主动的和被动的语态例句

主动语态	被动语态
狗追赶了猫	猫被狗追赶
科学家发现了一种新的蝙蝠	一种新的蝙蝠被科学家发现了
詹姆斯·沃森和弗朗西斯·克里克发现了 DNA 结构	DNA 结构被詹姆斯·沃森和弗朗西斯·克里克发现了

使用现在时态：在写作中，使用现在时态会使信息和故事感觉起来更加直接和相关，观众可以更好地理解你提供的信息。

小心使用数字：数字可能会令人困惑，所以试着使其易于理解，例如 50%是一半，25%是四分之一，1×10^6 是一百万。如果可以，避免使用方程式。

保持简短：首字母缩略词可以应用于许多不同方面，包括口头的传播和实践活动的设计。关于写作，你的句子长度应少于 20 个字。然而，不要使用很多短句，因为这可能会导致“波浪起伏”的感觉。每段只描述一个想法，至少有 3 个句子。最后，为了保持简短而简单，可以将读者目标年龄定为平均 12 岁。

替代复杂的字词和短语：理解科学可能是具有挑战性的，所以当简单的单词能够表达复杂的单词或长短语的含义时，使用那些简单的。表 4.6 提供了可以用单个词代替的一些常见单词和短语的例子。

表 4.6 用单个单词替换长音节单词或短语的想法

单词或短语	替代单词
Subsequently	then
Demonstrate	show
Frequently	often
As well as	and
In the event of	if
As a consequence of	because
Due to the fact that	because
Similar to	like
The majority of	most
In the interim	meanwhile
Make an attempt	try
A considerable amount of	much
Optimal	best
Approximately	about

使用比喻：比喻可以是非常有用的，因为它可以使受众将难以理解的概念与更容易被视觉化或理解的东西进行比较，从而便于理解。大量的比喻用于科学，例如“DNA”可以与“蓝图”，“梯子”或“配方”进行比较，“酶底物专一性”通常与“锁定和关键机制”进行比较。但是，要避免使用混合比喻，更不要过度使用它们。

小心使用代词：他、她、它、他们、你和我们等代词在句子结构中是有用的，但它们可能会引起混乱。肖特兰德（Shortland）和格雷戈里（Gregory）给出了一个很好的例子：

“委员会下令将鱼从实验室取出，因为它（it）闻起来很可怕。他们（they）被焚烧了。”

在这个例子中使用的“它”可以指鱼，但“它”也可以指实验室。同样，他们也可以是鱼，但他们也可以是委员会。即使这是个关于模糊代词的例子，常识也能够帮助你正确猜测“它”和“他们”指的是什么。但是，如果这句话布满了不熟悉的科学术语，那么猜测“它”和“他们”指的是什么可能就不那么简单了，尤其是对于像公众一样的非专家受众来说更是如此。

可读性公式 – SMOG：有几个公式可用于评估你文本的可读性；这些包括迷雾指数和弗雷齐（Flesch）公式。我们喜欢使用 SMOG 索引。在 1969 年，哈里·麦克劳克林（Harry McLaughlin）教授开发了一个可读性公式，他称之为“Goobbledegook 简单度量”（SMOG index）。这是一个有用的公式，提供了理解一段写作所需的教育年数。表 4.7 显示了这与英国教育系统的关系。然而，重要的是要记住，计算可读性指数不会评估你的写作是否有意义。你可以编写一本 SMOG 指数为 7（受教育七年）的写作，但你的写作可能没有意义。所以它是一个有用的工具的同时，不应该是你用来评估写作清晰度的唯一方法。专栏 4.2 提供了用于计算 SMOG 索引的方法。此外，还有几个网站允许你复制和粘贴文本以计算 SMOG 索引[①]。专栏 4.3 提供了通过这个网站提供其计算 SMOG 指数句子的示例。

表 4.7　将 SMOG 指数与英国系统的近似教育水平联系起来

SMOG 结果	年龄（岁）	英国
7	9～13	5～8 年
8	12～14	8～9 年
9	14～15	9～10 年
10–11	15～16	10～11 年（GCSE）

① Http://www.wordscount.info/wc/jsp/clear/analyze_smog.jsp。

续表

SMOG 结果	年龄（岁）	英国
12	17 ～ 18	12 年和 13 年（A-level）
13-16	18+	学院或大学
17-19	21+	研究生教育

专栏 4.2 如何计算 SMOG 指数

▸ SMOG 评分

1. 待评估文本开头附近的 10 个连续句子，文章中间 10 个，结尾附近 10 个。以句子为单位，以句号、问号或感叹号结尾的任何字符串。

2. 在 30 个选择出的句子中，为 3 个或更多个音节的单词都计数。如果你在朗读上下文时可以区分至少 3 个音节，则应计算任何以空格或标点符号开始和结尾的字母或数字字符串。如果多音节词是重复的，请计算每次重复。

3. 估算上文中计算得出的多音节词数的平方根。通过取最接近完美的正方形平方根来估算。例如，如果计数为 95，则最接近的完美平方为 100，其产生的平方根为 10。如果计数大致在两个完美的正方形之间，则选择较小的数字。例如，如果计数为 110，则取 100 的平方根而不是 121 的。

4. 将近似的平方根加上 3，从而得出 SMOG 得分，这便是一个人要充分理解评估文本所必须达到的阅读得分。

转载自麦克劳克林（McLaughlin），G.H.（1969）SMOG 分级——一种新的可读性公式。阅读杂志，经约翰·威利父子公司（John Wiley & Sons，Inc.）许可。

专栏 4.3　豆科植物根瘤菌是能够与豆科植物形成互利共生关系的细菌

▸ 重新写入：

一些细菌可以与豌豆、豆类和三叶草等植物建立伙伴关系。（11 号的 SMOG）

铁对于几乎所有的生物来说都是至关重要的，但是在其最常遇到的三价铁，形式为 Fe^{3+}，它几乎是不溶的。为了解决这个问题，微生物使用各种系统从各自的环境中获取 Fe^{3+}。（SMOG 16）

▸ 重新写入：

大多数生物需要铁，但铁不是很溶于水。为了解决这个问题，细菌使用不同的方法从他们赖以生存的母体中得到铁。（11 号的 SMOG）

经常编辑：完成你的写作之后，留下几天再次回顾文章。此过程允许你：

- 检测简单的打字错误；
- 纠正文字中的歧义或误解；
- 增加补充的材料，以获得清晰和更深刻的理解；
- 删除材料，以获得的清晰和更深刻的理解——“存在疑问之处删除”。

4.8 结语

作为科学家来读这本书，你对科学传播的“科学”部分没有任何问题。我们希望通过阅读本章后，你可以更深入地了解如何将自己的科学理解更有效地传达给外行受众。试图提炼两个主要的研究领域，即交流和学习比特大小的数据块并不是一件容易的事，读者决定是否做到了这一点，而是否成功将取决于你。然而，我们可以引用 J. E. 泰勒博士的一句话作为其实现目标：

“……不必一定被尊为学问之人，而应思考你的知识有多少用处。”

——J. E. 泰勒（《科学随笔杂志》，1872）

参考文献

［1］BERLO D K. The process of communication：an introduction to the theory and practice［M］. New York：Holt，Rinehart and Winston，1960.

［2］BULTITUDE K. Presenting science［M］//BRAKE M L，WEITKAMP E. Introducing science communication. Berlin：Palgrave Macmillan，2010.

［3］CARLILE O，JORDAN A. It works in practice but will it work in theory? The theoretical underpinnings of pedagogy［M］//NEILL G O，MOORE S，MCMULLIN B. Emerging issues in the practice of university learning and teaching. Dublin：AISHE，2005.

[4] DIERKING L D, FALK J H, RENNIE L J, et al. Policy statement of the 'informal science education' Ad Hoc Committee [J]. Journal of Research in Science Teaching, 2003, 40: 108–111.

[5] FALK J H, DIERKING L D. Learning from museums: visitor experiences and the making of meaning [M]. Oxford: Alta Mira Press, 2000.

[6] GARDNER H. Frames of mind. The theory of multiple intelligences [M]. 10th ed. New York: Basic Books, 2011.

[7] GREGORY J, MILLER S, EARL A. Handbook of science communication [M]. Bristol and Philadelphia: Institute of Physics Publishing, 1998.

[8] HONEY P, MUMFORD A. The manual of learning styles [M]. Maidenhead: Peter Honey Publications, 1992.

[9] KOLB D. Experiential learning: experience as the source of learning and development [M]. Englewood Cliffs, NJ: Prentice–Hall, 1984.

[10] MCLAUGHLIN G H. SMOG grading–a new readability formula [J]. Journal of Reading, 1969, 639–646.

[11] MILLER K. Communication theories, perspectives, processes and contexts [M]. 2nd ed. New York: McGraw–Hill, 1959.

[12] STOCKLMAYER S M. The background to effective science communication with the public [M]//STOCKLMAYER S M, GORE M M, BRYANT C. Science communication in theory and practice. Dordrecht: Kluwer Academic Publishers, 2001.

[13] WEITKAMP E. Writing science [M]//BRAKE M L, WEITKAMP E. Introducing science communication. Berlin: Palgrave Macmillan, 2010.

[14] WOOD J T. Communication in our Lives [M]. 3rd ed. Belmont, CA: Thomson Wadsworth, 2003.

5 项目与活动的监测评估

“所有可计算的不一定具有被计算的价值，而所有被计算的则不一定有价值计算。”

——阿尔伯特·爱因斯坦（Albert Einstein）

5.1 介绍

监测和评估是用来发现你的科学传播项目是否已经达到目标的过程。如果没有达到你预设的目标，监测与评估结果可以帮助你了解在将来实现目标所需要的改变。

在我们进一步探讨之前，现在是定义本书中使用的 3 个重要术语的好时机：

- 活动：当前位置活动描述的是旨在提供对某事的直接体验的事物。它作为一个单独的实体而存在。
- 事件：事件是一个有组织的场合，通常由几个单独的活动组成。
- 项目：项目是一项需要时间和精力来完成的总体任务，包括计划、组织和交付一个工作。

例如活动或事件。经历了设计、规划和运行你的项目的整个过程，也可能是科学交流项目或活动，你可能会认为可以追溯到监测和评估你所取得的成果是一个好主意。这既对也错，进行监测和评估是一个好主意，但是在完成项目之前离开这些过程不会让你成功地监控或评估它。相反，当你开始设计活动或项目时，就应该考虑这些过程。要有效地开展工作并提供有意义的信息，评估需要“内在化”，而不是“附加在”你的项目，这些过程应该在每一个阶段发生。评估对于你首次进行的活动或项目尤其重要，因为它将使你能够在未来更成功地运行它。此外，评估通常是其他利益相关者的关键要求，例如：

可能投入时间和精力在设计和交付项目上的受众或参与者；

你的项目的创始人可能会热衷于确保他们的钱用得其所；

你的机构可能有明确的公众参与议程；理事机构，例如英国研究委员会（Research Councils UK，RCUK）和英国高等教育筹资委员会（Higher Education Funding Council for England，HEFCE）正在寻求建立新的“优化框架”（Research Excellence Framework，REF），研究在学术界的影响力在其中被强调，你的项目有可能被纳入新的报告和研究中。

5.2 实施公众参与项目的关键阶段

实施公共参与项目至少有 3 个不同的阶段，我们需要依次考虑每一个阶段。见图 5.1。

第一阶段——起点

最初的想法：它可能是你的，也可能是别人的。也许这个想法是对一个请求的响应，或者是对你的研究经费的要求。它可能是主题引导或事件焦点。这可能是话题主导或事件的关注。在这个阶段，您需要考虑项目的目标。你需要问“你希望实现什么目标？”“有很多目标可以引出最初的参与想法，有些目标可能比其他目标更有利他主义价值。”英国科

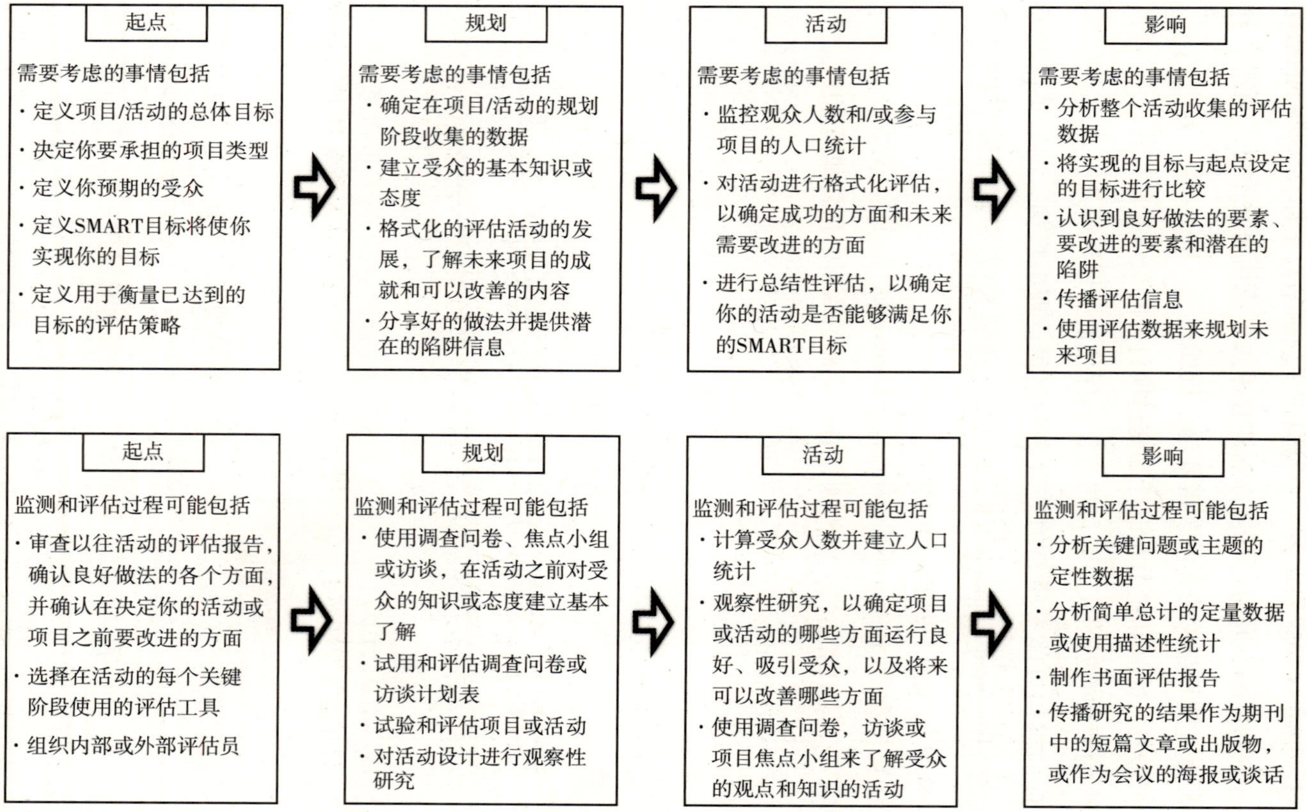

起点

需要考虑的事情包括
- 定义项目/活动的总体目标
- 决定你要承担的项目类型
- 定义你预期的受众
- 定义SMART目标将使你实现你的目标
- 定义用于衡量已达到的目标的评估策略

⇨

规划

需要考虑的事情包括
- 确定在项目/活动的规划阶段收集的数据
- 建立受众的基本知识或态度
- 格式化的评估活动的发展，了解未来项目的成就和可以改善的内容
- 分享好的做法并提供潜在的陷阱信息

⇨

活动

需要考虑的事情包括
- 监控观众人数和/或参与项目的人口统计
- 对活动进行格式化评估，以确定成功的方面和未来需要改进的方面
- 进行总结性评估，以确定你的活动是否能够满足你的SMART目标

⇨

影响

需要考虑的事情包括
- 分析整个活动收集的评估数据
- 将实现的目标与起点设定的目标进行比较
- 认识到良好做法的要素、要改进的要素和潜在的陷阱
- 传播评估信息
- 使用评估数据来规划未来项目

起点

监测和评估过程可能包括
- 审查以往活动的评估报告，确认良好做法的各个方面，并确认在决定你的活动或项目之前要改进的方面
- 选择在活动的每个关键阶段使用的评估工具
- 组织内部或外部评估员

⇨

规划

监测和评估过程可能包括
- 使用调查问卷、焦点小组或访谈，在活动之前对受众的知识或态度建立基本了解
- 试用和评估调查问卷或访谈计划表
- 试验和评估项目或活动
- 对活动设计进行观察性研究

⇨

活动

监测和评估过程可能包括
- 计算受众人数并建立人口统计
- 观察性研究，以确定项目或活动的哪些方面运行良好、吸引受众，以及将来可以改善哪些方面
- 使用调查问卷，访谈或项目焦点小组来了解受众的观点和知识的活动

⇨

影响

监测和评估过程可能包括
- 分析关键问题或主题的定性数据
- 分析简单总计的定量数据或使用描述性统计
- 制作书面评估报告
- 传播研究的结果作为期刊中的短篇文章或出版物，或作为会议的海报或谈话

图 5.1　项目或活动的评估过程中涉及的步骤

概述了每个阶段应该考虑的信息。本书网站还提供了一个形式表，可以在评估项目时使用。

学协会制作了《2010年全民科学最终报告》(*Science for All Final Report 2010*)，概述了其中一些原因，包括（按照我们建议的利他主义顺序）：①

- 使世界变得更美好；
- 加强社会凝聚力和民主参与；
- 具有道德责任和透明度；
- 创造一个更有效率、更有活力和可持续的经济；
- 发展技能，启发学习（针对他人，但也包括你自己）；
- 赢得科学支持；
- 提高我的研究的质量和影响力；
- 增强我的职业生涯。

另外还有其他更具本土特色的原因：

- 你的资助者或机构可能要求你把研究报告传播给更广泛的公众；
- 你可能想要证明你的研究对学术团体和整个社会所产生的影响。

一旦了解了你的项目的关键目标，下一个考虑就是确定实现目标所需的具体指标。这是你将开始决定你希望达到的项目或活动类型以及观众的阶段。专栏5.1为你提供了有关确定主要目标的指导。这个过程至少有两个有用的结果，它使你能够：

① http://www.britishscienceassociation.org/NR/rdonlyres/D6B1ACFC-2F42-4F07-A5D1-938E1D83F3ED/0/ScienceforAllFinalReport.pdf。

- 制定可行的评估策略；
- 进行活动、项目的下一个阶段——规划和交付。

专栏 5.1　什么是好的目标

▸一个好的目标是“SMART”目标。

S：你的目标应该是具体的。理想情况下，它应该简单直观地实现。

M：你的目标应该是可衡量的。你应该能够衡量你是否达到了你的目标。它也应该是可管理的。

A：你的目标应该在你的时间安排、资源和预算之内可以实现。它也应该适合实现你的整体目标。

R：你的目标应该是相关的，使你能够达到总体目标。它也应该是现实的。它不应该太雄心勃勃：它应该是可以实现的。

T：你的目标应该有一个时间表，让你实现你的目标。它也应该是明确的或能够被评估的。

第二阶段——规划

规划阶段：当一个最初的项目想法转变为一个事件或活动时，它将包括设计、计划以及在进行活动或活动之前所需要的组织和资源。如果确定了一组明确的目标，规划阶段就比较容易制定。 这个阶段可能时间紧迫，因为你可能需要：

- 保障资金投入；
- 确定场地；
- 确定你运行活动或项目需要的资源，如人员和资金；
- 宣传该项目；
- 确保你有相关的证件，如 CRB 支票或保险；
- 测试活动或项目。

第三阶段——交付

交付包括运行实际的项目或活动。这是最初想法和规划阶段的高潮和结论。本书通过案例研究详细介绍了成功项目的例子。

5.3 监测和评估

5.3.1 监测

监控项目的过程包括以系统、翔实和有条理的方式收集和记录数据和信息的过程。收集的数据通常是数字的，并将提供有关项目的有用信息。他们可以包括：

- 系列讲座中已经完成的讲座数量；
- 观众总人数和每场讲座中的观众人数；
- 网站上的点击次数；
- 阅读材料的请求数量。

监测是收集有用信息的重要手段。计算参加活动的人数能够让你知道是否达到了所需的受众人数，甚至可以向你提供有关受众群体特征的信息。它可以通知你有关计划是否成功以及项目地点是否运作良好，或者是否需要重新考虑这些内容。简单地计算观众数量不会说明活动是否受到受众喜爱，或者他们是否发现这个活动有教育意义甚至改变生活等有关信息。但是如果你没有吸引预期数量的受众，那么你就不太可能达到在进行项目之前确定的目标。

5.3.2 评估

评估可以是关于形成过程的描述或者总结性的陈述。可以评估第 5.2 节（形成）中概述的 3 个关键阶段的每个过程或项目的结果（总结）的交付过程，这两种策略都是有意义并且重要的。形成过程的评估将会使你：

- 通过反馈和讨论，在整个规划阶段改善你的活动 / 项目；
- 不仅了解你的活动 / 项目的规划和交付阶段进展如何，也能够了解将来可以改进的内容；
- 将信息传播给他人以分享良好的实践经验，并提供有关可能易犯错误之处的信息，以及在规划阶段如何避免这些易错之处。

在 3 个关键阶段中，最好进行关于形成过程的评估，确保有足够的时间和资源来实现这一点很重要。如案例研究 5.1 所示，一旦你的项目开始进行，你就可以考虑你的评估策略。

另外，总结性评估揭示了项目的总体目标和成果是否实现。此信息可确定项目的影响。一个由詹姆斯·皮尔西（James Piercy）所写的案例突出了形成性和总结性评估之间的差异。这个案例研究详细介绍了围绕"侦探犬号超音速车"（Bloodhound SSC）建立的互动科学节目的设计，这是一个独特的英国工程项目，可以建造一辆能够达到每小时 1000 英里（约 1609 千米）的汽车。案例研究表明，在项目的不同阶段可以将总结性和形成性评估纳入其中，并将项目计划的初始阶段的评估价值纳入考核。

案例研究　5.1

侦探犬号超音速汽车

詹姆斯·皮尔西：简单的科学

背景

"侦探犬号超音速汽车"是一个独特的英国工程项目，创造时速可以达到每小时 1000 英里（约 1609 千米）的汽车。项目背后的设计和工程团队热衷于发挥其教育潜力。超音速教育团队（BET）资助了"简单的科学"——一个获奖的科学传播公司，开发了一个名为"侦探犬号超音速汽车在路上"（Bloodhound SSC on the Road）的互动科学节目。

正规的评估过程确保了节目符合超音速教育团队、学校观众和资助者的需求。评估过程涉及 20 名 6 年级学生组成的焦点小组、国民教育课程审查，以及超音速教育团队和工程团队。该过程确定了节目的关键学习目标，为核心结构提供了思路。正规评估过程产生了互动的节目内容：演示、视频剪辑、观众参与的图像都被包括在内，以增加有效的观众参与度。计划阶段的一部分是通过与目标受众进行试点节目进行进一步评估，并在 2009 年夏季期间推出。

该节目持续 45 分钟，目标受众为 5 ～ 8 岁儿童。该节目于 2009 年 6 月在切尔滕纳姆科学节（Cheltenham Science Festival）上推出，并在英国各地的学校以及节日期间播出。超音速团队采用一个专业且经验丰富的公司来生产和交付项目。由于简单的科学有多年与学校合作的经验，在保险和安全问题上花费的时间最少。所有演讲人均经复审委员会检查，并根据公司政策对展示材料进行了全面的风险评估。来自切尔滕纳姆科学节的资金用于建造展示台或购买设备。为了能够在大量场馆中进行展示，共制作了 3 套展示设备。营销是通过 STEMNET 的数据库和超音速团队的其他活动完成的。

项目进展顺利吗

该节目受到好评，对观众产生了影响。持续的重复评估意味着设计项目的发展和学生及教师的反馈不断地说明了节目的内容和付诸实施的效果。超音速团队使用诸如“科学简约化”（science made simple）等科学项目在英国学校向大量学生传播科学。在 2009—2010 学年，这一节目被 60 多所学校和参加 5 个科学节日的 22000 多人收看。

哪些方面没有像预期那么好

我们的评估策略的结果显示，男孩比女孩更有可能享受节目，并受影响。虽然我们最初是通过使用社会语境和女主持人来解决这个问题的，但我们不得不考虑不同的可能性来调整表演，使其对女性观众更有吸引力。

总结性评估

我们使用向学生发送的问卷的方式评估了节目。这些问卷在演出后立即分发给学生，以获得大量的回应。学生问卷是根据博物馆、图书馆和档案委员会制定的通用学习成果框架制定的，用于衡量非正规学习的效果（http://www.inspiringlearningforall.gov.uk/toolstemplates/genericlearning/）。该策略寻求观众的态度和行为的改变，并且通过介入方法来判断他们的满意程度。问卷包括对李克特量表的态度排名以及开放式回答和评论。

评价显示学生高度享受，对科学和工程的积极态度增加，以及更多节目的需求。2009 年 12 月，根据主持人的经验和教师及学生的反馈提供的形成性过程评估，该节目进行了进一步的回顾。视觉效果也在此时进行更新，以反映汽车设计的变化，并包含了新的信息。随着新观众接受节目并进行迭代评估，节目继续进行定期审查。随着超音速项目进一步的发展，简单的科学团队将与工程团队会面，以协助更新演示内容、突出当前挑战。

从大量的学生得到反馈非常困难。我们收到 586 份回答，只占节目观众的 2.57%。学校需要让学生及时回归课程，工作人员时间受限，使得难以获得大量反馈。

这些反馈 53.9%来自男性，46.1%来自女性。总体结果表明，学生们对表演的满意度很高，而且感觉通过观看节目学到了新的东西。他们也有机会通过开放式评论告诉我们，他们在节目中学到了什么。他们的答案涵盖一系列基本的主题：

- “我知道有一个超音速项目”（8 岁的女孩）；
- “汽车可以运行得相当快”（9 岁的男孩）；
- “技术和科学在未来如何发展，以及超音速的功能如何运作”（8 岁的女孩）；
- “喷气式飞机和火箭，以及新的化合物 H_2O_2 的工作原理是什么”（8 岁的男孩）；
- “我了解了火箭的工作原理，确保超音速留在地面上有多困难，以及科学发展到什么地步”（8 岁的女孩）；
- “空气动力学如何影响运动”（7 岁的男孩）。

该项目的一个目标是促进学生对科学和工程的积极态度，并鼓励学生考虑 STEM 的职业生涯。整理之后，进行数据分析，反馈意见按性别进行分组，以确定节目不受性别影响。超过半数的受访者表示，他们通过节目对 STEM 科目表现出更加积极的态度。然而，分析还发现男孩比女孩参与度更高，比例分别是 62.5%和 51%。没有预先基准评估，就不可能知道女孩以前的态度是什么。海量的学生和学校数量，意味着进行全面的基准评估是不可能的。然而，我们可以使用以前在类似问题上进行的研究来帮助我们解释结果。

教师也对节目进行评分，评论其对学生的适用性。所有接受调查的老师对这个节目进行了评价，结果是“非常好”或“优秀”。收到的意见包括：

- 完美；
- 迷人并友好；
- 热情并且知识渊博；
- 非常热情，组织良好。

评估的全部结果可在以下网址获取：
http://www.sciencemadesimple.co.uk/page202g.html。

5.4 进行评估

5.4.1 测量你的SMART目标

显然，评估过程依赖于上游规划，SMART目标可以使你做到这一点。要确定你是否实现了目标，必须考虑可能有用的措施类型。专栏5.2提供了一个已经确定了目标的项目案例，并通过确定措施来确认目标是否实现。

专栏 5.2　目标和衡量它们的方法

- **目的**：通过使用微生物的自然选择作为说明性例子，向当地社区告知查尔斯·达尔文（Charles Darwin）及其进化理论。
- **目标 1**：开发一系列资源，提供关于达尔文的信息及其自然选择理论，以吸引各种观众。
  - **措施**：开发一定数量的资源，哪些资源吸引了哪些观众，哪些资源对观众没有吸引力。
  - **评估工具**：观察研究，与参与者和同行进行访谈。
- **目标 2**：为学生提供参加科学传播活动的机会，并在科学传播活动中发展技能。
  - **措施**：参加活动的学生人数，觉得自己已经开发了新技能的学生人数，了解学生开发的不同技能。
  - **评估工具**：学生焦点小组，访谈学生，学生完成自我反思日记。
- **目标 3**：增加不同受众对达尔文和进化论的了解。
  - **措施**：参加活动的观众见解，活动组织者的意见和观察结果，了解到新鲜事物的观众的比例。
  - **评估工具**：活动之前的调查问卷，学生焦点小组，访谈学生，学生完成的自我反思日记，活动后问卷调查，观众的回顾访谈，焦点小组。

设定包含改变态度或增加对具体科学问题的了解的 SMART 目标是有价值的。然而，如果你打算衡量一个变化，无论是态度的改变还是知识的变化，重要的是要在你的项目开始之前建立基线或基准，来确定是否发生后续变化。

5.4.2 评估工具

一旦确定了目的和项目的目标，并考虑了用来确定目标是否实现的措施，那么下一步就是考虑可用于收集数据的评估工具。收集数据至少有 4 种不同的方法，每种方法都可以提供有价值的信息。设计有效的评估策略可能会将这些方法中的一些或所有结合起来，并可在项目的不同阶段使用。使用的不同方法包括：

- 问卷调查；
- 访谈；
- 焦点小组；
- 观察研究。

每种方法都依赖于通过使用有效的抽样原理收集数据。一般来说，你应该通过从你的观众或参与者的代表性选择中获取反馈，以修正评估数据中的偏差。不幸的是，并不总是能获得大量反馈。例如，要求人们在公开演讲时完成问卷调查可能会给你提供大量回复，但他们也许不能代表你的受众，如专栏 5.3 所示。还有其他数据收集要点。首先，你可以获得比你的项目所证明的更合理的评估。其次，可能恰好相反，人们可能真的很喜欢你的项目或活动，但可能没有填写问卷或提供这些数据。最后，请务必记住，只能使用收到的数据，这可能不是观众实际思考或感受的准确表述。

专栏 5.3　一个评估方案

▸ 让我们假设你已经决定了一个很好的方法来达到你的目标——

"使用微生物作为说明性例子来增加不同观众对于达尔文和进化论的知识的了解"，就是在这个问题上进行公开演讲。

- 你监控观众人数，很高兴看到有 400 个座位的演讲厅已经坐满了。在每位观众到达时将问卷交给他们。在（你认为顺利的）发言之后，调查问卷收集起来，你很高兴看到你有 200 个答复，回复率为 50%。现在让我们想象一下，观众中有 100 人非常喜欢你的演讲，并乐意将这些信息传达给你。他们都完成并返回问卷。
- 一方面，观众中有 200 人认为你的演讲是"好的"，但你说话很快，他们没有真正跟上节奏，他们仍然不理解微生物的进化。不过，他们觉得你已经努力做到最好了，这个"好的"小组的 150 名观众认为他们真的不想只是为了让你知道你的演讲是"好的"而填写你的问卷，所以"好的"小组有 150 位观众没有完成问卷。另一方面，来自"好的"小组的 50 名观众决定，他们想要给你的演讲提供反馈，以便当你再次演讲时改善它，他们完成并返回调查问卷。
- 最后，观众中有 100 人认为你的演讲是糟糕的。事实上，其中有 50 人没有完成问卷调查。剩下的 50 个人觉得你糟糕的演讲很讨厌，他们不得不通过完成并返回调查问卷与你分享他们的感受。
- 正如你所看到的，尽管对你的回复率令人印象深刻，但是你所征求的意见并不能准确地代表你的听众的意见。你收集到的反馈表明，50% 的听众"非常喜欢你的演讲"，25% 的人认为你"尽了最大努力"，但语速有点快，25% 的听众认为你的演讲"很糟糕"。让我们将此与你的听众的实际观点进行比较：25% 的人"非常喜欢你的演讲"，50% 的人认为你"尽了最大努力"，但语速有点快，25% 的人认为你的演讲"糟糕"。这表明对你的评估过多地表述了你演讲的积极方面，而忽略了你演讲的消极方面。

有不同的抽样方法，以试图克服这里的问题，以便收集更具代表性的观点。

- 你可以确保从参与活动的每个参与者收集信息；
- 你制定一项策略，以确保你可以根据观众群体的特征得到一个你的受众群体的代表性样本。这个群体可以根据年龄、他们上学的学校、他们的性别或其种族来源；
- 你的策略包括系统要求每一个“第 n 个”人填写一份问卷，或提供反馈。

这些方法需要大量的预设和先前对受众的了解。更实际的抽样方法往往是最方便和直截了当现实的。然而，重要的是要认识到这些方法不会提供随机样本。他们可能不代表你的观众，并且倾向于存在偏见。这些方法包括：

- 从方便的观众收集反馈。如果我们回想到上文中描述的演讲，这可能是你完成演讲之后离开演讲厅（而不是半途而废！）的前 50 人；
- 收集来自有目的抽样的样本反馈。换句话说，故意收集一个你认为能代表更广泛的群体和观众的团体的反馈意见。

无论采用什么抽样方法，显然不是每个被问及的人都会同意参与；然而，享受活动的观众更有可能回应反馈请求。确保你获得尽可能高的回复率将意味着你增加实现代表性样本的可能性。因此制定实现高回应率的策略是重要的。这些策略包括：

- 使用访谈完成问卷调查，人们更容易参与，因为他们不想被粗鲁对待；
- 为所有填好的问卷提供小抽奖；
- 每个问卷上的手写便利贴可能会提高回复率；
- 使用邮政调查问卷时，提供加盖邮票的信封可以鼓励更多的回复；
- 如果你喜欢使用新技术，请考虑使用可以被智能手机技术扫描的快速响应代码（Quick Response Code）来代理你的项目或活动。扫描该代码将直接参与到你的评估网站。

5.4.3 调查问卷

问卷是获取大量定量和定性数据的一种极为方便的方法。定量数据可以包括对问题的回答，比如“参加讲座的人有多少人认为你的讲座适合于什么年龄范围的听众？”。但是，调查问卷也可用于收集更多的定性数据，例如“什么因素决定了你来听这个演讲？”或者“你从这次演讲中学到的最有趣的东西是什么？”。问卷调查有几种方法，每一种都有各自的优点和缺点，如表 5.1 所示。

5.4.4 设计一份有效的问卷

通过解释来介绍你的问卷是非常重要的：

- 你是谁；
- 你为什么要求受访者回答这些问题；
- 向受访者提供与他们提供的信息有关的内容。

表 5.1 比较调查问卷的类型

调查问卷的类型	优点	缺点
自我完成：通常是纸张，通常在人们到达或离开活动时分发给他人	便宜 可以生成大量的数据 易于分发 从活动即时反馈	反应率低 可能不具代表性 不能保证问题被理解
邮寄：当您有邮件列表时，通常会要求邮件提醒	如果发送提醒，可以获得更好的响应率 有时间回顾活动 有时间由于活动而产生行动	需要发送一些提醒 可能不具代表性 不能保证问题得到了解 邮费
电子邮件：使用 SurveyMonkey 等调查工具	通过电子邮件列表轻松分发 提供系统抽样的可能 便宜	需要上网 不能保证问题得到了解
网络调查：有人登录网站时弹出	提供系统抽样的可能；每五个人访问网站 便宜	反应率低，所以可能不具代表性 不能保证问题得到了解 需要上网
访谈	可以得到代表性的样本 有机会确保问题被理解 提供更详细的信息 因为受访者不太可能拒绝，保证了良好的回应率	资源密集 昂贵 访员无意中可能会有偏见反应

考虑“我真正想知道的是什么？”，聚焦你在项目开始时设定的目标，在规划问卷时是一个有用的展开方向。了解你想要了解的关键信息将使设计问卷的过程更加直接。同样重要的是要考虑谁将填写问卷，然后进行相应的调整：为儿童设计的问卷与为成年人设计的问卷不同。你应该考虑到被访者完成调查问卷需要的时间长度，并确保这与完成问卷所需的时间接近。一般的经验是缩短和简化，并避免使用术语和科学或技术专用词汇（第 4.7 节）。你需要确保问卷的设计能够回答“我真正想知道的是什么？”的问题，并避免回答“那岂不是很有趣吗？”希望这将有助于范围可控。最后，一个重要的步骤是提前试验你的问卷。这将允许你：

- 找出任何含糊的问题，并检查问题是否正确；
- 确保调查问卷可以直接完成，并可在规定的时间内完成；
- 检查问卷是否提供了“我真正想知道的是什么？”的答案。

5.4.5 问题的类型

这里主要包括两种类型的问题：

- 预编码——参与者通过从你提供的列表中选择一个勾选框来选择答案；这提供了定量数据；
- 开放式——参与者能够提供自己的想法、观点、意见和建议；这可以为定性数据提供可能性。

预编码的问题可以是一个简单的、直接的多项选择问题，将“是”“否”“不知道”作为选项，或“真”“假”“不确定”，如专栏 5.4。

专栏 5.4 预编码问题的例子

▸ 你会推荐这个关于进化论和微生物的演讲给你的朋友吗？

是 □　　　　否 □　　　　不知道 □

▸ 但是，如果您决定使用简单的多项选择，则需要确保您的问题简单直观。避免提出两个不同的问题，例如：

▸ 你是否喜欢进化论和微生物这个讲座，你会推荐给你的朋友吗？

是 □　　　　否 □　　　　不知道 □

受访者不知道回答哪个问题：

▸ 你是否喜欢进化论和微生物的演讲？

▸ 你会把这个演讲推荐给你的朋友吗？

其他多种选择问题一般用于了解更抽象的概念，比如包括采用李克特量表测量听众的态度与感受。这种测量方式采用的是让被访者在“量表”格式中回答，这种测量方式对了解公众回答的选择的总体状况具有重要价值，对其积极的或者消极的回答能够得到平衡参照，以避免回答向正面或负面倾斜。避免引发强迫答卷人提出具体答案的问题。问题应该中性措辞，避免陈述受访者不愿意回答的所谓“说真话”的强硬要求，如专栏 5.5。

专栏 5.5 请对以下问题按同意程度回答。

▸ 你认为关于进化论和微生物的讲座：

非常有趣 □　　　　非常有趣 □

很有趣	□	有趣	□
有趣	□	很有趣	□
没意思	□	没意思	□
不知道	□	不知道	□

- 好设计（左侧）：积极反应与消极反应数量相等
- 坏设计（右侧）：错位选项导致过度积极反应

中性问题

- 我们很想知道你对微生物的看法。你认为微生物处于进化过程中吗？

  是□　　　否□　　　不知道□

对答案具诱导性的提问：

- 微生物明确地显示了其正处于进化状态。你同意吗？

  是□　　　否□　　　不知道□

你可以使用的另一种方法是提供一组不同的陈述句，并要求你的被访者选择回答，如专栏 5.6。

专栏 5.6　提供不同的陈述

回到我们的进化论与微生物讲座，有一组陈述可能是：

- 请在今天晚上演讲之前，勾选最接近你对进化论的看法

  1. 有证据表明，进化论不是地球上生命多样性的解释　□
  2. 有证据支持了解释地球生物多样性的不同理论　□
  3. 证据可能不支持进化论作为地球上生命多样性的解释　□

4. 证据只支持进化论作为地球上生命多样性的解释 □

- 收集受访者对进化论观点的另一种方法是包括一个开放式问题，并向受访者提供一个文本框以供他们回答。

在今天晚上参加演讲之前，你能否告诉我们你对进化的看法?

你的问卷应该使被访者有兴趣回答，虽然你可能会将很多问题挤压到一个很小的问卷篇幅中，但是问卷排列应该有很好的间隔并易于阅读，所以避免使用小号的字体。考虑最有效的方式来排列你的问题。理想的情况是：

1. 前几个问题应该抓住被访者的注意力；

2. 你应该以有逻辑顺序的问题引导回答者；

3. 如果你想询问敏感问题，例如询问有关年龄、种族和收入的详细信息，最好将它们留到最后，因为它们可能会让被访者不愿意回答你真正需要答案的问题。

在询问有关年龄或收入的细节时，请确保范围不重叠；年龄范围应为0～9，10～19，20～29，而不是0～10，10～20，20～30。调查问卷应包括易于勾选或完整的框，如果你使用了开放性问题，则需要为回答者撰写意见提供足够的空间。最后，再次强调一下，在你的活动或项目开始之前，请务必花时间用你的问卷进行一次预调查。这种预调查会测试你的问卷能否从你的被访者的回答中完成预期目的。而这个预调查也应该成为你项目设计与计划中被正式评估的部分。

5.5 访谈

访谈是获取项目定性和定量反馈的有效方法。访谈可以与活动组织者和参与者，以及同事们一起进行。他们可以承担：

- 面对面访谈；
- 使用互联网，包括 Facebook 和 Google+ 等社交媒体的网络访谈；
- 通过电话或 Skype 软件进行访谈。

与调查问卷相比，访谈可以收集更多深度信息，但缺点是需要很多时间和资源。健全的访谈过程始终使用访谈提纲，提纲是访问者用来指导访谈预设的一系列问题（非常像问卷）。访谈者应该紧密围绕预先安排好的问题，确保对所有的被访者采访的内容不会离题或者偏离预设问题。在某些情况下，访谈者可以以提纲内容为指导，适当地根据被访者提供的信息进行调整。无论是切题访谈还是稍微宽松一些的交谈，预算准备都是最重要的。在实施访谈前，访谈大纲都应该进行预调查试验，在开始访谈时，应该对被访者进行访谈目的的简要介绍。

在访谈开始之前，对访问者来说重要的是：

- 身份介绍；
- 获得进行访谈的许可；
- 说明访谈目的；
- 向被访者说明访谈可能需要的时间。

如果你打算访问儿童，则需要向陪同的成年人征求许可。一旦访谈开始进行，请准确记录他们给出的答案，在访谈完成后不要依赖你的记忆来提供信息。考虑使用录音设备（录音机非常便宜），方便以后转录访谈内容。在开始访谈之前，你必须获得使用该设备的许可。

5.6 焦点小组

焦点小组是非常有用的评估方式。与访谈一样，可以与活动组织者和参与者，以及同事们一起进行。这种评估方式可以进行深入并获得详细的定性数据。成功的焦点小组：

- 参与者一般不超过 10 人；
- 明确说明召开焦点小组座谈会的目的；
- 尽可能使小组的所有成员都能参与讨论，避免由一个或两个发言人主导讨论；

- 参与者对所涵盖的主题有明确的认识；
- 通过清晰和全面的笔记或使用记录设备进行讨论内容记录，以便稍后对记录内容进行整理。

焦点小组座谈会可能需要时间来组织。座谈会的时间和资源要求紧凑。尽管可以提供有用的深入的定性数据，但焦点小组座谈会对于提供定量数据并不是特别有用。考虑参加小组座谈会的参与者是很重要的，以确保能够获得所有相关方的意见，为了促进这一点，焦点小组必须在一个适合所有座谈会参与者的时间和地点开会，或考虑使用在线讨论论坛。可以用免费的工具组织这种形式的焦点小组，包括在脸书（Facebook）中创建小组，并进行一次群组聊天。或者使用谷歌+创建“秘密会议”（huddles），人们可以通过网络摄像头聚在一起交谈。也可以注册Skype，Skype也可以通过电话会议应用程序用于在线讨论组，这是免费的。另外，付费使用Skype将允许你进行群组视频通话。以这种方式开展焦点小组的优点在于，小组参与者可能更方便。但是，请注意，参与者可能并不方便使用计算机网络。

5.7 观察性研究

观察性研究可以提供丰富的评估数据。进行这种研究有不同的方式和方法。例如：

- 在正式评估过程和在设计和实现评估计划的过程中，在观察活动的过程中进行反思日志记录；
- 记录参加项目或活动的不同参与者的数量变化；
- 记录对项目或活动本身的观察，例如参与者对某些展品的反应或哪些展品最吸引人；
- 设置一个访客的书或留言板，参与者可以发表评论；进行街头访问，或要求参与者描述他们的参与活动的印象；
- 亲自参与活动并记录下你的经历。

5.8 确定评估项目的方法

显然，有很多评估工具可以用来评估项目。你所做的选择将由许多不同的因素决定，其中包括：

- 项目或活动的类型；
- 与活动或项目相关的效果和结果；
- 可用的资源和专家。

如上所述，每个评估工具都有其优点和缺点，你的评估策略可能需要各种不同的工具来衡量结果并确定影响。案例研究 5.2 由耶阁・汉密尔顿（Jaeger Hamilton）撰写，详细介绍了如何设计一种吸引不同学习风格和不同受众类型的活动。描述的活动是在“国家科学与工程周”（National Science and Engineering Week）期间由维康信托（Wellcome Trust）资助的科学传播活动的“移动家庭科学实验室”（Mobile Family Science Laboratory）部分（第 4 章）。案例研究 5.2 使用这一活动来提供用于评估此活动的目的、目标和评估工具的示例。案例研究 5.2 还演示了使用这些评估工具可以收集的数据类型。我们使用案例研究中显示的数据来提供如何分析数据的示例。此外，作为移动家庭科学实验室的一部分，一个用于评估的观察工具已经应用于由维康信托资助的广泛的科学传播活动中。这使我们得以发展一种以家庭为中心的学习模式，在 4.6 节中进行了详细说明。

案例研究　5.2

评估“诺福克科学的过去、现在与未来”项目的活动

耶阁·汉密尔顿

活动介绍

我的活动是东英吉利大学生物科学学院设计的几种设计之一，是我们科学传播模块的一部分。“诺福克科学的过去、现在与未来”（Norfolk Science Past，Present and Future）活动成了诺维奇城堡博物馆（Norwich Castle Museum）中的主要活动，也是诺维奇主要旅游景点之一。我的活动主要是使用显微镜来了解水霉菌的病原体，它最初被当地 18 世纪的哲学家和科学家威廉·阿德隆鉴定为一种鱼类病原体。它释放糖和渗出物到其外部介质中，为其他如钟形虫（Vorticella）、轮虫类和草履虫

(Paramecia)等微生物做出了辉煌的“家”。在显微镜下，水霉菌的细丝作为一个分支网络出现，其中活跃的微生物在其中进进出出，我希望访客能享受其中。这个活动计划在英国科学协会组织的国家科学与工程周(NSEW)期间举行。重要的是，我的活动对每个来访者都是开放的，并可以反映他们的学习风格(实用主义者、活动家、反思者、理论家)，这是一次充满活力、创造性和开放的学习体验。

目的和目标

我的活动的总体目标，是提高公众的科学意识并引起公众对科学及微生物的兴趣。主要目标是：

- 我的活动设计目标是吸引各个年龄段的人和各种不同学习方式的人，包括活动家、实用主义者、反思者和理论家；
- 我的活动是向观众展示不同生命形式之间的相互联系的科学事实，由水霉菌的微观世界及其相关的微生物在参与者参与的过程中展现出来的。
- 我向学习者展示了我所关注的事实，同时吸引他们通过自己的参与行动进入发现过程；
- 我将要设计一种活动，这种活动将使我拓展在科学传播中的知识与技巧，而这就是我研究生课程的一个组成部分。

设定目标，以及确定我要使用的措施和评估工具，参见表5.2。

表 5.2　规划评估方法并确定措施

▸目标：设计目标是吸引各个年龄段的人和各种不同学习方式的人
措施：吸引参与者的资源，所有访客都可以参与活动，我的活动是否吸引了各种年龄段和不同学习方式的参观者？ 评估方法：我的活动的观察性研究，我的活动的意见反馈书，调查问卷 / 电子邮件
▸目标：该活动应该表现不同生命形式相互关联的科学事实
措施：参与者是否评论 / 描述 / 确认 / 发现有关不同生命形式相互关联的信息？ 评估方法：观察性研究，我的活动反馈书，项目问卷 / 电子邮件
▸目标：我不仅能够吸引他们参与活动，而且能够使参与者积极参与一个行动和发现的过程
措施：不需要我的干预，参加活动的来访者是否可以有自己的发现：我是否能够在参与者需要时帮助参与者的学习过程 评估方法：观察性研究，我的活动的意见反馈书，我个人对活动作用的思考
▸目标：该活动应使我能够积极发展我在科学传播上的知识和技能
措施：我是否设计和参与了这项活动，并发展了科学传播知识或技能？ 评估工具：设计和交付我的活动过程的个人反思，观察性研究，为我的活动提供反馈书

在设计我的评估策略时，我提出的实际决策包括：

- 认识到我没有资源进行活动前问卷调查，来评估参与者在项目之前对不同生命形式的相互关联的理解；
- 意识到我的局限性：我知道当我正在积极地开展活动时，我无法对参与者进行访谈；
- 我会采取务实的做法，分发和完成问卷（抽样）将是后期工作。

与我的活动相关的调查问卷上，一些参与者写的自由文本评论显示在表 5.3 中。

表 5.3 今天学到的惊人的事情：参与者离开时在调查问卷上留下的自由评论

小生命形式	关于显微镜的一切
“微生物可以在不同的地方找到”	“如何正确使用显微镜”
“这里有活的微生物”	“那小东西可以动”
“原生动物可以吃细菌”	“有微小的水生物”
“你可以在显微镜下看到细菌和真菌”	“有小东西在移动”
“使用显微镜”	“关于草履虫”
“近距离观看草履虫令人着迷”	“钟形虫”

观察性研究收集的评价数据

监测活动表明，整个活动期间参与者踊跃，但是所有活动都在掌控之中。平均而言，参与小组一般为 3 人组成（不包括我自己）：通常有一个或两个孩子与一个或两个大人，通常多数时间都有一到三组在现场。孩子对使用显微镜很感兴趣，并能够询问有关他们正在观看的生物的问题，这显示出“积极参与者”的学习方法。偶尔一个孩子通过观看朋友或兄弟姐妹进行技术操作来表现“反思”。没有一个孩子表现出强烈的“理论”倾向，虽然有些孩子比其他孩子更加关心有关“知识”。成人倾向于提出更为实际的“务实”问题，例如“为什么这对社会很重要？”和“这对我的生活有什么用？”。每当这时，我就会借用水模对人类社会重要影响的海报进行解释。反过来，成年学习者会将这些信息反馈给孩子。孩子们没有问任何明显的“实用”问题，也没有一个孩子明确询问过与海报有关的问题。偶尔，他们的注意力会针对在海报中提到的东西，一些孩子（通常是 12 岁以上的孩子）会讨论这些信息，但大多数孩子会失去兴趣，回到对显微镜作用的惊喜。大多数成年学习者似乎从海报中受益：他们在孩子们活动时阅读海报。所以，代际之间存在明显的差距：成年学习者往往表现出理论上的反思性学习倾向，以及对知识如何应用的务实关切，儿童学习者往往是通过实际行动的“活动参与者”式的学习。我觉得我的活动已经达到了吸引广泛学习者的目标，其中几个人滞留了大约1个小时，有些甚至又多来了一次。

参与者完成的问卷

我还设计了一个调查问卷，获得了关于整体活动的反馈。采取了务实的抽样方法：向离开活动的每个人提供问卷，并要求他们在离开之前完成，但回馈率很低（占活动售票量的10%）。

从问卷中获得的资料包括：

- 参加活动的平均旅行距离为17.4英里（28千米），游客平均花1个多小时用于往返活动（然而他们是否专程来参加活动是未知的）；
- 根据提供邮政编码和使用人口统计分类的访客社会经济学信息；其中显示，89%的参与者来自诺福克，其中高收入家庭占67%，低收入家庭只有14.5%。然而，教育水平的分布差异更小一些：从登记的邮编地址来看，38%的人来自大部分人受过学位教育的地区，中等比例达到34%，27%的参与者来自居民估计拥有少数学位资格的地区；
- 采用李克特量表调查成人参与者对活动的评价中，在问题：“你认为这个活动怎么样？”的回答中，“1”为最差，“5”为最好，共有62位成年参与者回答问题，平均分为“4.56”。

- 儿童反馈显示，有 60 名孩子认为这件活动“太棒了”，19 人认为这是“好的”，4 人认为这件事情“还可以”。没有人认为项目是“无聊”或“糟糕”。

访问者的反馈留在协调员的小册子中，并在活动结束后以电子邮件的形式发送给我。

学习者被邀请在为我的活动设计的小册子中发表意见和反馈。此外，我还从活动结束后写信给城堡博物馆的参与者那里收到了反馈。一些意见包含在专栏 5.7 中。

专栏 5.7　留在协调员的小册子中的评论

- “我们的男孩专心聆听，激动而热情，在显微镜上看了 1 个小时，询问明智的问题，被博物馆迷住了直到最后想要回来，这简直是一个奇迹！视线中没有一台游戏机，他们也没有一秒钟觉得是无聊的！”
- “我们非常感谢科学周末，谢谢。”
- “我的大儿子用观察显微镜成像度过了周末的空闲时间，从他的谈话中可以清楚地看到，你的展示真的引起了他的思考和兴趣。如果你能对一个人有这样的影响，那就是伟大的。”
- “我认为草履虫是惊人的。我不敢相信他们还活着。”
- “我从来没有想过分析腐烂的过程会如此有趣。微生物也很漂亮，令我吃惊。我想要一些关于卵菌如何影响人类（和其生物）的生活的情境例子。爱尔兰马铃薯饥荒（potato famine）真的帮助我了解这个概念。”

- “我的儿子很喜欢看显微镜。 来自志愿者的良好说明，使它对孩子们来说容易接近并且很有趣。志愿者们知识渊博。”
- “很有意思！看到真菌是细菌和诸如此类其他东西的游乐场是迷人的。”
- “这是让人有机会使用从来没机会使用的显微镜的好主意！”
- “我觉得这很聪明，但有点奇怪。它让我想起了一个按摩浴缸里的气泡。”
- “他们真的很迷人，在显微镜下看起来很酷。他们移动得非常快。”
- “在一个微小的空间里发生了多少事情，真是太惊人了！这个真的很酷！”
- “精彩绝妙——科学对所有年龄的人来说都有趣又好玩。”
- “展示可以更好，有点凌乱。”
- “我很开心！！我觉得这看起来像是一种细菌，这让我感到恶心。”
- “谢谢，学到了很多。”
- “很好奇他们怎么移动，我们发现一个特别胖的！”
- “我现在想成为一个科学家！”

整个活动的个人反思

我的目标之一是积极拓展我有关科学传播的知识和技能。就我而言，活动发生后的个人反思让我意识到，我已经学到了更多关于人们如何在非正式场合学习的东西，例如城堡博物馆的“诺福克科学的过去、现在与未来”活动，以及如何更有效的向别人传播科学。此外，在试图向他人解释的过程中，我对支撑我的活动的科学有了更深入的了解。

5.9 调查结果分析

收集数据后，你需要考虑分析数据的方法。你应该考虑是否可以手动分析数据，还是需要额外的技术支持或培训，以使用电子表格（例如 Excel），或使用诸如社会科学统计项目（SPSS）等数据包分析定量数据，或使用 NVIVO 分析定性数据。如果你认为你的数据分析需要额外的支持，那么值得探讨的是你的机构或工作地点：

- 是否拥有许可证，使你能够自由地访问这些程序；
- 能否提供这些培训。

5.9.1 定量数据

如果你需要的信息是总计、频率或描述性统计数据，则可以简单分析在项目评估和监测期间获得的定量数据。可以把数据插入到电子制表软件中，然后使用 Microsoft Excel 计算描述性统计数据。该数据可以使用不同的图形形式表现，包括条形图和饼图。使用案例研究 5.2 中的数据，图 5.2 说明了如何以不同的方式显示相同的数据。如果你希望分析定量数据以检测不同组之间的相似性或差异性的信息，那么你应该考虑使用非参数检验，例如“威尔科克森秩和检验”（Wilcoxon rank-sum test）和“曼 - 惠特尼测试”（Mann-Whitney test）（有一个精通统计学的朋友或同事，可能对你很有用）。此技术可用于：

- 比较在活动或项目开始之前和之后的以数字表示的群体观点；
- 比较来自不同年龄组别的参与者的意见。

如果你已经从问卷调查中获取了开放式问题或自由文本回复的数据，可以使用在互联网上免费获得的 Wordle（www.wordle.net/）等程序对这些数据进行定量分析。Wordle 从你提供的文本中产生“文字云”，突出在源文本中出现频繁的单词。

一个 Wordle 的例子是使用表 5.3 的问卷中的自由文本反馈，该文本是为了回答“今天学到的惊人的事情”，如图 5.3 所示。

显然，生成的 Wordle 表明，参加活动后的访客收集的 3 个最惊人的事物中包括显微镜，其他突出显示的词包括微小的东西、草履虫、细菌和动作。这种反馈意见表明，留下评论的访客积极参与了活动，并享受通过显微镜看到微观世界。

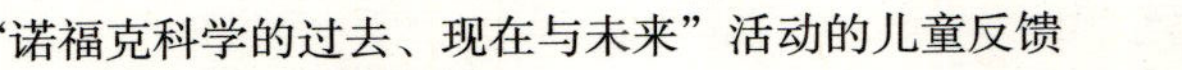

“诺福克科学的过去、现在与未来”活动的儿童反馈

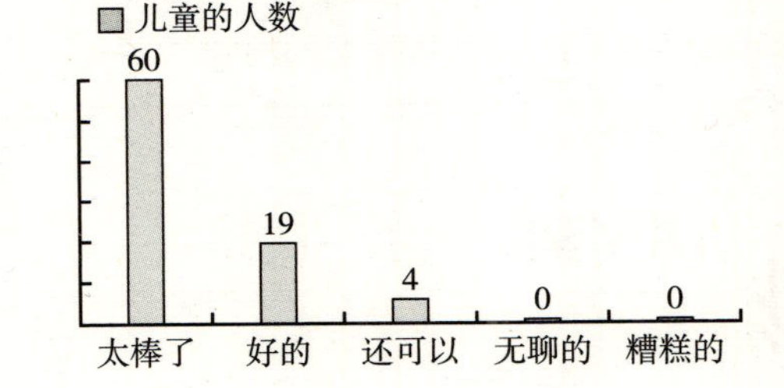

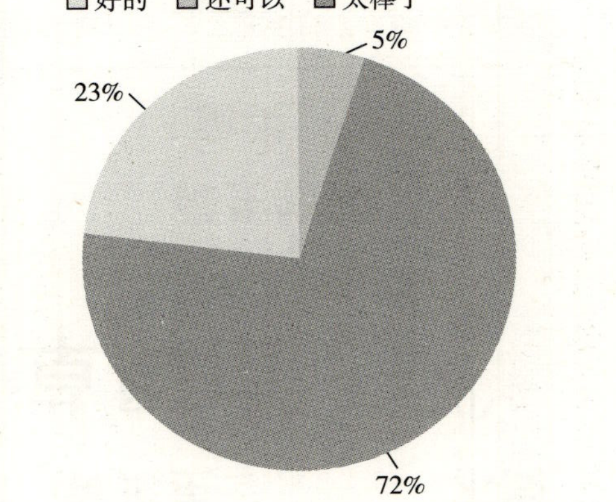

图 5.2　定量评估数据的图形表示

有不同的方式来表示定量数据：相同的数据已经用数字表示，并以百分比表示不同样式的图表。请注意，饼图未表示“无聊的”和“糟糕的”，但它们是孩子们可以选择的选项。

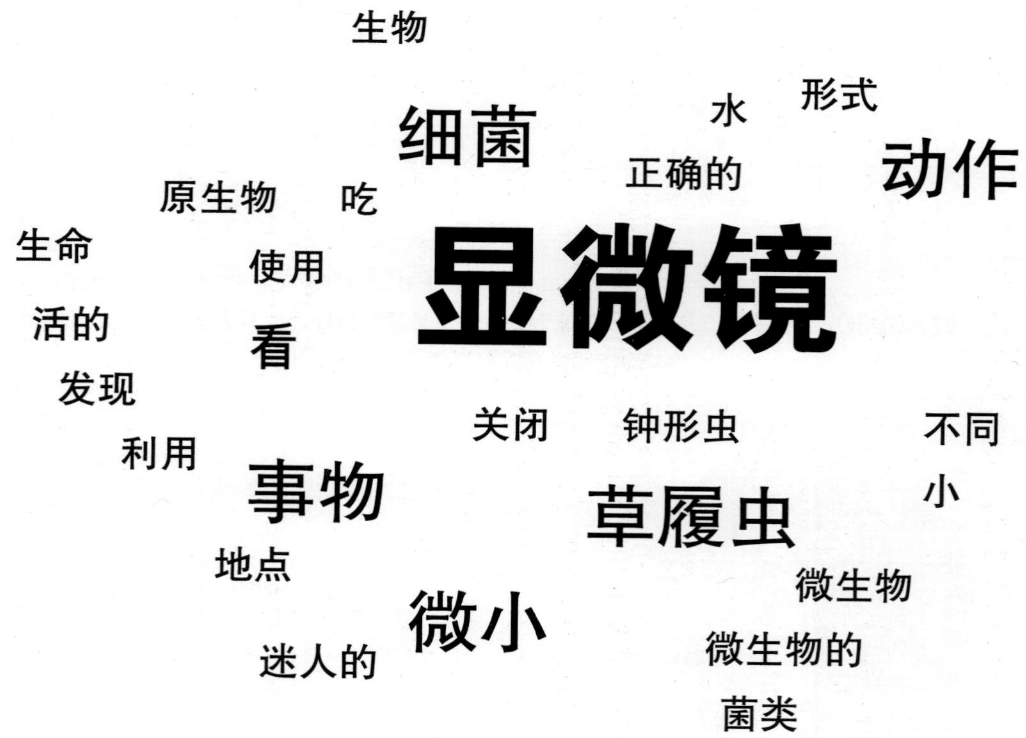

图 5.3　案例研究表 5.3 中使用的问卷的自由文本反馈中的一个文字图反映了“你今天学到了哪些惊人的事情”

5.9.2 定性数据

如果你从问卷调查表、访谈或焦点小组的开放式问题中获得了定性数据，那么下一步是分析数据，首先开始识别信息：

- 可以让您了解参与者或受访者的观点和意见，并且能够识别由于活动或事件而导致的变化；
- 最终将允许你衡量你设定的目标作为评估策略的一部分是否得到实现。

有几个步骤可以帮助你分析定性数据，如图 5.4 所示。研究你所获得的数据，确定出现的主要问题或主题很重要。所进行的分析和确定的问题和主题通常可以用于解释你的发现。这种分析的一个例子如专栏 5.8 所示。这项分析是使用案例研究 5.2 中“诺福克科学的过去、现在与未来”活动中来访者留下的定性数据进行的。

分析定性数据		诺福克科学的过去、现在和未来
收集和组织相关的定性数据。请记住，你可能已经收到了来自访谈、问卷中的自由文本评论、焦点小组、后邮寄项目反馈的定性数据	→	定性数据来源 · 反馈表上留下的自由文本评论 · 协调人小册子中留下的评论 · 活动结束后参与者发送的电子邮件
↓		
花时间仔细检查并阅读数据，直到你熟悉它。在这个阶段，你将开始给数据编码并识别想法或主题	→	来自3个来源的所有编译数据被仔细检查，直到它变得熟悉和确定，消极的主题开始出现
↓		
评估数据可以以不同的方式进行编码，有可能你想知道的是什么可行，什么不可行。考虑将数据分为积极评论和消极评论。这些可以通过编码描述，你可以在其中记录不同的话题或主题	→	积极的 · 指导人展示活动知识 · 使用显微镜 · 有机会看到微观生命形态的交互作用 · 活动令人愉快并且有趣 · 活动令人鼓舞 消极的 · 有限的情境信息 · 看到水滴中存在微生物感到不安 · 凌乱的活动
↓		
接下来考虑 · 寻找参与者观点、技能、态度或知识方面的任何变化 · 区分观点发生变化的人和观点没有改变的人 · 查看项目的实际结果和项目的期望结果	→	态度或知识的变化：活动的结果 · 对儿童的积极影响在于在他的思想和兴趣中激发了某些东西 · 以新的方式使用显微镜 · 对科学和科学家有了积极的认知 · 理解和怀疑在显微镜下看到的相互联系的生命观 · 活动吸引了不同的观众（儿童和成人留下的积极评价）
↓		
反映对活动/项目的分析和可能的变化。但是请记住，你的数据可能有局限性，通过分析出现的想法或主题可能不代表所有参与者的观点，特别是如果你采用实际的抽样技术，你收到的答复数量是有限的	→	反映对活动的分析和可能的变化 · 成功的活动能实现：它吸引了不同的学习风格和观众：它表现出不同生命的相互关联性 · 形式：学习者混合了我的注意力以及自己的行动和发现过程 · 考虑改变活动的格式，提供更多的上情境数据和更有吸引力的展示

图 5.4　分析定性数据所涉及的步骤

以案例研究 5.2 中提供的定性数据信息作为说明性例子。

专栏 5.8 对案例研究 5.2 所示的“给合作者小册子留下的评论”的定性分析

- 从积极的角度来看，参与者表达的一个重要主题是感激能够有使用显微镜的机会。另外有人认为，学习如何使用显微镜的技术使得他们回到家时可以以新的方式应用：“我的大儿子在相当好地使用显微镜找东西的过程中度过了周末的剩余时间……很明显，你的演讲真的引起了他的思考和兴趣。”活动的设计清楚地吸引了“专心、兴奋和热情地观看显微镜 1 小时，询问明智的问题”的孩子。成年游客也赞赏这个活动，“我从来没有想过腐烂的过程可能会如此有趣”。参与者留下的另一个评论强调了这一点，指出“科学对所有年龄的人来说都有趣又好玩”。活动的目标是“展开不同生命形式的相互联系”。
- 参与者的反馈包括“看到真菌是细菌和诸如此类其他东西的游乐场是非常有趣的”。几位游客认为水中的微生物有吸引力，“草履虫是惊人的。我不敢相信他们还活着”，“在一个微小的空间里发生了多少事情，真是太惊人了！”。活动的另一个目标是提供发展“科学传播技术”的机会，来自游客的反馈意见包括“来自志愿者的良好说明，使它对孩子们来说是容易接近并且很有趣的”。孩子们的反馈也包含了这样一种观点，即活动是“很酷和鼓舞人心的”，而“我想成为一名科学家”意味着这个项目可能影响了他们未来学习科学的理想，这是项目的总体目标之一。
- 负面反馈包括活动“可以更好”地呈现，因为它还“有点凌乱”。还有一种观点认为，虽然微观世界在显微镜下看起来很迷人，但通过将其与日常生活联系起来，活动可能会得到改善："我想要一些关于卵菌如何影响人类（和其生物）的生活的情境例子。"此外，观察在显微镜下变得明显的水中生物使一些孩子感到不安，如评论"这看起来像是一种细菌，这让我感到恶心"。

5.10 撰写报告

希望你能够认识到，当你开始分析评估你收集到的数据时，就能获取大量有价值的信息和深刻认识，而这些不仅有利于项目本身，而且能够为你或者你的同事在未来进行项目时提供参考。

在大多数情况下，你的评估将采取书面报告的形式。虽然要提供调查问卷答复的摘要，但报告应该简明扼要，但也应该寻求：

- 重要的收获；
- 概括成就，但也要发现待改正之处；
- 提出建议。

通常，如果你为一个利益相关方（如资助者）撰写报告，他们将要求以特定格式写报告，并要求具体的信息。事实上，一些资助机构可能会有一个表格要求你完成。在开始撰写报告之前，有必要确立所需的格式和信息。这里有很多事情要说，如将你的项目传达给更广泛的受众，分享良好做法或防止其他人落入你发现的陷阱。你可以考虑将你的评估发布为案例研究（如本书中提供的），或者在特定的科学学会的出版物或实时通讯上发表短文，例如《今日微生物学》（*Microbiology Today*）或《生物化学》（*The Biochemist. Alternatively*）。或者，科学学会经常举办会议，你可以在会议上作一个科学传播项目或活动的报告，也可以作为海报展示。此外，报告可以在你的个人网站或你机构的网页上发布。如果你可以把你的项目写成一个案例研究，它可以被分享，让别人从你的经验中学习。可以考虑将其发布到：

- 集体记忆的数据库，
  http://collectivememory.british scienceassociation.org/；
- 收藏在 NCCPE 网站上的案例研究集合，
  http://www.publicengagement.ac.uk/how/case-studies。

最后，请考虑在已有的论坛上向你的同事介绍你的活动评估，如部门会议或实时通信。

5.11 评估影响

进行评估也是开始衡量影响所需的过程的一部分。公众参与正处于《英国研究理事会途径影响报告》(*RCUK Pathways to Impact Statement*)所描述的，由真正愿意确立影响和参与之间的阶段，并且“英格兰和威尔士高等教育”(Higher Education For England and Wales，HEFCE)认为可以将影响纳入“卓越研究框架”(Research Excellence Framework)。评估影响被证明是具有挑战性的。可用于评估影响的有用模型是柯氏四级培训评估模式(Kirkpatrick model)，其提出了在线性时间范围内发生的4个潜在影响级别。这些级别是：

- 反应：对你的活动或项目的初步回应；
- 学习：你的受众是否因你的活动或项目而改变，或在深入了解和知识库上有了进一步发展？
- 行为：你的观众是否因为在你的活动或项目中提升的知识或理解而改变其行为？
- 结果：你的活动或项目是否导致任何长期的可衡量的结果，如长期行为改变？

有关柯氏四级培训评估模式(Kirkpatrick model)的更多信息可以在Kirkpatrick网站上找到，在该网站注册你的联系方式后可以免费使用资源（http://www.kirkpatrickpartners.com/Home/tabid/38/ Default.aspx）。

最后不幸的是，为你的项目设计一个评估长期影响的评估策略很难。这是因为：

- 与经常参加这些活动的暂时的观众保持联系是困难的，因此获得关于长期影响的信息同样困难；
- 即使你有经常保持联系的观众，鼓励观众为你提供评估长期影响所需的长期反馈也是有问题和具有挑战性的。

我们假设你已经对参与你的活动的人进行了跟踪调查，甚至使用了更好的调查方法，设法实现一个良好的纵向反馈率，尽管如此，但是还有另一个问题，即你的调查缺乏控制组或没有任何调查干预的小组作为比较样本。

5.12 与评估项目相关的伦理问题

正如你将从本章中得知的，进行评估是成功举办项目或活动的关键组成部分。但是，重要的是，在获取数据时不应该对项目本身造成任何损害或带来过多的不便。以合乎道德的方式进行评估非常重要。应采取的重要步骤是：

- 让受访者或参与者充分了解进行评估的原因、时间的需求，确保他们了解他们的数据将会用于做什么，并确保他们在访谈、参加焦点小组、完成调查问卷等之前给予充分的知情同意；
- 确保他们的数据被安全的、保密的和匿名的保存，除非他们明确表示他们愿意自己姓名在评估调查文字中出现；
- 提供可用于提供更多信息的联系方式；
- 如果你从易受伤害的成年人或儿童处获得信息，确保你已经进行了 CRB 检查。

如果你不确定评估所涉及的所有伦理问题，请寻求他人的指导。如果需要，大学伦理委员会可以提供帮助、建议和支持。

参考文献

[1] DORAN G T. There's a S. M. A. R. T. way to write management's goals and objectives [J]. Management Review, 1981, 70 (11): 35-36.

公众科学传播入门

受众、地点、规划、契机、资金、宣传与安全！

科学没有国界，因为知识属于全人类，是照亮世界的火炬。

——路易斯·巴斯德（Louis Pasteur）

6.1 介绍

第 1 章介绍了科学传播的背景，以及用来解释公众和科学、科学家之间的互动的理论模式的发展。

第 2 章和第 3 章描述了科学传播的环境，并提供了你想或者不想参与其中的可能原因。本章则详细介绍了开启科学传播项目的各个步骤。

我们将科学传播活动分为：

- 针对成人或家庭受众的项目和活动（第 7 章和第 8 章）;
- 针对学校的项目和活动（第 9 章和第 10 章）。

我们做出这个划分，是因为针对学校的受众和针对大众受众的科学传播是不同的，在交流时的感觉显然不一样。但是，请注意，设计针对学校的项目和活动时，所涉及的过程同样适用于公共场合，反之亦然。

学校的科学传播项目或活动往往更加结构化。例如，如果是在上课时间段，就需要贴合课程表。并非所有学生都会对你计划的或想做的事情感兴趣。实际上，你扮演的是“老师”的角色。可能涉及儿童的大众项目或活动则是一种更为开放性的经验。人们选择参加项目，并且对你说的话感兴趣。这类活动的结构性往往较弱，你扮演的是“引导者”的角色。与任何受众进行的科学传播项目都有某些相关因素，如规划步骤，其中包含有关健康与安全、营销和资金的信息，我们将在本章中介绍以上内容。我们也对项目和活动进行了区分。活动是用来搭建项目的离散积木，而项目可以用来组合成一个科学节活动（图 6.1）。活动可以被定义为旨在通过实际经验刺激学习的过程或程序。在科学传播中通常会采用动手性的活动，但它也可以是话语性的，比如辩论。

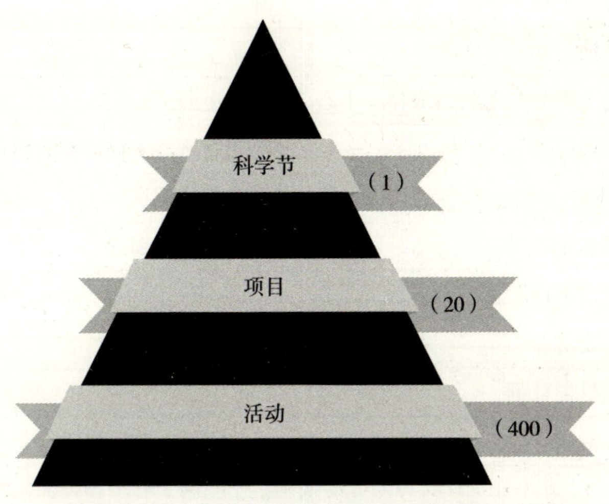

图 6.1　活动如何搭建成为项目，这些项目又如何组成一个科学节

这些数字显示了一个节日需要多少活动和项目的假设例子：一个科学节可能需要 20 个项目，每个项目可以有 20 个单独的活动。

通过对信息与会话的直接和间接利用，科学家可以采取许多不同的方法对公众进行传播，如表 6.1 所示。其中很多方法都有例子，在全书的不同案例研究中有所描述。这些都是由设计和执行过科学传播项目和活动的科学家撰写的。

表 6.1 科学传播活动的类型 *

	直接传播	间接传播
信息	演讲	电视节目
	科学节	广播节目
	戏剧	科学写作，例如流行书籍和杂志文章
	科学“单口”喜剧	开放权限
	公共项目和动手实践	网站
	活动（例如在博物馆或科学中心）	信息小册子 / 传单
会话	科学咖啡馆	社交网络，例如博客和推特
	科学节	在线意见论坛
	读书俱乐部	公民科学计划
	科学“单口”喜剧	
	公民委员会	
	公民科学计划	
	政策形成	

* 提供的例子并不受上述类型划分的限制。一些例子有多种特征，比如它们可以同时拥有信息和会话。

6.2 了解你的受众

正如第 1 章（表 1.3）所述，“公众”可以定义为社会中的每个人。我们认识到，公众的概念是不同年龄、性别、种族、社会经济地位、教育程度和文化背景的个人的复杂组合。在设计和实施科学传播项目或活动之前，考虑一下谁来接收科学信息是非常重要的，即：谁是你所谓的公众？你的目标受众是谁？如果你只专注于消息的内容，却不考虑消息的接收者是谁，那么你的传播尝试将会失败。考虑目标对象的3个主要原因：

1. **有效程度**——如果将受众需求纳入考虑，消息会更加有效。

2. **联系**——受众与项目之间的联系会更加紧密，因为项目是基于受众设计出来的。

3. **被接受程度**——项目内容根据受众的需求量身定制，会让受众更加容易接受。

公众可以以不同的方式分组，当你设计或评估你的科学传播项目时，你可以利用人口统计数据，公众态度调查数据和公共利益团体来进行决策和选择。

6.2.1 人口统计数据

根据年龄、性别、种族、社会经济地位和教育程度的人口统计数据，公众可以分为不同的群体。英国不同地区的有关信息可以在国家统计署（Office for National Statistics）[①] 找到，可免费使用。另一个有用的站点是“橡子分类系统”（Acorn Classification System），将小区、邮政编码和消费者家庭分别分为5类、17类和56类。通过这些数据可以获知他们的社会经济状况和可能的教育水平[②]。这个网站是收费的，但你可以将使用该网站的费用作为项目进展和后续评估成本的一部分，添加到你的拨款申请（第6.8节）中。通过收集项目参加者的邮政编码数据，你可以确定是否在目标受众身上达到了预期效果。当你获得项目的反馈数据时，可以同时收集这些邮政编码信息。第5.4.3节提供了如何从参与者那里获得

① http://www.statistics.gov.uk/hub/。

② http://www.caci.co.uk/acorn-classification.aspx。

更多反馈的建议。在英国，社会等级由主要收入来源（CIE）的职业决定（见表 6.2）。社会等级与社会阶层不同，后者被称为国家统计社会经济分类（NS-SEC），是根据人口普查得出的；职业则根据就业条件和雇佣关系来进行分组（Ipsos MORI，2009）。

表 6.2 主要收入来源的社会等级 *

社会等级	描述	占英国人口的百分比/%
A	高级管理、行政或专业人员	4
B	中级管理、行政或专业人员	23
C1	监督员、文书职员和初级管理、行政或专业人员	29
C2	熟练的体力劳动者	21
D	半熟练和不熟练的体力劳动者	15
E	国家养老金领取者、临时或最低等级的工作人员、只有国家福利的失业者	8

* 经益普索媒介研究（Ipsos Media CT）（2009）许可转载。

6.2.2 公众对科学的态度

过去 40 年里，世界各地不同组织均进行了公众态度调查。这些调查是为了提供公众对科学、科学家和科学政策的看法的证据。部分组织见表 6.3。通过查阅这些调查的数据，你应该可以获得有关你所在国家 / 地区的具体信息。这些组织还对更具体的领域开展民意调查，例如干细胞研究和纳米技术。如果你有兴趣进一步了解有关这些更具体的主题的公共舆论，那么欧洲晴雨表（Eurobarometer）的调查是非常有用的。

最近的一次英国公众对科学的态度调查是在 2011 年由益普索 – 莫里（Ipsos MORI）与英国科学协会（the British Science Association）合作为英国商业创新技能部（PAS）做的。在过去 10 年中，英国已经进行了一些这样的调查，表 6.4 详细提供了在哪里能访问调查信息。英国商业创新技能部研究是英国政府用来衡量意见趋势的方法。第一次研究于 2000 年进行，使用调查问卷、研讨会和讨论组的方式获取信息。在 2011 年的调查中，共有 103 名 16 岁以上的成年人参加。

2011 年的调查结果似乎鼓励了科学界，因为它们表明公众非常支持科学：86%的人对科学成就感到惊讶，82%认为"科学是我们生活中很重要的一个部分，我们都应该对它感兴趣"，88%认为"科学家对社会做出了宝贵的贡献"。然而，人们担心科学进步的速度，还担心这些进步会违背自然规律。转基因作物、核动力和动物实验等特定领域仍然令人担忧。报告根据公民对调查问题的回应，将他们分为 6 个态度集群。这些已经编译到表 6.5 中，以及图 6.2。

表 6.3　赞助或进行了公众理解科学调查的国家和国际组织 *

首字母缩略词	组织
BAS-IS	保加利亚科学院，社会学研究所，索非亚
CAST	中国科学技术协会
CEVIPOF	政治研究中心，巴黎政治大学，巴黎
CNPq	巴西国家科学技术发展委员会
EB	欧洲晴雨表
ESRC	经济和社会研究理事会，英国
FAPESP	圣保罗研究基金会，巴西
ISS	国际社会调查联合会
MORI	英国公众意见研究公司
NCAER	国家应用经济研究中心，印度德里
NISTEP	国家科技政策研究所，日本
NISTAD	国家科学技术和发展研究所，印度
NSF	美国国家科学基金会
MST	科技部（加拿大，中国，巴西）

续表

首字母缩略词	组织
Observa	社会中的科学，为研究社会中的科学而设的意大利非营利中心
OST	科学技术办公室，英国
PISA	国际学生评估项目，由经济合作与发展组织统筹，法国巴黎
RICYT	伊比利亚美洲科学技术指标网络
STIC	战略推行委员会，马来西亚
Wellcome Trust	研究基金会，英国伦敦

由 Benger（2008）经 Cengage Learning Services 许可转载。

在将公民按态度集群划分之后，你需要考虑如何向这些群体进行传播。但是，你应该认识到一个问题，单个项目或活动可能难以覆盖所有受众群体。决定目标受众应该是项目初始设计的一部分（图 6.2），因为这将确定针对该态度集群的潜在机制。通常来说，项目的定位可以帮助你瞄准不同的态度群体（表 6.6）。达尔文的广播节目（案例研究 8.1）就是一个表现受众有多么关键的很好的例子。

表 6.4 英国公众对科学调查的态度

年份	调查的标题	组织
2011	公众对科学的态度 *	益普索－莫里（Ipsos MORI）为商业创新技能部（Department for Business Innovations and Skills）做的民意测验
2008	公众对科学的态度	英国创新、大学与技能部（Department for Innovation, Universities and Skills） 和英国研究理事会（RCUK）
2005	社会中的科学	益普索－莫里（Ipsos MORI）为科学技术办公室（Office of Science and Technology）做的民意测验
2000	科学与公众	科学技术办公室（Office of Science and Technology）和维康信托（Wellcome Trust）

* 所有这些报告的链接请参见公众对科学的态度（2011 年）。

表 6.5　对 6 个公众态度集群的描述 *

集群	描述	占人口的百分比 /%	媒体	人口统计数据
关心	最大的集群；宗教在他们的生活中起着重要的作用。对科学的局限性有强烈的看法，最不相信投资的经济效益。更有可能对科学家的意图有所保留	23	更有可能阅读小报，不太可能浏览特定的科学和技术网站	更有可能来自年龄较小（16 ～ 34 岁）的女性群体。较低的社会等级（C2DE）。少数族裔背景的人比例很高
无所谓	不太可能对科学感到了解，但并不会对科学感到特别消极或担心	19	电视和报纸，往往不使用互联网	往往是年纪大（1/4 的人超过 75 岁）、半退休的人。更有可能来自社会等级为 C2DE 的群体
后期采用者	上学的时候不喜欢科学，但现在对科学有强烈的兴趣，对公共咨商也感兴趣。似乎在更广泛的背景下，会更积极地参与科学。对环境和伦理充满关切。对科学的特定领域有所保留，例如转基因作物。他们想听听科学家谈论他们工作中的社会和伦理影响	18	更有可能使用互联网及社交网站	更有可能来自年龄较小（16～34 岁）的女性群体。这个集群中老年人相对较少。集群中的人来自各个社会等级群体
有信心的参与者	对科学抱有积极的态度，对科学的关注则较少。相信科学受到良好的监管，并且有可能相信科学家会遵守规则。想要更多地参与决策	14	更有可能阅读大报，但也会使用各种各样的媒体，包括博客和其他科学技术网站。倾向于使用社交网站	更有可能属于较高的社会等级（ABC1）。更高的教育水平。更有可能来自中年人（35～54 岁）群体。很少有人来自年龄较大的群体
保持怀疑的参与者	许多人有科学或工程学的背景。对科学感兴趣，认为科学是有益的，感觉自己对科学很了解。对科学工作者的信任程度较低，对政府管理能力的信心不大。倾向于认为公众在决策中应该有更广泛的作用，有兴趣参与到其中	13	更有可能通过专业网站和博客来回应在线互动。不太可能使用社交网站	主要是属于高社会等级（ABC1s）的男性。较高的教育水平，年龄更有在 55 岁或以上。少数族裔背景的人相对较少

续表

集群	描述	占人口的百分比/%	媒体	人口统计数据
不参与的怀疑论者	感觉自己对科学不怎么了解；往往没受过良好的教育，上学时对科学不感兴趣。觉得科学令人不知所措，而且在日常生活中并不认为它有用。对科学的发展和政府控制它们的能力感到担忧。不相信科学家能自律。不急于参与公众咨询，但确实觉得公众的声音应该被倾听	13	电视是重要的信息来源，阅读小报的可能性较平均水平更大	更有可能是属于较不富裕的社会等级（C2DEs）的女性。受教育程度不高，年龄段分布广泛。少数族裔背景的人很少

* 根据 PAS（2011）编制的资料。经英国商业创新技能部许可转载。

图 6.2 各态度集群

图片显示了 PAS（2011）的数据。

经英国商业创新技能部许可转载。

表 6.6 对各有优势和劣势（包括社会经济等级）的开展项目的场地的想法

场所	潜在受众	优势	劣势
博物馆	家庭受众和成年人	可以将项目与博物馆的其他展览联系起来	人们可能需要付入场费用
	可以免费，但有的博物馆可能会收费	良好的设施	能在博物馆里开展项目，并不总是很容易的
	所有社会经济等级的人都可能是潜在受众，取决于参加项目所需的费用	你在营销该项目时可以获得帮助	被博物馆的开放时间束缚
			物理环境是固定的
科学中心	适合有小孩子的家庭	许多其他的动手实践性的展览也特别注重科学	人们可能需要付入场费用
	所有社会经济等级的人都可能是潜在受众，取决于参加项目所需的费用	良好的设施	能在科学中心里开展项目，并不总是很容易的
		你在营销该项目时可以获得帮助	被科学中心的开放时间束缚
			物理环境是固定的
镇 / 村会堂	适合年龄较大的受众	适合小型团体和讨论性的项目	你可能需用租用这个场地
	适合社区团体	方便当地社区的人到这里来参与项目	你可能只能自己进行营销
	潜在受众的社会经济等级范围广泛		
酒店	有利于向范围宽广的成年受众进行传播	适合讨论的好地方	你可能只能自己进行营销
	潜在受众的社会经济等级范围广泛	轻松的氛围	对动手实践性的活动来说空间有限
	或许能对那些难以接触到的群体进行传播	方便当地社区的人到这里来参与项目	
		晚上人们下班之后依然开放	

续表

场所	潜在受众	优势	劣势
咖啡馆	有利于对范围宽广的成年受众和较大的青少年进行传播	适合讨论的好地方	不适合大规模的受众——空间有限
	潜在受众的社会经济等级范围广泛	轻松的氛围	开放时间可能会受限制
		方便当地社区的人到这里来参与项目	作为销售食品的商家可能会有更多的健康及安全问题
			你可能需要通过好的营销和好的“诱饵”来吸引受众
学校会堂（主会堂或次级会堂）	家庭受众	良好的活动空间，你可以决定在会堂的何处进行活动	除非项目是由学校组织的，否则你必须要自己做营销
	根据学校所在地的不同，可能会吸引各种社会经济等级的受众	你可以免费或者低成本使用该场地	受众范围有限，活动不会吸引到路人
		良好的设施	
学校操场（例如游园会）	家庭受众	良好的活动空间，你可以决定在操场的何处进行活动	可能会有所需设备缺乏能源供应的问题
	根据学校所在地的不同，可能会吸引各种社会经济等级的受众	你可以免费或者低成本使用该场地	可能会有天气问题
		良好的设施	
大学实验室	根据正确的营销策略，你可以吸引包括家庭在内的广泛受众	方便在湿实验室里做动手实践性的活动	可能会让你紧张
	更有可能吸引到较高社会经济等级的人	可容纳大量受众	受众可能必须得长途跋涉
		良好的设施	好的营销是保证受众数量的必要条件

续表

场所	潜在受众	优势	劣势
大学演讲厅	根据正确的营销策略，你可以吸引包括家庭在内的广泛受众	良好的设施（例如互联网的接入）	可能会让你紧张
	更有可能吸引到较高社会经济等级的人	可容纳大量受众	受众可能必须得长途跋涉
		可安排停车场	好的营销是保证受众数量的必要条件
动物园	非常适合年轻的受众	可能会有一个很好的开放空间	可能会有所需设备缺乏能源供应的问题
	适合家庭受众	非常利于抓住“路过的受众”	可能会有天气问题
	根据参加项目所需的费用和动物园所在的位置，可能会吸引各种社会经济等级的受众	可以将你的活动和动物园内的其他展览联系起来	你可能无法在活动的场地范围内有效控场
		适合生物学和（动植物、森林等的）保护议题	受限制的开放时间
主题公园	非常适合年轻受众	适合演示物理定律	可能会有所需设备缺乏能源供应的问题
	适合家庭受众		可能会有天气问题
音乐节	适合年龄在16～35岁的年轻受众	令人满意的受众数量	可能会有所需设备缺乏能源供应的问题
		适合做科学展示的开放空间	可能会有天气问题
		适合开展讨论	你可能无法在活动的场地范围内有效控场
城市展会	适合家庭受众	令人满意的受众数量	可能会有所需设备缺乏能源供应的问题
		可以对项目进行很好的营销	可能会有天气问题

续表

场所	潜在受众	优势	劣势
图书馆	适合带小孩子的爸爸妈妈	适合开展讨论	较小的受众规模
		非常利于抓住“路过的受众”	
公园	适合带小孩子的家庭	良好的开放空间	可能会有所需设备缺乏能源供应的问题
		利于吸引“路过的人”	可能会有天气问题
娱乐中心	适合年轻男女，也适合家庭受众	良好的设施	人们可能不会专门为你的活动而来，除非已经做了很好的营销
		非常利于抓住“路过的受众”	

6.2.3 公共利益团体

有许多社团、俱乐部和组织把志同道合的人聚集在一起。这里仅举几例：养蜂社团、自然历史团体、地方历史社会和体育俱乐部等，所有这些都可以成为科学传播活动的理想组织。瞄准具有类似兴趣的目标受众，如专栏 6.1 中做编织的人（编织者可能是年轻人、老年人、女性或男性）就是一个很好的例子。其他与公共利益集团共同设计的项目或活动的例子包括：由斯蒂芬·阿胥沃斯博士（Dr Stephen Ashworth）为妇女研究所开发的一系列示范讲座（案例研究 7.2），以及乔·弗伦（Jo Verran）教授经营的“小怪兽读书俱乐部”（案例研究 7.8）。

专栏 6.1　大编织

- 英国免疫学学会进行了一个名为“多发性硬化症：大编织”的项目，通过编织工艺来探讨这种疾病中的科学。一群编织者聚集在一起，为 2011 年切尔滕纳姆科学节制作了一个羊毛艺术装置。超过 90 个编织者制作了从脑细胞到 DNA 螺旋的 300 个单独的针织品。

6.2.4　你的科学传播项目或活动的地点和时间

2011 年的 PAS 研究显示，人们将参观动物园、博物馆或科学中心视为家庭活动。这表明，参加项目的人群类型与开展项目的地点密切相关。在耶阁 · 汉密尔顿（Jaeger Hamilton）的案例研究 4.1 中项目的目标受众是家庭，因此将地点选在了诺维奇城堡博物馆，吸引了家庭受众。你在哪里进行公共科学传播项目或活动，是没有限制的——你可以在任何地方找到公众。表 6.6 为你提供了对不同场地的一些想法，以及它们的相对优势和劣势，包括哪些类型的客人最可能经常去到这些场地。无论你决定在哪里进行项目或活动，你必须事先去看看它是否适合你的预期访客数量，能否为访客的到来做好准备（包括残疾人），以及能否为你需要的所有设备提供能源。你还需要知道租用场地的费用。

另一个重要因素是项目的时间。

国家科学周（每年 3 月份在英国举行）提供很好的机会让你展示活动或项目，并且那里有很多筹资渠道，你可以去申请专门用于在科学周期间开展活动的经费。在这个科学周，学校和公共场所里进行的项目往往很多，所以你可能会发现人们“项目超载”了。

关注联合国的“……年”，例如 2010 年是生物多样性年，2011 年是化学年，2012 年是合作社年和人人享有可持续能源年[①]。

在学校期中放假或其他假期时开展项目可能会很棒，特别是如果你希望项目能针对家庭受众。

尽量不要与当地其他重大的项目发生冲突，比如 2012 年的奥运会！

案例研究中所描述的，在特定时间进行科学传播项目的例子如下。

案例研究 7.3“做你自己”（In your Element），由伊丽莎白·史蒂文森（Elizabeth Stevenson）主持——这个项目于 2011 年的化学年在苏格兰国家博物馆举行；

案例研究 6.1“世界视觉日”（World Sight Day），由迈克尔·沃姆斯通博士（Michael Wormstone）主持——该项目由慈善机构“为视觉而战”（Fight for Sight）组织，就在世界视觉日举行。它还选取了一个有趣的场所：一个位于诺里奇市中心的百货商店。

案例研究　6.1

世界视觉日 2009

迈克尔·沃姆斯通

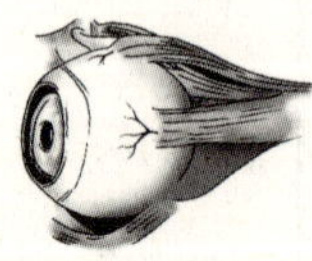

① http://www.un.org/en/events/observances/years.shtml。

背景

2009年10月8日，世界视觉日，我的实验室和慈善机构“为视觉而战”组织了为期1天的活动，以提高视觉研究的意识。我们组织了两个项目。白天我们在诺维奇的杰拉德（Jarrold）百货公司设立了一个展位。眼科学家、东英吉利眼库成员和“为视觉而战”参加了这个项目。这让我们有机会与那些不熟悉UEA工作的，或者不了解“为视觉而战”所资助的研究项目的公众进行沟通，并解释我们所做的事情以及我们在未来所要实现的目标的价值。第二个项目是“为视觉而战”的首席执行官米歇尔·阿克顿（Michele Acton）的晚间演讲，在他之后由我来担任主讲人。其后还有一个招待会来进行非正式讨论和提问。这个晚上的活动是凭票入场的。对于所有参加这一活动的人来说，尽管在世界视觉日的组织活动中花费了大量的精力，但这是一项有切实好处的有益的经历。

为什么我们要组织这些项目？

与英国最大的眼科研究资助者“为视觉而战”的代表进行讨论时发现，尽管世界领先的研究是在UEA进行的，但很明显，在诺福克的慈善组织，其知识基础和得到的支持相对于全国其他地区来说较为薄弱。双方一致认为，需要采取一些行动来突出眼科研究对诺福克和世界人民价值和重要性。考虑到这一点，我和我在UEA的同事开始制定一种方法来完成这些活动。

定一个日子

选择日期对于公众参与活动能否成功往往很重要，我们认真考虑了我们的选择，以求获得最大的影响力。我们选中了世界视觉日（10月8日）。这个日子显然具有全球性的意义，但也提供了一种使我们能够与当地社区联系的媒介。然而，这个日子有它的缺点。UEA 是一个学术机构，作为教职员我有教学任务和其他职责。因此，在非常繁忙的时间组织一次这种性质的活动所产生的额外工作量是具有挑战性的。另外我们选择在大学组织晚间项目，这样直截了当地避开上课时间，因此房间预订、停车和餐饮将更容易协调。尽管后勤方面的事情有些繁重，但大家一致认为，在世界视觉日举办的活动所带来的好处远远大于坏处。

安排项目的时间表

确定了日期后，我们开始计划当天的项目。一个由来自 UEA 和米歇尔·阿克顿（Michele Acton）的学者和管理者组成的会议将在诺维奇举行。在这件事上，我的实验室和“为视觉而战”的人都没有组织过这种性质的公众参与活动，因此我们没有模板可以参照。然而，各方都决心要在世界视觉日取得成功。第一次会议的讨论是开放的，提出了许多想法，并评估了它们的价值。虽然在接下来的几周内将会进行细化，但大体的形式已经到位，每个人的任务是实现其具体的目标。基本上就是 UEA 与杰拉德百货商店协调联系，设计活动内容，以及安排 UEA 晚间活动的房间预订、停车和餐饮服务。“为视觉而战”项目组负责为项目做广告和分发门票。

项目中的协调工作并不简单，掉以轻心的话就会导致活动失败。这不是如宾馆房间预订和取消那样简单。必须保持对局面的把握，解决不可避免的问题。举个停车问题的例子，如果预计超过 100 人会参加讨论，你需要安排停车，更重要的是考虑到残疾人士，确保停车场和讲堂能满足他们的需求。在分发门票时候收集残疾人士的资料，明确相关的需求，人们会很欣赏这种程度的考虑。此外，我们还必须考虑大学的停车政策，这可能意味着司机必须支付停车费，并且停车位可能散布在整个校园内。我们与大学交通官员的谈判取得了成效，他们同意放弃停车费，并允许讲堂附近的校内停车场只提供给本项目的门票持有人。UEA 提供了指引与会者的标志，而我的实验室成员穿着“为视觉而站”的 T 恤衫，在那里欢迎人们，并引导他们到讲堂享用演讲前的茶、咖啡和饼干。再说一遍，真的需要很多的努力去协调，但是结果能让参加者知道我们重视他们并且感谢他们的支持。

在杰拉德百货商店的展位非常受公众欢迎。我们在地面层靠近入口的位置，所以很难被忽视。我们几个人一直在现场，公众愉快地参与到了我们准备的活动中，并且热衷于看到介绍我们的工作的演讲。各种各样的问题被提出来，我们也尽自己所能回答了他们。通过这样的活动，你能感觉到人们真正在乎的是什么，而这反过来又有助于决定你的下一个研究方向。一些参观了展位的人也参加了晚上的讲座。这是令人愉快的，因为它建立了一定程度的熟悉度，令人鼓舞的是，这让我们看到人们是多么的热情。

将晚间的项目设置为凭票入场有几个关键的好处。我们可以监控参加讲座的人数，确保我们能预订到一个合适的房间，并提供充足的饮食服务。该项目的门票需求量令人满意，而且让我们知道选择一个能容纳 130 人的讲堂非常合适。除了这个实用的目的，门票（即使是免费的）似乎提供了选择性和排他性的感觉。我相信这有助于进一步加深观众对我们所说的话的印象。

米歇尔·阿克顿（Michele Acton）概述了“为视力而战”

的情况，随后我做了一次主题演讲。这样安排的理由是，观众将会在离自己家相对较近的地方看到这个慈善机构的负责人以及世界上顶尖的眼科研究人员。此外，有两位老练的演讲者，更容易让公众听懂。我们做出的另一个决定是把讲座的提问环节留到招待会的时候再进行。在大讲堂里问问题会让一些人畏缩，而且由于时间紧张，得到的答案也往往是有限的。我们的做法可以让观众向实验室的成员、"为视力而战"的团队以及诺福克和诺维奇大学医院（NNUH）的临床医生提问题，和他们近距离地打交道。这样做非常好，所有的问题都得到了充分回答，观众回家时都知道了更多的东西，并且很快乐。

此事件的影响，请参见案例研究 3.1。

6.3 开始你的第一步

如果你是第一次做这样的活动，从小处开始是很合适的——比如在一个为你组织的项目中做一个志愿的公共演讲，你承担的义务就是写作和发表演讲。把你的活动置于第三方组织的项目中也是个好主意，比如学校庆典、城市展会或节日集会。这样可以真正降低你的成本，特别是与场地租用和营销相关的花销。你仍然需要进行自己的风险评估，并确保你有充足的时间将其发送给你的项目组织者（第 6.10 节）。

我认为，认真考虑自己擅长什么也很重要，因为我们都有各自的优缺点。例如，如果你喜欢和小型团体谈话——会更多地讨论和谈话的机会，那就尝试一下“咖啡馆科学”（第 7.3.2 节）。如果你喜欢距离较远的方法，但仍然想进行对话，并且你喜欢写作，试着建立一个博客（第 8.9.1 节和案例研究 8.6）。图 6.3 可以给你更多关于与公众进行科学交流的第一步的想法。

我一直在和学校进行科学交流活动，当我的孩子还小的时候就参与其中。当英国科学协会节（British Science Association Festival）来到诺里奇（Norwich）举办时，我开始第一次参与公众项目。这样的节日提供了一个很好的入门方式，可以为组织自己的更大的项目迈出理想的第一步。

从公众参与开始

为了科学喜剧，考虑加入光明俱乐部（加入光明俱乐部的科学喜剧）（www.brightclub.org）

如果你是读书俱乐部的成员，以科学为主题选择一本书来讨论

参加科学节

参与帮助他人的公共志愿活动

如果你属于一个非正式的团体、俱乐部或其他社团，询问你是否可以和他们共同参加活动

加入科学意识

在推特上讨论科学问题

参加公共系列讲座

开设一个关于你对科学的不同看法的博客

在你的团体内找一位导师来帮助你入门

在你所在组织的公共开放日提供志愿帮助

在申请研究经费时为参与活动申请经费

回应在线报纸上的科学故事

去观察一个科技咖啡馆，然后主动参与其中

参加由你所在组织或外部组织举办的培训课程

在当地的报纸或杂志上写一篇关于科学的文章，由你的学术团体出版

如果你有关于你和你的研究的网页，请添加你的研究会如何影响公众的信息

图 6.3　一些主意：如何开始公众参与

6.4 计划你自己的项目或活动

这样的节日提供了一个很好的入门方式，可以为组织自己的更大的项目迈出理想的第一步。如果你参与了由他人组织的项目或活动，你可能会觉得有必要对整个过程进行更多的控制，例如项目的主题和组织，或者活动的设计。当然，如果你不需要采取下一步，即使你不觉得自己需要去指导一个项目，你仍然可以建立一个非常有效的参与组合。

无论你是在计划一个活动还是一整个项目，你都需要考虑几个步骤。图 6.4 提供了涉及不同规划步骤的通用流程图。它包含了本书的章节、图和表，为你提供每一步所需的帮助。

案例研究 6.2，邓迪大学（Dundee University）的尼古拉·斯坦利 - 瓦尔博士（Dr Nicola Stanley-Wall）的“神奇微生物”（Magnificent Microbes），作为一个精心策划的项目，提供了一个极好的例子。这一项目的时间线在专栏 6.2 中说明，这是项目的规划步骤如何在实际中生效的示例。

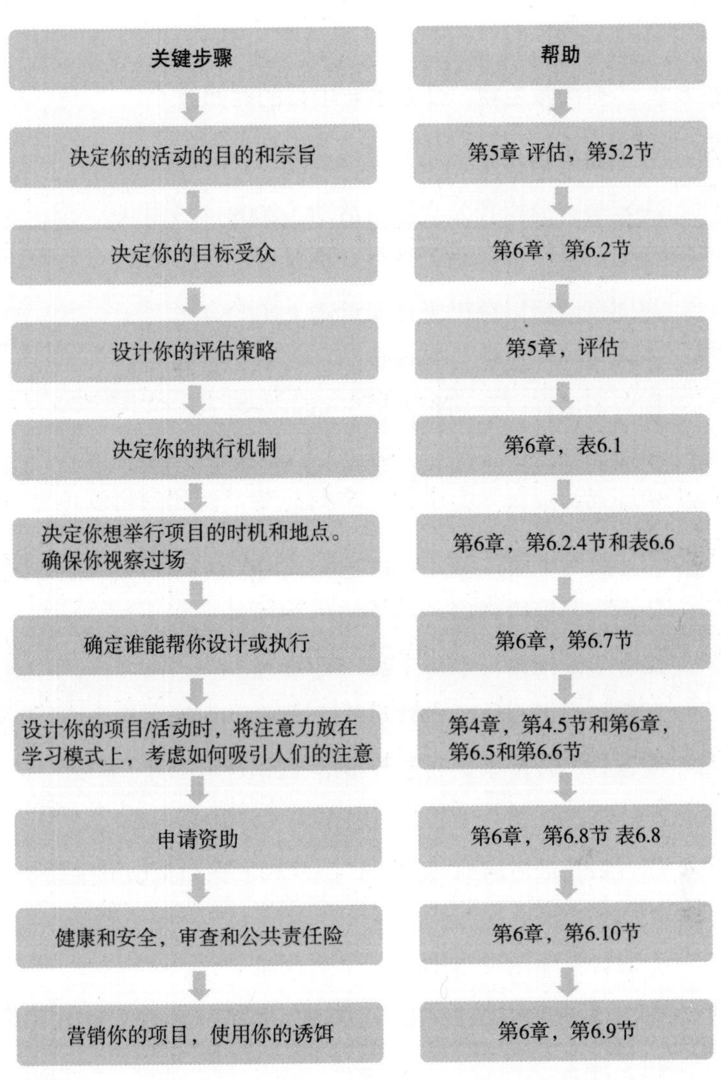
关键步骤
决定你的活动的目的和宗旨
决定你的目标受众
设计你的评估策略
决定你的执行机制
决定你想举行项目的时机和地点。确保你视察过场
确定谁能帮你设计或执行
设计你的项目/活动时，将注意力放在学习模式上，考虑如何吸引人们的注意
申请资助
健康和安全，审查和公共责任险
营销你的项目，使用你的诱饵
帮助
第5章 评估，第5.2节
第6章，第6.2节
第5章，评估
第6章，表6.1
第6章，第6.2.4节和表6.6
第6章，第6.7节
第4章，第4.5节和第6章，第6.5和第6.6节
第6章，第6.8节 表6.8
第6章，第6.10节
第6章，第6.9节

图 6.4　设计学校或公共活动所涉及的规划步骤

专栏 6.2 “神奇微生物”公众参与项目的时间线

√ 分子微生物学系在邓迪大学成立（2008 年 6 月）

√ 决定举办分校和公众参与活动（2009 年 5 月）

√ 与邓迪科学中心和大学公共事务官员会面（2009 年 6 月）

√ 与同事商量以获得支持和承诺（2009 年 6 月）

√ 安排培训、发展日和项目的日程（2009 年 7 月）

√ 确定培训日、活动和目标（2009 年 8 月）

√ 完成活动进展工作表，以写入经费申请（2009 年 11 月）

√ 设计评估策略

√ 写好经费申请并提交给 BBSRC（2010 年 1 月）– 申请失败了！

√ 从内部各渠道获得资金（2010 年 2 月）

√ 给各学术团体写申请（2010 年 2 月）

√ 提醒参与者开始考虑他们的活动（2010 年 2 月）

√ 准备好广告传单，与学校接洽（2010 年 2 月）

√ 写好风险评估并准备好设备清单（2010 年 3 月）

√ 广告给当地区所有的牙医、学校和一些当地的咖啡馆（2010 年 4 月）

√ 发展日（2010 年 4 月中旬）和反馈

√ 修改活动，绘制平面图，安排午餐时间表等（2010 年 4 月和 5 月）

√ 项目当日（2010 年 5 月 21—22 日）

√ 需要采取的后续步骤：评估项目，向社会报告如何花费了资金和确定了最终预算。

案例研究 6.2

神奇微生物

尼古拉·斯坦利－瓦尔

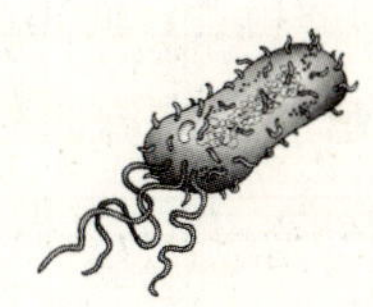

背景

2008年6月，邓迪大学生命科学学院建立了分子微生物学。我认为，如果我们能为学童和公众举办一个项目，让他们关注微生物学，那将是一次宝贵的经历。我们有能力在邓迪科学中心——感觉（Sensation）举办一场大型活动，但为了取得成功，我需要来自部门其他成员的承诺和支持。在与该部门职员中的其他学术成员接洽之前，我想确定可能会涉及的内容。因此，我安排了邓迪大学公众参与官员和邓迪科学中心教育人员中的高级成员之间的会见。在第一次会议上，我们讨论了可能的项目形式，并提出了其中需要组织的东西的大纲，比如人员、金钱、日期、培训、广告和活动。在邓迪科学中心举办项目的关键要求之一是所有的协调人员都受过良好的训练，活动也受过测试。“神奇微生物”的团队在几个月的努力后，于2010年5月21日（周五）和22日（周六）在邓迪科学中心举行了为期两天的项目。

项目规划、培训和目标

该项目最短需要4天的时间，培训日、开发日和两个活动日（一个面向学校，另一个面向公众）。在部门负责人的帮助下，我在一次例会上提出了这个建议。我得到了其他 7 位讲师和教授的全力支持。我们按照计划预留了固定的日期。一旦确定了日程，我就开始通过电子邮件与该分校讨论我们想要实现的目标。我想确保每个人都投入到项目中，这是真正的共同努力，我的角色是促进者和参与者，而不是唯一的组织者。

为了确保培训日的成功，由教授沟通技巧的外部人员进行协助。这一天由通用技能、员工发展和生命科学学院公众参与基金资助，由包括博士生导师、博士后和学术人员等 25 人参加。

培训包含了以下活动：

1. 讨论不同的展示和交流方式。

2. 邓迪科学中心的工作人员带领我们通过他们的常规活动看到他们如何把概念传达给观众。然后我们可以提问（好像我们是游客），看看他们如何处理难对付的人！我们被分成 5 组见证了这一点。然后随机给我们一张纸，上面写着我们的身份——父母、小孩、青少年或协调者。然后，我们就不得不重现 15 分钟前向我们展示过的活动，或者假装是生气的少年或烦人的 5 岁小孩！这让我们注意到，你很难把你的信息传递出去，即使你刚刚看到别人也在做同样的事情。

3. 到邓迪科学中心参观，这样我们就能看到举办活动的地点。接下来是一个讨论环节，来决定项目中可能涉及的话题，并确定那些想要“负责”某项活动的人。

我们离开时已有了“神奇微生物”的项目轮廓，其资金来源包括：

- 普通微生物学会；
- 英国植物病理学会；
- 英国真菌学会；
- 生命科学学院；
- 邓迪大学。

培训日之后，我们的主要目标是：

1. 利用有趣又好玩的活动，让孩子和成年人都能意识到微生物，如细菌和真菌，是多么令人着迷；

2. 培训博士生、博士后科学家、讲师和教授，将科学传播给公众；

3. 为未来的项目开发一批资源。

资源和帮助

- 我联系了邓迪大学的公共事务主管乔纳森·厄奇博士。他帮助我联系了邓迪科学中心的工作人员，并在整个项目的准备和实行过程中提供了支持。
- 我们利用邓迪大学的图形设计部门，帮助制作引人注目的广告海报，以及说明每个活动的科学背景的海报模板。
- 普通微生物学会、英国植物病理学会和苏格兰作物研究所都是我们向儿童、教师和工作人员分发的准备资源的宝贵来源。这包括帮助捕捉孩子注意力的笔和其他赠品，以及老师在未来活动中可以使用的信息和后续的小册子。

发展日

发展日是试运行的日子，尽可能以最终的形式进行活动。邓迪科学中心设有一些帮助他们开发新颖活动的部门、组织，其中一个被要求成为我们的“小白鼠”。这一日在科学中心进行，真正帮助到许多博士生和工作人员克服了首演怯场的问题。显而易见的是，尽管有很多开展活动的想法，但如何实施的决定却相对滞后。事实上，刚开始的时候，有一些年轻的博士生在那儿咯咯地傻笑，他们被学童们弄点有些不知所措，不知道该说些什么。因此，通过参加这个测试日，协调人可以确保自己知道如何向公众介绍他们的活动。为了充分利用发展日这一天，从小学生、老师和邓迪科学中心的工作人员那里获得的反馈意见，被用来帮着改进活动。

项目

项目有 10 个活动摊位供访客欣赏。看台由 8 名教职工、5 名博士后和 9 名博士生“把守”。第一天我们有大约 180 位学童（6 到 7 年级），将他们按每天不同的时段进行了分组。给学校的邀请函是通过邓迪科学中心发出的，因为他们与当地议会和学校有非常密切的联系。科学中心为学童进入中心的入场费和交通费用提供了资金。这是非常重要的，因为资金在各个学校是非常有限的。在“神奇微生物”中学童们有 45 分钟的时间，另有 45 分钟的时间用来欣赏邓迪科学中心的其他展品。这意味着在任何一个时间，约有 60 个孩子在大楼中，30 个在“神奇微生物”摊位。当孩子们被分配到 10 个看台的时候，这数字感觉很合适。活动被分为上下午各一场。

在面向公众的那日，事情感觉慢得多，老实说，协调人更喜欢学童。我们大约接待了 150 人。

具体的安全问题（一般安全建议见第 6.10 节）

1. 由于“神奇微生物”包括活细菌的实验，我们必须确保所有这些都是安全的，适合在外部环境中使用。我们被要求遵守的标准不但是使用市售的菌株，而且是非转基因的。我们还必须确保我们有足够的抗菌洗手液让儿童和家庭使用。这是在准备风险评估时强调的。

2. 由于我们有几个使用设备和电脑的看台，我们必须确保不会使邓迪科学中心的电力供应超载。为了做到这一点，我预先提供了每个摊位所需的插座数量的清单。这样就可以让邓迪科学中心的工作人员确保看台被放置在适当的场地中。

活动亮点

1. 训练日允许所有人参与控制项目的方向。由两到三人组成的小组负责开发与“神奇微生物”主题相关的特定活动。在培训日期间开发的活动，通过随后的讨论被纳入拨款申请中。

2. 一个当地记者参加了此次发展日，并于项目进行的前一周，在当地的一篇报纸上发表了一篇文章。

3. 我们想让参观者看到细菌在他们的手上或土壤样本中生长。由于这并不能提供即时的结果，我们需要一种方法让公众和学校的成员获取他们的图像。针对学校这很容易，因为我们只是让孩子们把他们的名字写在盘子上，然后把一张 CD 送到老师那里，再附上一些额外的资源（比如来自 SGM 的关于洗手的资源）。针对公众就困难了，因为我们必须考虑数据保护，还要记录谁的 CD 是谁的。为了克服这个问题，我联系了生命科学网站开发团队。我构想了一个网站，每位公众可以使用一个独特的用户名和密码，让他们访问从他们手中生长出来的细菌的图像。这似乎是可能的，而且这样做实际上还有两个目的：

1. 这是一种获得关于项目反馈的理想方法（也就是说，在获得图像之前，他们必须回答设置的问题！）

2. 它将人们带到生命科学学院的网站，在那里他们可以找到其他项目（http://www.lifesci.dundee.ac.uk/other/impact/index.html）。

因此在实际层面上，这涉及一系列随机用户名和密码的生成。相关信息被印在两张纸上——其中一张给来访者，另一张粘在培养皿上。这些培养皿的图像数据被提供给 web 开发人员。几周后，我就能进入这个网站，看看有多少人访问过他们的图像，以及他们对这个项目的看法。

问题

我们受到了天气的影响。对公众开放的那天恰好是一年中最炎热的一天，我们失去了那些转而去海滩的访客！

为这次活动筹集资金比最初想象的要困难得多。一开始，我们向 BBSRC 寻求资助，望能与生命科学学院公共参与基金的慷慨捐赠相比，然而，我们没有成功。这为我们带来了一个重大问题，因为我们已经在培训日设计好了项目，博士生和工作人员都对这个科学交流项目进行了大量投入。随着生命科学学院和大学公众参与基金的慷慨解囊，我们开始从其他渠道获得资金——但我们知道我们有足够的资金继续进行。我们成功地得到了普通微生物学会、英国植物病理学会和英国真菌学会的支持。我们还接触了各种各样的公司（如 VWR、飞世尔科技等），就用于项目的资源向他们寻求捐助（如培养皿、培养基、无菌循环）。使用这些综合的方法，我们能够达到目标，项目按计划进行。

个人收益

我从许多方面受益，包括获得支持和满足的感觉，通过我同事的兴趣和帮助，使项目成为可能，并且更深入地了解了孩子们喜欢什么样的活动。在项目期间我磨炼了自己进行组织和委派的特殊技能。此外，我非常清楚地认识到，在这样的项目中你无法做到完美，因为它太耗时了——达到90%就是完美的了！

重要提示

1. 制定一个非常全面的清单，包括每个需求的时间线。
2. 为大量的工作做好准备，并且要敦促人们把事情做完。
3. 为每个人准备一个单独的电子邮件地址，用于与项目相关的细节，因在该项目的组织中，电子邮件的数量非常大。
4. 不断地去尝试获取资金，即使你一开始被拒绝了。试试其他来源。
5. 组织一个项目，不要因为它的工作量看起来很大就望而却步——如果你确保你得到了有效的支持，你就能够成功。

6.5 如何为你的项目或活动设计诱饵

第 4 章介绍了建构主义的思想，这种学习理论表明所有的新知识都建立在个人的知识或经验的基础之上（第 4.4 节）。将建构主义背后的思想用于设计科学交流项目或活动时，你需要考虑相关性。人们想参加你的项目或活动，是因为它对他们有意义并且与他们过去的经历相关。这意味着你需要非常仔细地考虑吸引人们参加你的项目或活动的“诱饵”。诱饵也是营销策略的一个重要特征（第 6.9 节）。为了得到诱饵，请考虑以下几点：

- 当前有新闻价值的问题是什么？比如转基因食品和干细胞；
- 什么在影响你的观众？比如个性化医学和气候变化；
- 你的目标受众喜欢什么？比如当地的历史和运动；
- 是否有地方视角？比如海岸侵蚀或结核病和獾。

一个很好的例子是案例研究 6.3，乔·弗伦（Jo Verran）教授的“暮光与吸血鬼的科学”。这个项目利用了许多年轻人对吸血鬼文学、电视节目和电影的兴趣和喜爱。然后她巧妙地将其与疾病传播科学联系起来。

案例研究 6.3

暮光与吸血鬼的科学

乔·弗伦

背景

在2009—2010年,《暮光之城》的吸血鬼小说和电影似乎让许多年轻人痴迷。我不禁疑惑：吸血鬼为何这么迷人，能吸引到如此众多的观众？关于这个话题有很多的研究，但是作为一个微生物学家，我开始思考这种对吸血鬼的迷恋是否可以用来激发人们对传染病的兴趣。小说所说，一旦你被吸血鬼咬了，你就会死、变成吸血鬼或者成为一个持续的营养来源——当然，前两种情况都与疾病的传播相一致。如果你想避开吸血鬼，你吃大蒜，戴十字架，不要邀请他们进到你的家里——与通过改变行为或免疫接种的方式来预防疾病是相同的原则。苍白、薄弱的吸血鬼的标志性形象，血液从他们的下巴流下，让人联想到肺结核患者，而吸血鬼的淫荡也可以作为对性传播疾病的警告。我想得越多，发现的共性就越多。

我有机会在曼彻斯特都市大学（MMU）举办的2010年曼彻斯特儿童图书节（Manchester Children's Book Festival）上探索这个想法。这个意义重大的节日持续了整整一周，最终在上周六的家庭日项目中达到高潮。所以在“谁的服饰”“讲故事的人”和其他活动中，我进行了我的“暮光之城和吸血鬼科学”

的活动。

活动设计

我们把活动室布置成16座的教室，给每个人都穿上实验室的外套。在斯蒂芬妮·梅尔小说《暮光之城》中，贝拉和爱德华第一次见面是在生物课上，当时他们在检查减数分裂的显微镜载物片。大致含糊地介绍了我们如何将微生物学和暮光之城联系起来之后，我问观众爱德华最初是怎样成为吸血鬼的——他在1918年感染流行性感冒。这就引向了对流感及其传播的讨论，我们一般会进行模拟打喷嚏的演示，模拟时使用的气溶胶喷雾所含的凝胶在紫外线下观察时会发出微光。我从小说中找到了两个阅读材料，描述了爱德华和贝拉在教室里的互动，由一位来自MMU戏剧专业的女学生朗读出来。同时，“打喷嚏”轻易地污染了一些层压卡片，将这些卡片在朗读进行的同时分发出去，帮助班级识别他们显微镜下的标本。在显微镜检查后，我们用紫外光来说喷嚏中的细菌是如何在教室里移动的。然后我们就可以谈论疾病传播——最初是通过吸入和接触，然后是通过叮咬——最后确定食入是另一个关键的传播途径。

最后一篇阅读材料讲述了贝拉被吸血鬼咬伤，爱德华吸出毒药的事。然后我们可以讨论疾病的治疗，并将其与疾病的预防相对比。我们在活动结束时提供了肥皂（清洗剩余的凝胶，加强手部卫生信息）、流感及手部卫生信息表。

活动持续了大约1个小时。我们每天进行3次活动，每次观众的年龄分布都很多样化：祖父母、少年暮光专家、年轻的科学家和家庭。讨论的情况各有不同，但反馈都非常好。

我在普通微生物学会的帮助下进行了这项活动，他们提供了洗涤和发光套件、信息表、其他一些东西（肥皂、胸针）以及精神支持。

资金和资源

所有的资源都是由场地（桌子、椅子）、我的实验室（显微镜、幻灯片、实验服）或普通微生物学会（洗涤和发光套件、礼物、信息表）提供的。节庆日的组织者是乐于助人的，但他们的主要目的是运行整个项目，而不只是我的活动。我自己开发和组织了这个活动，非常感谢我的普通微生物学会的同事的帮助。

对活动的反思

最吸引人的是显微镜——每个人都喜欢扮演科学家。

“当你打喷嚏时，它喷得到处都是，你不知道它在你身上”（5 岁大的山姆）。

“我很喜欢这个工作坊。我学会了很多关于传染病扩散的知识。我爱暮光之城”。

每场活动的受众各不相同，需要花费几分钟时间来评估他们的性格，以及讨论的内容。对《暮光之城》系列小说感兴趣的女生对科学不感兴趣，也不太热衷于参与讨论，除非与故事直接相关。

未来

由于这个节庆日的宣传材料，我被要求在全国天才儿童协会（NAGTC）的年度会议上重现我的活动。在这种情况下，我组织了两场活动，分别由 10 ～ 12 岁和 13 ～ 16 岁的孩子参加。我得到了我的一个研究生的帮助，而我女儿承担了朗读的工作。我与这些助手分享了来自 NAGTC 的一些报酬。

年轻的学生被迷住了，充满热情“我真的很喜欢它！我喜欢显微镜，朗读的部分也令人惊叹！我真的很喜欢它！”“这很有趣，我学到了很多关于生物学的知识。”

年长的学生真的很难参与，尽管他们的反馈是积极的，尽管很简短。“谢谢你疯狂的吸血人类”“谢谢”。

再说一下，是显微镜显著提高了活动的参与度。

我真的很喜欢在吸血鬼和微生物之间建立联系，现在我正计划在活动中结合僵尸和狼人！他们最喜欢哪些疾病？这三者中哪一个会导致最严重的流行病？年轻的孩子们对“科学”的热情和敬畏真的很可爱。

6.6 设计科学传播活动

大型的公众项目需要不同的活动来填满。在设计科学传播活动时，请使用以下内容作为指南。

目标和宗旨——你的活动应该有一个明确的目标。然后宗旨会帮助你实现你的目标。

互动——让你的活动具有交互性，参与者可以做、看到或讨论。良好的沟通有很多不同的方式，但都有这个共同点。在为家庭观众设计活动时，要包含一些可以带回家的东西。这些东西通常可以用于以后的家庭讨论。想想人们学习的不同方式（见第 4.5 节），对材料的解释既要有文字又要视觉化。尝试在你的活动中开展讨论，还可以进行提问，让人们记录他们的回答。开展对话所需的优质资源请访问对话学院网站[①]。尝试建立后续进一步的交互，例如尼古拉·斯坦利－瓦尔（Nicola Stanley-Wall）描述了在网站上发布活动的结果可以如何将人们引导到其他的信息来源（案例研究 6.2）。

设备——这是我们的经验，人们喜欢看到设备，例如显微镜、凝胶电泳罐和自动吸量管。我们曾经使用过的好东西之一是一个涡流机——一个普通的实验室设备——但它像磁铁一样吸引了孩子。

保持简短——不要在活动中同时进行太多事情。你的每个活动应保持在 10 ～ 15 分钟以内，保证项目中的活动使人应接不暇。在和你的听众交谈时使用清晰简单的语言，在你的书面材料中也应如此（见 4.7 节）。精心设计的活动的标志是反复使用的。培训其他人来组织你的活动也会确保活动的可持续性，一个很好的例子是案例研究 9.1，哈里森（Harrison）和沙尔克罗斯（Shallcross）的“一个污染物的故事”示范演讲。

为了给能组成项目的不同类型的活动增添风味，我们在 2009 年在诺维奇的论坛上播放了一个 5 分钟的电影，叫作“细胞活力”。

安娜贝尔·库克（Annabel Cook）的案例研究 6.4 描述了从水果中提取 DNA 的实践活动的设计。

① http://www.dialogueacademy.org.uk/。

案例研究 6.4

草莓的 DNA

安娜贝尔·库克

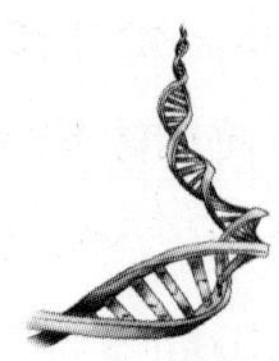

背景

为了让项目更具趣味，我们在 2009 年的诺维奇论坛上播放了一个 5 分钟的电影，叫作“细胞活力”（见这本书的网站）。我的目标是创造一种可重复使用的活动，可用于遗传学有关的最基本的领域——基因提取项目。这其中有几个原因，包括人类基因组计划 10 周年，这意味着有更多的关于 DNA 的新闻报道，尽管不是所有的报道都是准确的！我正在寻找一种让人们对遗传学感兴趣的方法，让他们熟悉遗传学及 DNA 的一些相关术语。

活动设计

网上有许多 DNA 提取方案，但没有一个可以解释发生了什么，以及为什么。我希望活动吸引的人群能涵盖广泛的年龄和背景。我没有专项资金，因此希望成本尽可能少，以便任何人都可以做成这事儿。

经过与遗传学家的一些研究和讨论后，发现水果和蔬菜的 DNA 提取应该非常简单。比较现有的提取方案，我尝试了一些变化，来确定哪些步骤是必需的，哪些不是。我能想出一个非常简单的方法，只用家用设备，大约 10 分钟就能完成。许多人使用猕猴桃提取 DNA，但出现过敏反应的儿童数量正在增加。洋葱也被使用了一段时间，但对于室内活动来说，它的味道让人不舒服的！草莓之所以被选中，主要是因为它们有好几套染色体（不像人类只有两套），这意味着大量的 DNA。

我决定将这个活动当作一个“食谱”，列出一个配料表和一步步地说明。这强化了使用家庭设备的想法，避免了“看起来像科学”的任何心理障碍。在配方表的背面，我添加了一些活动背后的科学信息（对于配方表，请参阅本书网站）。

2010年，我参加了一个对话学院的研讨会①。我利用这个机会开发我的基本活动和我将使用的对话。例如，我制作了小卡片和大型海报，上面有关于 DNA 和遗传学的一些事实（例如，“同卵双胞胎没有完全相同的 DNA”），供人们在活动之前、之中和之后阅读。我也有一些道具，包括用 K’NEX 建造的 DNA 双螺旋。

这鼓励了对话，对活动产生了巨大的影响，促进了家庭之间的讨论，吸引了年幼的孩子。

安全问题

1. 食物过敏是最明显的安全问题。

2. 该方案的部分内容包括使用手持的棍式搅拌器来分解水果的果肉。通过使用非常柔软的草莓，我们可以选择使用金属叉子。

3. 酒精被用来沉淀 DNA，使人用肉眼就可以看到 DNA。尽管任何烈性酒精都能起作用，但我想避免让儿童看到和使用

① 对话学院是为科学参与的专业人士举办的免费培训讲习班，并获得了惠康信托的支持。这些讲习班的资源仍然可以在以下 URL 中找到 http://www.dialogueacademy.org.uk。

酒精饮料来达到这个目的。我选择了实验室级纯乙醇，用塑料管进行预制，所以在任何时候都只有一个很小的体积。

活动亮点

1. 使用家庭设备意味着没有任何障碍，因为每个人都很熟悉他正在使用的物品。

2. 通过仔细选择在卡片和海报上呈现的事实，我还可以将遗传学与熟悉的环境和令人惊讶的事实联系起来。

问题

在进行了几次活动后，我从一个反馈单上意识到，一个孩子认为我们在提取“D 和 A”。我们现在非常小心地解释它是 DNA，它是一个很长的化学名称的缩写。

资源

帮助我组织的志愿者是我最大的资源。在策划活动中，我能够快速获得相关的科学投入，并测试许多不同的方案。当组织它时，更多的志愿者意味着更多的公众成员可以参加。

个人收获

我发现让这么多人对 DNA 有更多的了解是很令人满意的——它是什么，为什么在所有活着的生物身上都能找到它？项目结束后我已经听了几个月，人们仍然在谈论它，并保存了他们的草莓 DNA！

重要提示

1. 对设备的要求保持在最低限度。虽然我更喜欢使用棍式搅拌器，但我并不总是能够使用电源。这个活动中没有“必须”，虽然靠近卫生间和自来水更容易处理混合草莓混合物。

2. 过度准备，我宁愿最后还有草莓剩下，而不是中途就没有草莓用了。尽管如此，哪怕我有什么东西中途用完了，它们的家庭性质意味着它们很容易在短时间内被替换。
3. 富有想象力，像个非科学家一样思考。记住那些令人着迷、吸引你目光的东西。
4. 你的导线是否够长能接上电源？自来水和卫生间是在附近，还是需要花几分钟步行穿过繁忙的区域和上下楼梯？

6.7 考虑你的资源——消耗品，设备，专业知识和人员（CEEP）

在关于资金的第 6.8 节和关于健康和安全的第 6.10 节中也对资源做了说明。这本书中的许多案例都提供了关于组织项目和活动的宝贵建议，并就健康和安全相关问题提供了具体的建议。然而，也要考虑下述的一般性建议。

消耗品——这些都是你的活动所需要的材料（包括化学物质）。你必须确保有足够的时长，例如从草莓中提取 DNA，每次持续 10 分钟，4 名参与者可同时进行，这样每小时可进行 24 次，6 小时可进行 144 次。如果两个人一起做，那么这个数字可以翻倍。

设备——必须是便携、耐用和易于使用的。在设计活动时请牢记设备的用途。不要在项目中使用任何无法替代的东西。检查一下设备的保险费用是多少。

专业知识——如果你在项目或活动的设计中有哪些具体方面需要帮助，试着找合适的人给你建议。这可能包括让一个专业设计师为你的活动做海报。你可以在你的经费提案中纳入此费用。

人——你不可能在没人帮助的情况下自己组织一个项目。每一项活动都需要 1 ～ 2 个人来组织，还有一些人可以在他们休息的时候介入。你应该有一个监督整个活动的人，他不是一个活动的管理员，而是其他人的“问题解决者”，这人通常是事件组织者（你）。当你去参加活动和离开的时候，有人帮着进行活动设备和材料的打包和拆包是非常可贵的。

6.8 如何让你的项目得到资助

一旦你决定了项目的活动设计，找到组织它的钱就成了你的项目里的一个重要部分。显然，不同活动和项目的成本并不一样：小至不到 100 英镑的小型科学咖啡馆，大至超过 100 万英镑的大型科学节。请注意，大多数公众参与的拨款并非是完全的经济成本（FEC），因此你还得依赖于你的组织同意你使用他们的基础设施。

当你决定要做一项以学校为基础的，或是以公众为基础的活动时，不同的资金来源将会向你开放。例如，皇家学会合作资助是专门为在学校使用而设计的，而拨款是付给学校的。惠康信托基金，例如它的人民奖可用于学校和公共项目，并将支付给你的组织。

6.8.1 提出申请

一旦你决定了你的项目的主要目标和宗旨，你就需要决定获得资金的最佳地方。你可以从各种不同的来源获得资金和“实物”支持。作为初步步骤，请访问组织的网站，下载申请表和指导说明。许多网站还将有过去已经被资助的项目的报告；这些都是真正有用的信息来源，不仅仅可以提供想法，还能确保你的想法符合拨款条件。

资金来源大致可分为以下几类：

- 研究委员会；
- 学术社团，慈善机构和信托；
- 公司；
- 当地政府部门；
- 英国文化协会；
- 你自己的组织；
- 自筹资金。

6.8.2 研究委员会提供的资金

在英国，所有 RCUK 资助机构都要影响路径（Path to Impact），这是与研究资助申请一起需要强制提交的，它涵盖了经济和社会效应的预测，用于判断是否获得研究资助（RCUK，2011）。研究委员会也有其他更小的拨款用于学校和公共传播。

6.8.3 学术社团、慈善机构和信托提供的资金

学术社团如普通微生物学会（SGM）和慈善机构如惠康信托（Wellcome Trust）提供公众参与资助。生物学会于 2011 年的一份报告指出，对公众参与活动进行财务支持的不同原因如下：

- 为科学赢得支持；
- 培养技能，激发学习能力；
- 履行其慈善使命；
- 促进更高效、更动态、更可持续的经济；
- 为成员提供机会，增加他们的职业生涯及其研究的影响。

表 6.7 提供了一张不同英国科学学会的列表，表 6.8 列出了为公共和学校科学传播项目提供科学传播资金的英国组织。

表 6.7 英国科学学会的实例

社团名称	网址
英国免疫学会	www.immunology.org/
普通微生物学会	www.sgm.ac.uk/
应用微生物学会	www.sfam.org.uk/
生化学会	www.biochemistry.org/

续表

社团名称	网址
英国药理学会	www.bps.ac.uk/view/index.html
内分泌学会	www.endocrinology.org/
生理学会	www.physoc.org/
英国生态学会	www.britishecologicalsociety.org/
海洋生物协会	www.mba.ac.uk
皇家昆虫学会	www.royensoc.co.uk/
营养学会	www.nutritionsociety.org/
英国肺研究协会	www.balr.co.uk/
英国真菌学会	www.britmycolsoc.org.uk/
物理研究所	www.iop.org/
皇家工程学院	www.raeng.org.uk/
英国皇家化学学会	www.rsc.org/
数学及其应用研究所	www.ima.org.uk/
皇家统计学会	www.rss.org.uk/site/cms/ contentChapterView.asp?chapter=1

表 6.8　科学传播项目资助实例

资金来源	奖励名称	数额	学校 / 公共	资格	奖励过程	截止时间	网址
惠康信托	人民奖	最高 £30000	学校和公共	只要有好主意能促使人们参与生物医学发展，任何人皆可申请	一份填写的申请表，即同行评议，由一个资助委员会决定是否资助	4 个截止时间，前几年是 2 月、5 月、7 月和 10 月	http://www.wellcome.ac.uk/Funding/Public-engagement/Grants/People-Awards/index.htm
惠康信托	社会奖	高于 £30000	公共	只要有好主意能促使人们参与生物医学发展，任何人皆可申请	一个初步的申请，然后是一个完整申请。这是由同行评议的，申请人被邀请参加面试	通常每年有两个截止时间	http://www.wellcome.ac.uk/Funding/Public-engagement/index.htm
皇家学会	合作资助	高达 £3000	学校	申请由学校提出，但科学家紧密参与申请过程	与你的学校合作伙伴一起填写一个在线表格。这个奖由一个资助委员会决定	每年有几个截止时间	http://royalsociety.org/education/partnership/
普通微生物学会	向公众推广微生物学	最高 £1000	公共	普通微生物学会会员	一份申请表，然后是项目完成情况的评估报告	没有特定的期限	http://www.socgenmicrobiol.org.uk/grants/dtf.cfm

续表

资金来源	奖励名称	数额	学校/公共	资格	奖励过程	截止时间	网址
生物技术和生物科学研究委员会（BBSRC）	公众参与奖	最高 £5000	公共	BBSRC 资助的研究人员，BBSRC 资助的研究机构和 BBSRC 地方协调员	一份申请表格，由资助委员会做出决定	查看网站了解详情	http://www.bbsrc.ac.uk/society/pe-strategy-and-funding.aspx
英国生态学会	公众参与奖	最高 £2000	公共	组织生态学中科学传播项目的个人和组织	可以电子方式发送的申请表	查看网站了解详情，该奖每年一次	http://www.britishecologicalsociety.org/grants/policy/peg.php
保罗·哈姆林基金会	教育和学习开放式拨款计划	一系列奖励	学校和公共	正式成立的组织，个人不符合资格	一个两阶段的申请流程	没有关闭日期	http://www.phf.org.uk/page.asp?id=85
阿斯利康科学教学信托	改善英国的科学学习和教学	一系列奖励	学校	查看网站了解详情	查看网站了解详情	查看网站了解详情，该奖每年一次	http://www.azteach science.co.uk/the-trust/what-we-offer.aspx
英国皇家化学学会	提高公众对化学与化学科学的认识	从 £250 到 £5000	公共	考虑支持 RSC 成员和成员团体的公共活动，但其他申请也会被考虑	可从网站上获取申请表格	全年均可申请，基金将于每年一月至十二月按先到先得的方式分配	http://www.rsc.org/ScienceAndTechnology/Funding/SmallGrants.asp

续表

资金来源	奖励名称	数额	学校 / 公共	资格	奖励过程	截止时间	网址
大乐透基金	支持改善健康、教育和环境的社区团体和项目	一系列奖励，包括全奖和遗产彩票基金奖	公共	非营利性组织，教区或镇议会，学校或卫生机构	可从网站上获取申请表格	没有最后期限，你将在八周后获得结果通知	http://www.biglotteryfund.org.uk/
物理研究所	提高物理学的参与度	最高 £1000	公共	个人和组织	可从网站上获取申请表格	查看网站了解详情	http://www.iop.org/activity/outreach/
皇家工程学院	教育	–	学校	组织（学校）	可从网站上获取申请表格	查看网站了解详情	http://www.raeng.org.uk/education/default.htm
维斯特罗社区事务	支持美好的事业	£1000	公共 / 学校	组织	详见网页。美好的事业由购物者投票选出	没有截止期限	http://www.waitrose.com/content/waitrose/en/home/inspiration/community_matters.html
科技设施委员会小奖	为小型、本地或试点的 STFC 科学技术项目提供资金支持	£500 ~ £10000		由任何研究委员会资助的研究人员	可从网站上获取申请表格	查看网站了解详情	http://www.stfc.ac.uk/Public+and+Schools/1396.aspx

6.8.4 向公司申请

不同的公司因为各种各样的原因提供资金，其中包括但不限于下述原因：

- 在社区中创造信誉；
- 与其业务有关的原因；
- 与员工建立良好的关系；
- 因为他们总是给予。

有些公司有资助计划，所以值得花时间看看他们的网站，了解他们的申请资格和程序。一些公司有非常明确的给予政策，你必须阅读它们以确保你的申请是恰当的。申请的技巧包括以下内容：

1. 一定要把你的提案写在纸上，明确目标和宗旨，描述你的活动、地理位置、目标受众以及项目的时间框架。

2. 不需要向数百家公司发送同样说明信和提案，更好的做法是研究这些公司，瞄准最适合你并满足你需求的数家。

3. 清楚地说明你希望公司捐助什么东西。可能是钱，但也可以是服务、材料、广告空间，甚至是培训。

4. 明确告知该公司将如何从你的支持中获益，例如他们的 logo 会出现在传单和其他宣传材料上。

5. 一定要试着从该公司里找一个人，向这个人发送你的说明信。领英可能是一个与人建立联系的好方法。

6.《英国公司捐赠指南》是“社会变革目录”每年出版的一本书。这是一个非常好的开始，因为它上面有很多联系方式。

7. 通过电子邮件或电话跟进你最初的联系。

8. 即使你最初的联系被拒绝了，也不要放弃。

9. 不要忽视本地的大型或小型公司，它们可能提供材料或支持，见专栏 6.3 的例子。

专栏 6.3　向公司请求支持

▸ 2006 年，英国科学节在诺维奇举行，并与诺维奇城堡博物馆合作举办了一个名为“显微镜下”的活动。其中一个活动是创作出艺术拼贴画，灵感来源于孩子们在显微镜下看到的东西。我们来到了本地的百货公司——一家名叫杰拉德的家族企业，向他们提供有关我们活动的详细信息，请求他们捐赠美术用品。他们好心地提供了一箱美术，以支持这一个以及我们在随后几年里所做的其他项目。

6.8.5　你自己的组织提供的资金

你可能会发现，你自己的组织会支持学校和公众的参与活动。学校的参与很可能是通过“外联办公室”来资助的。这些外联基金可能有目标学校（例如，这些学校在核心科目上落后于国家水平），所以你必须检查你计划的受众是否符合他们的要求。

6.8.6　自筹资金

如果所有其他的资金流都失败了，你可以考虑自己为项目提供资金。这样可以让你对项目进行评估，然后再强化后续的资金申请。记住，一些传播活动不需要钱，只需要时间、精力和一个好主意。想要一个很好的例子，就请阅读尼亚姆·尼·布莱恩的教授科学方法的案例研究（案例研究 10.1）。

6.8.7 找到拨款的网站

有一些网站列表记录了给予奖励的机构，其中一些网站你必须订阅，而其他网站则是免费的。查阅这些资金来源需要相当多的时间，但你可以得到一些以前从来没想到的有关资金的主意，如表 6.9。

表 6.9 拨款申请网站详情

名称	说明	收费或免费	网络地址
GRANT 网	帮助社区和志愿团体、体育和其他俱乐部、学校和社会企业和小型企业找到合适的资金	免费	http://www.grantnet.com/index.aspx?pid=BEE1857DB60D-4550-8D48-1C4F9D24A1A7&
资金筹措中心	该网站由公民社会内阁办公室资助。它通过问一组关于你想资助什么的简单问题来指导你获取多种不同的资助	免费，但需要注册	http://www.fundingcentral.org.uk/Default.aspx
政府资金的筹措	这个网站得到了社会变革目录的支持。你可以浏览不同的资金来源或搜索特定的主题	使用这个网站是要收费的	http://www.governmentfunding.org.uk/Default.aspx
易于筹款	这是一个你可以注册你的俱乐部或社团的网站。当人们在不同的零售商网上购物时，零售商会捐出你消费的一部分给你选择的慈善事业。学校可以注册，运动队和青年团体也可以	免费，但需要注册	http://www.easyfundraising.org.uk/how-it-works/and http://www.easyfundraising.org.uk/register-a-cause/

6.8.8 资助过程

每个资助机构会有不同的申请表格，不同的期限及不同的申请与后续处理的程序。你需要查看各个网站，以确保知道这些重要的信息。虽然所有的申请表单都是不同的，但它们通常有以下的共同点，你应该在提交申请之前仔细考虑这些问题；

- 明确的目标和宗旨；
- 明确的目标受众；
- 好的设计；
- 现实的时间表；
- 清晰的成本计算；
- 清晰的评价策略；
- 清晰的传播潜力。

6.8.9 设定目标和宗旨

第 5.2 节提供了关于设定目标和宗旨的有用信息。

6.8.10 现实的时间表

项目持续的时间从几周到几年不等。在为自己的项目考虑时间框架时，首先必须决定你有多少时间能专用于项目。如果你在实现项目时需要帮助，那么确保你申请了一笔拨款能让你用于购买人力。你的最终评估报告应包括在时间框架内。使用日期构建关键里程碑表通常非常有用，可以让你有效地规划和管理项目。

6.8.11 成本计算企划

你必须检查你正在申请的拨款的指导性文件，以了解他们会资助和不会资助什么。例如，许多资助不会为购买设备或人力提供资金。检查你是否需要为购买的物品缴纳增值税。请记住，大多数参与拨款的不是FEC，因此你的组织将为以下方面做出贡献：

- 办公空间；
- 电脑和电话的使用；
- 财务办公室的使用；
- 你和其他工作人员的时间。

所有这些都可以作为你的组织对企划的财务贡献。

如果你的资助允许购买设备或使用其他服务，请确保企划中包含供应商的报价。如果你可以申请人力成本，请确保已经它已经被正确地计算出来。你所在的组织，有处理科研经费申请的研究室，应该能够帮忙解决这个问题。

确保你将用于评估和传播项目的资金包括进去了。这可能包括建立网站，最后的项目报告的印刷或在会议上展示你的项目的费用。

6.8.12 拨款过程

不同组织的拨款有不同的处理方式，但他们有一些共同的步骤：

1. 宣布申请的截止日期；
2. 收到申请并送审；
3. 裁判发回他们的书面评论；
4. 评奖小组开会；

5. 宣布决定。

请注意，并不是所有的参与拨款都会被送审，一些关于资金的决定将在没有审查程序的情况下由授奖小组做出。与研究拨款不同，你不常被允许对裁判的评论做出回应。一些较大的奖项（例如惠康信托社会奖）需要初步的经过审查的项目意向书。接着请求申请人提交一份完整的提案，对其进行评估并在做出资助决定之前邀请申请人面试。

6.8.13 截止期限

1. 有些组织在任何时候都接受申请，有些组织每年有好几次截止期限，例如皇家学会合作资助每年有 4 个截止日期，实际的项目必须在 3 个月的时间内，于下一轮融资之前开始。一些组织（例如惠康信托）可能会呼吁一轮特殊的融资，比如专门用于处理基因和健康的项目。明智的做法是定期查看资助网站，或者如果网站允许的话就设置一个电子邮件提醒。

2. 有些申请仍然是纸质的，其他的则是电子的——确保你知道需要哪种格式。

3. 在申请拨款之前，务必确保你已经获得了自己组织的正确授权。

6.8.14 裁判

一个重要的观点认为，科学传播是跨学科的，你的评审可能不会是科学传播专家。你可能会不被允许为你的提案提名评审。不像在研究拨款申请中你一直有机会回应评审的意见，你可能会被允许或可能不被允许回应评审对科学传播项目提案的意见。

6.8.15 评奖小组

弗兰克 · 伯内特（Frank Burnet）根据他获得授奖小组资格的经验，

提供以下建议：

1. 在现有政策下，你可以找到特定的授奖小组的成员身份；如果可以的话，它有助于确保你的申请更容易；

2. 每个小组都有自己的相互作用方式，但大多数人认为自己受到专家评审意见的强烈引导，只会在特殊情况下反对集体的观点；

3. 资助机构的官员通常作为观察员参加小组会议，手上往往有他们资助过的你以前工作成果的数据；所以请确保你已提交了强有力的最终报告和其他文件；

4. 在这轮融资中得拿出多少钱作为奖励，小组通常至少有一个粗略的想法，并且通常希望确保有大量的项目得到资助。因此，他们倾向于更挑剔地看待那些跨越了某个特定现金门槛的申请。稍低于这个门槛是有好处的，比如说，如果在你的计划中可行的话，可以把五位或六位数当作屏障（不要弄得太明显；避免 £9999 及其等价物）；

5. 小组有时会在其权力范围内进行部分资助工作，特别是在相互依赖的阶段，或者当他们认为并不是所有的成本都合理的时候。然而，这是一种不寻常的事件；大多数的资助者不谈判。

6.8.16　一些最后的提示

试着用来自学术团体的小额赠款来积累你的经验。

与更有经验的同事进行联合申请。

如果你的第一个申请被拒绝，不要放弃（案例研究 6.2）。

6.9 成功营销的重要提示

设计公共科学交流项目的一个经常被遗忘的方面是你打算如何推销它，但如果你希望合适的受众参加，这显然是至关重要的。毫无疑问这是极困难的事情之一，项目中人太少会使你感到泄气，太多会使你感到不知所措，你的受众会感到沮丧。好的市场营销需要预先思考和努力工作。考虑在博物馆或科学中心举办你的项目，在那里他们可以帮助你制定营销策略。他们会保留常规用户的电子邮件列表，还能将活动放在他们的网站上并分发传单。

1. 确保你所做的任何拨款申请都包含你的市场营销预算。

2. 为这个项目写一篇通讯稿，交给你的通讯官，他会在合适的时间发布。他们也会经常在写作上给你帮助。记住通讯稿的 5W——发生了什么、为什么、谁、何时以及何地。通讯稿应交给当地媒体和当地电台。你可能会被要求接听电话或接受电台采访。做去吧！这不是一个可怕的经历，你将能够更有效地接触到更广泛的受众。如果你能设法在本地电视台上获得一个位置，那就非常棒了。

3. 确保你的活动有一个很好的“诱饵”来吸引人们。我们最成功的活动之一是“便便，尿尿和呕吐”（“Poo，Pee，and Puke”），对年轻观众很有吸引力（见第 6.5 节的钩子）。

4. 如果你在大学里，确保项目出现在大学主页上。再说一次，你的通讯官应该在这点上帮助你。

5. 以你的新闻稿为基础，设计一个信息清晰的具有吸引力的传单。确保传单上包括活动的持续时间和地点（地图可能有用）以及项目的费用。在你的目标受众所在的区域分发传单。关于传单的例子，请访问本书网站。

6. 如果当地有免费杂志的话，就请求它们刊登广告。过去我们有效地运用了这个策略。我们已经得到一本免费杂志的封面，并利用了它们广泛的分布。不过，这确实需要花费更多的钱，所以要确保你把它包括在拨款提案的成本中（见本书网站上一个杂志封面的例子）。

7. 给你的目标受众区域的学校发送传单，这些可以分发出去，装在孩子们的书包里，或者钉在告示板上。

8. 传单可以在其他地方分发，如当地的小熊队和童子军团体，以及体育中心。

9. 问问你那里的图书馆，是否能在他们的信息区域放传单，或者是否可以展示项目的小海报。

10. 即使你的项目没有在科学中心举行，但你当地有一个的话，询问你的项目是否可以放在他们的网站上，是否可以由他们为你向访客分发传单（也许在入口处）。

11. 发放传单的其他好地方包括博物馆、艺术中心、动物园、旅游信息商店和成人学习中心。

12. 我们还在学校的操场和公园里给家长发了传单。

13. 试着使用社交媒体，建立一个脸书（Facebook）页面，让人们在推特（Twitter）上谈论你的项目——或者甚至可以通过博客来讨论。

14. 尝试让你的项目登上当地报纸和网站类似“什么在进行……？”的页面。

15. 选择一个能吸引到“经过的人”的地方来举行你的项目，例如一个城市中心。我们经常在诺里奇（Norwich）使用一个叫作论坛的区域，这是一个巨大的开放区域，在城市图书馆的前面。

6.10 健康和安全

在英国，所有工作场所必须遵守1974年颁布的《工作健康与安全法》，雇主负责工作人员的健康和安全，在学校里的话，则要对学生负责。1999年的《工作健康与安全管理条例》要求评估实践环节和出差过程中的风险，必须确定为降低风险所采取的措施。同时必须遵守《危险物质控制规程》（CoSHH）的条例：CoSHH专门研究了实践过程中使用的化学品的危害，降低风险所需的步骤以及发生事故时采取的步骤。

你的科学传播项目的参与者以及你和你的助手的健康和安全是至关重要的。作为项目的组织者，你有责任确保你已完成了适当的风险评估而且购买了保险。

这里提供的信息旨在作为指导，我们对你的活动不承担任何责任。你必须经常检查，以确保信息是正确的。

6.10.1 风险评估

法律并不希望你消除所有的风险，而是要“尽可能合理可行”（《工作健康与安全法》，1974年）地保护人们。

风险评估主要有三个部分：

1. 识别危害；

2. 确定减少危害的步骤；

3. 发生事故时要采取的步骤。

如果你在学校做项目或活动，那么学校可能会为你做风险评估。可以查看一下是否是这个情况，这个真的很重要。如果学校没有给你提供这种支持，那么你就需要做自己的风险评估，并确保在项目或活动开始前将它交给学校。你必须确保学校能接受这份风险评估，所以请提前和学校核对一下。为了进行实际的风险评估，英格兰、威尔士和北爱尔兰的许多学校都使用地方教育当局提供科学服务联盟（CLEAPSS），这是一项实用科学和技术的咨询服务。在苏格兰有一个类似的组织，叫作苏格兰学校教育资源中心（SSERC）。

如果你在公共场所（如博物馆、科学中心或社区中心）举办项目，你必须确保你已将风险评估交给了恰当的人。如果另一个组织在你组织的项目中开展活动，你必须确保他们也完成了风险评估，并提前给了你。

如果你不确定哪些内容需要被包括进去，请随时向你的外联工作人员寻求建议和支持，联系老师或同事。定期检查你的活动风险评估，捕捉可能发生的任何变化，这总是一个好主意。

风险评估表可以是任何格式的，只要它包含相关信息。健康与安全执行网站（网站见第 6.10.9 节）有一个空白模板，你可以使用。我们还在本书网站上提供了一个表格和一个例子，你可以根据自己的需要量身定做。

6.10.2 使用微生物

在英国，CoSHH 对学校里的微生物使用也进行了规定。在学校里可以使用的微生物数量惊人，良好的实验室惯例将风险降至最小。普通微生物学会（Society for General Microbiology）的一个综合网站上有在学校里使用微生物的相关信息，其中包括可以被带到学校的微生物的清单。该清单是由科学教育协会（ASE）、CLEAPSS、SSERC、健康与安全执行委员会（HSE）、学校微生物学咨询委员会（MISAC）、应用微生物学会、普通微生物学会（SGM）、国家生物技术教育中心（NCBE）、科学与植物学校（SAPS）、惠康信托和教育供应商菲利普莫里斯和布雷兹生物共同编制的。

6.10.3 使用DNA

使用DNA的规定在每个国家都是不同的，所以你必须查阅你居住所在地的相关规定。NCBE有一个很好的文件，解释了在英国的学校实验室能做什么和不能做什么？链接在“有用的网站”部分提供（见第6.10.9节）。例如，在北爱尔兰，你不能用面颊细胞来提取DNA。

6.10.4 设备电气测试

所有电气设备必须通过便携式设备测试（PAT）进行安全测试。这是通过《电力工作条例》规定的法律要求。你的技术人员应该能够帮你解决这个问题。有关PAT测试的进一步信息，请参见本章末尾的“有用网站”列表。设备需要每年进行测试。

6.10.5 与孩子和弱势群体一起工作

在不同的国家，与儿童和弱势群体一起工作的法律也不尽相同，而且也经常发生变化。这意味着你必须查阅自己国家的法律。在大多数国家，你需要被审查。在英格兰、威尔士和北爱尔兰，你需要一个增强的犯罪记录局（CRB）检查。通过举行项目的组织（例如STEMNET）或学校申请CRB，你可能会发现需要几个单独的CRB检查（比如为不同的学校所做的检查），因为它们是不可转移的。如果你在大学里工作，你的人力资源部可以帮你安排一个CRB。在苏格兰，你需要向“保护弱势群体”（PVG）注册，而在爱尔兰共和国，你需要通过爱尔兰警察进行审查。你可以在任何资金申请中包括 CRB 检查的费用。

6.10.6 公众责任保险

要运作一个公共项目，你需要有公共责任保险。你的大学应与学校和公众进行沟通，但你需要弄清你所涉及的内容以及政策编号。有时你也会被要求出示证书。找到这个信息的好地方是外联办公室。

请注意，你可能需要为设备提供额外的保险。此外，如果你开自己的车去学校或参加公共项目，你需要确保你有商业保险（你的工作场所也会要求你写一份与旅途有关的风险评估）。

值得注意的是，如果你是 STEM 大使，那么你可以通过 STEMNET 申请活动或项目，只要提前向他们提供项目的详细信息。如果你代表另一个组织（例如一个学术团体）组织活动，那么他们的保险范围也许可以涵盖你的活动，但你必须检查一下是否如此。

6.10.7 许可信

如果你正在计划在学校里进行活动，那么最好和你的联系老师谈谈在孩子参加活动之前需要由父母或监护人签署的许可信。尽管几乎可以肯定学校无论如何都会这样做，但你最好参与其中。我总是在信中写出活动的细节，以确保家长或监护人知道要进行什么活动。尤其对于包括以下内容的活动来说，这样做尤为重要：

- 品尝，例如盐、柠檬和糖，作为感官活动的一部分；
- 从面颊细胞中提取 DNA[①]；
- 指纹。

① CLEAPSS 信息指出，北爱尔兰不允许在学校里进行涉及唾液的实验。而在英国其他地方，只要维持良好的实验室规范，这种实验是可以进行的。请检查你所在国家的情况。

如果这些活动是在公共场合进行的，请从家长或监护人那里获得口头许可，以便让孩子进行活动。

在未经父母同意的情况下拍摄儿童照片或视频也是违法的。如果你想要拍摄学校活动的照片或视频，请与学校联系，他们将会发出许可信。学校也可能会要求拍摄图片和视频。

如果你想拍摄涉及儿童的公共项目的照片或视频，那么你仍然需要书面同意。你可以使用本书网站上的表格。

6.10.8 有工作经验的学生

如果你雇用一个有工作经验的学生，无论哪一年级，都必须通过官方渠道。你必须确保其健康和安全，并购买保险。你的人事部门或人力资源部应该能够帮你解决这个问题。

6.10.9 有用的健康和安全网站

进行风险评估的5个步骤——健康与安全执行：

http://www.hse.gov.uk/risk/fivesteps.htm

帕特（PAT）测试相关：

www.pat-testing.info/

CLEAPSS 相关：

http://www.cleapss.org.uk/about-cleapss

犯罪记录局：

www.crb.homeoffice.gov.uk/

苏格兰政府保护弱势群体计划：

http://www.scotland.gov.uk/Topics/People/Young-People/childrenfamilies/pvglegislation

加尔达评审单位：

http://www.garda.ie/Controller.aspx?Page=66

STEMNET：

www.stemnet.org.uk/

苏格兰学校教育资源中心（SSERC）：

www.sserc.org.uk/

普通微生物学会：

http://www.microbiologyonline.org.uk/teachers/safety-information/safety-guidelines

http://www.microbiologyonline.org.uk/teachers/safety-information/risk-assessment

6.11 结语

我们希望这一章能为你提供一些有用的信息，并且能为你带来开始科学传播项目的信心。如果你还需要进一步的指导，你可以在本书网站上找到更多的信息。表 6.10 提供了一份你在科学传播和公众参与过程中可能有用的其他指南的列表。

表 6.10　开始科学传播的其他指南的详细信息

指南	来源	描述	网址
公众参与物理的良好实践指南	物理研究所 IOP，2011 年 4 月	无论你在公众参与上是一个纯新手，还是有一些经验，想要更多地参与进来，这个指南是对以下过程的一个总结：开发，运行和评估一个活动，或志愿加入由他人组织的活动	http://www.iop.org/publications/iop/2011/file_50861.pdf
设计一个公众理解科学的项目	发展研究所（IRD），2006 年	为那些只有少量甚至没有科学推广活动经验的人，在开展公众理解科学技术的项目时提供必要的信息	http://www.latitudesciences.ird.fr/outils/guide/ird_handbook_project_public_understanding_sc.pdf
把科学带给人民	弗兰克·伯内特（Frank Burnet）博士，英国布里斯托尔，2010 年 1 月	为任何领域的科学传播者、科学家或研究人员设计的指南，试图让更广泛的受众接触他们的工作和它的社会影响	http://frankburnet.com/takingscience-to-people/
指南：为何以及如何传播你的研究	弗兰克·伯内特（Frank Burnet）博士，英国布里斯托尔，1 月	一份简洁的 26 页指南，旨在帮助科学家、工程师和技术人员开发出有效的、引人注目的传播方式，向公众说明他们在做什么以及为什么要做这些	http://frankburnet.com/why-andhow-to-communicate-yourresearch/
参与研究员	绯黛（Vitae）和公众参与的指向标（he Beacons for Public Engagement）联合开发了这本小册子	这本小册子强调了一些可以让公众参与的方法，提供了一些实用的入门技巧，并探索了公众参与对你、你的研究以及与你接触的公众的好处	http://www.vitae.ac.uk/CMS/files/upload/The_engaging_researcher_2010.pdf
公众意识良好的伙伴关系的实践指南	工程与物理科学研究理事会，2003 年 5 月	本指南特别适用于那些即将开始计划某项活动的人，并可能申请一个奖励或拨款来投资助这个项目	http://www.epsrc.ac.uk/SiteCollectionDocuments/form-notes/ppegoodpracticeguide.pdf

参考文献

[1] BAUER M W. Survey research on public understanding of science [M]//BUCCHI M, TRENCH B. Handbook of public communication of science and technology. London: Routledge International, 2008.

[2] BULTITUDE K. Presenting science [M]//BRAKE M L, WEITKAMP E. Introducing science communication. New York: Palgrave Macmillan, 2010.

[3] BURNS T W, CONNOR D J O, STOCKLMAYER S M. Science communication: a contemporary definition [J]. Public Understanding of Science, 2003, 12: 182-202.

7 直接的公众传播

令人惊讶的是，各行各业的人对科学最初的兴趣都产生于他们年轻时听过的科学课程，回想对课程的印象，他们几乎总是会谈到“课程向我们展示了什么”，而不是“课程告诉了我们什么”。

——劳伦斯·布拉格爵士（Sir Lawrence Bragg）在1988年在泰勒举行的英国皇家学会圣诞讲座中谈到

7.1 介绍

本章以及下一章专门讨论了表 7.1 中概述的不同类型的科学传播活动。这些都以案例的形式呈现的，其目的是：

1. 展示科学家与公众互动的不同方式；
2. 提供有关运行不同类型的活动的具体建议；
3. 分享与不同类型科学传播相关的陷阱；
4. 提供重现活动的重要提示。

表 7.1　科学传播活动的类型 *

	直接传播	间接传播
信息	· 讲座 · 科学节 · 话剧 · 科学喜剧脱口秀 · 公众亲身实践活动（例如在一个博物馆或科学中心）	· 电视节目 · 广播节目 · 科学写作，例如畅销书籍和杂志文章 · 开架阅览 · 网站 · 信息小册子
对话	· 科技咖啡馆 · 科学节 · 读书会 · 科学喜剧脱口秀 · 公民座谈会 · 公民科学项目 · 政策信息	· 社交网站，例如博客和推特 · 在线观点论坛 · 公民科学项目

* 所提供示例不限于此。一些例子涉及不止一个部分，因为它们可能同时包含信息和对话。

7.2 直接地传播信息

虽然谈到科学传播，都会谈到与公众的“双向参与”的传播，但信息的直接传递仍然是科学传播中的重要一环。听一个富有知识又热情洋溢的科学家讲述他们的研究是一种鼓舞人心的经历。讲述的形式包括：

- 传统类型和示范类型的讲座；
- 公众活动（例如博物馆和科学中心的活动）；
- 科学节，既可以传递信息又能展开对话，科学节的节目由许多不同的活动组成；
- 喜剧和戏剧脱口秀。

直接进行信息传递的优点是你能够获得大量的受众。受众感受不到参与的压力，他们可以放松和娱乐。我们必须接受这样一个事实：有些时候观众并不愿意花费精力去积极参与传播的过程。他们宁愿坐下来，作为一个被动的吸收者来获取知识和信息，享受娱乐。

7.2.1 传统类型和示范类型的公众讲座

公众讲座与会议中的科学讲座十分不同，这似乎是显而易见的，但是我们中很多人似乎忘记了这一区别。过去我一直愧疚地尝试着去调整激动人心的科学讲座以使之适合公众或学校的受众。但对我而言，这一尝试很少奏效。我发现，从头开始，真正考虑我的目标受众并重新建构一个新的讲座会更加有效。

规划是做好公众讲座的关键。在开始撰写讲座内容前，考虑以下几个问题：

- 你的受众是谁？
- 你讲话的主要动机是什么？娱乐、说服、激励还是告知？
- 为什么人们应该感兴趣？
- 为什么这个主题很重要？
- 为什么我现在要说这个？
- 人们为什么要相信我？

如果没有信息将你介绍给听众，那么，你就必须讲清楚你的职业以及所从事的工作。在开始实际的讲座前，你需要设置一个引人入胜的开场白，也许是一个问题、一个与主题相关的轶事或者一个挑战。还要在介绍中概述你讲话的目的。不管你的观众是谁，讲座的主体部分都需要有一定的结构并按照逻辑顺序来进行。记住保持简短和简单（首字母缩略词 KISS，Keep It Short and Simple）。善用彩色图像。避免使用复杂的术语，如果必须要使用这些术语，请加以解释。如果要使用数字，想想怎样使用才是更好的方法。或许应该用四分之一来替代 25%，用 100 万来替代 1×10^6。有关清晰写作的更多提示，请参见章节 4.7。

始终确保你在结尾总结了你的观点。按照这 3 个步骤布局整体结构就不会出错：

1. 告诉他们你要说什么；
2. 陈述要说的内容；
3. 告诉他们你说了什么。

出于宣传需要——大概在你撰写演讲之前——主办方会要求你为讲座起一个标题。尽可能使你的标题吸引人，但也要能够明确说明讲座的内容。如果没说清楚，人们来了之后如果发现讲座不是他们预期的那样，便会感到失望。

传统的公众科学讲座是获得大规模受众的一个很好的途径，只要讲座的标题能够抓住受众注意力，并且讲座能够在合适的地点进行。这种科学讲座可能会被视为是一种传统的、单向的传播形式，但在此过程中，你可以通过提出问题以及积极寻求观众的参与来建立更多的互动。但是，请注意，人们会因为观众多而感到害怕，并且不太愿意提问。环境也很重要，在大学里举行公众讲座可能不仅会阻止观众前来，还会阻止来的人提问。

举行公众科学讲座是首次参与科学传播的很好的方法，但下一步是考虑设立系列讲座。莎拉·菲尔德博士（Dr Sarah Field）的案例研究 7.1 展示了如何在组织中开展公众系列讲座。

案例研究 7.1

“讲科学”——公众讲座系列

莎拉·菲尔德

背景

2006年，我参加了英国皇家学会的一个关于传播技能的课程[①]，这一课程旨在教授人们如何有效地向非专家受众以及同行讲解科学。课程结束之后，我开始对这样一个想法产生了兴趣：科学应该更容易被理解。我觉得人们可能会去听关于他们城市的历史或者当地著名作家的讲座，但却可能对当地社区科学家的研究置身事外。于是我决定组织一个公众系列讲座，将我所就职的东英吉利大学（UEA）世界一流的科学传播到学校不同的学院以及更广的社区。

发展“讲科学”系列讲座

为了发展我最初的想法，我与一些同事以及东英吉利大学通信办公室的工作人员进行了讨论。通信办公室指出了我需要考虑的众多事宜，并给了我内部和外部的宣传联系渠道。这些讨论使我能够进一步发展举办科学讲座这一提议，这一讲座将面向公众且每学期举行一次。我需要为这一系列讲座争取一些基金，于是我向东英吉利大学的科学执行委员会提出了这个建议，他们同意提供用于宣传以及每场讲座之后招待酒会的预算。

我为这个活动设置了一个特定的电子邮件地址，一位IT技术人员帮助我创建了一个邮件列表来进行查询管理。

实际的系列讲座将由东英吉利大学科学院的不同教师主讲，面向广大观众。讲座的时间为45分钟，之后将是提问环节。最初的讲座活动在大学里举行，活动之后的招待酒会让观众有机会与演讲者进行交流。

① 英国皇家学会传播技能课程 http://royalsociety.org/training/communicationmedia/communication/。

开展“讲科学”系列讲座

第一个关于气候变化的试行讲座“地球这颗行星有多稳定？”收获了大量的观众，这是非常鼓舞人心的。然后我在东英吉利大学校园里组织了一系列的三个讲座，标题分别为：

1.“数学的无限性”；

2.“癌症会被治愈吗？”；

3.“克隆海边的气味——以及细菌对大气所做的其他令人惊奇的事情”。

虽然“数学的无限性”座无虚席，但其他两个讲座的参加人数却令我失望，特别是“海边的味道”，这是一个非常有趣又内容翔实的讲座。我希望讲座的人数能够增加，如果人们参加了他们感兴趣的话题的讲座，并且发现这一讲座可以理解且令人愉快，他们就可能去参加关于他们不太了解的话题的其他讲座。我曾为诺维奇数学学会的数学讲座做过宣传，并意识到他们能够成功吸引受众的原因是他们将当地对数学感兴趣的群体作为目标受众。

不管怎样，我在下一个学年里组织了同系列的3个讲座，尽管我大部分时间在休产假，但我希望出席情况有所改善。虽然这些讲座确实吸引了理性的观众，但我并不认为我们真正抓住了非大学生受众。所以我决定将讲座的地点移至大会堂——一个建于19世纪的会场，位于市中心，非常美丽。事实证明在这个会场举行的讲座非常成功。

将讲座地点从大学校园移至市中心的做法十分奏效，出席人数有所增加。

“讲科学”系列讲座的亮点

发起这一系列讲座的一个关键成果是让公众有机会在平等

的基础上与科学家进行交流。在整个系列讲座中，我们清楚地看到观众对于向演讲者提问总是非常自信的。

项目挑战

招募演讲者比我预想的要更具挑战性。一开始我找了我认识的几个人，请求他们来做讲座。我还让科学院的院长给我推荐可以做讲座或者做志愿者的人。这一策略并没有成功，我发现直接的方法更有效。我现在正试图了解科学院正在宣传的最新研究情况，尝试着将东英吉利大学的研究和头条科学新闻联系起来。

小贴士

1. 讲座地点十分重要，东英吉利大学校区位于诺维奇市郊。虽然我最初的想法是将人们召集到大学校园会比较好，但在漆黑寒冷的星期二傍晚，人们并不太愿意来。我还想知道如果人们事先没有准备参加讲座的门票，是不是就意味着他们不想长途跋涉到校园里来。校园里的设施都是为学生建设的，而市中心有很多酒吧和餐厅。

2. 活动的时间也需要仔细考虑，许多大学的讲座在人们下班后举行。如果你的目标受众是公众，你需要给人们一些时间“回到家，转个身，再出门”。

3. 讲座的标题会吸引人们去参加讲座或者打消他们这个念头，标题需包含丰富的信息，体现出对公众的友好态度，例如“现实建模和综合独白廊”这一标题可能会阻止人们去听这个讲座，但事实上讲座的内容包含了电影动画的元素。如果标题不那么令人生畏的话，讲座会吸引一些年轻和多样化的受众。要让一个资深科学家相信一个对公众友好的标题并意味着“简化”他们的主题是很困难的。

4. 尽可能广泛地宣传你的讲座十分重要：大多数大学和研究机构都会设有新闻办公室来发布新闻稿；考虑一下是否有校园通讯或者地方报纸能为你的活动刊登一条消息。从参加你第一次活动的人中生成一个邮件列表，用这个列表来发送未来讲座的信息。选择一个受人们关注和喜爱的人作为第一位演讲者有助于成功开始讲座系列；我们选择气候变化作为第一个话题，因为这与所有人都有关系，也是东英吉利大学成为新闻头条的研究。

5. 电子邮件也会有很大的帮助。当地科学中心可能会有活动宣传的邮件列表，并乐意为你们的活动做广告。

6. 当地的利益集团大有用处。在组织关于大黄蜂的困境的讲座时，我们给当地的养蜂协会、博物学家团体以及生物多样性委员会办公室发送了一些电子邮件，引起了他们很大的兴趣。人们往往会将电子邮件发送给他们认为可能对此感兴趣的其他人。

其他重要的考虑

安全性并不是这种活动需要考虑的问题，除非演讲者想要在讲座中进行一个涉及安全隐患或者公众志愿者的演示。值得检查的是演讲者对他们所使用的视听教具是否满意。外部场地可能需要一个技术人员在场，这一费用将包含在雇佣费用里。在使用大学里的教室时，许多演讲者将会了解可利用的系统，但如果你的讲座是上课以外的活动，那么，一位负责视听教具的技术人员在场可能会需要额外的费用。但为了确保安心，这一费用是值得的。

演示讲座

演示讲座是使用现场实验来说明科学概念的一种讲座，已存在了3个多世纪。罗伯特·胡克（Robert Hooke）于1662年被任命为皇家学会的“实验策展人”，在每次会议中为大家进行3～4次重要的实验演示。然而，这种策展人的普及还要归功于约翰·西奥菲勒斯·德萨吉利埃（John Theophilus Desaguliers），他是艾萨克·牛顿的助理，也是皇家学会的第一位实验策展人。

> 没有观察和实验，我们的自然哲学只是术语的科学和难以理解的行话。
>
> ——*J.T* 德萨吉利埃（J.T. Desaguliers，1763）

1799年，英国皇家科学普及学会（Royal Institution，RI）任命一位受过培训的医生托马斯·加内特（Thomas Garnett）来教授一门关于实验哲学的热门课程以及一门关于相同科目研究的更加严格的课程。热门课程1周两次，在下午进行；关于研究的更加严格的课程1周3次，在傍晚进行。汉弗莱·戴维（Humphrey Davy）被任命为加内特的助手，1801年加内特辞职后，经过一番未公开的争论，戴维成了化学院的讲师。英国皇家科学普及学会讲座剧场是第一个为讲座设计的剧场，这一剧场成了迈克尔·法拉第的热门示范讲座地点。成功的例子包括1826年由迈克尔·法拉第发起的周五晚话题：这一系列讲座是示范讲座极好的范例，非常受公众喜爱。法拉第还发起了今天依然存在的皇家科学普及协会圣诞讲座，他自己在1827—1860年做了19次圣诞讲座。

现代示范讲座仍然具有令人兴奋和难忘的力量，这些类型的讲座对于校园受众来说同样适用。蒂姆·哈里森（Tim Harrison）和达德利·沙尔克斯（Dudley Shallcross）的案例研究9.1（见第9章）展示了如何将教学与娱乐相结合来调整示范讲座以使之适合不同的校园受众。

斯蒂芬·阿胥沃斯博士（Dr Stephen Ashworth）的案例研究 7.2 展现了如何为非常特别的受众——妇女研究所（WI）设计示范讲座。

案例研究 7.2

便携式示范讲座阐明了研究的方向

斯蒂芬·阿胥沃斯

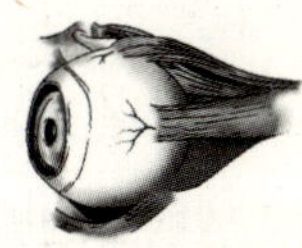

背景

我向工程和物理科学研究理事会（EPSRC）申请了设备资金，进行了一系列示范讲座，以说明我的研究方向[①]。工程和物理科学研究理事会规定，活动应将工程和物理科学研究理事会资助的研究报告给公众。我建议在 3 年的授课期间每年开 1 个讲座。最初我的受众来自妇女研究所（Women Institute，WI），为了避免复杂的犯罪档案局的检查，适应学校课程安排，我不得不在白天离开工作岗位去做演讲。另外，观众已准备就绪——他们每月举行 1 次演讲会议。我与妇女研究会联系，询问他们是否能为我的示范讲座进行宣传。他们给予我积极的回应，但首先我必须通过试镜。每隔一段时间，妇女研究所都会为潜在的演讲者举行一次试镜日。每个演讲者有大约半小时的时间来对自己的演讲内容做稍微简短的介绍，每组观众被要求对此进行反馈。反馈意见由委员会筛选，

① http://www.uea.ac.uk/ ~ c021/ppu/welcome.html。

成功的演讲者将会出现在妇女研究所的年鉴中。作为试镜日的直接胜出者，我被要求作为已经被预订的演讲者在短时间内访问当地的妇女研究所（这种情况下的短时间约为6个星期）。在演讲结束时，一位观众来到我面前说："你比那些所谓大咖强多了！"

设计示范讲座

每一次演示都要经过设计，以使得：

- 演示操作便携；
- 演示后无有害残留；
- 我可以在1小时内完成所有的操作，尽可能快速地进行演示（大约1小时）并重新打包。

便携性意味着一些实验必须在小规模的基础上进行，但电影摄像机和数据投影仪（通过原始授权购买）可以让所有人都能看到小规模实验。我尽可能地尝试通过召集志愿者来帮助完成实验，或者组织涉及整个团体的活动来使受众参与进来。

安全性考虑

鉴于这些都是一般的小规模实验，在我的控制之下，在操作演示的过程中，我会小心地确保自己和观众的安全。视听要求意味着现场有很多导线，所以我要确保这些导线已经用带子捆住了，这样就不会有被绊倒的风险。幸运的是，任何实验反应都没有产生刺激性的气味。我还在其中一个演示中使用激光，只要光束不照射到观众，我使用的设备本质上是安全的，我非常小心地将这种风险降到最低。

亮点和问题

我已经做了很多这样的事情。有时候，事情真的很糟糕；有时候，一些事情突然发生变化或者忘了做。有了经验，就可以掩盖一些遗漏的部分。偶尔会有很好的观众，收获良好的反应，引起大家真正的讨论。其他时候，从始至终都是非常艰苦的工作。通常我能够知道什么时候讲第一个（没有什么笑料的）笑话，事情将会如何发展。演讲内容通常就是 PPT 幻灯片和演示实验的结合。

有一些棘手的演示并不总是有效的，所以我拍摄了这些演示的视频并将其隐藏在PPT中，以便我可以在必要时调用它们。

大概每隔一段时间就会损坏一个道具——有时候我能够在现场修好它，或者至少在需要使用的场合临时应急。有时关键的道具会落在家里。这种情况最近就发生在我身上了，我在演讲中隐藏了相关的幻灯片，观众还没有聪明到能够发现这是补救措施。

如果要求观众参与演示，任何指示都必须明确，任务也要相对容易。我有一个演示是将球分到不同的管子里来创建直方图。球有不同的颜色，由于参与演示的观众成员没有很好地区分一些颜色，我得到了一些有趣（错误）的结果。

向前迈进

我收到了工程和物理科学研究理事会（EPSRC）的第二次拨款，在未来三年内再开 3 个讲座，但是由于研究委员会不再支持，我现在已经不再开展研究方面的讲座了。

我也开始拓展目标受众的范围——从感兴趣的成人群体到已经开始将目标更多地转移至学校。我还在 2008 年、2009 年以及 2011 年的非洲科学节上进行了表演。

个人收获

获得了自信心和经验，学会了以务实的态度面对讲台上出错的情况，还能一次又一次地让自己沉迷于做一些简单而愉快的实验。

小贴士

1. 练习，练习，再练习……至少在第一次演讲前应该这么做。我发现一开始我能够按照特定的顺序来安排我想要呈现的材料，这种顺序合乎逻辑且最有意义（至少对于我来说）。按顺序过一遍演讲就会发现，显然我们在重新安排道具方面浪费了不必要的时间，换一个顺序进行便可以将这种间隔空白时间最小化。

2. 我演讲练习的另一个方面是设置和打包。不要忽视这两项活动所需的时间。尽量减少必须完成的拆卸量。当然，考虑到可用的运输空间，将道具进行拆卸是一个妥协的办法。

3. 如果可以的话，使用你自己的设备。许多场地的设备都能派得上用场，“哦，是的——我们有屏幕、麦克风、投影仪、摄像头”。但只有到了现场你才会发现，你的插头不适配他们的设备，反之亦然。我通常没有空闲的时间提前调查场地，所以拥有自己的设备，了解设备的协同工作性能是一个很大的优势。

4. 如果可以，你的“首秀”要面向“友好”的观众。我很幸运自己演讲的时候有一些同事坐在下面，他们给了我很多指点，帮助我顺利地进行了第一次演讲（和所有后续的演讲）。

7.2.2 以博物馆和科学中心为重点的传播

博物馆使我们能够通过物件探索文化。在文艺复兴时期，科学博物馆由私人收藏和“好奇心陈列室”的物件发展而来。这些藏品是富人在旅行中收集的，包括化石、岩石、动物和植物标本。它们成为科学研究的重要物质库，并且在进入21世纪之后还在发挥这一作用。植物园首次出现在大学里：1543年出现在比萨，1620年出现在牛津。第一个博物学博物馆，阿什莫林博物馆，于1683年建于牛津大学。70年后的1753年，在议会收购了汉斯·斯隆爵士（Sir Hans Sloane）的自然科学收藏品之后，大英博物馆建立。19世纪，博物馆的数量迅速扩大。理查德·欧文爵士（Sir Richard Owen）是大英博物馆的自然历史收藏品负责人，这些藏品中包括斯隆的收藏，他发起了一个运动，征求在不同的地点建一座新的大楼。于是1881年，被设计成“自然大教堂”的博物学博物馆成立，理查德·欧文因使博物馆向维多利亚公众开放而享有盛誉。但在20世纪，人们认为这些博物馆太沉闷，与现代技术社会相脱离。随着时间的推移，博物馆已经发生了变化，它们已不再是原先那种放着陈旧收藏的满是灰尘的储藏室。人们将物品置于社会情境中进行展示，更多地强调互动式的教育以及社会问题的讨论。

科学中心则具有不同的历史背景和创始理念。17世纪，人们在弗朗西斯·培根（Francis Bacon）归纳推理思想的基础上发展了科学的方法。培根提出了“发现博物馆”（Museum of Discoveries）的理念，但直到1794年第一个科学中心——国立艺术与设计学院（Le Conservatoire National des Arts et Metiers）才在巴黎建立。与博物馆相反，科学中心更侧重于科学定律和发现的过程，它们的展览是互动式的而非被动的。许多现代科学中心的前身是儿童画廊，于1931年在科学博物馆中建立。画廊有一些可以按压的按钮和上发条的把手，用以开启工作模式。很多人受之启发选择了科学技术作为自己的职业。1969 年，探索科学博物馆（the Exploratorium）在旧金山建立，这是弗兰克·奥本海默（Frank Oppenheimer）的心血结晶。探索科学博物馆成为世界许多其他科学中心的模板，奥本海默希望人们通过实验“发现”科学。因此，科学中心的展览设计是互动式的：当参观者操作展览时，会得到一些反馈，这反过来促使他们进一步展开活动。第一个英国科学中心是 1987 年在布里斯托尔建立的探索博物馆，这个科学博物馆后来还建立了现在仍然很受欢迎的“发射台”。随之而来的是英国各地由千禧年委员会资助的科学中心数量的大爆发。然而，英国的科学中心面临着不确定的未来，较小的科学中心开始关闭，2007 年，下议院科学技术委员会开始调查科学中心是否应该得到公共资助。人们对科学中心主要的批评是它们并没有展现出纵向的影响。政府撤出了对英国科学中心的拨款，因此导致了更多科学中心的关闭，包括我们自己在诺维奇的启迪发现科学中心（Discovery Centre）。另一个对科学中心的批评是孩子们只是在“玩”。寓学于乐的力量是没有争议的。作为科学家，我们很好奇，我们有时候会问：“如果……会怎样？”我们明白，那些“星期五下午”的实验会产生有用的见解，因此我们进行了调查，因为我们想知道“会发生什么”。

博物馆和科学中心为“非正规学习”提供了机会（见第 4 章）。英国科学与发现中心委员会[①]（ASDC）汇集了 60 个不同的科学组织，这些组织包括博物馆、科学中心、学会社团、大学部门以及环境组织。ASDC 给予这些组织的益处包括：

① http://sciencecentres.org.uk/about/。

- 游说和宣传；
- 汇集员工；
- 资金、公关等机会；
- 合作项目；
- 形象提升；
- 咨询和支持。

表 7.2　英国科学中心

地点	名称	网址
伯明翰	智囊团	www.thinktank.ac/
布里斯托尔	在布里斯托尔	www.at-bristol.org.uk/
加地夫	科学馆	www.techniquest.org/start/
邓迪	感知	www.sensation.org.uk/
爱丁堡	我们动态的地球	www.dynamicearth.co.uk/
伦敦	发射台	www.sciencemuseum.org.uk/visitmuseum/galleries/launchpad.aspx
纽卡斯尔	生命中心	www.life.org.uk/

表 7.2 详细列出了一些较大的科学中心及其网址。它们的网站通常包含一些为学校提供的资源以及科学装备在线商店。如果你正在考虑举办自己的活动，请访问科学中心网站。

“全民参与体育文化调查”[①]（Taking Part National Survey of Participation in Sport and Culture 2011）显示，47.5%的成年人和 68.8%的儿童参观了博物馆、画廊或档案馆。那些生活在农村的公民和居住在城市的人一

① 该全民参与调查由文化媒体暨体育部与艺术委员会、英国遗产、英格兰体育以及博物馆、档案馆和图书馆委员会合作委托进行。http://www.dcms.gov.uk/images/research/Taking_Part_Y6_Release.pdf http://www.guardian.co.uk/news/datablog/2011/feb/23/british-touristattractions-visitor-figures。

样有可能去参观这些地方。但是，较高社会经济群体访问的频率较高。2010 年，大英博物馆有近 600 万名访客，自然历史博物馆也有近 500 万名访客。博物馆和科学中心是举办科学活动的绝佳场所。员工经验丰富，训练有素，他们可以为活动的设计和可访问性提供宝贵的意见。事实上，你可以通过指引人们去现有的展览来拓展你自己的活动，或者整个活动的主题可以围绕几个不同的对象或借用的物品。例如，在 2007 年，我在诺维奇城堡博物馆举办了一个名为“你的皮肤”的活动，这个活动的想法来自博物馆借来的物件——一本绑在人造皮革上的书。博物馆和科学中心的设施一般很好，它们通常都有广泛的邮件列表，可以让你宣传你的活动。本书有一些在博物馆或科学中心举办活动的例子：

- “在你的元素中”（案例研究 7.3）在爱丁堡苏格兰国家博物馆举行；
- “卵菌”（案例研究 4.1）在诺维奇城堡博物馆举行；
- “活着或死去”（案例研究 10.7）与“卵菌”一同在诺维奇城堡博物馆举行；
- “宏伟的微生物”（案例研究 6.2）在邓迪“感知”科学中心举行。

案例研究 7.3

在你的元素中

伊丽莎白·史蒂文森

背景

为了庆祝 2011 国际化学年，我设计一个活动叫作“在你的元素中！”这个活动于周末在爱丁堡苏格兰国家博物馆举行，活动的内容是创建一个大型的元素周期表。博物馆是一个非常受游客欢迎的地方，包括本地和国际的游客，特别受到家庭团体的欢迎，因此我们在活动的两天内完成周期表并不困难。

“在你的元素中”活动设计

参与者被邀请选择一个元素，找出一些关于其物理和化学性质和用途的基本信息：

- 与协助者讨论；
- 使用关于元素的佳作《元素周期表》和《有风格的元素》[由巴舍（Basher）创作，由艾德里安·丁格尔（Adrian Dingle）编写]。

然后参与者会被邀请使用我们提供的艺术和手工艺材料来解释元素的属性。活动由工作人员（我）、爱丁堡大学化学院的研究生以及爱丁堡工艺团体“工艺核反应堆”成员共同帮助完成。完成的周期表约长 4 米、宽 2 米。

资金和资源

我通过多种渠道为公众参与的活动筹集资金。工艺材料是从工艺品店购买的，此外我们还使用小扁豆、其他豆类和铝箔等物品。

活动亮点

这些元素的周期表是化学的基础，我们所做的元素周期表的布局能够立刻被识别，并引起了很多的关注，这些关注甚至还来自没有用工艺品来解释元素的游客。该活动提供了一个有用的平台，在这一平台中我们强调：

- 我们日常生活中化学的角色；
- 每种固体、液体和气体都是由周期表中的元素组成的（更多的是与其他元素组合）的事实；
- 元素在周期表中的有序安排。

通过艺术和手工艺视角来举办活动的方法增强了活动的吸引力，我们很高兴人们能够对元素及其属性做出多种解释——从极具描述性的语言到极其抽象概念。

安全性考虑

我们活动的场地位于宽敞的开放区域。

博物馆服务人员寸步不离，所有的孩子都在家长的陪同下参观，所以在这种情况下不需要接受犯罪档案局的检查。

博物馆对协助人员的行为有严格的规定，即不能在协助活动的时候吃东西、喝水或者使用手机，这有助于确保活动期间协助人员高水平的专业精神。

在拍照前，我们为家长们提供了许可单来征求他们的同意。

无论有没有进行实验室实验，重要的是对活动进行风险评估。我将风险评估的过程视为有用的规划工具。

通过认真筹划活动，我们能够有效地规划资源需求和布局。例如，我们在活动中使用的是圆形的儿童剪刀，且没有使用缝衣针。我们使用挤压瓶装的 PVA 胶水（以尽量减少胶水溢出的风险），没有使用松散的闪光片，因为这种的闪光往往很难扫除。而且我们肯定不会使用手指画颜料，因为我相信博物馆不会喜欢用少许五颜六色的手指画来装饰他们的文物。

我们认真考虑了参与者会如何与展品和工艺表进行互动。所有的协助者都戴着“在你的元素中”的肩带，因此很容易将他们与参与者区分开来。

评估

对于任何活动来说，评估其有效性都是活动的重要组成部分，以便我们从经验中学习。

我们没有使用正式的问卷调查表，但我们能够对人们参与活动的方式进行观察：

- 有多少人参加了这项活动？
- 受众的人口构成统计是怎样的——家庭团体，青少年团体，大龄儿童，成年人？
- 手工艺品是否代表了元素？
- 参与者是否与协助者建立了友好的关系？
- 协助者是否乐于参加这个活动？

我对参与者参加活动的方式非常满意，并非常努力地去理解他们对元素的解释。参与者们与协助者们建立了友好的关系，询问他们关于所选择元素、周期表、化学以及研究生协助者研究领域的问题。大多数团体在活动中花了30分钟或更多的时间。参与者很珍视为更大的工作做出贡献的经历，许多家庭和个人给他们的展品拍了照片，一些人用的还是手机上的照相机。研究生已经收到了关于这项活动的简要介绍，并与参与者建立了良好的关系。这个特殊的研究生群体以前从未参与过科学传播活动，他们充分享受了活动的经历，并有了参加未来一些活动的动力。意外的收获是整个周期表被拆分成了两部分，装进两个运输袋！这样我回到化学院的时候就可以把它重新组装起来，邀请工作人员和学生们观看。他们的反应令我十分开心，特别是博士生和行政人员的反应。

活动改进

我肯定会再次举办这个活动。我有举办科学传播活动的经验，并且事先认真考虑了这个活动和受众。我会通过提供一些更为晦涩的元素的补充信息来扩展活动，以补充书籍和协助者提供的信息。此外，以不同的受众为重点来举办活动将会很有趣，也许是工艺团体，或者其他特殊利益群体，还可能是成年观众。

个人收获

令我个人十分满意的是人们用对元素富有想象力的解释填充了元素周期表，包括博物馆工作人员在内的参与者真正参与了活动。由于活动的非正式性，访客们可以聊聊他们掌握的化学知识，问一些化学的问题，花时间谈论化学，这是才活动的主要目的。

小贴士

1. 认真选择场地。博物馆为活动进行了宣传，另外由于博物馆是一个不收门票的公共场所，所以我们对这个活动的观众数量很放心。

2. 在考虑用于活动的材料时，要杜绝与此相关的任何安全隐患（例如儿童安全剪刀）。

3. 考虑活动中的家务管理和协助者的角色。也许使用 T 恤或肩带可以识别那些帮忙的人。

4. 明确活动的目的，确保协助者们对目的有共同的理解。

5. 放松并享受活动，微笑解决任何出现的问题。

网址

http://www.chemistry2011.org/

http://craftreactor.com/

7.2.3 设计大型的公众活动

如果你已经有了一些参与公众科学传播活动的经验，你可能想计划自己的活动。这是很好的，因为你可以掌控活动的主题，并为同事提供向公众展示他们的研究的机会。有几点需要考虑：

- 明确你的活动目标。
- 确保活动中的项目符合活动目标而不只是将一些随机的项目放在一起。
- 明确你评估各单独项目和总的活动的方法。
- 尽可能多地从别人那里寻求帮助来设计和举办活动。
- 确保你有适量的资金。
- 确保你考虑到活动的安全隐患。

本书中有一些内容介绍了活动目标的设定、设计和传达（见章节 6.4）。

希拉·达根博士（Dr Sheila Dargan）帮助组织了一次科学传播活动，但事实上，它是依附于韩国神经科学会议的一个额外的挑战（案例研究

7.4）。

案例研究 7.4

通过科学参与建立国际联系

希拉·达根

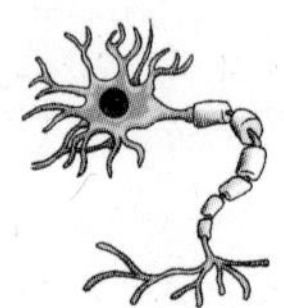

背景

涉及“动手神经科学”（hands-on neuroscience）的公众参与活动现在在英国得到普及，这得益于诸如英国神经科学协会（BNA）、城市神经科学团体以及支持扩大参与和科学外展活动的大学联盟等组织。然而，国际神经科学传播组织的活动却不常见。

2008 年，第三届韩国 - 英国神经科学联合研讨会在韩国首尔举行，我荣幸地被邀请参与组织这一研讨会。研讨会同时举办了为期 1 天的科学传播活动。该组织团队包括 7 名英国研究人员（我自己、Kei Cho、Graham Collingridge、Jihoon Jo、Daniel Whitcomb、Heon Seok 和 Bryony Winters），以及一个隶属于首尔大学和韩国科学促进与创意基金会（KOFAC）的研究团队。

活动设计

我们活动的目的是提高韩国神经科学的公众参与，并与韩国研究人员建立积极的关系。在举办任何类型的科学传播活动时，考虑短期和长期的影响都是很重要的，所以想想你为什么要举办这个活动，以及你想要实现的是什么。神经科学交流日的项目包括互动区，关于神经科学话题的公开谈话（如记忆，精神分裂症），海报展示和咨询台。该活动深深地吸引了500多名不同类型的受众，包括家庭、当地学校的小学生、大学生和教授。特别是一些处于大学年龄段的学生，如果不是正在从事强制性的两年制国家服务，他们应该在大学校园里。这些学生真的非常重视参加免费公开讲座以及在韩国和英国找到更多适合他们的讲座的机会。

互动区位于大型休息区，我们在带有视听设施的侧室举行了一系列公共神经科学讲座。每个互动科学区都由两个研究人员（一个来自英国，一个来自韩国）负责，以促进国际研究人员之间的互动，并为访客提供用他们所选择的语言进行互动的机会。动手活动包括：

- 一个巨大的大脑海报，访客可以在上面粘上他们用生面团和史酷比做成的神经元；
- 能够进行涂色活动的儿童区；
- 基于计算机的认知测试（针对青少年和成年人）；
- 大脑模型。

我们的许多动手活动（例如斯特鲁测验）都有英语和韩语两个版本，以便访问者可以使用任何一种语言来进行活动。

我们展示了20多张海报，这些海报由博士生导师和博士后科学家特别制作，为外行受众解释引起普通神经障碍或疾病的科学机制。一些专注于研究技术的海报，由访客用共焦显微镜来定位，以观察荧光的神经元。研究人员——也是一个英国人和一个韩国人——出现在这一区域，以促进关于当前神经科学研究的讨论，并回答访客的任何问题。活动场地还有一些可以让访客带走的免费赠品（例如大脑模型和笔）。

活动准备

活动前需要做很多的准备工作。我们在英国的研究团队举行了几次会议，讨论我们想要举办的动手活动的类型，我们可能吸引的观众类型以及我们团队中每个成员将要承担的责任（例如准备海报、购买材料、获得资金与韩国团队联络等）。我们还讨论了更多的后勤方面的问题，例如我们应该如何将材料交给首尔（例如什么材料可以运送，什么可以随身携带，什么可以在那里买）。英国研究团队中说韩语的成员花费了大量的时间与首尔的活动公司组织物流（例如预订场地，安排海报板和桌子的运送，活动营销），我们的教授 Kei Cho 和格雷厄姆·柯林斯里奇（Kei Cho and Graham Collingridge）处理资金相关事宜，包括旅行和住宿费用。

安妮·库克（Anne Cooke）（布里斯托尔神经科学）是英国神经科学协会和英国城市神经科学组织的代表，她提供了英国神经科学研究和参与的信息。还有一些来自韩国神经科学组织的代表，得以协作讨论当地条件和举措。

作为一个团队，我们合作得非常好，因为我们每个人都为团队带来了非常不同的贡献。我对这次活动的主要贡献是：

1. 为英国团队提供适合外行受众的神经科学活动类型；
2. 组织互动区的动手活动并为活动购买材料；
3. 为韩国双语研究人员开展培训会（在韩国 1 次）。

我们决定在实际活动开始前几天到达韩国，以恢复时差，熟悉场地以及解决最后一刻出现的问题。在活动之前举办培训会特别有帮助，因为除了向韩国研究人员展示我们想要他们做的事情外，培训会还帮助他们认识彼此，提出问题以及研究如何将大脑模型放在一起的机会。这有力地增加了所有参与者的信心，帮助我们在当天成为一个高效、友好和热情的国际团队。提前参观场地对我们非双语英语志愿者来说特别有用，因为这意味着我们可以处理一些蠢事，例如熟悉大楼附近的路（以及寻找厕所），为活动当天节省了时间。

评估

这是韩国第一次举办这样的活动，我们想要营造一种友好的、非正式的氛围，不想用反馈表来引起游客的反感。因此，我们决定以非正式的方式收集尽可能多的反馈意见（在白天记录我们听到的任何意见。）根据我们在活动第一天结束时整理的评论，活动受到了好评。

保留收集到的任何反馈并记下进行顺利的项目和可以改进的项目是很好的方法，这样你未来想要举办类似活动的时候就可以回看这些笔记。

在我们的活动中，大学年龄段的学生和成年人（没有孩子）花费了大量的时间在咨询台和公开演讲上，而有孩子的成年人和学校团体大部分时间花在了动手活动站。这种信息可以帮助你将活动定位到预测的受众群体。

我们的活动得到了国家媒体前所未有的关注，不同的报纸和国家电视台共有 15 篇相关文章和报道，这是其受欢迎程度和影响力的额外证据。

根据收到的整体反馈，活动组合方面有待改进，但如果想吸引更多本地学校的关注，我们会重新考虑活动的时间安排，并早些向学校公布，以便他们将活动计划添加至时间表。我们选择的场地是适合的：大小合适，有良好的视听设施和IT支持，我们目标受众到达场地也很容易。这些都是选择场地之前要考虑的重要因素。

小贴士

1. 如果有足够的人愿意参加，我强烈建议你招收比实际需要更多的志愿者。这样可以使得志愿者围绕不同的活动巡视，从而不让他们感到无聊。周围有多余的人员能够允许你安排休息的时间，这样志愿者就可以休息半小时左右的时间来恢复精力。

2. 如果你有足够的资金，要给志愿者买几瓶水，因为不停地讲话是一件让人口渴的工作！如果你不支付志愿者报酬，那么给他们一些小东西来答谢他们的帮助是很好的举措——也许是活动的纪念品，一个官方的证明或一顿免费的午餐。这当然要取决于你的预算。

3. 你可以在电脑上粘上固定的或毛茸茸的小虫，它们能够很好地吸引注意力，让访客能够靠近你站的位置。如果在免费发放的物品上印上网址，访客之后就可以通过网址查找你的组织的信息（我个人总是准备很好的赠品，而传单这类赠品很容易装箱！）。

个人收获

我一直喜欢在英国参与和组织科学交流活动，而这次的活动提出了更多的挑战。例如，我需要有策略地培训韩国研究者，使他们能够让外行受众了解神经科学，以便他们在未来成功举办自己的活动。我确实有一些担心，一旦培训会结束了，我们这些不会说韩语的人在活动当天就没什么贡献了。但令我们高兴的是，访客们特别热衷我们和他们说英语。有些访客说韩、英两种语言，他们想直接和我们谈论英国神经科学的研究和参与。其他人想让我们和他们说英语（偶尔翻译成韩语，这可能要感谢我们出色的双语助手），只是为了练习听英国人说英语的能力。

对我来说最有益的收获是我被邀请在主要会议上对自己的研究进行简短的发言。这显然是我的荣幸和非常宝贵的经历，因为这是我第一次在国际会议上口头发言。所以，为什么不参与科学传播呢——你永远不知道它将为你带来怎样的机遇！

7.2.4 科学节

科学节通常比较隆重，由几个组织合作举办。例如切尔滕纳姆科学节（Cheltenham Science Festival）有一个专职的团队来组织这个每年一次的活动。英国各地有不同的科学节，这些科学节不仅在大城市举办，也在小城镇开展（表 7.3）。许多科学节在 3 月份举行，与国家科学和工程周时间一致，但从表 7.3 可以看出，只要你愿意旅行，你在一年中的几乎任何时间都可以去参加一个。

英国科学协会科学节是存在时间最长的科学节。它自 1831 年以来一直存在，且每年举办的地点都不一样。这一科学节举办过许多次著名的辩论，其中包括 1860 年在牛津举行的那一场辩论，托马斯·赫胥黎（Thomas Huxley）和山姆·威尔伯福斯（Sam Wilberforce）就达尔文自然选择进化论进行了辩论。

节日需要许多独立的活动，使得人们有各种各样的机会进行不同程度的参与。许多人也会在公众项目之外开展学校项目，所以应该有一种

表 7.3　英国科学节

科学节	组织	地点	时间	链接
英国科学节	英国科学协会	英国多个城市	9 月	www.britishscienceassociation.org/web/
爱丁堡科学节	爱丁堡国际科学节	爱丁堡	3–4 月	www.sciencefestival.co.uk/
格拉斯哥科学节	格拉斯哥大学	格拉斯哥	夏季	www.glasgowsciencefestival.org.uk/
剑桥科学节	剑桥大学	剑桥	3 月	http://comms.group.cam.ac.uk/sciencefestival/
切尔滕纳姆科学节	切尔滕纳姆节	切尔滕纳姆	6 月	www.cheltenhamfestivals.com/science
牛津郡科学节		牛津	2–3 月	www.oxfordshiresciencefestival.co.uk/
马里恩科学节	苏格兰高地大学和马里恩学院	马里恩学院	3 月	www.moray.ac.uk/moray-college/about/science-festivals.php
纽卡斯尔科学节	不同组织合作	纽卡斯尔	3 月	www.newcastlesciencefest.com/
科技节	约克市节	约克	3 月	www.yorkfestivals.com/metadot/index.pl ?iid=2749&isa=Categor
因弗尼斯怪物科学节		因弗尼斯	6 月	www.monsterfest.co.uk/
法夫科学节	不同组织合作	法夫	3 月	www.fifesciencefestival.org.uk/about.html
敦提科学节		敦提	10–11 月	www.dundeesciencefestival.org/
奥特利科学节		奥特利	11 月	otleysciencefestival.co.uk/about/
肯特科学节		坎特伯雷	7 月	www.sciencefestival.org.uk/
曼彻斯特科学节		曼彻斯特	10 月	www.manchestersciencefestival.com/
伦敦科学节		伦敦	10 月	www.londonsciencefestival.com/
雷克瑟姆科学节		雷克瑟姆	7 月	www.wrexhamsf.com/en/

适合所有项目的活动。科学节是开始科学传播的理想方式，在我组织了2006年英国科学协会科学节的活动之后，我开始了自己的公众科学传播系列活动。同样，肯·法夸尔博士（Dr Ken Farquhar）也使用了这个活动的学校项目来开发他的创新街头戏剧。

科学节包含了许多不同种类的艺术和表达形式，包括（但不限于）喜剧脱口秀、戏剧、美术、舞蹈、诗歌、工艺活动和电影。所有的形式都有其科学重点。不同形式的科学节并不是英国独有，世界各地都可以看到，它们将科学家和公民以面对面交流的形式汇聚到一起。

7.3 对话中的信息

如果采用了新的技术且要维持一种信任的话，与公众展开科学的对话至关重要。科学家可以参加审议小组和公民陪审团，然而，这些类型的活动往往由研究委员会和其他授权机构组织，科学家们被邀请参加。如果你开始了科学传播之旅，那么你将不太可能（但不是不可能）选择设立自己的陪审团或小组。

可以通过多种其他方式发起直接的面对面对话，它不一定是在正式的审议小组，或公民陪审团内。其有助于讨论的创造性的方法有：

- 科学戏剧；
- 科学咖啡馆；
- 图书俱乐部。

当然，这些活动中一些属于大型的科学节的一部分。科学戏剧当然是一项重大的任务，它涉及相当多的规划和一个庞大的团队。而科学咖啡馆和图书俱乐部对于新手来说更易于管理。公众直接参与科学研究的另一个例子是公民科学（第 8.7 节）。然而，由于公民科学的许多项目往往是远程完成的，所以可能会使用数据收集网站（如 iSpot）来进行操作，我们在第 8 章中更详细地讨论了这些项目。

7.3.1 戏剧中的科学

科学家们意识到科学中天生就存在戏剧。科学中有寻找结果的比赛——例如发现 DNA 的结构；科学界中的竞争关系——比如艾萨克·牛顿和戈特弗雷德·莱布尼兹；还有密切的合作伙伴关系——如玛丽·居里与皮埃尔·居里。作家们已经抓住了这种戏剧性，并将其作为他们文学作品的中心主题。然而，剧作家也发现，观看科学家以及他们对科学做出的努力，他们的科学突破和发现以及这些对社会的影响，具有一种内在的、强大的吸引力。戏剧性是戏剧的关键组成部分，它是娱乐的代名词。有几部关于科学的著名戏剧，其中最重要的一部是 1921 年上映的由卡雷尔·恰佩克（Karel Capek）创作的《RUR：罗萨姆的万能机器人》（*RUR：Rossum's Universal Robots*）。这部戏剧第一次使用了“机器人”（robot）这一术语。戏剧情节很简单，自首映以来以不同的形式进行了重编。机器人是人造的，最初服务于人类，最终崛起摧毁人类。

戏剧也可以成为教育公众和与其进行沟通的强大媒介。正如杰拉西所说："为什么不利用戏剧将一般不能在舞台上表达的重要信息（具有大量的戏剧性）传达到普通公众的心中呢？"

科学可以在戏剧中以不同的方式刻画，有不同的子类别。胡克和布雷克（Hook and Brake）指出，戏剧或者示范如何传播科学，或者以创造戏剧性的方式强调科学和科学的原则。巴贝奇（Barbacci）也认识到科学戏剧有明显的子类别。我在这里重新解释一下他的分类，并加入我自己的分析：我同意戏剧中的科学可以被分成不同的子类别，因为很显然科学在戏剧中会以多种不同的样貌出现。还有一点很清楚的是，特定的戏剧类别如话剧、音乐剧、形体剧等都可以让观众舒服地坐着，欣赏到科学戏剧的不止一种子类别。所以我对这些子类别的描述如下：

科学表演——是一种尤伯杯式的科学讲座。科学表演节目的作用是通过视觉和娱乐的方式展示科学原理和科学理论以教育观众。这种类型的科学表演可以很容易地转化为街头戏剧。

科学戏剧——科学的突破、发现或原则是戏剧的基础。

科学伦理戏剧——围绕科学发现或突破的伦理问题是戏剧的基础。

戏剧中的科学——有一些科学的主题或内容，但科学是一个辅助的角色。

科学家戏剧——科学家的决定、关系和生活是戏剧的基础。

科学作为表演形式

对于科学要以怎样的频率在舞台上出现，关于这一点，人们并没有达成共识。斯蒂芬·巴尔（Michael Stephen-Barr）表示，迈克尔·弗兰（Michael Frayn）的《哥本哈根》（*Copenhagen*）掀起了新科学戏剧的浪潮。但是迪耶萨日（Djessari）驳斥了这个观点，他说："商业生产的戏剧数量很少，没有证据表明它正在增长。”2011 年，我参加了“爱丁堡艺穗节”（Edinburgh festival fringe）。这个节日每年八月份举行，为期 1 个月。“爱丁堡艺穗节”是寻找和体验这些科学戏剧子类别的理想场地。它是世界上最大的艺术节之一，包含了丰富的节目类型，包括卡巴莱歌舞表演、喜剧、儿童节目、音乐剧、歌剧、舞蹈、活动和戏剧。根据我 2011 年参加艺穗节的经历以及最近对科学戏剧的评论，很清楚的是，虽然一些类型更容易找，但每一种科学戏剧的子类型的例子都可以找到。有时候将戏剧恰好归为一个子类型是具有挑战性的。在以下的描述中，将戏剧归为哪一类的决定是我们自己的想法，但是你可以不同意这样的分类。另外，我们还试图指出科学家在哪一种类型上有所投入。

“科学表演”在儿童节目《发明会爆炸》（*Inventions Going Bang*）中表现得很明显，马蒂·乔普森（Marty Jopson）是这个节目唯一的主持人，这是一档展现混乱和爆炸的互动科学节目。还有一档免费的节目叫作《疯狂科学危险家庭秀》（*Mad Science Dangerous Family Show*），它由“脱控制片厂”（Out of Control Production）出品，节目内容就是加入了喜剧元素和无厘头的现场实验。有趣的是这两档节目都是儿童栏目，且都是针对家庭观众的。很明显，这些节目的出发点是搞笑和娱乐，但也旨在通过展示科学原理来教育受众和促进理解。使用“科学”和“演艺人员”作为搜索词在谷歌中进行快速搜索会找到很多提供视觉科学节目的不同的艺人①。这些艺人中有些是演员，他们认为可以将科学作为一种能够在节目中表现的类型。另一些人是训练有素的科学家，他们将热情和精力投入到实体剧院中去娱乐他人。一个例子是肯·法夸尔博士（Dr Ken Farquhar），他由一个科学家变成了街头艺人（案例研究 7.5）。

① 提供这些科学艺人名单的网站可在以下网址中找到：http://www.scients.co.uk/performers。

案例研究 7.5

手提箱里的科学

肯·法夸尔

背景

2006年，我参加了在诺维奇举行的英国科学协会艺术节的学校课程。有些地方和观众可能从未体验过科学、表演剧场，当然也没有体验过科学剧场，而这个科学节是一个将科学带到那些地方以及带给那些观众的理想机会。虽然这个节日的焦点在诺维奇，但我的雄心是把这个节日带到诺福克的其他地方。我借鉴了自己在科学推广方面以及作为街头艺人的经验，把装满道具的手提箱和我装有火炬的6英尺（1.83米）的独轮车改造成一系列非常具有实验性的、激动人心的喜剧套路。

项目开发和资金筹集

我与另一位街头表演者伊恩·沃克（Ian Walker）合作，他与阿尔伯特·爱因斯坦惊人地相似，并有能力制作出一些最令人惊叹的“希思·罗宾逊”（Heath Robinson）道具，这些道具出乎意料，但是非常棒。大部分道具是使用现有的玩具或者道具改装，为节目专门设计的。网上有很多地方可以给你灵感。在撰写剧本前，我们将很多时间花在研究节目的科学内容以及用道具进行即兴创作上。我们已经建立了材料的平衡，并将其按顺序排列，并试着把每一部分都联系起来，使程序顺利进行。我们在最后彩排的前3天开始学习剧本，熟悉内容。

在可以申请资金之前，所有场馆原则上都需要获得支持。我从诺福克郡议会的艺术顾问[①]那里得到了一些很好的建议，他告诉我短途旅行的资金应该来自艺术委员会的艺术拨款。演出的经费来自场地或当地组织[②]原则上协议的资助。我们也申请了其他小额的拨款[③]，并得到了主办方机构[④]以实物偿付的支持。得到的资金和利润则用于支付道具费、服装费、一些营销的费用、节目开发费用、艺人的费用、排练费用、日常管理费用以及评估费用。诺维奇市议会、英国科学协会艺术节、南诺福克议会和诺福克郡议会为我们作了前期的宣传，后期宣传包括东部晚间新闻、东部日报、诺福克电台和BBC 24小时新闻发出的相关报道。

“手提箱里的科学”巡回演出

2006年9月，“手提箱里的科学”进行了为期3周的巡回演出，每天进行两至三次1个小时的戏剧表演或者四至五次45分钟的街头表演。巡演场地包括两家剧院、五家街头剧场、一个体育中心、一个国家公园，甚至还有一个开放供参观的豪华古堡。就观众人数而言，诺维奇艺术中心的票都卖光了，谢林汉姆小剧场几乎满了一半。国家公园主要吸引的是家庭观众。周末的时候，我们的街头表演支持了其他一些恰好也在街上进行的活动，这些活动（例如“卡车里的实验室”）是为不同学校组织的，所以我们成功地吸引了一些

① 玛丽·缪尔（Mary Muir），诺福克郡议会的艺术总监，电子邮件 mary.muir@norfolk.gov.uk。
② 南诺福克议会，突变艺术，诺维奇艺术中心和谢林汉姆小剧院的利润份额。
③ 诺福克郡议会小额艺术基金，大雅茅斯堡艺术计划。
④ 英国科学协会科学节，东英吉利大学，诺维奇市议会。

路过的观众。

评估

有两种截然不同的受众：一种是观看表演的观众；一种是未来节目的赞助者或潜在的赞助者。我邀请各种各样的联系人以及每个场馆的组织者来回顾我们的节目，试图得到横向对比的反馈。我们很难从公众那里得到直接的反馈，除非媒体在报道中引用他们的评价。自从引入免费的调查数据库以来，我试着让资助者填写我的在线调查问卷。未来我将通过社交网络获取来自公众的反馈。

项目收益

这个项目制作了一个高质量的物理剧场表演，该表演所关注的科学焦点能够吸引各种场地的不同受众前去观看。表演还吸引了不熟悉街头科学娱乐节目地区的群众。节目转移到了卖门票的地方小剧院的舞台上，对“惊天变化信托基金会”（Sea Change Trust）来说，这个节目是居民区的亮点，他们与一小群“难以接触”的年轻人一起工作。很多媒体机构对 2006 年的英国科学协会科学节产生了浓厚的兴趣，我应邀参加了最佳科学界展示会，并在 www.science elive.org 网站上亮相。所有参与这个项目的组织给予该项目的积极反馈是压倒性的。该项目的宣传、资源、网络连接、评论和 DVD 等已经引起了其他艺术和教育机构的兴趣。例如，自从这个项目以来，我一直在与数学街头艺人合作，帮助他们的参与者开发街头戏剧技巧。

这样的效应为这个活动创造了一种持久的遗产，例如，“手提箱里的科学”这个节目已经得到了发展和改进，其街头科学活动也实现了多样化。

克服的问题

表演这么多节目是对声带的一种压力。剧院的音响情况不同，但是街上的噪音背景会迫使你提高声音，这会让你在观众面前显得咄咄逼人。从那以后，我买了一个无线耳机麦克风和扩音设备，并将其改装以适用街头表演。

我认为与导演一起工作可能会让我们加快做出决策，决定什么是或者不是有趣的科学以及舞台上的技术定位，从而大大加快节目的开发。让第三方来查看材料可能会很有趣，未来我们会考虑这么做。

安全问题

作为英国演员工会[①]的一员，我可以获得高达1000万英镑的免费公共责任保险。作为在学校工作的科学传播者，我已经有了一个犯罪档案局注册登记证。犯罪档案局的要求自2006年以来有所增加，但这并不一定是众多不同的组织预约街头表演的必备先决条件。我们已经将安全问题写入风险评估和方法声明中。因为表演中有很多道具和实验，因此意识到周围潜在的危险时很必要的。我试着去考虑节目的每一个部分给我的同事、观众以及无辜的路人带来的后果。

网站

制作道具

http://www.instructables.com/

http://makerfaire.com/

评估

http://www.surveymonkey.com/s/KH9WZSY

---

① www.equity.org.uk。

数学街头艺人

http://www.mathsbusking.com

表演街头科学活动的小贴士

1. 在走上街头之前，在朋友和家人面前练习一下演出的程序。

2. 在开讲之前，先练习并提炼你要说的内容。要快乐、自信并发展开放式的互动关系来建立你的受众群体。节目的开头说一些奉承或者激发兴趣的话（例如，“你们看起来像一个聪明的家庭”或者“你最后一次使用科学设备是什么时候？”）会引发进一步的讨论，并让一些观众产生兴趣。

3. 将你的演示分解成一系列易于记忆的叙事故事。

4. 首先试着在短时间内抓住观众的兴趣，并在获得经验的同时慢慢将观众的兴趣建立起来。一些节目会自然而然地吸引更多人的好奇心，而另一些则会如潮汐般起起落落（最终退出）。要按照演示顺序进行表演，构建一个宏大的结局——你需要把你的表演当成值得展示给周围人看的东西来售卖。

5. 地点的选择会很困难，且通常要出人意料。寻找人们聚会或购物的较大的区域。你几乎可以在任何地方做即兴表演，但可能需要得到地方当局的许可。再说一次，要去尝试。

6. 时刻保持安全，考虑潜在的危险，比如行人、车辆、动物、推车里的婴儿，甚至是举止怪异或有攻击性的人。

7. 节目不成功有很多原因，不要把它看成是个人的问题，休息一下，稍后再试。

8. 注意天气——没有人愿意在潮湿或非常热的时候停下来看节目。天气热的时候试着在阴凉处进行工作，或者将你的观众邀请到阴凉处。

9. 表演是一个重复的过程。反思你成功的地方并以此作为进一步发展的基础。记住，街头表演并不是表演完就结束了——需要花很多时间使其完美。

10. 让一个人观看你的表演动作，并予以你反馈。

11. 吸引一群人观看街头表演是一个很难的技巧，需要多加练习。街头艺人要花数年时间创建自己的动作，使之不受材料的限制。其挑战在于要将科学内容与娱乐表演相平衡。这可能会随着场地的不同而改变，例如在科学节上的观众和在格拉斯顿伯里这样的艺术节上的观众是不同的。我建议尝试为每种不同类型的观众创作不同风格、内容、类型和长度的节目。

科学戏剧和科学伦理戏剧

《“自私的基因”音乐剧》(*The Selfish Gene*: *The Musical*) 也在 2011 年爱丁堡科学节上进行了演出。这个新的音乐剧的剧本由迪诺·卡匝米亚（Dino Kazamia）和乔纳森·萨尔维（Jonathan Salway）撰写，其音乐创作来自理查德·迈克林（Richard Macklin），这是“科学戏剧”的一个鲜明的例子。作为一个前提，成功地将理查德·道金斯的畅销科学书籍《自私的基因》(*The Selfish Gene*) 改编成一部音乐剧作品似乎不太可能，但他们做到了。这部音乐剧展示了遗传学教授（很可能就是道金斯）所解释的遗传学的科学，并通过形体剧、戏剧和歌曲的形式展现了一个有轻微功能障碍的亚当森家庭的故事。该音乐剧还通过家庭的互动向观众介绍了两性之争、利他主义、基因的自私自利以及他们生存欲望的进化观念。这部音乐剧受到了评论家和公众的好评。

卡尔·杰拉西（Carl Djerassi）是斯坦福大学的化学教授。他写过几部戏剧，他将其定义为“戏剧中的科学”，但它们也可以被看作是“科学戏剧”。这些剧本包括《氧气》(*Oxygen*)，该剧是他与诺贝尔奖得主罗德·霍夫曼（Roald Hoffman）合作撰写的，该剧主要讲了氧气的发现和2001年诺贝尔奖的百年纪念。另外，卡尔还基于牛顿和莱布尼兹关于微积分的发明展开的争论撰写了《微积分》(*Calculus*)。他最近的作品之一《谬误》(*Phallacy*) 集中讲述了科学家和艺术史学家们鉴别艺术品年代和出处的不同方法，在这种情况下，他们对欧洲一家较大的博物馆中的罗马青铜进行了推断。杰拉西承认，在戏剧世界中，成为一名科学家并且想要不为人知是很困难的。他还讲述了其作品《氧气》是如何被翻译成9种不同的语言和30多部独立的戏剧作品的，但他也承认这些作品大多是在大学的剧院里进行表演的。《氧气》已经进入其他文学领域，已被出版商威利（Wiley）出版，且被人们称为是“以所有对话形式”书写的一本科学史书[①]。

杰拉西还写了《完美的误解》(1997) 这部作品，该作品向观众介绍了所谓的卵胞质内单精子注射或ICSI的生物医学科学。这是一种受精技术，在显微镜下，将单个精子直接注入卵子中，然后再将胚胎植入子宫。在视频屏幕上，ICSI退去神秘的面纱，被加以描绘和刻画，并被赋予了人类元素。这一戏剧巧妙地跨越了不同的子类别，因为它同时也强调了体外受精技术所固有的伦理问题。另一部跨越子类别的戏剧是迈克尔·弗莱恩（Michael Frayn）所著的《哥本哈根》，该作品是根据两位物理学家尼尔斯·玻尔（Niels Bohr）和维尔纳·海森堡（Werner Heisenberg）在1941年的一次会面创作的。它描绘了量子力学的科学、不确定原理以及这项研究的军事后果——核武器。该戏剧坚定地以科学为中心，但其剧情也跨越了子类别，因为它引发了伦理问题，例如科学

① http://www.djerassi.com/ 提供了关于杰拉西作品的详细信息。

家的道德问题，以及科学家在开发核武器时是否表现出不道德的行为。

戏剧中的科学

有一部强调科学发现对社会所造成的影响的戏剧是布莱希特的《伽利略的生活》（*Life of Galileo*），这部戏剧涉及地球绕着太阳转这一科学证据的发现以及太阳系的日心模型。这部戏重点讲述了这一科学证据的影响，因为它被天主教会视为异端邪说。这一发现也影响了其他人的生活，包括伽利略的女儿，伽利略的教书生涯导致了她女儿的婚姻失败。然而，这部戏剧也展现出伽利略是一个实用主义者，他是以自身利益驱动的，因为他在遭受了天主教教会的酷刑威胁后放弃了对科学发现的信念。伽利略也是另一部新的戏剧——《伽利略的审判》（*The Trials of Galileo*）的主人公，这部戏剧由尼克·扬（Nic Young）编写，并在爱丁堡边缘艺术节上演。这部戏剧也着重体现科学对教会的反抗，聚焦于伽利略的审判。天主教教会谴责了伽利略的著作——《两个世界体系的对话》（*Dialogue on the Two Chief World Systems*），他在书中概述了太阳系的日心模型。由于这个剧本专注于科学家生活中的一个特定点，所以也可以将这部戏剧归为“科学家戏剧”这一子类别。

在“戏剧中的科学”方面，爱丁堡边缘艺术节提供了哥特式恐怖的《科学怪人：弗兰肯斯坦》（*Frankenstein*），还有一些将传染病作为配角的戏剧。这些戏剧包括《传染病独白》（*The Infection Monologues*），该戏剧探讨了今天艾滋病感染者的现实生活。相比之下，“十瘟疫音乐剧”（Ten Plagues musical）的灵感来自 1665 年的伦敦瘟疫，并作为这部戏剧的背景，来讲述一个人在世界上生存的历程，这一刻你可能是活着的，下一秒就可能被瘟疫杀死。有趣的是，作为“戏剧中的科学”的一个经验，爱丁堡边缘科学节还提供了戏剧《你的最后一次呼吸》（*Your Last Breath*）。这部戏剧来自好奇指导戏剧公司。该戏剧的背景设定在挪威，并结合了 4 个发生在不同时间段的故事。在戏剧中，我们遇见了查尔斯，一个年轻的制图师，他于 1876 年出发去了气候不宜的挪威北部地区；我们还遇到了极限滑雪者安娜，1999 年她在挪威被冰雪困了 3 个小时，最终心脏停止跳动；2011 年，一位商人弗雷瑞去挪威播撒他父亲的骨灰；最后在 2034 年，我们遇到一个年轻人，他解释说，安娜的事故已经彻底改变了人们对现代医学的认识。

这些戏剧中的大部分都是比较新的作品，获得了极大的好评，但没有获得经济上的成功。《阿卡狄亚》（*Arcadia*）是一个例外，它是将科学带入剧院的成功的戏剧之一。该剧由汤姆·斯塔帕德（Tom Stoppard）撰写，于 1993 年首演。这部戏剧介绍了混沌理论、熵和似乎无序事件中的潜在秩序的复杂概念。人们称之为“杰作”——但《阿拉狄亚》甚至超越了杰作。这部戏剧引发了人类可以提出的最基本和深刻的问题。在知道我们必然要灭绝的情况下应该如何生存？——不仅仅是我们自己，还有我们的物种[①]。这部戏剧还被用作英国联合考试局[②]的课文。1994 年，该剧获得了劳伦斯·奥利维尔最佳新剧奖，在大西洋两岸被广受好评，持续吸引了不少观众。

科学戏剧

可以归为“科学戏剧”这一子类别的一部戏剧是阿兰·阿尔达（Alan Alda）的新剧《放射性：玛丽·居里的激情》（*Radiance*：*The Passion of Marie Curie*）。它讲述了这位两次获得诺贝尔奖的科学家——玛丽·居里的故事，她发现了元素镭和钋。这部戏剧设置在居里获得两个诺贝尔奖之间的那段时间，并强调了在世纪之交如何成为一名女科

① 该戏剧的摘要简介以及情节的讨论请见 http://www.independent.co.uk/arts-entertainment/theatre-dance/features/is-tom-stoppards-arcadia-the-greatest-play-of-our-age-1688852.html。

② 现已纳入 AQA（英国资格评估与认证联合会）。

学家的相关问题。迪伊·罗斯索恩博士（Dr Dee Rawsthorne）在案例研究 7.6 中也回应了这个主题，这一案例研究概述了戏剧《盛开的金鱼草》（*Blooming Snapdragons*）的创作过程。该剧重点讲述了一群为植物遗传学家威廉·贝特森（William Bateson）工作的女科学家的故事。

案例研究 7.6

盛开的金鱼草

迪伊·罗斯索恩博士

背景

2010 年，诺维奇的约翰·恩内斯中心（The John Innes Centre，JIC）庆祝了他们成立一百周年。作为庆祝活动的一部分，他们以 6 种形式为成年观众呈现了一部戏剧。这部戏剧讲述了一群女科学家为植物遗传学家威廉·贝特森工作的故事。《盛开的金鱼草》这部戏剧不仅探索了遗传学的主题，还探讨了女性科学家在历史和当代职场中的角色。该剧对于这两个问题的探索是通过两位当代女生物学家乔（Jo）和阿迪（Adi）交织的生活以及历史人物——贝特森的女同事来实现的。贝特森重新审视孟德尔的作品，发明了“遗传学”（genetics）一词。他成为于 1910 年在伦敦成立的约翰·恩内斯园艺学会的第一任董事，这一学会后来成为诺维奇研究园区（NRP）的约翰·恩内斯中心。在贝特森搬到约翰·恩内斯园艺学会之前，他在剑桥大学巴尔弗中心经营了一个实验室。这个实验室的独特之处在于，它是剑桥唯一一个欢迎女科学家的实验室，是为在妇女院校里教书和学习的女性设立的实验室。与贝特森的成功形成对比的是，人们并没有在约翰·恩内斯中心的档案馆中发现贝特森女同事的故事，有一些有趣的片段略微提及了对贝特森及其实验室所做的研究和观察至关重要的一群女性。然而，她们的贡献、发现和存在几乎没有被记录。这群充满活力和不同寻常的女科学家成为这出戏的历史基础。

需要的资源

该活动的原始预算是通过“联合信息中心”（Joint Information Centre，JIC）百周年纪念的预留账户资助的5000英镑，我们选择使用专业人士，并委托一位剧作家莉丝·罗斯柴尔德（Liz Rothschild），她之前的作品包括《打破寂静》（*Breaking the Silence*），这是一部只有一位女主角的戏剧，聚焦于诺贝尔奖获得者——环保主义者蕾切尔·卡逊（Rachel Carson）的故事。莉丝·罗斯柴尔德不仅是一位剧作家，也是一名演员，并与希丽塔·库马尔（Syreeta Kumar）一起主演了我们的戏剧《盛开的金鱼草》。他们在剧中饰演两位现代生物学家，而莉丝还扮演了历史上的女性角色。我们聘请了一位导演——苏·梅奥（Sue Mayo），他与莉丝一起创作剧本并负责组织试镜，管理录音以及导演戏剧。为了深入了解历史人物，罗斯柴尔德利用了联合信息中心和剑桥大学的档案。此外，她还利用了玛莎·瑞奇孟德（Marsha Richmond）在密歇根州底特律韦恩州立大学的工作——她在那里研究贝茨森实验室。罗斯柴尔德还花时间与当代女性进行交流，她们愿意分享自己在当今实验室中作为女性科学家这一角色的经验和专业知识。我们在联合信息中心的科学社区进行排练，演员们表示在那里排练能够帮助他们沉浸在科学文化中。我们本可以在诺维奇研究园区的联合信息中心进行演出，但为了吸引更多的观众，我们选择在市中心租一个场地。我们可以从当地的剧院租一些道具，还可以使用现场的科学设备和道具。我们本来想要聘请一位舞台经理和一位音响设计师，然而预算无法支撑这一费用，但我们的戏剧最终仍然运作良好。我们可以让我们的传播部门制作宣传材料，并与当地学校联系。评估是在内部进行的。

积极的结果

最终的产品——这出戏剧本身——远远超出了我们的期望。它将历史故事与当代问题有力地结合起来，对今天的女科学家仍有影响。这部戏剧无疑引起了融入戏剧主题、表演，以及故事人物的观众的积极回应。

将科学与艺术结合在一个能够让人们进行积极的知识和文化交流的项目中，是科学传播的一种非常积极的方法。参与项目的科学家们深入了解了戏剧制作的研究、创造力和工艺。与此同时，艺术家们——演员、导演和剧作家——发现他们对科学世界的工作方式、漫长的时间和重复枯燥工作的困难和压力，以及对每一个科学突破和发现的激情和灵感都有了一定的理解。

为什么不能像预期的那样？

我们决定在科学周进行戏剧的演出，为了吸引学校前来，我们为他们提供了免费的门票。然而，上座率令人失望。回想起来，这可能反映出，虽然我们制作了宣传资料，但是我们没有足够的资金用于有效的宣传。另外，我们意识到学校对这部戏剧的定位不清：它是为戏剧专业学生表演的戏剧呢，还是能吸引自然科学专业学生的科学项目呢？虽然我们免费向学校和公众提供这部戏剧，使尽可能多的人能够观看演出，但这可能会产生相反的效果，因为如此一来人们就不会珍惜这个经历，并更容易在最后一刻取消预订，因为它是免费的。

经验总结

我个人从项目的开展中获得重要经验之一是了解了戏剧作为传达故事或信息的媒介，其作用是多么强大。这部戏剧在一些观众中引起了强烈的反响，他们展开了小组讨论，并在活动结束后花时间写信给我们，发表评论并给予反馈。特别是有一条来自女科学家的评论给我留下了深刻的印象。她之后通过邮件联系了我们并写道："对我来说，这部戏剧很好地提醒了我要对自己所研究的东西抱有热情，并促使我决定在这条职业道路上走下去。"

这部作品通过描绘女性科学家的故事来呈现遗传学，吸引了广泛的观众，包括小学六年级的学生。一位老师在反馈中表示："主题构思精巧，表演到位。能让学生们这么近距离地体验戏剧，之后的问答环节非常棒，他们在回来的路上聊了很多！"

我也深入地了解了艺术界，并真诚地尊重从业者的技艺。我知道他们的工作有多么努力，也知道他们在研究戏剧背景以及复活剧中人物方面显示出的对观众的承诺，我非常尊重他们的奉献以及对细节的关注。事实上，很多观众在发现阿迪是一个演员而不是科学家之后都很惊讶，经验对演员对于科学以及科学家的理解产生的影响出人意料，但十分受欢迎。

这个项目与我之前设计、组织和呈现的科学传播活动十分不同。从许多方面来说，这个项目让我不能再那么轻松，并让我认识了新的媒介，将科学传播给更广泛的观众。然而，这是我成就榜上得到高度评价的项目之一，我为此感到自豪。

考虑创作一部戏剧

考虑以下几点：

1. 首先，你需要有一个故事的初步的想法或意见，但一旦你有了这个初步的想法，就应该有自信继续做下去。

2. 寻求和利用专业人士来帮助你实现自己的想法。开始的时候可以先联系编剧或者剧作家，特别是那些你之前看过他们的作品或他们曾经写过类似的作品的人。

3. 要意识到制作一部像戏剧这样的艺术作品需要成本。这些成本包括制作的费用：租赁场地、雇用演员、导演和舞台管理、道具和服装。你应该准备好为项目的良好宣传拨款，以此为项目争取最大的成功机会。

4. 考虑与演出相关的问题：确保您有公共责任保险；讨论戏剧相关的版权问题并要在该问题上达成一致。在我们的例子中，我们同意约翰·恩内斯中心与作者莉丝·罗斯柴尔德都持有版权。

5. 准备好在科学家和艺术家之间开展公开的讨论，以分享专业技能和知识，同时也要确保戏剧能够合适有效地表现科学。

6. 为了吸引更广泛的观众观看你的作品，考虑将活动重新命名为艺术项目或关于科学的戏剧，而不是通过戏剧进行的科学传播活动。

7. 考虑组织一次巡演而不是几场一次性的表演。巡演可以增加观众的人数，因为它建立起了宣传势头，而且它同时也是雇用主演和相关演员的一种更简单的方式。

8. 最后，要认识到观众很难获得，不应该以观众人数来评判活动成功与否，上座率可能会令人失望。在某种程度上，可以通过观察表演对到场观众的影响以及受到感染、教育、鼓舞或影响的观众人数来判断它是否成功。

公平地说，如果你是一个正在寻找与观众接触途径的科学家，那么科幻戏剧是你要克服的挑战和障碍，而不是一个简单的选择。然而，科学家成为成功的科学剧作家并不常见，但也不是不可能。另一方面，科学家们日益改变了街头艺人的作风。迪伊·罗斯索恩的案例研究（7.6）表明，可以开发一种传播科学的戏剧，但它涉及与专业剧作家、导演和演员的合作。最后，科学家作为剧作家和作者的参考来源也是有可能的。

脱口秀科学家

科学和喜剧似乎不能自然地出现在同一句话中，但喜剧已经与科学共存了一段时间，例如在电视节目中，例如“红矮星”（*Red Dwarf*）和“生活大爆炸”（*Big Bang Theory*）。还有科学喜剧漫画，例如《德克斯特实验室》（*Dexter's Laboratory*），以及道格拉斯·亚当斯（Douglas Adams）的《银河旅游指南》（*Hitchhikers Guide to the Galaxy*）等书籍。但现在有一种新的现象开始引起科学家、公众和评论家的关注。汤姆·奇维策（Tom Chilvers）在《电讯报》（*Telegraph*）的报道中指出：“最近戏剧脱口秀发生了一件奇怪的事情：它开始发现科学有趣。”奇维策描述道：“这是一项多么有趣的运动，它不是嘲笑整天待在实验室里工作的古怪科学家，而是在科学家们谈论起他们实验室里的生活时，与他们一起笑[①]。”我们意识到科学和科学家可以是幽默的，并且这种幽默可以用来向公众传播科学。在英国，物理学毕业生达拉·奥布莱恩（Dara O' Briain）是一个家喻户晓的名字，他为人所知并不是因为科学而是因为他是一名著名的喜剧演员，成功走上了电视职业道路，并在日常的喜剧脱口秀节目中使用科学。达拉·奥布莱恩并不是唯一一位跨界到喜剧的科学家，在YouTube网站上搜索“科学家”和“喜剧”，会出现科学家在观众面前表演喜剧脱口秀的各种不同的视频。西蒙·辛格（Simon Singh）认为这些活动已经超越了听科学家讲座，“与科学家讨论以及庆祝科学”。科学为戏剧提供潜力这一认识在BBC广播4频道的《无限猴子笼》（*The Infinite Monkey Cage*）中体现得很明显，该节目目前播放到第五季。节目由物理学家布莱恩·考克斯（Brian Cox）和喜剧演员罗宾·因斯（Robin Ince）主持。每期节目有一个科学主题，两个对这个科学主题感兴趣的科学家嘉宾以及一位喜剧演员嘉宾。节目内容是以科学为中心展开幽默和可理解的对话。这档广播节目的成功促使主持人本·戈达克（Ben Goldacre）以及他的同事——一位科学的支持者也是科学作家西蒙·辛格（Simon Singh）将节目带到街头。《从笼中放出的猴子——科学与奇迹之夜》（*Uncaged Monkeys-A Night of Science and Wonder*）是英国第一个庆祝科学的全国喜剧巡演。“非常有趣和聪明的人谈论科学，就像喜剧脱口秀，只是这个节目有更多的幻灯片和黑洞。”人们这样评论该节目。这是最新的“多样”喜剧节目，吸引了一批追随者，也促成了年度活动“回归九堂课和不敬神人的颂歌”（The Return of Nine Lessons and Carols for Godless People）的成功举办。这种多样的表演将理查德·道金斯（Richard Dawkins）等科学家的短篇小说与音乐以及科学

① http://www.telegraph.co.uk/culture/theatre/comedy/4985420/Science-doesnt-makegood-comedy-You-must-be-joking-.-.-..html。

和著名科学家喜剧脱口秀相结合。罗宾·恩斯（Robin Ince）在这个节目的发展中发挥了关键作用，他在一定程度上对科学家与喜剧演员的一些担忧做出了回应，他们开始对审查制度感受到压力，且担心自由表达和科学观点的冒犯性会使科学家容易受到诽谤诉讼。

“亮点俱乐部”（The Bright Club）是2009年成立的每月举行一次的喜剧之夜。人们发现科学家通过喜剧脱口秀来支持科学成为“亮点俱乐部”的一部分。这是一个由伦敦大学学院（UCL）公共参与主管与喜剧促进会“一朵绿色烟花”以及音乐促进会“深处的决斗”负责人合作进行的项目。伦敦大学学院是公众参与的信标，“亮点俱乐部”已经成为他们很成功的一个产品。它为（可以成为科学家的）学者们提供了开展研究的机会，并将其转化为喜剧节目。英国不同的城市和场地都见证了“亮点俱乐部”的成功（专栏7.1）。另外，他们还扩展了“亮点俱乐部音乐会”节目。

专栏 7.1　考虑一下喜剧脱口秀

如果你是一位科学家并且觉得可能想要尝试一下脱口秀，那么你应该查找一下你们当地是否有亮点俱乐部。亮点俱乐部网站有联系信息。如果你所在的地区没有当地的亮点俱乐部，那么请联系伦敦大学学院公共管参与团队，他们将为你提供支持，帮助你建立自己的亮点俱乐部。他们的联系方式见下：

publicengagement@ucl.ac.uk

http://brightclub.org/

7.3.2 科学咖啡馆

本章中理查德·布瓦特（Richard Bowater）博士探讨了科学咖啡馆的历史，以及如何参与科学咖啡馆或运营自己的科学咖啡馆。

举行非正式会议是与外行观众讨论当代重要科学问题的一个很有吸引力的方式。在过去的20年里，来自全球的许多科学研究者参加了这样的讨论，他们通常将这种讨论称作"科学咖啡馆"。以下部分清楚地说明了关于如何组织科学咖啡馆活动的建议——组织此类活动时唯一重要的规则是要确保活动为演示者和观众提供丰富的信息和乐趣！20世纪后半叶，人们意识到社会各界人士都有聚在一起讨论对社会产生影响的新近科学消息的爱好。这种想法带动了科学咖啡馆的发展，1998年人们在英国利兹建立了科学咖啡馆。"科学咖啡馆"这个标题发展自同一年代早些时候在法国开始的咖啡哲学运动。这些非正式的聚会开始以各种形式出现在各种场合，科学家们很快赞赏了人们对这种会议的热情。

2001年，惠康信托基金为科学咖啡馆的传播提供了财政支持。我们已经为科学咖啡馆开发了互联网站[①]，并继续定期更新。这个网站特别有用，它提供了过去和未来活动的列表，以及关于如何找到当地科学咖啡馆或者开发自己的科学咖啡馆的信息。在积极主动的组织者的帮助下，科学咖啡馆迅速在英国建立起来。类似的想法已经在世界范围内发展起来，目前科学咖啡馆在大多数重视科研人员的地区都会定期举行。

科学咖啡馆没有一个标准，每一个活动都有其独特的风格。这些类型的非正式讨论有不同的名称，从咖啡科学（或科学咖啡馆）到科学交

① www.cafescientifique.org。

流和任何类似的相关词组合。例如肯奈斯·斯科尔顿（Kenneth Skeldon）博士的案例研究 7.7。

科学咖啡馆活动的目标和对象

科学咖啡馆活动为所有对科学感兴趣的人提供了一个讨论当前科学问题的论坛，但是这些活动没有推进科学的义务。相反，他们的目标是以开放的态度讨论和质疑科学研究的原则和后果。重要的是科学咖啡馆活动的观众认为他们的讨论没有隐藏的议程——无论是支持科学还是反对科学。

为了确保尽可能最多的观众能够前往科学咖啡馆活动，人们会故意以非正式的形式展开活动。他们鼓励发言人进行合理的讨论，给予他们足够的时间来陈述复杂的观点。任何观众中都有可能出现具有不同科学背景的社会阶层，所以发言人（或者其他参与者）必须具备足够的知识对话题进行不同层次的讨论。

每个咖啡馆都承担自己的组织工作，且不一定与其他咖啡馆有联系，尽管大部分组织将会从其他地方举办的成功的活动中脱颖而出。咖啡馆通常由当地对讨论当代科学有热情的主人自愿运营。重要的是，这些活动不总是在咖啡馆中举行，也会在其他受欢迎的场合包括博物馆、美术馆、书店和酒吧举行。

在科学咖啡馆活动中，人们可以讨论科学任何方面的问题，其重点是主办方需要让当地社区对此产生兴趣。这些活动讨论的话题通常侧重于在一些特定的方面具有争议性、政治性和问题性的观点（见章节 6.5）。活动中受欢迎的话题包括一些与日常生活有关的话题，特别是在讨论时期出现在新闻里的那些话题。但是，当地咖啡馆通常会把重点放在当地科学家研究的科学问题上，这无疑是鼓励专家发言人发表讲话的好方法。

由于讨论的话题由当地的组织者决定，因此讨论的日程将由组织中在任何特定时间都有空的人推进。征募当地科学家来谈论他们研究的课题会比较简单直接。但是，有时候关于科学问题最有趣的讨论是那些当下出现在新闻中的话题，而且征募能够对这些问题发表演讲的发言人会更加困难。在这种情况下，重要的是要记住活动中的发言人并不一定需要是所讨论话题领域世界领先的专家。活动对他们所有的要求就是有自信主导话题的讨论，之后观众便可以决定讨论的方向。

由于科学咖啡馆活动的结构如此灵活，人们担心这类活动会被具有支持或者反对科学议程的人物接管，尤其是那些有政治动机的人。但是，经验表明，只要有一群人参与组织本地的活动，这种情况就不会发生。人们提出了一些理由来解释咖啡馆建立的公正性，但最简单的解释似乎是那些对科学感兴趣的社区不会对这种活动抱有兴趣。最终，由观众自己来决定讨论的内容。经验表明，如果一个人试图将自己的观点强加于咖啡馆的讨论，观众就会以无视来回应他。

人们出于各种原因参加科学咖啡馆活动。有些人每个月都会参加，因为他们对普遍的科学非常着迷；另一些人只在对活动话题感兴趣时才参加。为了保证有足够多的人能够继续回到咖啡馆里来参加活动，让活动对每个人都有价值，让潜在的观众在开发谈话日程上做一些投入是比较有用的方法。

组织科学咖啡馆活动

如果你是一个热衷于咖啡科学讲座的科学家，那么最简单的方法就是参加在当地组织的活动。要确认这类活动在当地是否已经组织起来，你需要查找科学咖啡馆活动的网站[①]。如果你所在地区没有这样的活动，

① www.cafescientifique.org。

那么你可能会希望组织一个本地的团体。最有效的方法是确定几个志同道合的人，来共同承担下文所述的工作。有经验的咖啡馆组织者将永远乐意为你提供咨询和指导，而当地的组织者将永远乐意改变活动形式以适合他们自己的情况。

在学习了其他概述科学咖啡馆活动基本要求的文章的基础上，本章节提供了关于科学咖啡馆活动如何组织的一些建议。要了解的一个要点是，这种类型的活动没有单一的形式。如果你想要开发一种不同类型的科学咖啡馆活动，那么最好的建议是你认为怎么做对你所在的地区和环境最有效，那就怎么做。

对于任何科学咖啡馆活动来说，活动安排最重要的细节就是场地。场地的大小必须合适，且应该让目标观众能够很方便地到达。平均来说，参加这些活动的人数最多可达 50 人，所以所选场地应该要能够容纳得下这个数目的人数，但也不应该太大，因为如果太大，观众会很分散。如果活动非常受欢迎，那么之后可以随时安排一个更大的场地。

场地一般是免费的，因为观众会在那里买饮料或者食物。人们通常将科学咖啡馆会议安排在场地比较安静的时间段，通常是傍晚的早些时候。通常情况下，科学咖啡馆的活动应该定期举行，但是确切的日程应该保留一些灵活性，大多数活动通常大约是每月举行一次。

在决定场地时，重要的是记住你的目的是在大范围的人群中鼓励更多的人参与活动，因此，人们参加这些活动应该是免费的。活动本身的性质决定了举办的低成本，因为组织者是因兴趣或有利于他们自己职业或个人发展而自愿参与活动的。发言人没有报酬，活动最大的成本可能是他们的差旅费。主办方通常可以在傍晚通过向观众征求自愿的捐款来支付小额费用。如果在任何特定的活动中成本确实有所增加（例如由于差旅费很多或者需要其他运营成本），那么当地公司或个人往往愿意提供一些必要的资金。但是，如果接受了其他人的资金，保持咖啡馆的独立性和公正性就很重要。

一旦决定了场地和大概的时间，下一步就是安排谈话日程。组织者确定一个科学话题和一位合适的发言人——通常是当地大学、学院的学术科学家或者科学书籍的作者。有时候会先决定一个话题，再寻找合适的发言人。但更常见的是先确定一位愿意发言的人，然后让他与组织者讨论确定话题。随着谈话日程的推进，有必要对谈话进行适当的管理（表 7.4）。花时间对活动进行宣传是很重要的，特别是对于新的科学咖啡馆活动来说。发邮件吸引你的观众来参加活动，并在合适的地点张贴活动海报（章节 6.9）。

组织活动的管理细节

与所有公共活动一样，在会议之前进行一般的健康和安全问题评估是很重要的。因为大多数会议在咖啡馆和酒吧中举行，所以任何许可证或保险的要求很可能由咖啡馆或酒吧的所有者或者租户提供。但是，一旦拟定了活动计划，你就必须向所有者确认所有的内容都符合当地法规。

你还需要关注一些与正在组织的具体活动更加直接相关的安全问题。根据活动计划的开展，审查是否需要按照《健康有害物质控制》或同等文件进行准备和评估（章节 6.10）。检查一下你们从活动中进行的实验中所获得的益处是否值得让你们进行所需的额外的管理工作来执行实验。另一方面，一旦在科学咖啡馆环境中进行了实验，那么即使地点发生了变化，再次进行这样的实验也会更加简单。

一般来说，科学咖啡馆的主持人不需要接受犯罪档案局检查（或同等检查），因为如果有孩子参加，他们很可能由父母或其他责任人陪同。但是，请记住，如果特殊情况意味着讨论将针对幼儿，那么这就是一个潜在的问题。

表 7.4　成功举办科学咖啡馆活动的要求清单

活动的最初计划（活动日期前 3 个月）
√　概述活动的主题和目标 √　确定地点 √　与该地点的主人进行联络，以： 就活动日期和地点达成一致意见 确定可用的设施 讨论可能的与会者及其背景知识（如果知道的话） 检查保险范围以及健康和安全问题 寻求潜在的邮件列表来源 确定任何资金要求（如果需要的话寻求资金来源）
√　与活动地点的主人进行联络，以确认计划仍在进行中 √　对相关观众进行活动宣传 √　如果需要，开始准备活动
√　最后确定活动所需的任何项目和演示
√　在充足的时间内到达活动地点 √　进行项目 / 演示 √　与观众互动，为他们提供许多机会进行提问和非正式讨论 √　审核联系细节以回答进一步的问题 √　获得反馈
√　进行经验评估和反思 √　如果需要，向赞助商 / 资助者报告 √　与同事分享好的实践经历和潜在的陷阱 √　准备下一次活动

对于所有的科学传播活动来说，都应该进行评估，特别是在获得了活动资金的情况下，因为资助者很可能需要一个报告。本书第 5 章提供了成功进行活动评估的指南。请记住，科学咖啡馆活动是非正式的，因此任何评估对观众影响都不大。无论选择什么类型的评估，每个人接受调查的时间不应该超过两分钟，评估也不能苛刻。

活动形式

由于科学咖啡馆活动的场所提供饮料和食物，所以观众可能会围绕着桌子坐下。大多数科学咖啡馆活动大概需要 90 分钟的时间，尽管如此，提前两个小时预订场地是明智之举，这样的话如果讨论对观众来说引人入胜，就不会被削减。

活动分成三个部分：

1. 发言人的介绍；
2. 间歇；
3. 鼓励观众参与的讨论。

大多数科学咖啡馆活动的组织者不鼓励演讲者使用投影机和电脑演示软件，如 PPT，主要是因为简单的谈话令发言人和观众之间更加亲密，能让观众专注于发言人正在说的话。通常来说，这么做也是实际的，因为很多场地没有可用的设备，或者说，实际上没有放这些设备的空间。这种类型的讨论对于许多发言人来说是不寻常且令人畏缩的，但是，大多数企图尝试这种方法的发言人发现这样的讨论具有解放和赋权的能力。任何对人们非常重要的材料都可以打印并放在桌子上，或者作为展品提供，可以让人们在活动期间查看。最后，如果发言人认为做展示很重要，且场地可以较容易地提供适当的设备，做一场展示也是可以的。

在这类活动中，人们先介绍要讨论的话题。这个介绍不应该太长，30 ～ 40 分钟是理想的。这就意味着它必须是一个介绍，演讲者不应该试图涵盖所有的事情。介绍之后应该有一个短暂的间歇，在这期间，观众可以加满他们的食物和饮料。间歇是很重要的，因为它可以让观众们对话题进行讨论并确定他们想要问的问题。最后，参与活动的人们和演讲者或者组织者之间会进行一场讨论。为了开始这场讨论，对于演讲者来说通常合适的做法是向观众抛出一个问题，鼓励他们继续对话。演讲者（和组织者）应该准备好回答各种各样的问题，其中有很多将难以预料。有些观众可能自离开学校后就没有学习过科学，所以他们会从各种角度出发来提问题。大多数的交流将在观众和演讲者之间展开，但观众可以自己开展辩论。辩论的内容可能来自傍晚的话题，一般的领域或者人们更广泛的经验。

在某一时刻，讨论会逐渐停息，或者规定的时间所剩无几。在合适的时候，组织者应该结束活动，感谢演讲者和每一个赞助商，并确保观众知晓未来的一些活动。一旦活动的正式部分已经结束，如果演讲者能够留下与感兴趣的人展开进一步的非正式的讨论，将对活动有所助益。

成功举办科学咖啡馆活动的小贴士

1. 无论是什么背景的人都可以参与活动，这是这些活动的首要目标。

2. 科学咖啡馆活动最受欢迎的主题是那些观众可以分享经历的主题。因此，人们对医学、心理学和遗传学，以及最近的气候变化和生物多样性的主题很感兴趣。

3. 另一个有助于成功举办活动的情况是演讲者表达了一个有争议的观点，并整晚坚持这一论点。

4. 在科学咖啡馆活动中，人们问的问题来自广泛的背景，通常比科研人员通常提出的问题要广泛得多。科学咖啡馆活动的本质是让演讲者才思敏捷，且这种形式的活动激发了一种讨论和辩论，让晚会出乎意料且不可预测。虽然大多数演讲者对这种安排很谨慎，但活动结束的时候他们通常都很愉快。

5. 在活动参与和娱乐方面，道具可以很好地发挥作用。我们可以在谈话期间向观众分发道具，或者观众可以在间歇时查看它们。如果观众能够观看展览或简单的科学实验，如显微镜幻灯片，那么让观众在间歇时查看道具效果会特别好。

6. 对于科学咖啡馆活动的组织者来说，活动的独特之处在于了解到改变活动场地会改变讨论的腔调和性质。

7. 这些活动为我们提供了一个机会，来听取人们对他们职业生涯中出现的问题的看法，看看参与的公众中哪些人是智慧的，并以一种轻松、非正式和包容的方式对他们的业务加以指点。这是一种可以积极鼓励双向沟通的活动形式。

8. 科学咖啡馆活动使科学更加民主，因此，它们也是确保在更广泛的社区鼓励科学知识和理解的理想方式。

案例研究 7.7

亚伯丁和亚伯丁郡的社区科学咖啡馆[①]

肯奈斯·斯科尔顿

综述

作为公众参与科学战略的一部分，亚伯丁大学于 2009 年 1 月推出第一家科学咖啡馆。目的是建立一个非正式的环境，让大学研究人员和演讲嘉宾以及公众可以面对面讨论一系列问题。这一系列活动反映了 20 世纪 90 年代末利兹的邓肯·达拉斯发起的一种形式——一种具有非正式性的途径，这种途径能够促进讨论。由于亚伯丁咖啡馆很受欢迎——观众超过 100 人

① 致谢：非常感谢安·格兰德（Ann Grand）分享她在这些活动中一些经验，并提供了本文中包含的图像的使用权限。

的情况并不罕见——人们决定在地理和主题上扩展这一系列活动，并使之多样化。截至 2012 年 1 月，超过 90 名演讲嘉宾和 4000 名观众聚集在亚伯丁市和亚伯丁郡乡村的 85 个独立咖啡馆活动中。

概念和场地

亚伯丁市的咖啡馆系列活动在海岸咖啡厅内的水磨石书店（Waterstones book store）举行。这个繁忙的市中心场地方便人们乘坐公共交通工具前往，并为当地人所熟知。这个城市活动每年举行 10 期，从 1 月到 10 月每月中旬星期三的晚上 7 点至 9 点进行。8 月份的活动不采用晚间活动的形式，它于每个星期六下午在书店的儿童区举行，正好在学校暑假结束之前，针对家庭观众而开展。咖啡馆系列活动是在两个季度中是提前计划的。传单和推广材料至少在每个季度的第一期活动前一个月制作和分发。这对推广活动和建立口碑宣传至关重要。

在典型的活动中，访客们在标准的咖啡馆布置中找到座位坐下，与客座演讲者身体距离最小。演讲者以时长为 25 分钟左右的介绍性演讲开场，之后是短暂的休息，访问者可以直接与演讲者聊天，吃些茶点。有少数人在这个时候离开——他们时间有限，但仍然希望听到演讲者对当下科学话题的简要概述。休息之后，观众开始讨论。我们使用无线麦克风设备来确保人们可以充分听到演讲者和观众说的话。谈话主题主要选自自然科学领域，但不局限于此，通常也会选择反映时事性兴趣话题或者研究重点的突出领域的主题。其他地方的咖啡馆初次活动的观众人数为 30 ～ 50 人，而在英国平均到场人数为 45 人。然而，2009 年 1 月的第一期活动吸引了 175 位观众——是咖啡桌座位数量的 4 倍多。2009 年的几期活动平均吸引了 100 位观众，使亚伯丁科学咖啡馆成为英国最受欢迎的咖啡馆之一。如此数量庞大的观众减少了活动的亲密性，并对扩大咖啡馆活动数量的决定有所影响。

2010年，访客们于咖啡馆活动期间在水磨石书店收银台购买任何商品都可享受9折优惠，凭借这一点，“科学咖啡馆之友”得到了推广。这是为了回应水磨石书店提出的担忧——由科学咖啡馆项目引起的客流量增加虽是可以记录的，然而却没有多少收入来证明这一点。打折机制以及演讲者的阅读推荐和作者对现有图书偶尔的设计规划都有助于解决这个问题。亚伯丁大学公众参与研究策略的主要原则之一是所有这些活动都可以免费参加，即我们的研究人员应该有与公众接触的核心机会，并将障碍降至最小，包括入场费。

观众

晚上的观众主要是成年人，但谈话主题不同，观众也会有所差异。例如，评估表明，更多的年轻成年女性参加了饮食和营养主题的活动，而更多的青少年倾向于参加物理和天文学主题的活动。最初，大约一半的观众由没有上过大学的人组成，另一半可以称之为“友军”——他们在某种程度上与演讲者的单位或大学有联系。然而随着系列活动的继续，真正的公众比例有所增加。目前，约有15%的观众是由普通访客组成的。有趣的是，当人们在活动中被问到是如何听说了这一活动的时候，他们最大的反应就是这个活动现已成为“口碑”。在观众平均成本方面，计入演讲者费用和宣传成本之后，每期活动的平均成本约为150英镑。按照2010年11月统计的观众的平均人数来算，每位观众的费用约为1.5英镑。这使得咖啡馆系列活动基本可以持续。继续这一活动的一个选择是通过观众志愿捐款来筹集资金。然而亚伯丁系列活动并没有采用这种方式，而是通过其他方式筹集运营费用。自 2009 年起，苏格兰政府的科学参与补助金已经满足了咖啡馆活动的费用需求。

评估和发展

评估对于任何科学传播活动的成功发展都至关重要。在亚伯丁咖啡馆项目中，我们通过各种途径寻求了观众和主持人的反馈。一开始，我们给了观众一些简单的评论纸片，让他们对活动的演讲者、主题、形式和场地做出评价。这些纸片还写有我们的电子邮件地址，让那些想要获知科学咖啡馆活动更新信息的访客能够加入地区的电子邮件分发列表。我们在活动休息期间也发放了协助问卷，通过这些问卷，支持人员能够获得观众对活动更详细的评论，也能让他们对具体的问题进行探讨。另外，在每次活动的讨论部分之前，我们要进行简单的举手表决评估。在举手表决中，我们通过快速数出举手的人数，以 100% 的观众反馈率和约 10% 的精确度来衡量观众对 4 个具体问题的回答。总而言之，这些方法使活动的形式和技术问题得到改进。观众的反馈是群体智慧的一种形式，它影响了未来活动的主题选择。

得益于亚伯丁大学传播人员的努力，我们定期在当地报纸上对咖啡馆活动进行宣传。一些活动吸引了广播和电视的报道，包括 BBC 和 STV 新闻的全国报道。评估还表明，有相当多的观众是通过媒体了解到我们的活动，尽管如此，目前最大规模的传播途径还是口口相传。活动相关新闻稿很重要，因为这些报道为演讲者提供了一个与媒体谈论他们研究领域的机会，这本身就是一种公众参与机制。

咖啡馆活动概念在亚伯丁地区的扩展

过去的24个月，科学咖啡馆系列活动在亚伯丁和亚伯丁郡迅速又富有创造性地扩展。目前，全年有8个系列活动，共35场。一个例子是“争论咖啡馆”，这个活动成立于2010年，旨在解决吸引了强烈观点的科学和社会问题。另一个例子是“医学咖啡馆”，这个活动成立于2009年年底，它将医学研究人员、临床医生和公众汇聚在一起，并让他们能够对将医学研究应用到治疗和治愈的方法进行平衡的讨论。这个概念活动仍是年度活动的一个增长领域，为科学参与日程中的活动做了准备，同时在日程之间的几个月提供了持续的社区参与。例如，3月份的咖啡馆活动在国家科学和工程周举行——为的是利用额外的宣传和交叉营销的优势。

将社区咖啡馆活动嵌入公众社会日程

规律性是咖啡馆系列活动最重要的一个方面。这一系列活动全年举行，意味着它们可以成为该地区社会和文化事业的一部分。当这一系列活动是一个远期计划时，最好至少提前实现几个活动，正如亚伯丁市系列活动那样。这样一来，所有的项目共享一个网站，并且每个活动都有一个专门的传单和营销策略。个人咖啡馆系列活动总是在每个月同一天进行，例如每月中旬的周三，不同系列的活动在一周的不同日期举行。采用这种方法的结果是，所有的项目中，无论是哪个月的，都会有至少一个活动进行。也有四个系列活动同时运行的情况，但它们在主题上有所不同，且在不同的工作日或不同的地理位置进行。我们系列活动中当前或最近的项目包括：

- 亚伯丁科学咖啡馆（核心项目是每年 1—10 月举行的十场活动）；
- 亚伯丁郡科学咖啡馆（针对乡村社区团体在不同场地开展——通常在每年 3—6 月举行 4 场活动）；
- 医学咖啡馆（每年 1—5 月举行 5 场活动）；
- 争议咖啡馆（每年 9—12 月举行 4 场活动）；
- 灯光咖啡馆（每年 9—12 月举行 4 场活动）；
- 宇宙咖啡馆（这一系列活动使英国最北方的永久天文馆重新开放，每年 3—6 月举行 4 场活动）；
- 联络咖啡馆（一个雄心勃勃的路演咖啡馆，于 2011 年 7 月进行试点，在 10 天内行进了 1500 米）。

相关系列活动包括我们的发现图库计划，这是 2011 年新推出的活动（地点在亚伯丁美术馆，7—8 月每隔一周举行一次，共 4 场活动），以及我们计划在 2012 年推出的“亚伯丁哲学咖啡馆”。我们的咖啡馆活动有一个网站（www.cafescience aberdeen.co.uk），并在英国咖啡馆科学网站（www.cafe scientifique.org）上出席，其中列出了英国各地的咖啡馆的细节。我们的咖啡馆项目有一个网站（www.cafescience aberdeen.co.uk），并且在英国科学咖啡馆网站（www.cafe scientifique.org）上可以找到，这个网站列出了英国各地咖啡馆的细节。[①]

① 亚伯丁大学感谢苏格兰政府办公室首席科学顾问对我们的项目的持续的支持。亚伯丁科学咖啡馆能够通过苏格兰政府 2008 年和 2009 年的科学参与计划获得资助，并将科学咖啡馆扩展到亚伯丁郡。医学咖啡馆获得了 2009 年和 2010 年科学参与计划的支持。在 2010 年 11 月和 2011 年 12 月计划的支持下，我们对咖啡馆项目进行了进一步的润色。感谢水磨石书店，伍凳德谷仓艺术中心，夫拉则堡灯塔博物咖啡馆，亚伯丁学院天文馆，萨蒂大楼，亚伯丁美术馆，萨托罗斯菲尔科学中心和因弗鲁里橡子中心为我们的系列活动提供场地和基础设施支持。所有活动由亚伯丁大学牵头，与国民保健服务、技术节设置，亚伯丁学院以及亚伯丁博物馆和美术馆等合作伙伴共同运行。

7.3.3 图书俱乐部

读者俱乐部，或者我们所知道的其他常见的别名——图书小组，阅读小组或图书讨论小组有各种形式、规模和类型，它们能够为人们提供参与讨论科学问题的机会。所有图书小组的共同点是一群人定期见面，会就面前同意阅读的图书进行非正式讨论和提出意见。没有一个典型的图书小组，似乎可以毫不夸张地说，各种图书小组成员唯一能够保证拥有的共同点是他们对阅读和文学感兴趣。小组成员来自各行各业，参加图书俱乐部为他们提供了一个认识不同的人并和他们互动的绝佳机会。活动的论坛可以是一个虚拟的在线论坛，一个非正式的朋友团体，他们轮流定期在彼此的家中聚会，或者也可能是一个稍微更正式些的安排，个人可以在那里加入在图书馆、书店或者当地酒吧或咖啡厅举行的图书俱乐部。除了普通的小说图书俱乐部，图书俱乐部世界中最近还出现了不同的流派。你还可以加入专注于讨论斯堪的纳维亚侦探故事，翻译小说，科学知识或历史文化的俱乐部。

或许你现在加入了一个范围很广的俱乐部，并且乐意讨论不同的现代文学。如果是这样的话，那么简单的第一步就是提议一个包含科学主题的小说，并引导大家对此进行讨论。这可以为你提供在非正式场合讨论科学主题的机会。许多小说都提供了讨论科学的机会，也许你只需要稍微改变主意，积极寻找机会，将科学和科学的影响引入讨论。或者你还可以提议一本以科学为主题的书，通过一些研究并利用你的知识，你将有很好的机会在非正式和对话的环境中与他人讨论科学。如果你不是图书俱乐部的会员，那么有两种可能的方式将科学带到图书俱乐部舞台：

1. 加入已经建立的图书俱乐部；
2. 建立自己的图书俱乐部。

加入已经建立的图书俱乐部

图书俱乐部的数量很多。据估计，2005 年英国至少有 5 万家图书俱乐部[①]，幸运的是，至少有一个在你附近。近年来，我们见证了以科学为主题的图书俱乐部的兴起，其中包括在线卫报科学书俱乐部，他们邀请读者阅读评论，并积极阅读和讨论科学文献。所选择的书籍可以是畅销的当代科学文学，例如保罗·戴维斯（Paul Davies）的《上帝与新物理学》（*God and the New Physics*）。不过他们也回顾了一些有创造性的文本，例如由詹姆斯·沃森（John D. Watson）所著，于 1968 年首次出版的书籍——《双螺旋：发现 DNA 结构的故事》（*Double Helix*）[②]。其他以科学为主题的图书俱乐部还有由詹妮弗·罗恩（Jennifer Rohn）主持，设立在皇家学会的“小说实验室”。[③] 如果你想通过一种稍微更加广泛的途径来加入图书俱乐部，并且不想花费太多时间在公共交通工具上，那就找一家离你较近的图书俱乐部。首先，你或许可以询问一下已经成为图书俱乐部成员的朋友或同事。或者询问当地书店或查看各种提供图书俱乐部（包括你所在地区）指南的网站。这些网站还提供一些建议阅读的书单，以及在哪里可以购买或者获得这些书籍的信息。[④]

建立你自己的图书俱乐部

如果你正在考虑创建自己的科学类型的图书俱乐部，那么你需要考虑几个关键点：

1. 决定你认为合适的图书俱乐部类型。例如，你是否想要创建一个

---

① http://www.guardian.co.uk/uk/2005/feb/12/books.booksnews

② http://www.guardian.co.uk/science/2009/feb/08/life-unauthorised-biography-richardforteyhttp://www.guardian.co.uk/science/series/science-book-club

③ http://www.rigb.org/contentControl？ section=5443&action=detail

④ An example of a website that offers information on local book groups as well as book reviews and suggested reading material is http://bookgroup.info/041205/index.php

格调轻松的俱乐部；这个俱乐部是一个可以讨论书籍的社交场合吗？或者，你是否想要创建一个让大家能够严格分析文本的俱乐部？你想要所有的成员同时阅读一篇文章，还是大家可以沉浸在书籍的海洋里？

2. 决定了图书俱乐部的类型和风格之后，接下来的步骤是招募会员。一般来说，每个俱乐部有一个最佳的会员人数，而这又取决于图书俱乐部的类型以及地点。一般来说 6 ～ 15 个会员人数为最佳。会员招募通常很简单，可以先从你的朋友和同事开始。如果你能够凑集 3 ～ 4 个成员的核心小组，并让他们邀请一些可能有兴趣加入俱乐部的朋友或同事，这样在不知不觉中，你就召集了一个俱乐部。或者你还可以考虑在当地图书馆或书店进行广告宣传。

3. 考虑俱乐部的行程安排以及地点选择。传统意义上来说，大多数图书俱乐部每个月的同一时间定期举行活动，例如每个月的最后一个星期二，但可能没这么频繁，这要取决于你忙碌的程度。比起每月尝试着协调所有人来安排时间，坚持设置一个固定的时间未尝不是个好主意。地点也需要考虑。图书俱乐部可以轮流在成员的家中举行。如果你俱乐部的成员彼此认识或有社交联系，这么做的效果会很好。在成员的家中举行图书俱乐部通常能够为成员们建立一个社交场合，在开始讨论书籍前，他们可以先吃饭喝酒，并聊一聊时下的新闻。如果你觉得这样做不好，大概是因为你并不清楚成员们将会是什么样的人，那就考虑一下别的场所吧。建议考虑当地的书店、图书馆、咖啡厅、酒吧或酒馆。

4. 最后，如果你热衷于坚持一种类型的俱乐部，那么最简单的方法可能是在第一次会面前建立一个阅读书单，并以此来启动俱乐部。这个书单应该包含足够第一年讨论的推荐书籍数量。可以考虑使用已经在其他科学图书俱乐部中推荐和评论过的书籍，并竖起耳朵，睁大眼睛听取其他建议。你可能想要成为俱乐部的主要组织者或主办人，并且觉得自己喜欢为大家拟定阅读清单。但随着俱乐部的发展，成员们可能会对俱乐部的类型更加自信，那么你也可以考虑鼓励其他人来推荐书籍。

当曼彻斯特城市大学的乔安娜·弗伦（Joanna Verran）意识到可以有机会以传染病为前提创建一个图书俱乐部的时候，她便有了建立图书俱乐部的想法。她在案例研究 7.8 中描述了建立臭虫图书俱乐部的过程。

案例研究 7.8

臭虫图书俱乐部

乔安娜·弗伦

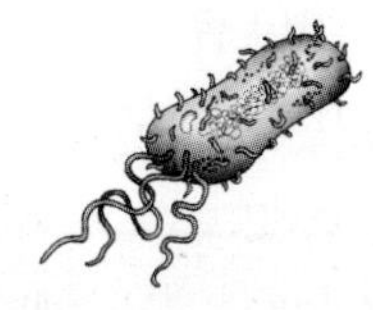

背景

臭虫图书俱乐部由科学家和非科学家组成。我们通常会试着在每次俱乐部会面的时候举行一个额外的活动，这个活动或者与小说的内容有关，或者与一年中的这一特定时间有关，例如世界艾滋病日、曼彻斯特科学节、国家科学与工程周和世界疟疾日。我们在网站上发布会议报告，阅读指南以及讨论要点和其他信息（见网站）。希望我们的活动能够鼓励其他人建立自己的图书俱乐部，并远程给予我们反馈或加入我们的图书俱乐部中。我们俱乐部的目标观众主要是精通文学，乐于讨论，并对科学（微生物学）感兴趣的人。额外的活动，如电影放映、漫步和社区活动吸引更广泛的观众，包括家庭。

图书俱乐部的结构

图书俱乐部的第一个活动在 2009 年 4 月举行。我们每年进行 6 次会面。通常每次活动约有 8 个成员进行会面，但是我们的邮件列表中有 8 个以上的成员。每次会面遵循类似的形式。我们会讨论书中的情节和人物，不管我们是不是喜欢。经过一般的讨论，我们将重点放在向公众传播关于微生物学的信息和观点过程上，在这一过程中，准确表达一般意义上的科学和特殊意义上的传染病的价值。我们也试图考虑进行一些学习和扩展活动以补充阅读，特别是发挥其在教育中的作用。不同的图书俱乐部成员是偏好不同的书籍，这一点很有趣——我们也将编制一个“好的臭虫书单”！

图书俱乐部活动示例

图书俱乐部的活动范例包括：

- 与以理查德·普雷斯顿（Richard Preston）的小说《热区》(*The Hot Zone*）为主题的会面相结合的电影《爆发》(*Outbreak*）的放映活动；
- 在曼彻斯特周围漫步，以说明伊丽莎白·盖斯凯尔（Elizabeth Gaskell）的小说《玛丽·巴顿》(*Mary Barton*）同时期的一些地点和问题；
- 生产用来纪念世界艾滋病日的“社区暖被”（community quilt），* 并在会面期间展示，以此来讨论威尔·赛尔夫（Will Self）的小说《多利安人》(*Dorian*)；
- 在讨论阿米塔夫·高希的作品《加尔各答染色体》(*The Calcutta Chromosome*）之前，举办社区音乐活动“疟疾的迁移”（Malaria Migrations）。

* 译者注：“社区暖被项目”（Community quilt project）计划是让人们以一种积极的方式聚集在一起，为社区居民提供尽可能的帮助，并为那些愿意做善事的人提供便利的条件。在网络时代，志愿者通过网络提供信息服务。请参阅：Community Quilt Project Mission Statement：http://www.communityquiltproject.com/projects/community-quilt-project/21-about/2-community-quilt-project-mission-statement

图书俱乐部的资金和资源

最初的和持续的关键资源是我的时间，我向惠康信托申请了资金，但没有成功。然而，一旦建立图书俱乐部这个想法萌芽，无论如何都要进行下去。最初，在举办第一个活动前，我和有关各方——朋友，同事，专业学会——谈论了这个想法。曼彻斯特公众参与信标和应用微生物学会（www.sfam.org.uk）共同赞助了我们第一个活动（电影《爆发》的放映和阅读小说《热点》），他们热情的支持是无价的。也正是普通微生物学会（www.sgm.ac.uk）资助了我们图书俱乐部另外的两个活动——阅读威尔·赛尔夫的《多利安人》和帕特丽夏·康薇儿的《身体农场》（*The Body Farm*）。幸运的是，英国的两个主要的微生物学会对该项目很感兴趣，并很乐意在一些活动上与我们进行合作。其他的支持，包括一些组织上的帮助，由曼彻斯特公共参与组织提供。

图书俱乐部的亮点

令人惊讶的是，俱乐部成功的会面集中在最初看来似乎不包含科学内容的书籍［布莱姆·斯托克（Bram Stoker）的《惊情四百年》（*Dracula*）］或者缺乏准确性的书籍（阿利斯泰尔·麦克莱恩（Alistair MacLean）的《最机密第三站》（*The Satan Bug*）。事实上这两点本身就会引起人们更多的讨论，而明显以微生物学为内容的小说［帕特丽夏·康薇儿的《非自然曝光》（*Unnatural Exposure*），理查德·普雷斯顿的《热区》，迈克尔·克莱顿（Michael Crichton）的《安德罗美达菌株》（*Andromeda Strain*）］往往引起更多的技术性辩论。

所有的社区活动都进行得很顺利。特别是《疟疾的迁移》，该活动在一个星期天下午吸引了大约100位公众。在这个活动之前，音乐家团体的成员们和科学家们对疟疾进行了讨论。在图书俱乐部的成员在另一地点会面讨论他们阅读的小说前，由音乐家和科学家讨论产生的音乐作品由人们在社区活动中进行表演，同时进行的活动还有科学展示、学生项目工作、资料单发放、比赛和一些资金的筹集。微生物学家和音乐家之间的合作对于两者来说都很愉快且令人兴奋。

需要注意的事情

活动的成功取决于图书俱乐部的核心成员的承诺，他们要严格遵守承诺。我们对阅读过的书籍总有一些见解，并且听别人发表关于书籍的不同见解很有趣，因此，会面总是进行得很顺利。在1年的活动中推荐成员阅读不同类型的书籍很重要，因为只阅读必要的微生物学内容可能会有限制性。我们在连续两次的会面中使用了两本帕特丽夏·康薇儿的小说，这样做很不可取（第二本《身体农场》被选为同时期曼彻斯特科学节补充的辩论主题），特别是对于那些不是作者粉丝的成员们来说。在当前的会面中确定下一次会面的日期和地点不总是可行。而对电子邮件列表、网络预订系统或者类似工具的使用要依赖于组织者对所有利益相关团体联系方式的掌握。早期的活动获得了更多的资助，因此我担心成员们很难从接受资助转变为付钱（尽管这并不难）。网络上的活动也不够深入，在互联网中，更好、更大胆地参与和传播活动的潜力巨大。

安全问题

活动的安全问题极少。图书俱乐部的会面于傍晚在曼彻斯特周围各种得到许可的地点进行。俱乐部成员都是些成年人，他们可以自行前往会面场地。对于一些扩展活动来说，安全问题是需要考虑的。当我们为引导散步的活动提供交通工具时

[俱乐部为了准备关于杰拉尔丁·布鲁克斯（Geraldine Brooks）的小说《奇迹之年》(*Year of Wonders*）的会面，我们去了伊姆村]，就需要提供适当的保险。在为社区项目申请资金时，我们还考虑了急救事项。

个人收获

这是一个非常有益且令人兴奋的活动，但是组织起来确实需要时间，特别是如果你还正在计划在图书俱乐部会面之外的其他活动。总的来说，发起并执行了这个项目让我有很大的成就感。与图书俱乐部其他成员讨论小说真的很有趣，我特别喜欢与小组里的科学家以及非科学家们钻研和讨论微生物学。这个活动使我对科学与创意写作之间的不同之处产生了兴趣，这是我今后想要探索的一个领域，我也会鼓励我的研究生更加广泛地涉猎，并进行批判性的阅读。

小贴士

1. 如果你要建立一个有具体着重点的图书俱乐部，那么一开始你就需要决定自己是否将一直是“领导者”，或者是否每个俱乐部成员都在自己选择的书籍上有领导权。

2. 阅读的书籍要类别广泛。

3. 如果你正在撰写读书报告，那么保持稳定的产出是很重要的。

4. 尝试从特定的社会团体获得资金。

5. 通过互联网建立简单的通信系统。

有用的网站

http://www.thereadingclub.co.uk/HowToStartBookclub.html

http://www.ehow.co.uk/video_4957126_organize-book-club.html

7.4 决策者

2006 年皇家学会科学传播报告提供了对英国科学家科学传播活动的真实见解。它揭示了科学家们想要与之交流的“公众类型”，如果说决策者是社会中的领跑人，60% 的科学家表示他们想与这个群体沟通（见章节 2.4.5）。要理解这一过程是如何得到促进的，我们需要考虑：

- 什么是政治？
- 什么是政策？
- 科学家们想要沟通的决策者是谁？

皮尔克（Pielke）为我们提供了第一个问题的答案：政治是讨价还价，是协商，是妥协以追求想要达到的目标。另一方面，政策是为承担一个特定动作过程所作出的决定。最后，如果我们简单地来理解谁是决策者这个答案，就是任何能够影响或改变政策决定的个人或团体。图 7.1 阐释了这个观点，它表明决策者不只是一个大而无定形的团体，相反，他们是能够影响和改变政策的不同团体。这些团体包括报刊、其他媒体、公众、决策者、管理者、科学家和非政府组织。科学家需要明白，这些团体中的每一个都可以影响政策制定，如图 7.2 中的示例所示。这个图还强调，科学家们需要知道这些决定：

- 可能不会反映研究共识；
- 可能不是基于科学证据做出的；
- 可能是基于有影响力的团体的看法和信念做出的。

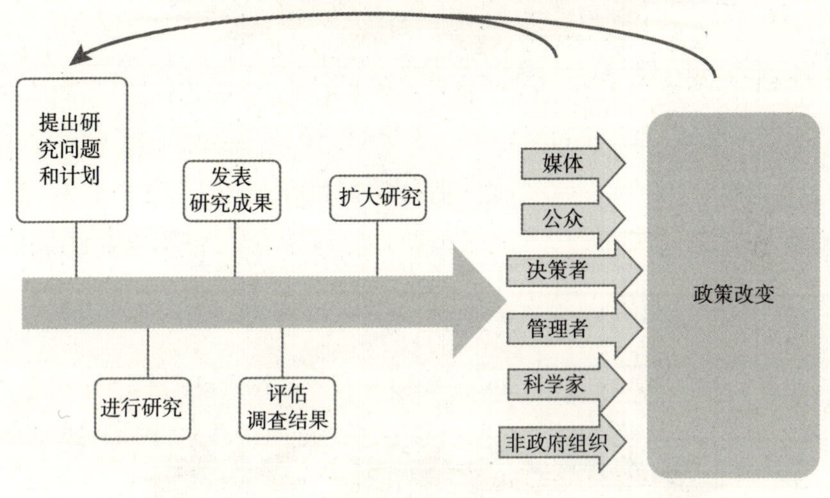

图 7.1 谁是决策者

科学家们的研究途径如何能够导致政策变化，政策变化和不同政策制定者的压力如何反过来反映和影响研究方向。该图还描述了这样一个事实，科学家和科学要对政策产生影响，就必须影响政策制定者去推动政策决策。科学本身做不到这一点。图 7.1 来自南希·巴伦（Nancy Baron）的《逃离象牙塔》（版权所属 Nancy Baron，2010，经华盛顿特区岛屿出版社允许转载）。

我们明白，科学家们现在的工作环境已不再是以前那样，只要通过同行评议和出版流程就能简单地将研究成果传达给同行和同事。相反，更广泛的社会发生了变化，如果我们想要确保政策决策是建立在可靠的证据之上的，就需要科学家们将他们的成果和证据清楚地传达给更广泛的受众。毫无疑问，很明显科学家们不能通过留在受到限制和保护的实

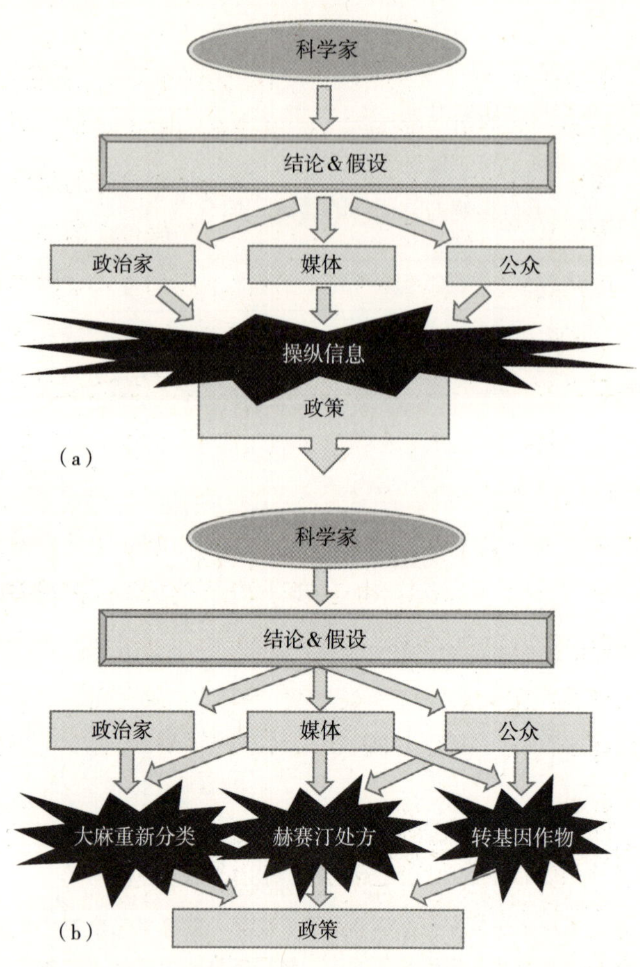

图 7.2 政策如果被影响

图 7.2 说明，(a) 科学和研究结论如何需要通过不同的群体来影响政策决策。然而，重要的是，科学家们认识到，这些群体可能不能完全理解这个信息，使其因缺乏理解而被操控。这意味着科学家们应该使信息尽可能清楚和简单。如果信息不被接受，也会出现被操纵的情况，因为它与普遍的看法或公众坚定的信念背道而驰，因此很难被接受。(b) 展示了科学家基于科学证据发出的不同信息如何被操纵，且科学政策不支持决策者。例如，将大麻从 C 类重新分为 B 类的政策违反了滥用药物问题咨询委员会（ACMD）的建议。这一政策决策是为了应对强有力的媒体运动，尽管这个政治议程违背了科学证据。在做出为乳腺癌早期的妇女开赫赛汀处方进行治疗的决策之前，并没有对药物的有效性、成本评估和安全性进行彻底审查。做出开该处方药的决定是为了应对强大的媒体运动和来自患者的压力。最后，英国暂停转基因作物是违反科学共识的，但这是对媒体运动和公众强烈抗议的反应。

验室世界中来做到这一点，因为这会使科学证据和科学家的信息被修改、操纵，让科学家名誉受损，或者在制定政策的过程中遭到其他关键参与者的拒绝。相反，科学家必须敢于冒险，学会克服自身的恐惧，将科学传达给更广发的社区，特别是当科学家们与政治舞台上的决策者进行互动的时候。皮尔克解释了科学家们是如何以不同的方式来回答分享知识的号召的，他表示科学家在与决策者互动的过程中会有以下 4 种角色：

纯粹的科学家——撰写和发表相关研究信息。他们有意向决策者提供研究信息，但是以中立的、非私人的方式。至于将信息提供给决策者之后会发生什么，他们不感兴趣也不关心。

科学仲裁者——准备回答决策者的问题，并根据要求指导决策者管理相关信息来源。但他们不会告诉决策者问什么问题才是正确的，也不会亲自尝试和影响决策者做决策。

诚实的政策经济人——确保决策者获得能为他们提供不同观点和选择的各种各样的信息，以确保他们能够做出明智的决策。也乐意提供说明，促进理解。

问题倡导者—— 一般来说，他们正在寻求对某个问题的影响力，持有一个观点并试图向决策者推广。

纯粹的科学家和科学仲裁者都是被动的角色，相比之下，问题倡导者和诚实的政策经济人更加积极。你很可能会自然而然地对其中一些角色感到亲切，但你的立场可能会受到一些因素的影响——你职业生涯阶段、你选择专研的科学领域、外界因素、将你所在的科学领域或你本人推向公众视野的事件等。如果你想在与决策者的互动中扮演更积极的角色，我们为科学家们提供了不同的培训计划（见表 7.5）。

表 7.5 与决策者互动的培训示例

项目	项目细节	网址
威斯敏斯特奖学金计划	每个学生 3 个月的借调	www.rsc.org/science-activities/
英国皇家化学学会	在英国议会科学技术办公室（POST）工作，每年提供 1 ～ 2 个奖学金	parliament/westminster-fellowship-scheme/ index.asp
英国皇家学会	在威斯敏斯特进行一周的互访	http://royalsociety.org/training/pairing-scheme/
配对计划		
科学家、国会议员或公务员美国科学促进会科技政策奖学金	为有成就的且对公共政策感兴趣的科学家和工程师提供一个在国会中学习和参与政策制定过程并为之贡献力量的机会。他们花费一年时间担任国会议员委员会立法领域的工作人员，这一领域将得益于他们对科学和技术的分析和看法	http://fellowships.aaas.org/02_Areas/02_ Congressional.shtml
利奥波德领导奖学金	该计划每年提供两次强化培训，帮助研究者获得技能、方法和理论框架，让他们将知识转化成行动，促进变革，以解决世界上最紧迫的环境和可持续发展的挑战。候选人必须是中等学历的学术环境研究人员，他们： · 工作地点在北美研究所或高等教育机构； · 从事生物物理科学、社会科学，或技术、医学，或工程领域中与环境和可持续性相关的研究	http://leopoldleadership.stanford.edu/fellowshipinformation
牛顿的苹果	牛顿的苹果是一个科学政策慈善基金会，其建立的目的是缩小科学家和决策者之间的差距。主要活动之一是一个旨在帮助年轻科学家和工程师更好地了解政府和立法过程的研讨会项目	www.newtons-apple.org.uk/

7.4.1 科学家和政治家

很多科学家在与政界人士进行沟通的时候，对于扮演积极的角色感到不舒服。在某种程度上，这是由于他们对这两个职业之间存在的相似点和不同点的缺乏理解——以下列出了两者之间的几个相同点和差异：

- 科学家和政治家对彼此的角色缺乏共同的了解。有趣的是，这两个职业都涉及研究。但科学家的工作一般是研究狭窄的领域。相比之下，政治家的研究是对各种不同的问题都要了解一点儿。
- 科学家可以自主决定研究的领域，并根据他们的研究结果、假设或科学界的共识来调整研究领域。相比之下，政治家要对他们的党派、赞助者或选民负责，因此追求个人利益的自由较少。
- 科学家通过花费大量时间专注于他们的研究领域来推进他们的工作，促进知识的产出。而对于政治家来说，即使他们愿意，也不可能有机会将重点放在一个问题或领域上。
- 科学家是关于科学的详细信息、知识和技能的来源。政治家不是经常被训练的科学家，但他们可能对科学问题感兴趣。他们依靠信息、知识和技能的来源做出需要科学投入的决策。
- 科学家可能有一个他们将要去验证的假设。他们会权衡科学和实验证据，如果实验结果违背了假设，他们很乐意拒绝这个假设，并验证一个新的假设。相反，政治家不乐意接受这个观念，他们将此视为犹豫不决和缺乏承诺的表现。
- 政治家希望科学家什么都懂，并为他们提供自己专业领域之外的科学问题的信息。而科学家可能会对讨论他们研究领域之外的问题感到不满。
- 科学家要想成功，就需要非常专业，勤奋并致力于自己的研究。只有科学家对自己的角色充满热情，他们对工作的投入才能达到所要求的程度。政治家也是非常勤奋的专业人士，他们对自己的工作充满热情。

7.4.2 被动的角色：纯粹的科学家

有时候，科学家会成为影响决策者的一个消极因素。科学家们了解在影响力尽可能大的同行评议期刊上发表论文的过程。这样做的好处很多，包括确保论文能够最大限度地被阅读以及研究成果能够得到同行和同事的好评。有时候，你研究论文的新闻稿会被地方或国家媒体刊载，这可能会引起决策者、国会议员或他们的研究者和职员的[①]关注。但如果没有媒体的干预，这一过程就不大可能发生。事实上，在决策者领域中，受过训练的科学家也并不多[②]。然而，重要的是科学家们要认识到缺少科学训练不应该与缺乏对科学的兴趣或者缺少理解科学和科学问题的智能混为一谈。这是科学训练的缺乏也不应该被科学家视为避免交流机会的借口。国会很多政策议员对科学和科学问题感兴趣，并乐于接受与他们尊重和信任的科学家进行积极交流的机会，以为他们提供准确的信息。显然，科学家有机会与这一乐于倾听的受众群体进行沟通和交流。不过，不可否认的是，一个政治家不会永远是一个乐于倾听的观众。就整个社会来说，有些政治家，例如于佩尔（Huppert）博士，他们是“反科学的”，并且“有一套信仰，会不顾一些科学事实去反驳你”。作为一名科学家，与这类特殊的决策者团体进行沟通并不是一个有吸引力的提议。然而，科学家们同时要问，他们是否担负得起与这一团体进行挑战与沟通的重任呢？

7.4.3 被动的角色：科学仲裁者

在议会委员会召集的听证会上作为证人提供信息和知识，就有机会担任科学仲裁者。听证会是一种论坛，用于从专家那里搜集关于科学问

① 美国把服务于决策者的研究人员和为他们提供信息的人称为 staffer。

② 南希·巴伦在以下文章和书籍中讨论了决策者科学背景的缺失：http://news.sky.com/home/politics/article/15676161，http://www.independent.co.uk/news/uk/politics/only-scientist-in-commons-alarmed-at-mps-ignorance-2041677.Html，以及他的著作《逃离象牙塔》。

题的信息以及他们对于该问题的不同看法和观点，并将此作为决策和立法过程的一部分。听证委员会也是吸引大家关注科学问题的机会①。最近需要科学家提供证据的高级特别委员会之一就是菲厄·琼斯（Phil Jones）教授向英国议会“气候门”调查委员会提供证据的机构。该委员会察看了发生在东英吉利大学气候调查研究组（CRU）②的一系列事件。英国政府进行这次调查，是为了弄清楚 CRU 事件的“两个基本问题：第一，气候调查研究组的数据和科学安全吗？第二，东英吉利大学和它的科学家们在故意试图隐藏信息吗？”显然，这不是一个许多科学家会寻求和享受的经历。然而，这项调查的最终结果是积极的，因为委员会的结论是“非法披露的电子邮件中所含的信息不能提供任何证据来证实气候变化是由人为引起的这一科学迹象”。③这项调查也挑战了科学家在审查数据公开性方面的过程和实践。报告指出，“我们建议，科学界应考虑改变这些做法，以确保更大的透明度”④。

不只有议会特别委员会要寻求科学证据，公共法案委员会也会要求外界组织，例如 NGO、游说团体以及感兴趣的个人公众等提供书面信息。证据类型可以是在诉讼开始时提交的书面证据或口头证据。请注意，所有的公共法案会议都是公共事务，会议录入英国议会官方议事录，记录可在他们的网站中找到，之后也可提供复印件。

在英国，科技委员会的存在是“为了确保政府的政策和决策是建立在良好的科学和工程建议以及证据的基础之上的”，它由在英国议会中代表不同政党的 11 名议员组成。委员会主席也是被任命的。目前的这些成

① 更多关于议会委员会职能和听证会访问的信息请见 http://www.youtube.com/watch ? v=0f-SRugWrkw&feature=plcp&context=C3674006UDO EgsToPDskLtl81sEhqHC7fCNI0zXNsZ the following video on the Parliamentary You Tube channels outlines select committees in action http://www.youtube.com/watch ? v=2feyugss YOk&feature=plcp&context=C3c1afa6UDOEgsToPDskLkNbc7_z4zXOWFNyHYOh2z。

② http://www.youtube.com/watch ? v=gPFdhxBbHX0。

③ http://www.official-documents.gov.uk/document/cm79/7934/7934.pdf。

④ http://www.official-documents.gov.uk/document/cm79/7934/7934.pdf。

员背景不同，科学资历也各不相同——一些只有大学学历。然而，目前还没有任何成员拥有博士学位。不过，他们被任命为委员会的成员原因是对科学感兴趣[①]。

英国议会大厦已经发布了有关专家证人在特别委员会中充当的角色的信息[②]。他们还制作了一个介绍这一角色的视频，并在YouTube上发布。视频中表明，准备和排练你想要表达的重点至关重要，它能够保证你将它们尽可能简洁、有说服力并清楚地表达出来。

7.4.4 诚实的政策经纪人

成为一个诚实的政策经纪人，要具备清晰的思维模式以及耐心和承诺。科学家必须以发挥作用为己任，并准备充当有用的科学资源，同时也要成为不关心政治的有效传播者。这个角色本质上就意味着你必须准备回答和解决专业领域之外的问题，它需要科学家准备好提供一个底线，即使这个底线最好是一个知情的猜测。政治家在寻找别人帮助他们阐明问题，使问题能够被理解。他们也热衷于结交能够为问题结果提供解决方案或建议的科学家。科学家必须更广泛地了解政治和社会问题，这些问题也将影响科学决策和选择，或受之影响。南希·巴伦将此描述为“科学家”的工作说明。

7.4.5 问题倡导者

选择加入决策者的科学家这么做是因为他们有一个特殊的问题，他们对这个问题的感受如此强烈以至于要克服与这个层面的传播活动相关的活化能（activation energy）。人们对问题倡导者的这一评价很公正。一般来说，成为问题倡导者的科学家通常会这样做是因为他们：

① http://www.parliament.uk/business/committees/committees-a-z/commons-select/science-and-technology-committee/inquiries/。

② http://www.parliament.uk/get-involved/have-your-say/take-part-in-committee-inquiries/witness/。

- 正在寻求提高人们对科学问题的认识，因为他们希望减轻科学问题带来的消极后果或确保积极的结果；
- 正在为科学或科学问题寻求财政支持。

你可以采取几种方法与议员进行沟通，以影响他们做出决策。一种方法是，你可以联系当地的议员并安排会面，使用初始的 Google 搜索就可以简单地查看包含电子邮件地址的详细联系方式。另一个选择是亲自接触他们。在英国，每个国会议员都会花时间到当地的选区去访问，并且可访问的地点都设有诊所，你可以作为一名科学家——同时也是一位选民出席。

另一种方法是通过科学团体。科学团体的作用包括：

- 向主要的利益相关者和决策者提供简要的信息；
- 基于最新的研究提供证据和观点；
- 为政府审查部门和委员会提供专业知识。

英国皇家学会是该领域活跃的机构之一，他们自 1664 年以来就一直在为政府和决策者提供科学证据，当时它向英国查尔斯二世国王报告了英国森林的状况。皇家学会有自己的科学政策咨询组织①，同时还组织了“政策实验室”会议，将科学家和决策者聚集起来讨论当下出现的科学问题②。这些会议提供播客下载，如果你注册播客并定期更新有关政策工作的内容，就能够获得更多有关讨论的信息。在英国，大多数的科学共同体都在征求能够在政策决策中发挥作用。这些科学共同体包括英国皇家

① http://royalsociety.org/about-us/governance/committees/science-policy/。
② http://royalsociety.org/policy/policylab/。

化学学会，生物学学会，物理研究所和伦敦数学学会等。科学家可以通过支付会费（可免税）加入这些学会，但可能需要学会成员的推荐。

除了科学共同体，其他一些运动和请愿也是倡导人们关注科学和科学问题的有效资源。1986 年，英国开始了“拯救英国科学”运动，这是一场科学家们的基层运动，他们想要确保英国科学有一个更加美好的前景。这场运动一开始是一个筹款活动，筹到的资金用来在《泰晤士报》上刊登广告，引起人们对英国科学研究资金不足的担忧（图 7.3）。随着时间的推移，这个运动演变成了科学与工程运动（CaSE）。CaSE 网站的一个有趣的特征是它提供了关于英国国会议员的相关信息，据了解这些议员或对科学感兴趣，或有着科学的背景。[①] CaSE 现在是英国领先的科学和工程政策倡导团体之一，整个团体完全由它的成员在支持。科学家可以以每月很低的费用加入 CaSE，并开始在提高科学和工程技术方面发挥更积极的作用。[②] 在“拯救英国科学”运动的 20 多年后，2010 年，英国的科学财政支出遭到大幅度削减，这成了新一轮“科学生死攸关”运动[③] 的催化剂。这是另一个由 CaSE 支持，由珍妮·罗恩（Jenny Rohn）博士发起的基层运动。这场运动一方面是抗议政府削减财政支出，另一方面是提议限制有才华和有技能的外来科学家移民到英国科学实验室工作。在这场运动中，人们递交了一个请愿书，请愿书中描述了科学和工程对英国经济的重要性，该请愿书在互联网上传播开来，迅速汇聚了动力，得到了众多支持。请愿书被递交给议会，CaSE 的代表们和“科学生死攸关”运动团体以及主要决策者之间召开了会议。此外，有 2000 多人为了支持这一运动，在英国财政部外集会，吸引了很多媒体的关注。该运动还促使国会议员签署了一个“早期动议”。最后，运动的支持者们和

① http://sciencecampaign.org.uk/？ page_id=1543。
② http://sciencecampaign.org.uk/。
③ http://scienceisvital.org.uk/。

拯救英国科学

基础科学为我们带来了广播电视，塑料，电脑，青霉素，X 射线，晶体管和微芯片，激光，核能，身体扫描仪，遗传密码……所有现代技术的基础都是科学家的发现，他们追求理解世界是如何运作的，它是如何形成的以及是什么力量使它运转。基础科学揭示生命的秘密，让我们获得治疗疾病的知识，发明新材料，了解地球及其环境，深入了解物质的本质并深入了解宇宙。

今天的基础研究扩大了我们对世界以及我们在世界中的地位的认知，是未来技术的基石，也是未来繁荣和就业的基础。

然而，英国科学正处于危机之中：错失机遇，科学家移民，整个研究领域处于危险之中。政府对研究的财政支持正在下降，远低于我们在欧洲的主要工业竞争者，而他们的政策是增加对科学研究的投入。我们没有借口：我们的政府只需要将北海油田年度利润的百分之一用于增加科学财政支出，就可以施以援手。我们可以且必须担负得起基础研究，这是英国对未来的投资。

请求国会议员在为时太晚之前帮助拯救英国科学

For information write to:
SAVE BRITISH SCIENCE
P.O. Box 241,
OXFORD, OX: jQQ
or telephone: (0863) 54993

1500 scientists
have paid for this advertisement

图 7.3 “拯救英国科学”运动最初在《泰晤士报》上刊登的广告

经“科学与工程”运动允许可转载。

24 个跨党派议员参加了这场游说。这场运动的影响以及在财政支出审查前收集的其他证据使得科学问题得到了比预期更好的解决。另一个近期专注于科学问题的运动是“抗生素行动”，专栏 7.2 中突出显示了该运动的情况。

在美国，很明显，让科学家与决策者进行沟通的议程已经开始了。

专栏 7.2 “抗生素行动”运动

- 英国抗生素化学疗法协会（BSAC）已经开展了一个运动，旨在促使人们认识到即将进入市场的新型抗生素将会很缺乏，并强调这个现象对“超级病菌菌株”的管理造成了威胁。全球发起的“抗生素行动”有一个请愿书，该请愿书得到了科学家、研究人员、临床医生、议员和有关个人的国际支持。请愿书要求政府确定加快新型抗生素获得许可过程的机会，采取激励措施促使工业和制药公司将新型抗生素投放市场，最后采取激励措施鼓励学术界和行业展开合作，加速生产新型抗生素。该运动已经得到了国会议员凯文·巴伦（Kevin Barron）的支持，他在下议院中提出了以下问题供大家讨论：

  下议院是否同意必须支持和帮助确定实施重新发现和开发新型抗菌药物的举措？

- 另外，这场运动还导致了第 2418 号“早期动议”：

  下议院指出，英国抗生素化学疗法协会发起的“抗生素行动”倡议的目标具有重要性，协会正在对鼓励发现、研究和开发新型抗菌药物以将其投入市场的方法进行检查。并进一步指出需要确保许可证流程精简的目的在于提供安全和快速的抗生素许可证。下议院了解激励行业克服挑战开发和推出新抗生素的必要性，并支持采取行动鼓励学术界、制药公司和诊断公司展开更多的合作，以最大限度地将已发现的候选分子转化成可用于英国全民医疗服务体系（NHS）的许可抗生素。

他们已经实施明确的举措来鼓励科学家开始在公共生活中发挥更积极的作用：走出实验室，走进办公室[①]。人们已经意识到，受过训练的科学家可以提供对科学教育、研究经费以及需要科学认识的国家重要问题等方面的真实见解。最近的事态发展是他们组建了一个名为“本·富兰克林榜”的两党政治行动委员会，旨在向工程师和科学家提供财政支持和赢得职位所需的公信力[②]。

7.4.6 如何将你的信息有效地传达给决策者

作为科学家，你可能会考虑将你的研究与决策者进行交流。你有一个超过任何其他人的优点：你是一位专家。但是，在许多方面，这也是一个主要的缺点，因为你非常了解你研究领域的细节，但又不能让细节掩盖了你想要传达的主要信息。你需要做的第一件事就是弄清楚你的主要问题是什么，并弄明白为什么这个问题会让政治家和决策者感兴趣。你需要认识到，你想要传达的信息或者你传达信息的方式要随着受众类型的改变而改变。因此，你需要弄明白你想要将信息传达给谁，如图7.4所示。为了将你的研究信息精简到一个清楚的信息中，你需要清除所有无关紧要的细节，并将重点放在整体。南希·巴伦发明了一个消息框（图7.5）——通过这个简单易用的方法，你可以找到最适合传达给你的受众的关键信息。除此之外，这个消息框还可以帮助你：

① http://www.nature.com/news/2008/080521/full/453434a.html。
② http://www.nytimes.com/2011/08/09/science/09emily.html？ _r=1&pagewanted=all。

- 向非科学家解释你做了什么；
- 准备要接受的采访；
- 将与决策者的谈话精简成一个 30 秒的电梯演讲；
- 润色摘要或投稿信以发表文章或出版书籍；
- 撰写有效的新闻稿；
- 将网站做成情节串联图板。

——来自南希·巴伦的《逃离象牙塔》。版权所属 ©2010 Nancy Baron，经华盛顿特区岛屿出版社允许转载。

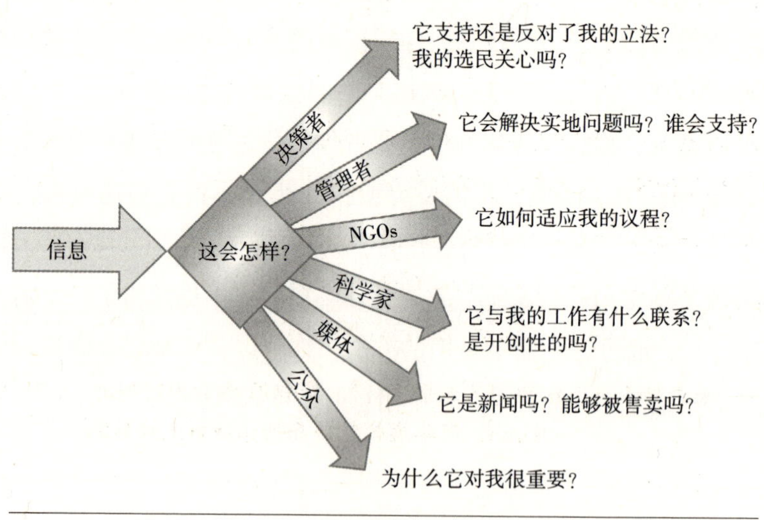

图 7.4　你想将信息传达给谁

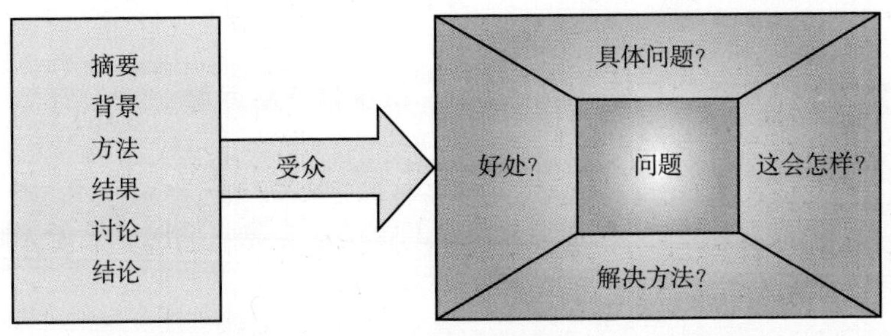

图 7.5　消息框

来自南希·巴伦的《逃离象牙塔》。版权所属 ©2010 Nancy Baron，经华盛顿特区岛屿出版社允许转载。

这个消息框由围绕中央问题排列的 4 个象限组成。以下问题应在每个象限中回答。

1. **问题**——从广义上来说，我的总体问题或主题是什么？
2. **具体问题**——我所提出的具体问题是什么？
3. **这会怎样**——为什么这对我的受众是重要的？
4. **解决方法**——这个问题的潜在解决方法是什么？
5. **好处**——解决这个问题的潜在好处是什么？

——来自南希·巴伦的《逃离象牙塔》。版权所属 ©2010 Nancy Baron，经华盛顿特区岛屿出版社允许转载。

消息框不需要以线性方式完成。你可以通过逐步的方式开始和完成，但可以按照对你来说有效的顺序回答每个象限的问题。理想情况下，你应该将 4 个象限中每个问题的答案都写在 A4 的一面。有关适用于“抗生素行动”活动的消息框的示例，请参见专栏 7.3。

专栏 7.3　使用消息框分析 BSAC、抗生素行动运动

- 问题：现代抗生素的缺乏和抗感染力的增加。
- 具体问题：市面上没有足够多新的抗菌化合物。同时，有越来越多的耐药细菌会引起毁灭性的人类疾病。
- 这会怎样：这将对全球健康产生重大影响，并重新回到前抗生素时代，致病细菌会导致严重的死亡率和发病率。
- 解决方法：提高对问题的认识和适当使用抗生素。激励新型抗生素的开发，加快新型抗生素的使用过程。
- 好处：避免潜在的重大健康危机，从而改善全球健康的前景。

7.4.7　科学家 - 公民

科学家们必须记住，即使在制定关于科学的决策方面，政治家也不会受到科学家或证据的影响。相反，他们将根据媒体和舆论、科学界提供的信息以及研究资助者或授权机构提供的信息做出决定。这不应该是科学家脱离这个过程的原因。相反，一个已经采取措施走出实验室环境并进入政治领域的科学家可以被视为科学家 - 公民，因为他们可以对决定政策制定产生影响。 案例研究 7.9 由罗伯特 · D. 威尔斯（Robert D.Wells）教授撰写，描述了他对美国公共领域的政策制定和决策的参与。该案例研究概述了需要宣传和使用不同方法的一些不同的问题。

案例研究 7.9

科学家 – 公民

罗伯特·D. 威尔斯

早期情况

我在 20 世纪 60 年代中期于威斯康星大学生物化学系开始了自己的教授生涯。这个部门对于一个年轻的、试图成就一番研究和教育计划的教授来说是极好的。该系历史悠久（当时已超过 86 年），是美国极早的系之一。在那里进行过大量维生素的基础工作，我的一位同事发现了华法林（一种广泛使用的抗凝剂和杀鼠剂）。研究生们很有天赋，教育计划也相当稳固。我的研究计划迅速建成，我很快就有了一个由热切的年轻学生和博士后研究员组成的繁忙的实验室，致力于重要的 DNA 生化问题。

我很快意识到，实际上我的实验室在全国整个生物医药企业中取得的进展，私下都依赖于可用的适当资金。联邦政府是唯一合适的持续资金来源，以支持长期持续和有力的计划。诚然，国家政府、私人基金会、公司或其他私人来源的资金可能支持一些较小和较短期的计划。因此，我完全依赖于美国联邦政府。我很好奇我从国家卫生研究院（NIH）、国家科学基金会（NSF）、能源部和其他机构收到的用以回应我的拨款建议的资金的拨款机制，实际上我好奇的是关于这些机构从美国国会获得资金的方式。因此，未来 30 ～ 45 年，我会部分从事这一过程的学习，并试图积极影响对重要科学研究的支持。

我与国会的第一次接触

20 世纪 80 年代末，我成了伯明翰阿拉巴马大学（UAB）医学和牙科学院的生物化学系主席，随后开始认真地参与公共事务。十年来，我们在校外支援活动迅速将这个医疗综合体从不到 100 万美元发展到超过 1.2 亿美元，在助学金领域也非常成功。这包括新的 NIH 培训为极具竞争力领域的分子和细胞生物学提供的资金。当我们在非常成功的五年后申请续签这笔资助并获得“可资助”的优先分数时，我们被告知国家卫生研究院已经从培训补助金计划中去除了所有新的资金；我们极好的训练补助金不会得到资助。我对此很愤怒。我认为这是国家卫生研究院的一个错误决定，因为对新的年轻科学家的教育是研究型企业的生命之泉。

所以我决定采取行动。并非试图在国家卫生研究院的官僚机构内工作，伯明翰阿拉巴马大学副总统建议我与国会议员会面，要求他们代表我在这个重要的教育问题上进行表态。我给所有其他国家卫生研究院培训资金总监（约 45 名）写信在哲学和财务上征求了他们的支持，结果相当成功。我在哥伦比亚特区引入了一个在卫生事务领域工作的游说公司，他们自愿协助这项工作。在我的国会会议期间，我被介绍给参议员马克 · 哈特菲尔德（Mark Hatfield，俄勒冈州的共和党人），他是我见过的极其会帮助和鼓舞人心的人之一。在外边等候的时候，一名工作人员告诉我，我和参议员有 10 分钟的时间；必须在 12 分钟内结束，因为其他大批人正在等待见他。在会见哈特菲尔德参议员的时候，我告诉了他我的使命，他让我知道在短时间内他对国家卫生研究院预算的了解已经很多甚至更多，因为他完全支持我的工作。然后，他转而向我提出了一些庞大的问题，例如“为什么我们美国会有科学文盲公众”“为什么我们的孩子在数学和科学上与其他开明的国家相比几乎垫底”？我们接下来谈了 90 分钟，他在谈话结束时评论道，“威尔斯博士，我不经常有机会跟你这样的人交谈。”所以你永远不知道议员会做出怎样的反应。

为了总结结果，哈特菲尔德参议员打了个电话。国家卫生研究院恢复了培训补助资金，UAB 补助金也已退还。此外，哈特菲尔德参议员要我组织一个生物医学科学家联盟与他和詹姆斯·沃特金斯（James Watkins）海军上将会面，然后是与能源部部长讨论美国的科学教育问题。在接下来的 18 个月内，我们在美国首都进行了 3 次午餐会议，为改善这些问题采取了初步措施。这导致由参议员肯尼迪和哈特菲尔德提出的名为“1990 年数学、科学和工程学卓越行动”（‘Excellence in Mathematics，Science，and Engineering Act of 1990’）的法案（S.2114）。委员会由罗伯特·波克（Robert M. Bock 博士，威斯康星大学），罗伯特·斯基姆（Robert T. Schimke 博士，斯坦福大学），伯纳德·温斯坦（Bernard Weinstein 博士，哥伦比亚大学），丹尼尔·内森（Daniel Nathans，约翰·霍普金斯大学），罗伯特·布里斯（Robert H. Burris 博士，威斯康星大学），迪特尔·索尔（Dieter Soll，耶鲁大学）和罗伯特·希尔（Robert L. Hill，杜克大学）组成。这一行动引起了人们对美国科学教育日益增多的缺陷的初步关注，幸好，现在大家对这个问题非常感兴趣。

我不是什么特别的人，在这些努力中我没有特殊资质或天赋。我只是对联邦政府的决定感到沮丧后采取了行动，因为我深知财政支持的重要性。我知道政府的支持对我们的科学进步是至关重要的。因此，参与、站起来并采取行动。你可以赢得一切，并且很少或没有损失。没有人会要求你参与，你必须自我激励。但请记住，你的这些努力是正确的。

得克萨斯州和社团主席

1990 年，我在得克萨斯医疗中心休斯敦成立了得克萨斯农工大学生命科学与技术研究所（IBT）。因此，我非常忙于雇用教师、组建研究生教育计划、基础设施、中心系统、人力资源、外联、资本发展，以及许多其他活动，包括我的激动人心的研究计划（http://www.ibt.tamhsc.edu/labs/cgr/wells.html）。今天，IBT 是一个繁荣的研究所，由约 25 个研究团队组成，研究团队在得克萨斯医疗中心的 11 层—— 一个 13 万平方英尺（约 1.21 万平方米）的建筑中开展各种医学研究项目。除此之外，我在 1990 年被选为美国生物化学和分子生物学学会（ASBMB）的主席。

国生物化学和分子生物学学会（成立于 1906 年）由约 12000 名成员组成，已经成为一个国际社团。在我 4 年的任期里，作为主席候选人、主席，以及前主席，我对社团的宣传、会议（大型全国会议和小型专题研讨会），以及出版物[《生物化学杂志》（*Journal of Biological Chemistry*）、《分子与细胞蛋白组学》（*Molecular and Cellular Proteomics*）、《脂肪研究期刊》（*Journal of Lipid Research*）、《今日美国生物化学和分子生物学学会》（*ASBMB Today*）] 的议程进行了详细的了解。这 3 个领域中的每一个在总部（Bethesda，MD）都有几名工作人员，并且他们所在的领域也有多样化和多方面的活动。因此，我能够支持和加强这个社团美好的公共事务。其中一些兴趣包括：国会访问、新闻和信息、初级科学政策实习生奖学金、授予施赫曼公共服务（the Schachman Public Service recognition）认可、向国会议员发表立场声明和信函。此外，我们还开发了一张题为“与议员见面：草根指南”的 DVD，以培养科学家们向政府领导人提议的合适方法。

国生物化学和分子生物学学会是组成美国实验生物学会联合会（FASEB）的 23 个社团之一。我在 2003 年当选为美国实验生物学会联合会主席，任期 3 年。美国实验生物学会联合会成立于 1912 年，拥有超过 10 万名会员。这是美国最大和最负盛名的生物医学研究协会。其使命是提高生物医学和生命科学家的能力，通过研究来提高所有人的健康、福祉和生产力。其总部位于贝塞斯达（Bethesda，MD），它是美国政府医学科学家利益的主要发言人。因此，这是在公共事务上的“房间里的大猩猩”（gorilla in the room）。美国实验生物学会联合会像美国生物化学和分子生物学学会一样，在日刊、出版物，特别是宣传活动方面都有广泛的议程。贝塞斯达的美国实验生物学学会联合会（FASEB）公共事务办公室由 12 名专业人员组成，他们正在积极开展实现上述目标的项目。

访问白宫

我在担任美国实验生物学会联合会主席的时候，决定尝试为生物医学研究的成功做些事情。我知道在交由美国国会审议之前，美国的预算最初是由美国总统及其工作人员在白宫起草的。如果总统制定的科学研究预算太低，美国实验生物学学会联合会和其他力量想要将资金提高到一个合理的水平以维持科研企业的运行时十分困难的。在我担任美国实验生物学学会联合会主席团的第一个星期，我向其公共事务办公室的工作人员提出想要在白宫与布什总统会面，以试图提高未来的科学资金。我们在两个月的时间内召开了两次预备会议来讨论这种可能性，美国实验生物学学会联合会此前从未尝试过这种举措。美国实验生物学学会联合会公共事务办公室主任霍华德·加里森（Howard Garrison）博士在第三个月的第三次会议上宣布："我们去白宫。""如果你［鲍勃·威尔斯（Bob Wells）］能让几个诺贝尔科学奖获得者陪我一同前往，我将在预算被确定下来并被送往国会之前，安排一个关键的时刻进行访问"。这是重大、创新和大胆的一步。

2003年7—10月，我努力争取到4位诺贝尔奖获得者参与我们的访问，我可以依靠他们给哥伦比亚特区的人留下一个积极的印象，并承诺只占用1天的时间。同时，加里森博士和他的工作人员在试图安排与布什总统的会面。来自伊利诺伊州的共和党、前国会少数党领袖鲍勃·米歇尔（Bob Michel）是我们联系白宫做出合适安排的非常宝贵的人脉。米歇尔先生一直是医学研究的有力支持者，也是美国实验生物学学会联合会的好伙伴。访问日期安排在2003年11月20日。布什先生当天到伦敦与英国女王共进国宴，于是我们重新安排了与副总统理查德·切尼（Richard Cheney）的会面。很多顾问告诉我们，改成和副总统会面可能是一个偶然的侥幸，因为切尼可能比布什先生更有影响力。

会面在白宫西翼的罗斯福会议室进行。我们会面的主题是，科学家为医学和科学研究做出的努力很有价值且高尚，美国应该加大对这些项目的支持。吉尔曼（Gilman）博士、奥特曼（Altman）、罗拉（Rowland）和切克（Cech）博士的出席保证了我受到了美国政府最高层的关注。我们的会面进行得很顺利，时间约为50分钟。虽然切尼的工作人员告诉我，我们与副总统交谈的时间约 20 分钟。但事实上，他很快就承认他很感激医学研究的恩惠，他的心脏问题是众所周知的。

我们之后了解到，切尼在与我们会面的两天后，花了一整天时间起草预算。他划拨了约 7.5 亿美元到美国国家卫生研究院的预算中。他这一天的工作还不错！

小贴士——一般性原则

- 参与——站起来，让别人知道你的想法。
- 在民主政府的领导下，立法者需要知道你的意见。这些立法者一般都是律师或商人，他们不知道科学界正在发生什么。他们需要我们的加入。你能够为政府提供有价值的服务。
- 你有权利，事实上有责任，与民主代表们见面。尽管这是美国历史悠久的传统，但这在英国也变得越来越普遍。我鼓励其他国家的科学家也要与他们的议员沟通。如果你对这些环节的适当性有任何疑问，请咨询你所在机构的上级。
- “会哭的孩子有奶喝”。
- 通过一个理由来让别人接受你所倡导的态度和（或）教育模式，而不是去游说。
- 邀请代表访问你的工作场所，他们（和你）可能会在一些方面有所受益。
- 未来请自愿提供关于科学和（或）科学政策的信息/建议，你可能会有意想不到的收获。
- 加入科学团体。许多科学团体都有宣传办公室，可以为你提供支持和培训。

- 将你的活动告知你所属的机构；许多机构会对你的努力做出支持。
- 确定一个导师，请求他的帮忙。许多问题太大，人们急于从别人那里获得帮助。
- 与国会议员会面是美国历史悠久的传统，这也是民主企业文化的重要组成部分。
- 你可以在首都与国会议员会面，也可以在内政部与他们见面（后者成本更低）。
- 当一个提案没有资助时，科学家会感到不安。但是请记住，出资机构想要出资这笔拨款，但他们没有足够的资金去资助所有的提案。要想从根本上解决问题，就要提高科研资金水平。
- 不要误以为别人在代表你的利益，他们多半不会。
- 只是因为你知道科学和（或）医学研究是一种崇高的活动，不要认为立法者会给予特别的考虑来资助这些事业，要不你会失望。一般来说，他们不会这么做！请记住，研究经费与监狱、国防、公路建设、福利等项目的拨款相互竞争，而这些活动的支持者已经在敲立法者的门了。
- 在过去的 20 年里，我遇到了很多美国重要的立法者。一般来说，他们都是好心又忠诚的人。
- 没有人会“强迫你”开展这些活动，你必须自我激励。
- 倡导科学的过程是愉快的、有趣的以及有收获的。
- 一个人也可以有所作为！

7.5 结语

本章强调了科学家们可以通过不同的方式直接与不同类型的公众进行沟通。通过这种方式，科学家们不仅能够为公众提供关于科学的信息，而且可以参与到一个更加开放和平等的对话中。一个科学家的科学事业是否成功取决于他是否在同行科学家中建立了良好的声誉。但请记住，随着专业知识的增长，你也成了与更广泛的社区分享经验、知识和灵感的理想人选，而不只是跟你的同行分享。事实上，对科学共同体产生影响的事件不是只能在实验室的长凳上发生。能够成为一名科学家公民的机会很多，每次个人的行为和每个单独的声音都有重要意义，并可以产生影响，科学家自己也一样。第八章继续介绍公共科学传播。与本章相比，第八章着重介绍了间接的互动，尽管如此，我们仍可以将对话置于这一过程中。

参考文献

[1] ALEXANDER E P, ALEXANDER M. Museums in motion. An introduction to the history and functions of museums [M]. Oxford: Alta Mira Press, 2008.

[2] BARON N. Escape from the Ivory Tower [M]. Washington DC: Island Press, 2010.

[3] BERMAN M. Social change and scientific organisation. The Royal Institution 1799–1844 [M]. Portsmouth: Heinemann Educational Books, 1978.

[4] BROOK M, LEEVERS H. Science is vital [J]. CASE News, 2010, 65 (12): 8-9.

[5] BUCKLEY N, HORDIJENKO S. Science festivals [M]//BENNETT D J, JENNINGS R C. Successful science communication, telling it like it is. Cambridge: Cambridge University Press, 2011.

[6] CAULTON T. Hands-on exhibitions: managing interactive museums and science centres [M]. London: Routledge, 2011.

[7] CLERY D. Bringing science to the cafes [J]. Science, 2003, 300 (5628): 2026.

[8] DALLAS D. Cafe Scientifique-deja vu [J]. Cell, 2006, 126 (2): 227-229.

[9] DEAN C. Groups call for scientists to engage the body politic [N]. The New York Times, 2011-8-8 (1).

[10] DJESSARI C. When is 'science on stage' really science? [J]. American Theatre, 2007, 126 (24): 96-103.

[11] FORS V. The missing link in learning in science centres [D]. Lulea: Lulea University of Technology, 2007.

[12] GRAND A. Engaging through dialogue: international experiences of Cafe Scientifique [M]//HOLLIMAN R, THOMAS J, SMIDT S, et al. Practising science communication in the information. Oxford: Oxford University Press, 2008.

[13] GRAND A. What's it like to speak at Cafe Scientifique? [J]. The Bulletin of the Royal College of Pathologists, 2011, 154: 114-116.

[14] HOOK N, BRAKE M. Science in popular culture [M]//BRAKE M L, WEITKAMP E. Introducing science communication. London: Palgrave Macmillan, 2010.

[15] JARDINE L. The curious life of Robert Hooke: the man who measured London [M]. New York: Harper Perennial, 2003.

[16] KUMAR M, INCE R. The science of comedy [N]. Daily Telegraph, 2011-5-1 (5).

[17] PEDRETTI E. T.KUHN meets T. Rex: critical conversations and new directions in science centres and science museums [J]. Studies in Science Education, 2008, 37 (1): 1-41.

[18] PIELKE R. The honest broker [M]. Cambridge: Cambridge University Press, 2007.

[19] RUSSO G. Meeting urges scientists into politics [J]. Nature, 2008, 453: 434.

[20] SHEPHERD B K. Science on stage: from 'doctor faustus' to 'Copenhagen' [M].

Princeton NJ: Princeton University Press, 2006.

[21] SHORTLAND M, GREGORY J. Communicating science, a handbook [M]. London: Longman Scientific and Technical, 1991.

[22] TAYLOR C. The art and science of lecture demonstration [M]. Bristol, England: Adam Hilger, 1988.

8 间接的公众传播

“人类需要头脑清醒并对世界运行规律有必备认知的公民。”

——卡尔·萨根（Carl Sagan）

8.1 介绍

本章调查了间接科学传播的案例，即经常遇到的并非面对面的传播。间接传播仍然可以通过包含信息和对话的各种不同的媒体来实现。这种媒体包括电视、广播、纸质报纸和书籍。本章还包括公民科学中不断丰富着的领域，探索通过 Web 2.0 的工具和服务与公众进行对话。

8.2 聚焦科学和电视

大多数人（54%）通过电视获得了大部分的科学知识，如图 8.1 所示。因此，可以说电视是在科学传播方面影响最大的媒介。尽管如此，很少有科学家在电视事业中寻求发展，而那些涉足电视的科学家，则变得声誉满天下。

科学在电视上以不同形式出现：

1. 系列剧，如较为成功的哥伦比亚广播公司特许经营戏剧《犯罪现场调查》（*CSI*）和英国广播公司的《神秘博士》（*Dr Who*）和《夏洛

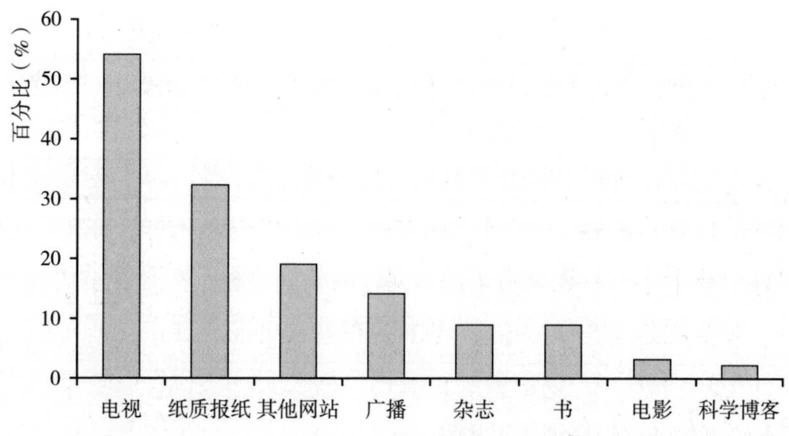

图 8.1　16 岁以上人口的百分比分布回答了哪种方式是他们最常见的科学信息来源的问题

数据来自 PAS 2011。

克·福尔摩斯》(*Sherlock Holmes*)；

2. 喜剧如哥伦比亚广播公司的《生活大爆炸》(*The Big Bang Theory*)[①]；

3. 全国各地电视频道的新闻报道；

4. 脱口秀，如英国广播公司的“一枝独秀”(The One Show)；

5. 猜谜秀，如英国广播公司的“智商”(QI)；

6. 科学和自然系列节目，如 20 世纪 80 年代初，艾美奖屡获殊荣的纪录片《宇宙》(*Cosmos*)，在美国公共广播公司播出。

目前以科学和自然为重点的节目包括事实科学节目《地平线》(*Horizon*)，以及在英国广播公司播出的流行科学节目《理论大爆炸》。其他具有强大科学内容的节目是风景秀丽的全景自然历史和野生动物系列，如英国广播公司的《冰冻星球》(*Frozen Planet*)和《与恐龙同行》

① http://www.cbs.com/shows/big_bang_theory/。

（*Walking with Dinosaurs*）。事实上，运行时间最长的英国广播公司系列节目是由业余天文学家和传播专家，帕特里克·摩尔（Patrick Moore）主办的《今夜星空》（*The Sky at Night*）。

有趣的是，电视节目并不是均匀地覆盖所有科学学科，对电视节目内容的分析研究表明，近一半的电视科学故事以健康和医学的角度展开。这可能反映了广大收视者对于健康问题的共同兴趣。另外还有内容更为详尽、对本质进行更深入的叙事性探究的特别电视节目，如《未来世界》（*Tomorrow's World*），以前曾经由英国广播公司和美国公共广播公司的《新星》（*NOVA*）栏目进行过播映。

这些研究表明，科学被描述为"一个产品，而不是一个探究的过程"。除此而外，科学发现的过程和最终结果被表现为有序的、预先确定的和最终的必然结果。研究结果还表明，电视普遍地将科学家描绘成"无所不知、权威可信的"的人。然而,《生活大爆炸》的观众很难认识到这种对科学家的看法。相反，这部喜剧的观众们面对的是一群科学家，他们被描绘成神经质、有竞争意识和社交能力不佳的人，他们与《疯狂科学家》中众所周知的刻板印象相似，尽管没有灰色的头发。

一般来说，诸如"未来世界""新星"和"地平线"等科学节目，都是由公共资金支持的电视频道进行运作的，这些频道包括：英国的广播公司（BBC）和美国的公共广播台（PBS）。具有重大科学和自然内容的节目符合"英国广播电视通讯管理署"（the UK's Office of Communication）定义的公共广播的范围，即创建"观众思考"（viewers think）的节目。"英国广播电视通讯管理署"指出，公共广播的作用是提供激励我们对艺术、科学、历史和其他主题的兴趣和知识的节目，通过提供易获取的内容和鼓励个体的发展，从而促进公众参与。尽管如此，有报道指出，所有的地面频道都在挤压科学节目，诸如削减特定科学节目的制作预算等问题，广大公众的担忧是过于严肃的科学节目以及诸如历史等其他题材的出现，对科学节目的播出空间造成了影响。虽然 2011 年“电视广播节目管理指标”（Program Administration Scale，PAS）研究表明，有一半的受访者认为他们听到和看到的科学节目太少。但实际上，英国广播公司仍然在投资、委托创作、制作和提供各种科学节目，如《理论大爆炸》[1]，鼓励观众积极从事科学实验，以及2010[2]年的《太阳系的奇迹》（*Wonders of the Solar System*）和在 2011 年播放的后续系列节目《宇宙的奇迹》（*Wonders of the Universe*）[3]。

研究表明，认为将科学分解成易理解的信息块节目的观众更喜欢科学报道。然而，尽管如此，有 57%的人认为自己对科学知之甚少，或者不了解。2011 年 PAS 的研究数据还表明，从电视获取信息的人对科学知识知之甚少（37%），而通过科学博客在网上获得信息的人了解更多科学知识（71%）。

8.2.1 科学家和电视

你可以在电视上瞥见科学家们的身影，他们谈论关于新闻节目中的科学突破进展，偶尔作为脱口秀和猜谜秀的嘉宾，或者科学和自然纪录片的主持人。在电视上接受采访可以给科学家带来真正的挑战。首先，有必要在确保科学准确报道的同时有效地传达你的信息。其次，也许还有一个更有挑战性的问题，就是要确保你给电视观众留下了积极的印象。积极的印象中包括你在电视中的形象以及在观众前的表现，同时给观众传达的他们带回家的信息是清晰和简洁的。似乎做得很好的科学家一般都已经具有广播电视上活动的经验，他们或者经过媒体培训，进行过将自己的信息通过创建“原声摘要播出”的排练而将自己的观点表述清楚。在视觉媒体中创

① http://www.bbc.co.uk/programmes/b00lwxj1。
② http://www.bbc.co.uk/programmes/b00qyxfb。
③ http://www.bbc.co.uk/programmes/b00zdhtg。

造积极的形象也很重要。第一步，表达出你对自己的话题的热情是非常重要的。这种热情中包括讲述为什么你的科学研究是重要的，对公众来说也是有趣的。但是，除此而外，这种讲述方法能够在你的观点中提供洞见、关注点以及你的看法。专栏 8.1 描述了两位微生物学家如何利用其科学专业知识来使电视节目变得更有吸引力。

专栏 8.1　微生物学电视节目

- 威廉博士描述了他是如何在俄克拉荷马州塔尔萨市当地电视台"Fox23"合作的事情。其概念是与比尔（Bill）及其同事们一起作为"SWOT 团队"来制作一系列个人新闻。这个团队访问了塔尔萨周围不同的地方（比如服装店或公交站的更衣室），擦拭取得细菌，把药签取样带回实验室。然后让培养菌在琼脂平板上生长，并确认隔离出的细菌。在短短 3 分钟的新闻片段中，隔离的培养菌就很快被展现出来了。同样，这种电视制作的概念也出现在英国。微生物学家，安托尼·希尔顿博士（Dr Anthony Hilton）参加了《污垢现场调查》（*Grime Scene Investigation*）节目，这是 2006 年期间在英国广播公司 3 频道上播出的 8 集系列剧。在每一集中，一组科学家在他们的移动实验室拜访了一名公众成员，以揭示他们生活中接触到的微生物的真相。除了"污垢现场调查"节目，安托尼·希尔顿博士还在英国广播公司 1 频道上为《一枝独秀》（*The One Show*）制作了一系列 3 集小短片。这些段短片探讨了在公共场合，诸如自动取款机、十字路口按钮（pelican crossing buttons）和计算机键盘上的恶性细菌是否可以与众所周知的物体隔离开来。（http://www1.aston.ac.uk/lhs/staff/az-index/hiltonac/）

科学家也被聘为科学和自然纪录片的重要主持人。有趣的是，有一些科学家，例如罗伯特·温斯顿（Robert Winston）教授、戴维·阿滕伯勒爵士（David Attenborough）和布赖恩·考克斯（Brian Cox）教授，当提及吸引了大量观众时，他们被认为是“畅销商品或自身品牌”。此外，科学家作为展示者的作用带来了节目的易信程度、可靠性和权威性。此外，这些主持人对观众产生信任，反过来又会吸引观众，并在所传达的主题事件中提高信任程度和接受程度。很明显，像布莱恩·考克斯（Brian Cox）和爱丽丝·罗伯茨（Alice Roberts）这样的科学家主持人的成功在很大程度上是由于他们作为传播者的固有能力。但这也是因为他们是自己专业中的专家，他们对此充满热情，他们能够以简单易懂的方式传达复杂的思想。然而，也不总是会有某个特定科学领域的专家来作为科学电视主持人，罗伯特·温斯顿（Robert Winston）教授是作为生殖学和遗传学专家进入公众视野的。从那时起，他已经演变成了一个电视节目主持人，他像BBC的《英国个性大调查》（*Child of our Time*）和《与野人同行》（*Walking with Cavemen*）等电视节目的主持人一样，这显然在他个人的科学专业领域之外的节目。在英国，有几位科学家由于他们的专业知识和英国广播公司与开放大学之间的独特合作而成为科学领域有效的传播者。这导致了许多开创性的科学和自然节目的制作，包括自然历史纪录片《冰冻星球》以及受欢迎的科学节目《大爆炸理论》（*Bang goes the Theory*）（见专栏 8.2，了解有关 BBC 和开放大学合作的更多细节）。

专栏 8.2 电视上的科学：开放大学

- 公开大学实验室，英国广播电台和开放大学。
- 英国广播公司和开放大学工程，是一个远程学习的高等教育机构，由机构内部和独立供应商共同提供基金。这些“学习之旅”项目在[①]英国广播公司所有的电视频道和广播电台播出，优先进行的项目包括科学技术和自然，是开放大学所教授的五个科目之一。开放大学和英国广播公司项目委员会共同制定教材，通过突出重点研究领域来提高公众对此的认识，并希望能够调动起公众的兴趣，从而转化为申请开放大学课程的学生。此外，这些项目不断将最新的技术纳入其中，以新的和创新的方式来呈现内容。每个新项目开始时，开放大学的学者和科学家都会与制作团队会面，以确保：

1. 该节目可以提供足够的教材，支持学习之旅项目；
2. 评估在研究和撰写脚本阶段可以获得哪些支持；
3. 拍摄期间是否需要学术参与。

- 最后，为了使合作取得成功，开放大学必须确信，大学作为该项目的联合制作人是很合适的，开放大学的广播委员会则代表开放大学最终签署。节目的最终编辑由英国广播公司负责。

如果你想试着将你的科学事业发展到电视方面，那么测试你是否有合适的技能的一个方法就是进入“声誉实验室”（Fame Lab）[②]（见专栏 8.3）。

① 学习之旅也被定义为一个“教育之旅”，这可以增强和丰富观众观看/聆听节目后的播放体验。

② http://famelab.org/。

专栏 8.3　声誉实验室

- 如果你想将自己的科学事业延伸至电视领域，请加入始于切尔滕纳姆科学节（Cheltenham Science Festival）的声誉实验室。声誉实验室现在是一个国际组织，已经培养出了参加和参与电视节目制作的合格人才。这些人包括空间科学家玛吉·安德林－鲍考克（Maggie Aderin-Pocock），他参与节目《我们真的需要月亮吗？》（*Do We Really Need the Moon?*），以及进化生物学家西蒙.瓦特（Simon Watt），他曾在诸如《解析巨型动物》（*Inside Nature's Giants*）等节目中担任节目主持人。

8.3 广播中的科学

尽管从字面上看科学与广播根本就不是一回事，但广播是一种令人感到亲密的媒介。一般来说，人们倾向于独自收听电台节目，正如马丁·雷德芬（Martin Redfern）所说："作为一个节目制作人，我经常会认为我的对面只有一个听众，而我是为听众工作的。"广播必须有娱乐性；它必须通过吸引听众的注意力来支持和点缀日常生活，它通过"创造一个清醒的梦，一个心理电影，使用音响和人们的声音"来实现这一点。不能吸引注意力的节目可能导致听众按下关闭按钮或调换到另一个广播电台上。数字时代的到来，导致了能通过收音机搜索到的频道的巨大扩张。随着互联网的发展，这种扩张的趋势更加明显，任何人都会收听遍及全世界的广播电台。此外，聆听“直播”广播不再是必备条件，因为许多广播节目被录制成播客，它能保证你在适合自己的生活方式的时间段下载和观看。电台早已认识到，科学为其提供了新闻和娱乐的机会。早在20世纪50年代，以科学为主体的广播节目已经在英国和更远的地方播出，很多当代科学节目可以在各种广播电台的节目安排中找到。在美国，国家公共广播电台播放了科学专题短片，不同于主体节目的一部分，另外还制作了一个致力于传播科学的星期五科学节目。在英国，英国广播公司继续提供具有科学特色的专业知识，例如英国广播公司4频道的《物质世界》(*Material World*)[①] 和英国广播公司国际频道的《科学在行动》(*Science in Action*)[②] 这两个专题节目都展示了一种讨论当代问题和所有科学学科突破的方式。然而，这样的科学节目不仅仅是（国际）国家广播电台的专门领域。例如，《胸襟坦诚的科学家》(*The Naked Scientists*)，是剑桥大学病理系顾问病毒学家克里斯·史密斯博士（Dr Chris Smith）的创意。与其他科学展览相比，它提供了一种交互式体验，创始于剑桥当地广播电台。此后，它一直在整个东部地区的不同英国广播公司的广播电台以及澳大利亚国家广播电台播出。

广播电台的数量在不断扩大，广播的听众各种各样。许多广播电台吸引了自己独特的观众。社区广播电台纷纷涌现，并为听众提供节目安排以适应听众的兴趣和关注。一个典型的电台是未来广播电台，诺威奇（Norwich）的社区广播电台。它是慈善组织“未来项目”（Future Projects）的一部分，是一个旨在鼓舞和增加当地社区自主权的社会包容

① http://www.bbc.co.uk/programmes/b006qyyb。
② http://www.bbc.co.uk/programmes/p002vsnb。

性项目。案例研究 8.1 描述了一个涉及未来广播以及东英吉利大学不同学科的学者的科学传播项目。这些学者被招募来参加一系列庆祝达尔文出生周年纪念和他开创性的成果《物种起源》出版纪念的广播节目。

案例研究 8.1

查尔斯·达尔文系列广播

劳拉·保沃特和凯·瑶曼

查尔斯·达尔文系列广播是东英吉利大学和位于诺威奇（Norwich）的未来电台的社区电台未来广播之间的合作项目。未来广播是未来项目的一部分，一个基于社区的艺术、媒体和教育的慈善机构。它提供学校项目：

1. 年龄在 13 至 16 的青少年（含 16 岁）；
2. 支持当地的和更广泛地区的社区。

其任务之一是“教育，告知和建议，音乐，媒体，广播培训和电影 /DVD 教育”。系列广播在 2009 年夏天播出，为了庆祝达尔文 200 周年诞辰，以及《物种起源》出版 150 周年。该项目取材自查尔斯·达尔文的生活的时代及其科学理论，星期日下午 3 点播出的，每周半小时，共播出 5 次。每个单次的节目都有一个主题：

1. 谁是查尔斯·达尔文，为什么他能够产生革命性的思想?

2. 为什么科学家今天仍在学习进化论?

3. 细菌与仍然进行中的进化。

4. 选择我们的性伴侣。

5. 达尔文对当今社会的影响。

这一系列节目涵盖了各个学科的学术规范和研究专业知识，为学术界和本土的专家提供了许多参与节目的机会。我们之所以能够吸引学者参加节目，是因为有一个额外的优势，即我们鼓励他们讨论自己特定领域的专长。我们为每个贡献者设计了一系列问题，然后邀请他们来到接受采访的广播工作室谈论这些问题。这样可以确保每位受访者都对采访讨论进行了充分的准备，同时也能让受访者积极参与到采访的设计和内容中来。所有贡献者无一例外都能够自信并热情地谈论他们的研究。采访是在广播节目播出之前进行的，这允许采访中出现“嗯嗯啊啊”，经过编辑，每个采访的最终版本都具有专业的品质。这也意味着，一旦我们对每个广播节目进行了一系列的编辑，我们就可以写出一个框架，将其与采访联系在一起，制作出一个具有整体逻辑结构的节目。我们接触的和要求其参加广播节目的每个学者和专家，都是以极大的热情和良好的风度来录制节目。许多人评论说，他们积极享受这一过程，有机会参加科学传播活动，他们很高兴，这使得他们可以聊聊自己感兴趣的和专长领域内的知识。通过在采访前明确地解释了广播电台观众的状况，所有贡献者都能理解这些听众，并尽可能地在不导致“减少”科学内容的前提下减少科学术语，他们为此做出了巨大的努力。

在广播电台，我们也有一个非常棒的团队，他们收购了达尔文系列的创意。他们提供给我们：

1. 随着工作室的时间进行采访。

2. 以网站空间来容纳播客，并为广播听众提供参与问题和意见的机会。每个广播节目都被广播电台做成单独播客节目，并且可以在线上播放。

3. 拥有广播工作室及其设备的知识和专长的广播制作人。

4. 有机会在播出之前为这个系列做广告，这是非常宝贵的。

这一系列的广播节目主要通过所有参与者的良好意愿进行。然而，我们确实从本地的无线电信标 CUE East 收到了少量的资金，这些资金有助于弥补社区广播电台和制作人的时间费用。

这一系列的广播节目是成功的，因为我们吸引了大量热心、自信并有着充分准备的专家加入。但这个成功伴随着大量的时间成本，我们与每个贡献者进行了初步联系，并在展会前见面，讨论项目，决定他们在节目中如何展现，并为节目中的受访者设计一系列问题。我们还要确保亲历广播工作室进行的每一次采访。最后，在采访录制完成后，我们书面向每位贡献者致以谢意。受访者在完成访谈之后，要再次联系他们，确保他们对这一过程感到满意，还要回答加节目后出现的任何问题。

每个广播节目的制作也花了大量的时间，因为我们也要积极参与编辑过程。另外，我们复写了叙述的记录，将其与个人访谈捆绑在一起，创造出一个系统的整体。要在整个系列中如此积极地参与，意味着我们必须及其高效地组织起来，以适应我们“日常工作”之外的这些广播节目的制作。然而，我们给项目所花费的时间和精力汇聚成了令我们非常骄傲的成果。

网站

http://www.futureradio.co.uk/charlesdarwinseries

如果你被邀请参加一个广播节目，那么你应该认识到，以一种事实正确的方式展示你的科学，不应该是你要达到的唯一结果。虽然这很重要，但“创造一个清醒的梦想和精神的电影”也很重要。作为第一步，你需要考虑你希望你的听众理解和了解你的科学的关键信息是什么。用轻松的表达方式对你要阐述的信息进行演练是很重要的。另外，你讲述的内容应该是你想与听众分享的有趣知识和令人兴奋的科学发现。你需要保持你的语言简单易懂，但这并不意味着你所讲的是枯燥无味的。你

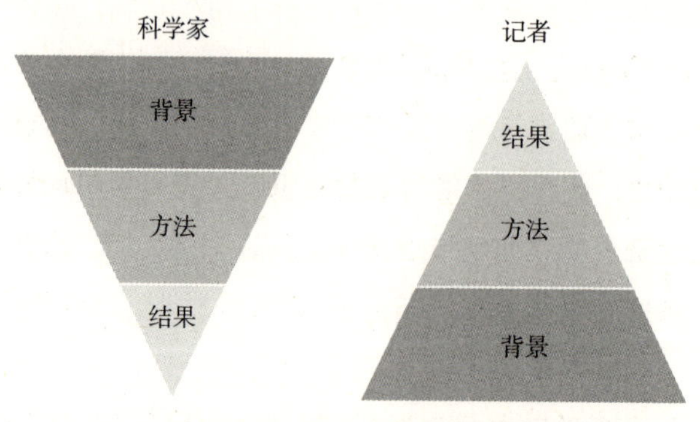

图 8.2　记者和科学家所写文章的不同

参考南希·贝隆（Nancy Baron）的《逃离象牙塔》（*Escape from the Ivory Tower*）版权所有 C 2010 Nancy Baron。华盛顿特区岛屿出版社允许转载。

要保持用语的简单易用，但这并不意味着它是枯燥无聊的。科学家应该尝试着使用形容词和生动的描述在听众的头脑中形成具体的形象。作为科学家，通常习惯于用自己的方式谈论科学。当科学家谈起 DNA 梯形结构和酶催化反应使用锁和关键机制的时候，他们会侃侃而谈，畅快淋漓。但是，将科学讲得具有人性化，将研究生涯中的轶事，而将“科学家的工作”带入到我们的生活中则不是一件令人舒适的事情。然而，正是这些个人的轶事能够吸引起听众的兴趣，而恰恰是这些个人层面的故事能够将听众与你的工作联系在一起。

8.4 报纸中的科学

根据 2011 年的公众态度调查，32%的公民通过纸质报纸获得科学信息（图 8.1）。这项研究还揭示了人们批评报纸上的科学报道，并认为与电视或广播相比，其信息来源可靠性更低。调查报告也同样揭示，科学家对报纸记者是否能够准确报道科学新闻也有些怀疑。这种不信任来自报道撰写方式中存在的一些差异（图 8.2），两个专业之间还存在着其他差异：

1. 时间段：科学家在可能要投入了多年的精心艰苦的研究工作之后才能发布其研究结果。相反，记者想尽快了解可以报道的简要内容。

2. 重点：科学家优先考虑作为结论基础的证据，相比之下，记者想了解结论的新闻角度。

3. 绝对性：科学家认为任何结论都没有绝对性，科学假说与观察和最终实验结果具有同等价值。记者却认为他们的读者想知道绝对性和确定性。

4. 个人角度：科学家在研究中希望通过多使用被动句来消除自己的个性，使研究成为陈述。而记者想通过增加科学家的声音和个性来将故事变得生活化。

5. 声誉和观点：科学家重视并尊重和评价其他科学家及其同行的学术可信度。同样，科学家也会根据证据的主体来判断假设并做出平衡的评估。一个记者并不以同样的方式评判科学家。他们力求将所有观点，从尽可能多的角度写入新闻报道中。记者的报道多数不会考虑在科学证据的基础得出客观综合的观点，而是更愿意讲述对于证据的各种不同的看法和解释。

科学家需要记住的是，如果记者想将你的研究先于其他新闻进行优先报道，他们就会将新闻写得有吸引读者眼球，这就必然导致科学家与记者之间的许多差异。一位优秀的记者也要维持其专业声誉，其声誉这取决于他们准确地报道了你的故事。这意味着他们将会正确引用你的话，不夸大你的研究结论，同时保持这个故事的新闻吸引力。

在你作为科学家的职业生涯中，你的科学研究可能会成为媒体的报道对象，但也许没有可能。有许多优秀的手册已经出版，还有一些能帮助你与不同的媒体和记者进行互动的课程，我们在专栏 8.4 中指明了这

专栏 8.4　科学家和媒体

▸《科学传播者的操作指南》(*The Hands-on Guide for Science Communicators*)，作者：“拉斯·林伯格.克里斯滕森”(Lars Linberg Christensen)，出版社：Springer。

- 《逃离象牙塔：让你的科学尽人皆知指南》（*Escape from the Ivory Tower: A Guide to Making Your Science Matter*），作者：南希·贝隆（Nancy Baron），出版社：Island Press。
- 《科学传播入门》（*Introducing Science Communication*）中“科学写作”（Writing science），作者：艾玛·威特坎普（Emma Weitkamp），编辑：马克·L.布雷克（Mark L. Brake）和艾玛·威特坎普。
- 《我自己说清楚了吗？科学家与公众交谈指南》（*Am I Making Myself Clear? A Scientists Guide to Talking to The Public*），作者：康娜莉娅·迪恩（Cornelia Dean），出版社：Harvard University Press。
- 《科学家与媒体打交道指南》（*A Scientists Guide to Talking with the Media*），作者：理查德·海尔斯（Richard Hayes）和丹尼尔·格罗斯曼（Daniel Grossman），出版社：Rutgers University Press。
- 由“Science Media Centre 设立的网站，可以参阅“How Science Works guides”：
  http://www.sciencemediacentre.org/pages/publications/index.php?&showArticle= &showAll=0&showSeries=12

媒体课程

皇家学会提供 3 种沟通和媒体课程：

- 沟通技巧课程有助于提高书面和口语沟通能力；
- 媒体技能培训—提高与电视、广播、报纸和其他媒体合作的技能；
- 一个涵盖上述两个项目为期两天的寄宿课程。

http://royalsociety.org/training/communication-media/

媒体实习

- The Wellcome Trust 为科学家提供广播实习。

- 英国科学协会媒体奖学金弥合了记者和科学家之间的差距。http://www.britishscienceassociation.org/web/scienceinsociety/MediaFellowships

论文与新闻稿

- 如果你有一份可能会被媒体关注的要出版的论文，那么你的传播部门将帮助你准备新闻稿。新闻稿是当今科学家向世界通报进展的标准方法。新闻稿是你研究发现的概要总结，并将包括以下六条基本信息：

  1. What？——研究的重点是什么？
  2. When？——研究、出版和取得突破的时间；
  3. Where？——研究地点
  4. Who？——是谁在做研究？
  5. Why？——为什么此研究能成为新闻？
  6. How？——研究是如何完成的？

些手册和课程的来源。

最重要的信息部分应该放在新闻稿的最前面，这可以保证读者在觉得无聊而转移到报纸上的下一个故事之前阅读到尽多的文章。除此之外，将大部分信息放在故事的开头，这意味着当空间紧张，编辑删改到文章最后时，要点仍然可以保留下来。最重要的是，故事的前面包含了重要的结论。新闻稿包含的信息将成为记者撰写的任何文章的骨干，因此信息必须以积极的语气清晰地写下来，不需要术语（见第 4.7 节）。并不是所有的报道都会成为新闻中的好报道，成功取决于不同的事物，其中可能包括以下内容：

1. 时效性：它有新闻价值吗？没有其他大的政治性或世界性事件的发生来推动你新闻中的故事？

2. 噱头：它是有趣的吗？对谁来说是有趣的？是否能抓住读者的注意力——它是最快还是最老的，还是存在人们感兴趣的角度，还是存在一个谜？

3. 接近性：这个故事有本地的吸引力吗？

4. 主要发现：是研究的突破吗？

如果新闻稿由当地或国家媒体发布，那么你可能会被要求接受电视或电台的采访。在这种情况下，上述部分中关于电视和广播的论述将会给你帮助。

如果你想做更多的媒体工作，那么你的大学或机构的宣传部门可能会有一个“专家名录”，在那里你可以注册你自己和专业领域的信息。如果新闻界联系你的组织寻找合适的人对你所在地区的问题发表评论时，你将会被联系到。例如，我曾经被要求在安格利亚电视台（Anglia TV）上对真菌中毒的案例发表评论。

在疯牛病危机（BSE crisis）之后，皇家学会参与成立了科学媒体中心（SMC）。[①] SMC为与媒体合作的科学家提供咨询和支持，并出版了优秀的实践指南，帮助科学家解答实践中的问题。SMC还为记者提供了能通过评论能给新闻故事透露科学信息的专家的访谈权限。

① http://www.sciencemediacentre.org/pages/。

8.5 科学与写作

8.5.1 如何写科学书

科学家应该认识到，科学写作不仅限于教科书或学术论文，尽管这些作品在科学团体内部的科学传播中起着重要的作用。科学写作已经出现了不同的体裁，有一种类型就是科普写作，通过对科学的重新编排和重新包装，增加其可读性和对观众的吸引力。2011 年，根据尼尔森图书数据公司[①]（Nielson Bookscan）的数据，他们追踪了超过 90% 的英国零售图书采购量，科普书籍销售额达 460 万英镑。从历史上看，犯罪和惊悚片的销售额突破了8760万英镑，而园艺书则是130万英镑[②]。科普书是一种类型，包含所有科学学科[③]，数学也不例外。1978年，卡尔·萨根（Carl Sagan）的《伊甸园的飞龙》（*Dragons of Eden*）一书获得普利策奖，此后，科普书会定期入围。除了普利策奖，科普书籍也吸引了其他奖项，包括英国广播公司针对非小说类的塞缪尔·约翰逊奖（Samuel Johnson Prize）和专门授予科普书籍的皇家学会温顿奖（Royal Society Winton Prize）。有趣的是，已经注意到，温顿奖为了吸引女性作者入围做出了很大的努力，这可以说也反映了这一题材对男性作者有着强大吸引力的事实。[④] 这种题材通过附属的电视节目达到了现有的影响力:《卡尔·萨根

① http://www.nielsenbookdataonline.com/bdol/。

② http://www-958.ibm.com/software/data/cognos/manyeyes/visualizations/type-of-book。

③ A good book that highlight the different disciplines that are written about in this genre is Richard Dawkins' compilation，The Oxford Book of Modern Science Writing。

④ http://www.guardian.co.uk/science/blog/2011/oct/04/popular-science-books-women。

的宇宙》(*Carl Sagan's Cosmos*)、理查德·莱凯(Richard Leakey)的《人类的创造》(*The Making of Mankind*),以及最近的布莱恩·考克斯(Brian Cox)和安德鲁·科恩(Andrew Cohen's)的《宇宙奇观》(*Wonders of the Universe*)。科普写作吸引了许多知名科学家的笔墨,理论物理学家史蒂芬·霍金(Richard Stephen Hawkins)撰写的《时间简史》(*A Brief History of Time*),以及由生物学家理查德·道金斯(Richard Dawkins)撰写的《自私的基因》(*The Selfish Gene*)已经有了好几个版本,这都可以被视为现代经典,至今仍然很受欢迎。这两本书都寻求了一些对于更广泛的受众来说更加具体的科学话题。2003 年,梅勒(Mellor)建议科普写作可以细分为 3 类:

1. 叙述性:叙述科学发现的过程中或科学家生活中故事的作品。比如,弗朗西斯·克里克(Francis Crick)的《疯狂追逐》(*What Mad Pursuit*)和吉娜·科拉塔(Gina Kolata)的《大流感:最致命瘟疫的史诗》(*Flu: The Story of the Great Influenza Pandemic of 1918 and the Search for the Virus That Caused It*)。

2. 解释性:试图寻找一个特定的科学主题,可以吸引更广泛的观众的假说或范例的作品;比如,《自私的基因》(*Selfish Gene*)和《时间简史》(*A Brief History of Time*)。

3. 调查性:以某一特定的科学问题或故事为主题的作品,可能引起公众的兴趣、关注或异议,并以报道或新闻的形式进行探讨。最近的一个例子是吕蓓卡·斯科鲁特(Rebecca Skloot)的《拉克丝的不朽生命》(*Immortal Life of Henrietta Lacks*),以及 20 世纪 60 年代蕾切尔·卡逊(Rachel Carson)的经典著作《寂静的春天》(*The Silent Spring*),后一本书推进了环保运动。所有这些书都有一个共同点,是作者都选择了一个令他们热衷于与更多的听众分享的主题。都能够做到这一点都能够成为成功的科普书。如果作者不觉得某个话题有趣,那么他们就不可能让别人觉得有趣。

正如我们文化的所有内在部分一样，科学已经在小说中占据了其应有的地位。在20世纪初，H.G.威尔斯是极早将科学编入他的故事的工匠之一。

威尔斯有中产阶级背景，但从小就是对科普极度着迷的读者，他最终在科学师范学院（the Normal School of Science）（现在是帝国理工学院的一部分）学习生物学，师从维多利亚时代著名科学家赫胥黎。然而，威尔斯在第三年的地质学考试失败后没有获得学位，于是离开了大学。他成为一名科学教师，也是一位高产而受欢迎的作家。韦尔斯通过他的小说，如《机器时代》（*Time Machine*）、《世界大战》（*War of the Worlds*）和《拦截人魔岛》（*The Island of Dr Moreau*），向读者介绍科学和科学家，但也模糊了事实和虚构之间的界限，创作出一些有影响力的科幻小说。其他科学家作家很快开始效仿威尔斯，包括物理学家斯诺（C.P. Snow）和医生克罗宁（A.J. Cronin），另外一位是训练有素的科学家，也是当代作家迈克尔·克莱顿（Michael Crichton），其小说如《侏罗纪公园》（*Jurassic Park*）和《失落的世界》（*The Lost Worlds*）引发了布里耶（Brier）所称的新体裁“Ficta”。这种类型作品也包括罗宾·库克（Robin Cook）的《昏迷与爆发》（*Coma and Outbreak*）。它们代表了构成现代惊悚片关键框架的科学思想和观念。此外，他们还将广大的观众吸引到道德和哲学层面上来。

由于类似的科学主题的小说创作数量激增，科学写作出现了一个新的获得了显著成就的类型。这些类型与科普写作和科幻小说的写作不同，因为它们是“包含科学家作为其日常工作的中心角色的现实主义小说”。1925年出版的小说《阿罗史密斯》（*Arrowsmith*）是由辛克莱·刘易斯（Sinclair Lewis）与科学家保罗·德克鲁夫①（Paul DeKruif）合作撰

① 保罗·德克鲁夫（Paul DeKruif）在密歇根大学获得博士学位，但因为撰写了关于医学界的4部系列作品中的《我们的医生们》而被洛克菲勒研究所解雇。

写的。该书描述了由阿罗史密斯（Arrowsmith）发现的噬菌体，他意识到它可能用于治疗细菌性疾病。在这本书中，阿罗史密斯被送到一个有瘟疫的岛上，决心进行一个可控的科学试验，以测试他的噬菌体治疗的有效性。然而，他的妻子死于瘟疫，由于极度悲伤，他终止了自己的科学试验，并向所有人提供噬菌体治疗。提供关于刘易斯的科学细节的保罗·德克瑞夫（Paul DeKruif）继续写作，在1926年出版了《微生物猎人》(*The Microbe Hunters*)。2001年，细胞生物学家和小说家珍妮弗·罗恩（Jennifer Rohn）博士创造了“实验室之火”（lab lit）这个术语来描述这种新的类型。如图8.3所示，这种类型的书籍数量在过去几十年中急剧增加，“实验室之火”的更多细节在专栏8.5中。罗恩（Rohn）写了两本“实验室之火”小说《实验之心》(*Experimental Heart*）和《诚实情怀》(*Honest Look*)，想知道“如果作家们对社会趋势做出了回应，那么科学和技术是否就会变得更加美味可口。”最近的一个例子是，一部“实验室之火”类型的小说被列为“主流”畅销书，这本书——《追日》(*Solar*）由畅销书作家伊恩·麦克尤恩（Ian McEwan）撰写，描述了诺贝尔奖获奖物理学家的日常情况，他在科学上的光环正在渐渐减弱，这本书提供了对他科学生涯的描述，概述了维持成功的科学事业实际上所必需的条件。有趣的是，伊恩·麦克尤恩在大学学习的是英语文学，他不是一个科学家。然而，他对诺贝尔获得者，物理学家迈克尔·比尔德（Michael Beard）生活的描述，正是科学家日常生活的准确再现，这将会引起阅读他小说的科学家们的认可。这实际上强调了“实验室之火”类型的另一个方面——科学家和非科学家都可以撰写，但他们都试图将科学家（来自各个学科）的日常生活放在小说的中心。如果你读过这些特定类型的书，你可以考虑如何将元素应用到你自己的作品中（见专栏8.6）。

专栏 8.5 “实验室之火”电子杂志（Webzine lab lit）

- 网络杂志“Lablit.com”由细胞生物学家和作者珍妮弗·罗恩（Jennifer Rohn）创建并维护。该网站致力于描写和洞察真实的实验室文化，文化—科学，科学家和实验室—在小说、媒体和大众文化。电子杂志针对科学家和非科学家，它包含新文学的评论，寻求“实验室之火”文学的提名，并提供了建议的“实验室之火”类型阅读和评论的链接。电子杂志还提供了为网站贡献评论、散文、概要、采访和小说的机会。
- http://www.lablit.com/

专栏 8.6 为广大观众撰写科学

- 如果科普写作是你所汲取的一种类型，那么请考虑你读过的书籍。与所有类型一样，它将包含你喜欢阅读的书籍，也包含那些你难以读懂的书籍以及不会向其他人推荐其他书籍。花点时间考虑你喜欢的书，并尝试提炼出所吸引你的和能够吸引其他人的不同的写作元素。你觉得你可以将这些元素应用于那些写给普通公众的科学写作中吗?

编写科学教科书、科普书籍或小说不是短期项目，它需要一本合适的书籍作为初步想法，以及思想、时间和精力的巨大投入。接下来，你需要将这个初步想法隐藏到可用于向出版商推销的图书提案中。出版商正在寻找：

- “最初的售卖噱头”——你的想法是什么？你如何将其有效地传达给别人？它为什么是令人兴奋的，为什么要出版呢？
- 谁可能读你的书？你有什么证据来评估谁是你最可能的潜在受众？
- 什么让你成为写书的理想人物？
- 一个概述本书结构的内容表，以及每章简要的摘要，可以提供关于可能撰写内容的信息。

通常，下一步是劝说出版商出版你的书。你不太可能直接就做到这一点，因为大多数出版商只与代理商合作，所以你应该考虑招募一位对你所写类型感兴趣的文学代理人，他们将代表你与出版商协商费用合同（通常是未来图书销售额的百分比）。或者，在互联网时代，由于电子图书和 Kindle 的到来，现在有机会自行出版那些广受读者重视的书籍。

8.5.2 为广大观众写作的其他方式

证据表明，虽然大多数科学家不是成功的小说家或流行作家，但是他们仍然可以运用他们的文学实力，为普通观众写短篇文章。这种写作的关键在于其篇幅短小，每篇大约 700 字。在写作中，他们应该只传递有用的信息，使用幽默的、感性的、口语化的风格传播一个关键点（而不是像科学论文一样传递好几个要点）。他们也应该使用清晰的语言写作，如第 4.7 节所述。这些类型的文章的例子可以在本地的和国家级报纸的“专栏”（op-Ed）（与社论相反）的页面上找到，一般科学期刊的评论部分由“今日微生物学”（Microbiology Today）（SGM）和“化学世界”（Chemistry World）（RSC）、部门网站、研究所业务通讯、传单和博客等类型的科学协会出版。另外，一些期刊在开头几页有一个新闻板块，比如《科学》。这些板块正在寻找具有新闻价值的科学故事，因为它们为长期存在的问题提供了一个意想不到的答案，或者它也许会提出更多需要探讨的问题。这些板块还可以提供一些机会，来讨论科学领域最近的研究结果的影响，甚至是这些发现可能对社会造成的潜在影响的一些猜测。

8.5.3 以其他方式进行科学写作

像伊恩·麦克尤恩和他的小说《追日》一样，写作内容需要详细的科学知识，因此最好的来源往往是科学家。《石蕊》(*Litmus*)是由珂玛出版社（Comma Press）出版的短篇小说集，由拉·佩吉（Ra Page）编辑。每个短小的故事都是由作者和科学家合作完成，其科学发现或称之为“发现时刻”(eureka moment)是小说的核心，用全新的叙事将科学与科学家带入了生活中。每个虚构的故事后紧接着一个评论，为科学和支持科学突破的科学事业增加了额外的影响。这个选集获得了极大的好评，并提供了科学家和专业作家之间合作的例子。

“光阅读项目”(the Light Reading Project)为科学传播提供了机会。由萨拉·弗莱彻（Sara Fletcher）撰写的案例研究 8.2 描述了一个邀请公众参与的短篇故事比赛。使这场比赛成为科学传播项目的一个有趣案例的要素是，每一个短篇故事都必须涉及“钻石光源”，英国国家同步加速器设施（Diamond Light Source，the UK national synchrotron facility）。

案例研究 8.2

光阅读项目：钻石光源

萨拉·弗莱彻

背景

“光阅读项目”是一场短篇小说比赛，其故事必须受到位于牛津郡的英国国家同步装置钻石光源的启发。牛津郡当地有大量的作家，比赛在当地社区进行了大量的宣传，对所有人开放。在整个比赛中，我们强调，我们不是在寻找一种特定的类型，唯一的限制是字数要在3000字以内，独立的微型小说比赛字数要在300字以内。获奖的故事由外部评审员珍妮·罗恩（Jenny Rohn）和安亚娜·安奴雅（Anjana Anuja）选出。前三名参赛作者获得现金奖，并将以按需出版的方式出版在一个简短的选集中。

比赛结构

我们最初与钻石公司的400名员工测试了小说竞赛的概念，收到了6个条目的反馈，由当地书店店主马克·索罗顿和作者本·杰普斯进行评估。我们对参赛作品的质量和多样性非常满意，这鼓励我们继续举办公众比赛。

比赛在2011年9—11月举行，它通过网站（www.light-reading.org）进行宣传，并制作了一些在当地图书馆、书店和科学传播活动中分发的明信片。我们还发布了一份由当地媒体、博主和新科学家等起草的新闻稿。我们还直接针对科学传播界的博主，为崭露头角的作者举办了开放日，使他们了解自己的才能，并就同步加速器的研究提出问题。通讯小组从55份提交的作品中选取了15份作品提交给外部评审。微型小说作品必须通过网站进行公开投票，前5名也提交给评审。

资金和资源

比赛旨在降低成本，主要资源是钻石传播团队和合伙人珍妮·罗恩的时间。我们设计网站和明信片，设置奖金的工作预算很少，将选集放在一起，为获奖者统一印制 100 份，用于巡回宣传，成本很低。

比赛亮点

我们成功的关键标准是参赛作品的数量和质量，最终我们收到了 55 个作品，这已经超出了我们的期望！参赛者包括已经了解该设施的出版作家、科学家和学生。这些作品也非常多样化，包括爱情故事、鬼怪故事、喜剧、神秘谋杀案、幻想故事、犯罪故事和儿童故事。

注意事项

我们认为，比赛的影响力触及到了比知名作家更多的科学家和科学传播者，这是我们在这些领域中独立联系的结果。如果我们有机会重新开展比赛，我们将致力于在个人和文学界组织之间建立起深入的联系，如出版商和图书展览。

由于我们的“原创和娱乐”的标准是非常主观的，入围名单的筛选是一个挑战。但是，我们不希望由于语法、标点符号或科学准确性上的失误而使作品处于不利地位。两个人每次阅读 55 个多达 3000 字的故事也需要一段相当长的时间，所以请允许我们好事多磨！

有一个风险，那就是故事不会以积极的态度描绘你的机构！我们对于钻石公司员工参与选拔过程非常坦率，这让我们的首席执行官感到放心，如果这些担忧是毫无根据的。

私利

阅读所有入围的故事将会非常令人着迷！对于故事数量，大部分人提交的作品，他们富有想象力的情节和人物都令我感到非常满意。我们也鼓励作家联系我们咨询有关他们故事的问题，阅读和回答这些问题是很有意思的。

小贴士

1. 像 lulu.com 这样的网站使按需发布使这种类型的项目成为可能。

2. 尝试找找出版界的合作伙伴或者有经验的博主与联系人合作。

3. 尽可能广泛地传播这句话——新闻稿产生了大量的报道。

一些有用的网址：

http://light-reading.org/

http://www.lablit.com/

8.6 聚焦科学宣传

宣传是争论某事的行为。在科学中，这可能是一个对于原因或问题的论证，例如转基因作物的发展或在干细胞治疗中使用胚胎干细胞。如果事实和价值差异存在不确定性，则需要进行宣传。作为科学家，我们常常对科学和科学故事的描述不满意，很容易觉得，作为一个孤独的声音，很难抵制科学中的错误观念或不准确之处。但是，你可能刚好是为了进行更开明的辩论，而积极提供科学证据或专业知识的人，并将其引入公共领域；其实你可能是这个领域的专家。专业知识对宣传至关重要。来自非专业科学家的错误的事实和误解在社会和道义上是不负责任的，并被视作不当行为。

在英国，有一些关于科学倡导者很好的案例。作为医生和科学家的本・戈达克雷（Ben Goldacre）博士就是一位。通过卫报新闻栏目、博客、推特账号，以及他所著的很受欢迎的科学书《坏科学》（*Bad Science*），本・戈达克雷博士坚定地维护科学证据的立场，强烈反对科学各个方面的不准确之处。在转基因辩论的阴影下，如本・戈达克这样的气候科学家和医生已经意识到回应错误信息、误解甚至是欺骗的必要性。有些人必须竭尽全力维护自己的立场。例如，2010年，西蒙・辛格（Simon Singh）博士在英国脊医协会（British Association of Chiropractors）对其提出的诽谤案中获胜，该协会对他提出的抗议是，他对该协会在按摩师在为治疗患有哮喘和其他症状的儿童采用的没有足够的证据的医疗方式而进行辩护，他因批评时使用的语言不当而受到起诉。

不同的群体一直在尝试用不同的方法来抵消不准确和错误观念的影响。在美国，已经建立了一个气候科学快速答复小组，使杰出的气候科学家与法律制定者和媒体相匹配。它承诺能够快速回应质疑，并提供强有力的证据和坚实的事实。该组织指出，他们是“为科学教育而呐喊”。[①] 在英国，“科学认知”（Sense about Science）是一个慈善信托机构，旨在“让人们在公众讨论中明白科学和医疗诉求的意义”。该机构已经建立了一个拥有5000多名科学家的数据库，他们准备提供证据，清晰的信息和意见，作为对科学质疑的辩护（专栏8.7）。此外，“科学认知”[②] 发起了以科学真理为核心的运动。包括提高缺乏科学证据支持的“大脑体操”（Brain Gym）的意识。这导致许多学校放弃了“大脑体操”计划。他们还发起了一项屡获殊荣的运动，帮助患者和护理人员比较权衡网络广告中宣称的治疗方法。

① http://climaterapidresponse.org/。
② http://www.senseaboutscience.org/pages/about-us.html。

专栏 8.7 “科学认知”

- “科学认知”正在邀请科学家加入他们的队伍，他们正在寻求科学家加入愿意捍卫和提供科学证据的科学家数据库。如果你感兴趣，加入它第一步是去网站注册你的兴趣：

http://www.senseaboutscience.org/pages/offer-help-and-expertise.html

- 其次你可能有兴趣加入当前的感知科学运动。
- 如果你是一个正在寻求更多的参与科学宣传方法的年轻科学家，并希望你的声音被听到，加入年轻科学之声（he Voice of Young Science）（VoYS）计划和感知科学是一个值得你探索的选择。该计划专门为早期的职业研究人员设立，并提供支持。

8.7 公民科学

“大都会和省域的俱乐部和自然历史协会的组织正在推动科学的发展，而这种科学进展是前所未有的。厌倦了靠脑力劳动和体力劳动为生的男人和女人们，正在学着通过参与乡野郊游形式的自然科学探索恢复他们减少了的体能。”

——J. E. 泰勒博士，地质学会会员；林奈学会会员

（Dr J.E. Taylor FGS，FLS，1868）

8.7.1 介绍

约翰·埃勒·泰勒（John Ellor Taylor）在他的著作《花的起源、形状、香气和颜色》（*Flowers*，*Their Origin*，*Shapes*，*Perfumes and Colours*）中力求展示公众如何参与科学才可以双方都受益。他也展示了公民科学的概念在相当长的时间内如何存在于我们身边，并且可以很容易地认为：在“科学职业”出现之前，研究是被公众提出来的。只有当科学高度职业化和专业化时，科学家和公众之间的差距才会显现出来。

现代公民科学可以定义为由普通公众参与的研究，它也被称为“社区科学”。公民科学项目往往产生于天文学和生态学领域，业余爱好者经常在 eBird、iSpot 和 citizky 等专门设计的网站上记录他们的发现。互联网的到来使得广大民众参与科学研究和“众包”变得更加容易，“众包”通常指由雇主或承包商完成原本属于机构完成的任务。众包的一个常见的例子是维基百科——完全靠公众的贡献建立的在线百科全书。公民科学现象的出现并不新鲜，在 1900 年，“圣诞节鸟类统计”（Christmas bird count）成立，而这个组织已经成为处在北美的美国鸟类数据的主要来源。而在 1911 年开启的另一个长期运营的项目是美国变星观察者协会（American Association for Variable Star Observers），一个业余的天文学者最近记录了第 2000 万次观察。在 1952 年，麦基翁（McKeown）发表了一篇关于澳大利亚蜘蛛的经典文章，这篇文章中包括了由业余的自然学家收集的信息，这些自然学家观察了花园中不同物种及行为的蜘蛛数量。

科学变得越来越昂贵，而且收集和分析大量数据也十分昂贵。通过为博学的公众设计策略来降低其成本，是很有吸引力的。英国鸟类信托基因会（BTO）估计，50 年来，志愿者已经为各种研究项目贡献了 150 万小时的工作时长。此外，如诺夫（Nov）所提出的，是让公民更直接参与科学，增加科学民主是一个非常好的方式。国家科学基金会信息与智能系统司司长说过：“众包是针对科学家处理涉及大量数据的众多问题的自然解决方案。”

公民科学项目与其他众包项目（如维基百科）有着细微不同。自愿承担任务的人（公众）和受益者（科学家）之间有明确的区别。公民科学项目的最终成果可能在数据的收集和分析后的很长时间后产出，并且对于每个贡献者个体没有明确的认可。

8.7.2 公民科学项目的范围

公民科学项目的网络搜索显示了各种项目，其中的几个项目在表 8.1 中突出显示。有趣的是，其中的一些项目只需要志愿者进行少量的努力，例如分布式计算（distributed computing），而另一些则需要大量的时间投入，如星系动物园（Galaxy Zoo）和蛋白质折叠（Foldit）。表 8.1 中列出的每个项目都可以体现图 8.4 所示的科学方法。

表 8.1 公民科学项目的例子

组织	目标	地点	网站
Evolution MegaLab	Hypothesis driven research looking at polymorphism in banded snails in Europe	欧洲	www.evolutionmegalab.org
看鸽子项目	公民通过记录在其邻居鸽群中观察到的求爱行为的鸽子数目参加	美国	www.birds.cornell.edu/pigeonwatch
英国信托鸟类学	独立的慈善研究机构，利用专业和公民科学来收集关于野生动物种群变化的证据，向公众和环境决策者通报	英国	www.bto.org/
蜜蜂守护基金会	教育保护组织，公民可以成为蜜蜂监护人	英国	www.beeguardianfoundation.org/
圣诞鸟计数	国家奥杜邦协会举办的年度鸟类调查	美国	http://birds.audubon.org/christmas-bird-count

续表

组织	目标	地点	网站
露天实验室（OPAL）	让公民参与环境研究	英国	www.opalexplorenature.org/
瑞典物种门户	收集瑞典公众对鸟类、蝴蝶、哺乳动物、植物、真菌、鱼类和海洋无脊椎动物的观察结果	瑞典	www.artportalen.se/
迷失的瓢虫项目	公民可以输入关于本地和入侵瓢虫观察的网站	美国	www.lostladybug.org/
通过公民科学监测自然	使公民能够将物种信息输入到全球数据库。观察用于自然资源管理、科学研究和环境教育	全球	www.citsci.org/
国家生物多样性网络	从公民那里捕获野生动物信息并将其记录在数据集中。数据可供所有人使用	英国	www.nbn.org.uk/
全球社区监控	一个关于环境正义和人权的非营利组织，使工业界创造一个清洁、健康和可持续的环境		www.gcmonitor.org/index.php
伟大的向日葵项目	一个使公民能够种植向日葵然后观察蜜蜂授粉的项目	美国和加拿大	www.greatsunflower.org/
星系动物园	一个让公民志愿者根据其形态对星系进行分类的项目	全球	www.galaxyzoo.org/
生命体征	使公民能够监测和记录 Maine 州境内的环境状况。特别关注入侵物种	美国	http://drupal.org/node/694998
Citizensky	通过测量亮度，公民观察可变星座的御夫座	全球	www.citizensky.org/
宇宙动物园	这是一系列公民科学项目，主要集中在天文学领域（从银河动物园开始，也包括旧天气）	全球	www.zooniverse.org/
美国变星协会观察员	公民观察变星	全球	www.aavso.org/
发展史	对于比较基因组学的人类计算框架	全球	http://phylo.cs.mcgill.ca/eng/index.html

续表

组织	目标	地点	网站
折叠	蛋白质折叠	全球	http://fold.it/portal/info/science
伯克利开放式网络计算平台	分布式计算	全球	http://boinc.berkeley.edu/

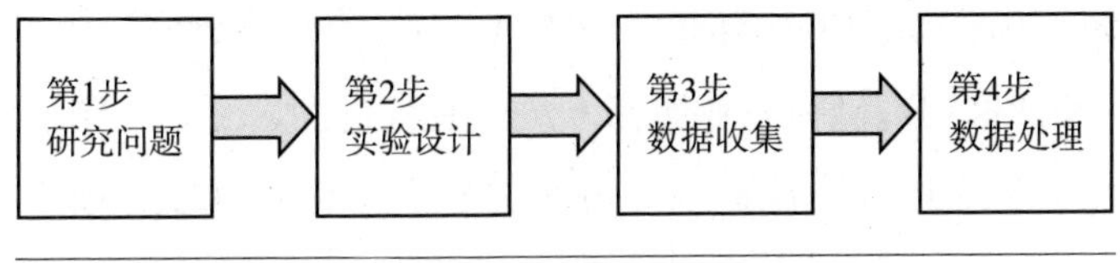

图 8.3 公民科学的科学方法框架

8.7.3 第一步：研究问题

公民科学家不太可能设定研究问题，但是也有例外情况。旨在提供研究支持的“国际科学商店网络”①（International Science Shop Network，ISSNET）是一个很好的例子，它通常代表公众和社区提供免费研究支持。实际的研究通常作为课程的一部分由学生在大学中完成。科学商店（The Science Shops）可被视为公众团体和研究机构之间的中介。科学商店的概念始于20世纪70年代的荷兰，从那时起这种做法就已经扩展到了许多不同的国家，他们对噪声和空气污染进行调研，对社会和环境问题进行研究。

星系动物园项目（Galaxy Zoo project），于2007年在牛津大学建立。公众志愿者根据其形态对星系进行分类。截至2008年，超过10万名志愿者将90万个星系图像分类38次。已有19篇同行评议的论文使用了星

① http://www.livingknowledge.org/livingknowledge/。

系动物园数据库。星系动物园的创始人不断从这类人的经历中学习，确保他们提供的信息和分析工具使人们能够跟踪自己的研究问题。公民科学联盟（Citizen Science Alliance）是一个兴起于星系动物园的新合作机构。该组织的活动由科学家、软件开发商、教育工作者以及公众合作开展，并且它旨在管理基于互联网的公民科学项目。在《时代高等教育》（*Times Higher Education*）的一篇文章中，开放大学计算科学教授达雷尔·恩斯（Darrel Ince）这样说："公民科学家的作用不仅仅是单纯收集数据的职能，他们可以与专业研究人员一起进行探索。"

公民称为研究的领导者也是可能的，当莎伦·特里（Sharon Terry）的两个孩子被诊断患有罕见的遗传性疾病——假性黄斑假单胞菌（pseudoxanthoma elasticum，PXE）时，她参与了分子生物学的研究。她想找到致病基因，莎伦和她的丈夫收集了 1000 个病人的样本，并将其交给有兴趣的研究人员。她建立了 PXE 国际（PXE International），现在已经与 33 个实验室建立了合作关系，而且参与了 PXE 致病基因的克隆项目。

8.7.4 第二步：实验设计

"生物朋克"（Biopunk）是一个新兴的现象，是指公众在家进行生物技术研究。这种类型的研究将包含科研方法的所有步骤，其中包括实验设计。实际上，大多数这样做的人都有相当多的科学经验，一个很好的例子是凯·奥乌尔（Kay Aull）对血色素沉着症的检测开发。她的动机是出于个人原因，开发出一种更便宜的替代方案。

公民科学指的是科学家和公民在同一个物质空间进行工作的活动。一个例子是"曼彻斯特自己动手生物学"（Manchester DIYbio）（案例研究 8.3），该项目现在正处于建设阶段，完成后可以让公民设计实验来回答他们自己的研究问题。

案例研究　8.3

“曼彻斯特自己动手生物学”

马丁·阿莫斯，阿萨·卡洛，诺米·雅克布，郑容和，特里什·林顿，乔·弗伦

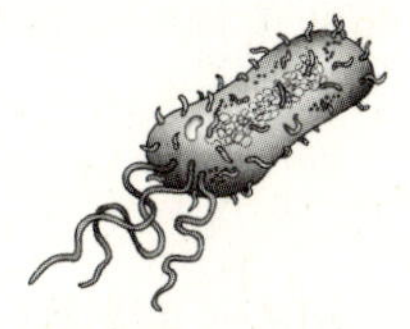

介绍

在21世纪，生物和生命科学将会对人类生活产生巨大的影响，其影响涉及药物的生产和运输、燃料和能源生产、环境监测和补救和安保等多个领域。由于转基因食品、生物纳米技术和合成生物学等备受瞩目的问题，公众对这一领域产生了持续的兴趣，但多数情况下，生物学的实践仍然只能在资金充足的商业或学术实验室进行。

然而，最近这种垄断受到了所谓“曼彻斯特自己动手生物学”运动的挑战。可用的低成本工具和技术越来越多，加上科学和技术的进步，导致了智识生态的并行发展。感兴趣的业余爱好者与成熟的科学家结合起来去挖掘公民科学的全部潜力，他们打破了生物学传统的限制，并且登堂入室。

“曼彻斯特自己动手生物学”

“疯狂实验室”（MadLab）是曼彻斯特社区基层的艺术、技术和科学团体，建立于2009年年底，位于市中心一个以前废弃

的三层织布工小屋中。它举办各种项目的非正式学习小组、研讨会和为期 1 天的会议，项目内容包含计算机编程、社交媒体、机器人建筑、传统艺术和工艺。

“疯狂实验室”小组参加了由曼彻斯特城市大学组织的合成生物学活动，并建立起了这一领域工作的联系。虽然在美国和欧洲有几个“自己动手生物学”小组存在，但在英国我们只知道在伦敦有另外一个。随后，我们成功地获得了惠康信托奖计划的资助，这使我们能够在曼彻斯特建立起“自己动手生物学”正式分会。

初步参与

我们以分阶段的方式组织了我们的活动，分为：初步的参与 / 引导阶段，然后是提高阶段。前者用于衡量兴趣，吸引参与者并引导他们参与具体项目。

为了教授生物技术的基础知识，我们对曼彻斯特市中心的微生物生态进行了调查，即调查“曼彻斯特微生物地图”。参与者从城市中的各个公共汽车站收集棉签，然后在“疯狂实验室”中进行培养和拍照。小组会议期间举行了几次有关微生物的辩论和讨论。具有专业知识的学者回答了关于如何分析和测试微生物以及传染性疾病如何传播等问题，还让组织成员参与擦拭和无菌培养技术的机会，了解安全预防措施以及必要的风险评估。该小组的一些成员也对数据可视化感兴趣，并且热衷于以一种有趣的方式展示结果，再进一步分析。

风险与伦理

有意思的是，对于这样的研究的伦理道德的公开深入讨论——我们将采取何种安全措施来降低风险？我们需要什么权限来进行这样的调查？我们如何分析数据结果？我们与谁共享数据和结果？——这些问题与曼彻斯特微生物地图公司的数据一样重要。

这种参与不仅仅对于公众（此前可能没有考虑过科学研究方面问题的人们），而且对于学术带头人是有用的，这些学术带头人认为听到有关科学界之外的人关注的问题是很有价值的。

发展

随着团体的发展，我们进入了第二阶段，这个阶段涉及实验室基础设施、建筑设备和在“业余”配置下的测试，到目前为止的配置包括自制PCR仪器，以及对微生物燃料电池的研究。这项工作仍然在进行之中，但是最终的目的是建立一个安全、专业、功能齐全的实验室，使团体能够继续和扩展他们的工作。商业公司捐赠的设备和材料正在帮助我们实现这一目标。

除了非正式的活动之外，我们还举办了2011科学节，作为其他活动的一部分。这是英国第一届全国“自己动手生物学”峰会[①]，该峰会由全国各地以及爱尔兰、德国和美国的人们参加。这个项目获得了媒体的广泛关注，并且接受了多次无线电采访，也发布了多篇新闻报道。

评价

我们使用各种技术来记录和评估项目的进展情况。疯狂实验室在新媒体技术方面拥有着丰富的经验，而博客、推特和网

① http://www.manchestersciencefestival.com/whatson/diybio-summit。

站[①]被当作主要的传播手段。视频也是一种重要的手段，其中包括进行的采访和参与者的反馈。[②]

未来的计划和反思

我们希望这个团体可以逐渐成长并且自给自足。在撰写活动计划时，我们预计举办更多的活动，包括章鱼解剖研讨会的召开和实验室建设的竣工。

该项目有许多有益的成果，包括更好地了解科学研究的本质，更加细化了对于非科学家所担忧问题的赞赏，对于专业科学家和业余爱好者之间尊重程度的提高，社区团体和学术机构之间的正式与非正式联系的加强，积极进行项目和参与团体之间故事的媒体报道，提高公众对于公民科学价值和益处的认识。

当考虑到公众参与科学的时候，重要的是要考虑到所有可能想参与的成年人和儿童和那些对于科学有浓厚兴趣、但是却没有办法追随科学脚步的人们。我们试着确保我们的活动尽可能吸引更广泛的关注，同时维持着狂热的业余爱好者的兴趣。我们希望其他的团体能够追随着我们的脚步，在英国和国际上，一个茁壮成长的 DIYbio 社区将会继续蓬勃地发展。

致谢

我们感谢曼彻斯特城市大学维康信托基金会的支持，从大曼彻斯特和剑桥生物科学中转载。

---

① http://diybio.madlab.org.uk/。
② http://vimeo.com/35156029。

8.7.5 第三步：数据收集

大多数公民科学项目都是以数据收集为基础的，以社区为基础的监测（community-based monitoring，CBM）项目是一个很好的例子。社区为基础的监测是一个涉及公民、政府机构、行业、学术界、社区团体和地方合作机构进行监测，追踪和应对社区关注的普遍（环境）问题的过程。在英国，CBM 被称为生物学监测，重点是物种和栖息地数据的收集。现在似乎有两种类型的 CBM 工作：

1. 物种监测，在这种类型的工作中，非专家公民收集鸟、鱼、两栖动物和植物等物种的数据；

2. 生态系统监测，监测诸如水资源和空气污染的进程。

公民科学生态项目正在蓬勃发展，康拉德和席罗奇（Conrad and Hilchey）认为这是由以下因素引起的：

- 增加公众意识和知识；
- 对环境的关注；
- 对政府如何处理生态问题的担忧。

康拉德和席罗奇对于 10 多年来关于 CBM 公民科学项目的文献进行了审查，评估其有效性。他们发现这种方案的优点是：

- 在广泛的地理区域收集数据；
- 提高科学素养；
- 科学民主；
- 把当地人民纳入当地问题；
- 对环境的实际利益进行了监测。

评论还强调了公众提交的数据质量，缺乏客观性，缺乏对相应的样本量的训练和问题等作者关注的领域。这些缺点意味着公众收集的数据缺乏可信度，从数据中得出结论可能不会被政府认真采纳。该评论还强调了尽管数据量很达，但是使用志愿者收集的数据编写而成的研究论文却很少。康拉德和席罗奇认为这些缺点并不是不可克服的，但是需要设计最佳的操作框架。

其他涉及生态数据收集的公民科学的例子包括“英国露天实验室项目”（UK Open Air Laboratories project）（OPAL），这是一个始于 2007 年、为期 5 年的项目，该项目由帝国学院（Imperial College）领导的 16 个不同的组织执行。目的是使科学家、业余专家、感兴趣的团体和公众一起进行一系列的调查，调查内容包括：水、空气和气候。打包好的资料可以免费发放给数据收集者，并且提供如何测量和观察的信息。例如，生物多样性调查研究了在树篱中发现的无脊椎动物的多样性；该资料包裹中还包含了一个场地指南、工作手册和一个常见的树篱指南。结果可以在输入 OPAL 网站中并且立即显示，这可以使人们将他们的结果和其他人进行比较。OPAL 还举办了路演和相应的培训课程。最近，作为“进化研究大型实验室”（Evolution MegaLab）的一部分，15 个国家成千上万的公民收集的数据显示，带状蜗牛多态性的变化是由于鸟类所带来的捕食压力不断变化而引起的，并不是因为气候变化。

“过去的天气”（Old Weather）是一个“动物大学”（Zooniverse）项目，该项目涉及从皇家海军的船只中收集关于海上天气的历史数据，所收集的数据将会用于创造更好的气候预测模型。

8.7.6 第四步：数据分析

分布式计算是数字公民科学的一个例子，它利用计算机的空闲时间进行数据分析。例如，seti@home 于 1999 年由加利福尼亚大学伯克利分校（UCB）成立，它使计算机能够运行搜索射电望远镜数据以获取外星生命迹象的程序。2002 年，加利福尼亚大学伯克利分校发布了名为伯克利开放式网络计算基础设施（BOINC）的软件，它利用公众注册的电脑空闲时间运行了许多项目。使用分布式计算已经有重大发现，例如 2010 年 8 月，一名名为 Einstein@home 的志愿者用来自阿雷西博 Arecibo 天文台的数据挖掘发现了一个未知的脉冲星。

最近人们试图利用游戏的力量解决科学问题。人类在空间布置方面非常擅长，在模式检测和解决视觉问题方面比计算机更有效。Phylo 是比较基因组学的一款在线游戏，正致力于优化人类 DNA 的序列。在 Phylo 游戏中，DNA 编码的字母被颜色块代替，玩家的任务是通过在计算机屏幕上水平移动色块来生成相同颜色的列。相同颜色的整列不总是可能的，所以玩家必须做出最佳的安排，在游戏中允许出现差距但会受到惩罚。序列来自 UCSC[①] 基因组浏览器，它们都被认为与人类遗传疾病有关。一旦游戏玩家优化了序列比对，就将其反馈到数据库中。

Foldit 是另一款网络游戏，从 Rosetta@home（BOINC 项目）演变而来。该分布式计算项目利用志愿者电脑的力量将蛋白质折叠成化学稳定

① http://genome.ucsc.edu/。

的结构。运行 Rosetta@home 的公民开始报告说，他们可以看到更好的蛋白质可以折叠的方式。这启发了伯克利的计算机科学家开发一款他们称之为 Foldit 的游戏，它允许在线玩家帮助电脑，但也允许他们相互竞争折叠蛋白质。玩家累积积分，可以在游戏中达到不同的级别。贾提波等人（Khatib）揭示道，Foldit 游戏玩家在提供 M–PMV（一种逆转录病毒蛋白酶）的结构模型方面取得了相当大的成功，使得科学家们能够最终解决这种蛋白质的晶体结构。

8.7.7 公民参与研究项目背后的动机

诺夫等人（Nov）研究了人们志愿参加这 3 类公民科学项目的原因，每个项目涉及不同的责任水平。这些项目按照责任增加的顺序为：Seti@home、Stardust 和 Weather Monitoring。所有 3 个公民科学项目的得分最高的动机都是项目本身的集体动机。其次是内在的个人动机。这些发现应影响公民科学项目的设计方式。诺夫等人建议如下：

1. 项目应通过明确项目的使命和目标，增加志愿者责任；

2. 创造有活力的贡献环境，志愿者可以从低水平的责任开始，但通过努力考验承担更多的任务和更高的责任。

“星系动物园”（Galaxy Zoo）的创始人早在他们的项目中就意识到，他们的志愿者希望承担有意义的任务，以提供有用的结果。他们发现，公民开始相互建立团体、交换信息和文献。该项目对公民志愿者来说需要投入相当多的时间，科学家要确保他们始终了解该研究的技术、科学和社会等方面信息。科学家在志愿者中发现了非常尖端的技能，他们正在努力开发工具，使公民能够开展自己的调查。

诸如“非营利生物圈探险”（the not–for–profit Biosphere Expeditions）等组织，为志愿者提供参与保护项目的机会。志愿者支付的三分之二的资金被用来实现保护项目的可持续发展。

利用公民力量的一个担忧是，他们作为无偿研究人员，可能因此被视为一种剥削性的关系。然而，这可以通过项目中每个合作伙伴承担的明确角色来缓解。

迈克尔·鲍考克（Michael Pocock）博士和达伦·埃文斯（Darren Evans）的案例研究 8.4 七叶树科学（conker tree science）还透露，人们希望参与具有明确目标的真正的科学。他们还发现公民具有很好的想法，这可以帮助他们提出新的假设。

案例研究　8.4

七叶树科学：公众参与和真正的研究

迈克尔·鲍考克和达伦·埃文斯

背景

“我们的七叶树发生了什么？”是我们在 2010 年和 2011 年对数千名公民科学家提出的问题。这个问题很重要，因为英国的七叶树（*Aesculus hippocastanum*）目前正受到一个“外星人”入侵者的入侵。这个入侵者是一种小飞蛾——马蹄叶叶蛾（*Cameraria ohridella*），于 2002 年抵达伦敦，并在英国迅速蔓延，到 2010 年到达康沃尔郡和泰恩塞德。飞蛾的毛虫在树叶上形成“地雷”，毛虫造成的伤害也很惊人；严重受损的树叶在夏末变成褐色，秋季正常落叶前就早早凋落。然而，对树木的影响却了解甚少。

七叶树在村镇很受重视，所以严重的叶片受损让公众非常担忧。与此同时，科学家们仍然需要了解飞蛾如何蔓延及其造成的损害，但是要回答这些问题所需的数据仍要进行非常大规模（在英国和整个夏季）的收集，因为对于专业研究人员来说承担这项工作太费精力了。考虑到公众对马蹄树的关注和大规模研究的需要，我们在 2010 年启动了七叶树科学项目。从项目启动以来，我们清楚地认识到这个项目的双重目标是公众参与科学和高质量的假说驱动的生态研究。

公民科学项目的设计

在七叶树科学中，我们招募了小学生和其他公众参与两项任务，并通过网站收集数据来解决两个假设：

任务 1：异种飞蛾调查是为了检验这样一个假设：即蛾子最长时，潜叶蛾造成的损害程度最大。该检验需要观察和报告来自英国的马蹄树的伤害分数（简单的分类评分系统）。夏天可以随时收集和提交记录，提供了一个简单、方便的参与项目的方式。这个任务也帮助我们（与森林研究所合作）跟踪英国飞蛾的不断扩散。

任务 2：害虫控制器检验了这样一个假设：在害虫最长的时候，“天敌虫”的寄生率最高。我们感兴趣的天敌虫是寄生蜂，它将卵产在毛虫内部，然后从内向外吃掉毛虫。解决这项任务需要更多的实验方法，邀请公众成为实验室助理，并且需要一种方法来评估公众成果的准确性，这对得出可发布的高质量数据至关重要。实验方案简单明了但很专业（在七月的第一周采摘一片被感染的叶子，将其密封在一个塑料袋中，并在两周后检查出新出现的昆虫），我们为昆虫的鉴定提供了指南。

该项目有一个专门的网站（www.ourweboflife.org.uk/），以便人们可以找到更多有关该问题的信息、下载任务的详细说明、在线输入记录并实时查看结果。我们得益于网站开发人员的专业知识（以几千英镑的代价）建立了一个可靠、安全和用户友好的网站和数据库。在2011年，我们通过开发一个智能手机应用程序扩展了这个项目，让人们可以通过全球定位系统（GPS）上传照片，并通过全球定位系统标记照片，尽管这需要更大的预算和一个更专业的团队来完成。

在2010—2011年，共有近万人参与了这个项目（通过积极参与和提交记录或下载智能手机应用程序），我们已经提交了近万份记录。我们通过一个开放的问题邀请参与者进入记录后反馈。这些评论显示出对该项目的压倒性正面反馈。评论还揭示了公众参与动机的多样性（从寻求对自己的树木的补救，到参与真正的科学）。有些人甚至贡献了意见，帮助我们开发新的测试假设。

回想起来，很容易看到这个相对较大的项目是成功的，但是我们希望通过小型项目的成功来逐渐发展七叶树科学，每个项目本身都是有价值的。在每一个项目中，我们结合了媒体和公共利益，从而向资助者展示了公众对公民科学的兴趣。

把七叶树科学作为真正的生态研究是有价值的。我们意识到做好3件事是至关重要的：尽可能简单地保持我们所传达的想法（尽管不简单），尽可能保持简单的方法（并在将它们推广给公众之前进行测试），并确保对结果的准确性进行评估。我们发现当验证一部分记录的结果（具体是与参加病虫害控制任务的学生一起工作时）时，任务的某些方面准确完成，但有些方面是错误的（尤其是难以识别和计数的微小的天敌虫任务）。我们量化了这个错误，并在分析结果时明确地考虑了我们的验证，以产生可靠和可发布的高质量结果。

当然，七叶树科学的成功依赖于人们的参与，我们以两种方式实现了这一点：一是通过媒体招募公众，二是招募志愿者与学生一起工作。

对于媒体而言，我们发现“我们的七叶树受到攻击”和“人们需要成为自己的公园和花园的科学家”的故事被证明是有吸引力的。我们努力在大学新闻官员的支持下推广这个故事，很幸运地得到了几个媒体的支持。我们发现当地的 BBC 广播电台和当地的报纸最容易接受这个故事。当然，记者最感兴趣的是一个强有力的故事，但是到目前为止，媒体的报道离真相都还很远。不同的记者和采访者在我们项目的不同方面提出了问题，所以随着时间的推移，我们会有机会讨论项目中的许多故事，如公众在科学的作用、入侵物种的问题、昆虫生命的多样性、生物虫害防治等。招募志愿者与学童一起工作也是招募参加者的有效途径。我们为七叶树科学志愿者提供了培训，他们招募了 180 多名 8 ～ 11 岁的儿童参加了病虫害控制任务。我们发现与教师的直接接触比广告更有效。所有的教师和孩子都热衷于做真正的研究，了解昆虫，并被真正的科学家们拜访。

发展七叶树科学对我们双方来说都是一个丰富而愉快的活动，即使只有公众参与，也是有价值的。然而，我们的研究也受益匪浅，因为我们通过这个项目开辟了新的资金流，并获得了可发布的数据。我们认为，创造性地利用公民科学是双赢的，对于研究人员和公众都非常有价值。

致谢

我们感谢自然环境研究理事会（Natural Environment Research Council）的资助，南希·詹宁斯（Nancy Jennings）和胡夫·杰弗里斯（Huw Jeffries）的支持。智能手机应用程序由布里斯托大学学习与研究技术研究所开发，由JISC资助。从英国生态学会、RCUK和布里斯托大学获得了额外的试点项目资金。

对公民科学项目的批评是，他们往往没有设定任务的范围，项目的决策受到科学家的控制。斯蒂尔戈（Stilgoe）对这些类型的项目相当不屑一顾，这些科学项目在本质上是雷同的。他建议，如果有真正的公民科学，公民是平等的，正在进行的科学由项目和创造的新知识而改变。案例研究8.4是公民观察如何提出新研究问题的一个很好的例子。雅妮丝·安斯（Janice Ansine）的案例研究8.5显示了公民科学家如何能够在学习的旅程中同时对自然历史数据收集做出贡献的。

案例研究 8.5

通过 iSpot 到达公众：你分享自然的地方

雅妮丝·安斯

介绍

2009年10月，来自伯克郡的6岁的凯蒂·多宾斯（Katie Dobbins）在家里的窗台上看到一个不寻常的毛茸茸的飞蛾，并展示给爸爸。爸爸帮助她拍摄照片，并在iSpot上刊登了这一观察结果[①]。24小时内，专家们证实，这是一种不知名的大叶黄杨斑蛾（euonymus leaf notcher），一种在英国之前从未见过的物种[②]。

iSpot是一个不断增长的在线社区，任何对大自然感兴趣的人都可以分享他们的观察结果，并获得帮助，为其发现的生物命名。它由开放大学（OU）开发，并于2009年6月推出，旨在帮助人们建立分类技能。项目开展的前提是，除非人们可以命名他们看到的内容，否则他们无法了解它。与他人分享他们的经验并为保护或增加对该物种的知识做出贡献。事实上，如果没有名字，人们可能会争论说一个物种实际上是看不见的。iSpot使用互联网和社交网络，当你第一次可以识别出你所看到的内容时，你可以由此学习、在观察自然中获得欣喜感和成就感。

iSpot做什么以及它如何工作？

iSpot是针对每个人的免费资源，从7岁到107岁，甚至比案例中的凯蒂更年轻的人！它吸引了那些好奇或漫不经心的人、对野生动物鉴定很了解的人以及专家。

iSpot通过使用户终身学习来实现其目标。我们的项目目标是：

① www.iSpot.org.uk。

② see observation posting at http://www.ispot.org.uk/node/7407。

- 使用新的网络和移动软件来降低不同观众的识别障碍：对所有人开放；
- 围绕生物多样性创建一个连接初学者和专家的社交网络；
- 创造新一代的博物学家。

该网站的界面对用户友好；任何人都可以浏览网站上其他用户发布的大批图像，但需要注册才能发布图片。很容易参与：拍摄任何植物、动物、真菌或其他生物体的照片，并通过观察页面上传，该观察页将从照片中的 EXIF 数据读取地理位置，或使用提供的地图记录地理位置。然后，借助 iSpot 的物种字典简易识别，或等待其他用户的帮助。

我们的目标是通过我们的声誉系统来发展识别技能，并提供社交分数和网站上的活动分数，这是 iSpot 如何工作的关键因素。用户可以获得社交积分，然后获得展示的每个物种群体的分数。

作为一个社交网络，进行观察和评论等都可以获得积分（星等级），这可以反映知识的增长。重要的是，对于强调用户识别的专业知识的物种群，也会获得分数。当其他用户点击“我同意”您的身份信息时，积分将被授予。这种声誉评分与代表的匹配的图标被突出显示，根据同意您的身份认证（ID）的用户例如 iSpot 专家的比例，评分还可以增加。

用户在网站上如此活跃，以至于上传的未命名图片其中有半数可在一个小时内被识别，而近 90%在一天内被认出。这表明了 iSpot 社区的独特力量，包括了全民参与的 70 多个自然历史计划，以及社会的广大公众、更多知识渊博的博物学家和专家的敏锐观察和识别技巧。

该网站拥有一系列工具和功能，可增强用户体验。这包括地理测绘工具、帮助识别和其他的资源信息。例如，科学的和通用的名称由自然历史博物馆主办的英国物种字典自动检查。一旦识别了一个观察结果，就会将超链接显示在国家生物多样性网络（the National Biodiversity Network）[①]上的物种图谱以及《生命百科全书》(*Encyclopedia of Life*)[②]中适当的物种页面上。

还有新闻更新，论坛提供了更多关于观察和其他相关兴趣话题的讨论。安卓和 iPhone 的 iSpot 应用程序目前正在开发中，将于 2012 年中期推出。

iSpot Keys 也可免费使用，帮助人们识别他们找到的内容，并帮助初学者和更有经验的人。Keys 可在 iSpot 首页上找到，可通过电脑和手机访问，并可用于一系列物种。用户能够输入尽可能多的信息，Key 可以计算出这个匹配的相关程度，在用户继续添加信息时按可能性的顺序列出可能的物种列表，并得出更清楚的结论。用户也被邀请为开发新的 iSpot Keys 做出贡献。

我们目前都有什么成就？

成千上万的互联网访问者只需浏览 iSpot 即可享受观察，并学习更多关于自然的知识。因为我们的工作成就，在 2010 年自然银幕授予我们国际熊猫新媒体奖（international Panda New Media Award），并赞扬 iSpot 以“最大限度地利用互联网的优势为用户提供独特的体验——既具有参与性又具有协作性”，以及用户“能够在内容的策划和生成中发挥积极作用”。

到 2012 年年初，iSpot 已经是一个有 17000 多名注册用户

---

① www.nbn.org.uk。

② www.eol.org。

的蓬勃发展的社区，用户在近 10 万次观察中提交了超过 5500 种物种的 15 万幅图像。大多数观察的是常见的物种，但除了凯蒂独特的飞蛾观察之外，还发现了数百种稀有物种。在 2010 年，一名 iSpot 用户发现了一种蜜蜂，iSpot 专家很快确定了这是一种在英国之前没有记载的物种。然后，一名 5 岁男孩在诺福克的提奇韦尔・马尔斯（Titchwell Marsh）储备处看到一只亮黄色的毛毛虫。在 iSpot 发布之后，它引发了很多讨论，一位专家证实，它是在英国这种类型最稀有的叶蜂之一——藤黄叶蜂（*Cimbex luteus*）。

我们开篇故事的最后，凯蒂的飞蛾在她把它带到当地的学校展示并讲述之后，最终被存放在自然历史博物馆的收藏品中。然而，在更大规模上，越来越多的观察结果被提交给 iSpot 作为宝贵的科学资料。例如，对椿象观察的分布反映了近期北方和内陆物种分布对气候变化的响应，如绿椿象和小虫子姬缘蝽（*Corizus hyoscyami*）。

iSpot 是整个开放大学一组相关项目的一部分，该项目以其在远程学习中的独特声誉为基础，包括非正式学习到正式学习，同时伴随着信息教育技术、媒体、传播和公共宣传。例如，iSpot 一直在 BBC 及开放共同制作的无线电广播 4 台呼吁保护物种，该广播台有每周数百万的听众。

理论与实践相结合的开放大学介绍性课程“与自然为邻”（Neighbourhood Nature），把 iSpot 作为实地活动的一部分，并帮助学生进行自然历史学习。在网站上标有开放大学冠军的学生，在成功完成课程后将获得一个金色的光环。

为了让尽可能多的人参与，我们在英国设有一个兼职生物多样性指导小组，其工作是确保 iSpot 能够到达社区的各个角落。3 年来，通过这个团队的实地工作，我们直接吸引了近 6 万名公众来参与我们的活动，如徒步自然观察、昆虫狩猎、蝙蝠行走、池塘浸泡、岩石池、展览和活动、训练日、调查和生物闪电战。

公众对 iSpot 的反应

来自 iSpot 用户和受益人群的评论，说明了我们迄今为止的影响和未来的潜力：

“刚刚注册，想对这个绝妙的想法和网站说声感谢。能得到很多信息且让人觉得上瘾（以最好的方式）。”——iSpot 某用户。

“非常感谢你（再次）的所有信息。我对与大自然‘痴迷’是多么容易感到惊奇。无论像我这样的新手有多少本书，都不能胜过 iSpot 上的每个人的知识和建议。”——iSpot 某用户。

“你的拜访非常棒，我们喜欢摇着树，看有什么东西掉到了网中。”——3 岁的学生诺福克在与我们的东英格兰生物多样性导师会议之后这样说道。

“我从来没有想过要成为一个十几岁的孩子，我儿子会很高兴和家人一起去参加这样的活动，他为自己在圣诞节得到的探测器感到兴奋。”——来自英国西南部的家庭已经参加了两次 iSpot 探索自然的蝙蝠行走。

致谢

作为 OPAL 项目的一部分，iSpot 和生物多样性观察得到了英国大乐透基金的资助。我们要感谢 iSpot 团队和 iSpot 社区用户为项目迄今的成功所做出的贡献。

“公民科学家”一词具有另一层含义，即科学家不能把他们作为一个科学家的工作和作为一个公民的责任相互分离。斯蒂尔伽（Stilgoe）说：“所有的科学家都是公民，但并不是所有的科学家都是公民科学家。”薇罗尼卡·沙布尔（Veronique Chable）是植物遗传学家，她正在努力保护花椰菜的遗传多样性。她与农民一起在“参与式植物育种”工作，帮助他们回到记录中，发掘作物的遗传遗产。她正在帮助农民重新发现具有更好口感的不同花椰菜品种。公民科学家的这一定义可以应用于那些将公众成员作为健康研究活动合作伙伴的科学家。

8.8 健康研究中的公众参与

有越来越多的活动让公众成为与健康有关的研究过程中的积极合作者。健康和临床科学方面的研究依赖于公众的支持。这种研究与其他公民科学项目略有不同——公众可以成为这种研究的“最终用户”。作为临床科学与健康研究计划的终端用户，公众可能会感到耻辱，特别当公众处于“被研究”的位置时。为了对抗这一点，在研究过程中要真正推动“被研究”向“一起研究”或者积极的合作者转变。他们可以参与到研究过程的各个阶段（图 8.5）。

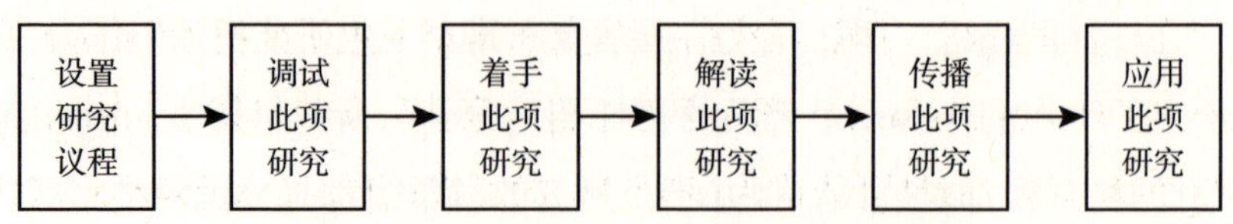

图 8.4 患者用户参与研究的科学方法框架

公众和研究界之间的研究也可以参与到一系列研究过程中：

咨询→协作→用户控制

咨询涉及与公众或最终用户会谈，并征求可能采取或不会采取的观点和意见。合作涉及与研究人员和“终端用户”的积极合作。最后，用户控制是与研究科学家相反的最终用户驱动的研究。在英国，卫生署通过国家卫生局在 1996 年成立了“英国国民健康保险制度（NHS）研究中的消费者”，2003 年发展成为“参与项目”（INVOLVE）。“参与项目”的前提是：鼓励“最终用户”参与研究过程中从而使资助者、研究人员和研究中的消费者都能从中获得明显的收益。这些收益包括：

- “最终用户”可以为研究人员提供不同的观点；
- 可以确定被“最终用户”视为优先事项的研究，这可以帮助我们确定可能未被研究的研究课题的优先次序和确定性；
- 确保资金被用来资助被最终用户而不仅仅是研究人员认为有相关性的研究；
- 招聘同龄人进行项目研究，并可以方便获取边缘化或难以到达的群体；
- 参与研究过程可以引出一个更有能力的研究者，他可以影响研究成果的变化和实施；
- 使公众参与研究进程，已经成为政治优先事项，特别是在国家医疗保健系统（NHS）和卫生署（DoH）中。

许多资助机构，例如惠康信托基金和国家卫生研究所（National Institute for Health Research）现在都要求科学家让公众参与其中，他们如专家般经验丰富，而且可能成为研究过程的最终用户。公众参与研究过程的例子之一是英国阿尔茨海默病协会。2000 年，他们建立了痴呆症质量研究网络（QRD），患者和护理人员与领先的科学家合作，确定研究重点。他们的另外一部分角色是审查研究建议、评估和监测研究资助。该研究网络确保阿尔茨海默病协会只资助对人们生活有重大影响的研究。

PXE 国际（PXE International）是倡导者之一，并为其他倡导团体提供了参与一系列不同疾病的可以参与转化研究的模式。

8.9 专注于 Web 2.0 的工具和服务

科学家们准备接触比以往任何时候都多的人，但前提是他们能够接受他们所开发出来的技术。

——《自然》(2009)

万维网是一个真正的全球通信系统。从欧洲粒子物理研究所（CERN）的初步开端，网络已经发展成为一个包含超过 10 亿网页的奇迹，足以让几代人浏览。在学术界工作、给本科生和研究生上课的科学家不鼓励使用网络上提供的信息，因为它没有经过同行评审，被认为是不可靠的。然而，对于公民来说，情况恰恰相反。网络内容被认为是由普通人写的，因此他们写的内容不受暗藏的议程的影响。

网络是一种有吸引力的沟通方式，它可以传达给全球广泛的观众。这不仅仅是一个单向的通信系统，它还有机会互动，这些都包含在虚拟环境中。网络现在是科学传播的一部分，Web 2.0 中的工具，如论坛、播客、博客、推特和维基可以用于不同目的，包括评估科学传播活动（见第 5 章）。强大的 Web 2.0 通信工具组件可供个体科学家、团体或机构使用。表 8.2 提供了可用于 Web 2.0 传播的一些工具的示例。尽管它们很受欢迎，但是很少有科学或其他学科的奖学金用来研究社交媒体的使用。

普罗科特等人（Procter）在信息网络研究的资助下，研究了 Web 2.0 服务是如何被不同学科的研究人员用于学术传播的。普罗科特等人定义学术传播为：

- 进行研究、发展思想和非正式沟通；
- 准备、形成和传播将成为正式的研究成果的内容；
- 传播正式成果；
- 管理个人事业和研究团队及研究计划；
- 将学术观点传达给更广泛的团体。

表 8.2 用于科学传播的不同媒体的案例

案例	社交网络类型	描述	网址
Twitter	微型博客	Twitter 和博客非常不一样，在 Twitter 上你最多只可以发 140 个字，所以你在传播时必须非常明确你要发什么	http://twitter.com/
Delicious	社交书签	帮助你在网站上查找信息。常见主题链接到“书签”中。你可以搜索书签或建立你自己的书签，你也可以进行分享	http://delicious.com/

续表

案例	社交网络类型	描述	网址
StumbleUpon	社交书签	StumbleUpon 通过网站搜索信息并直接将其链接到与你的兴趣相符的网站上去	www.stumbleupon.com/
Digg	放大器	Digg 是一个你可以存放网页内容分享的地方。它可能在全球范围内拍摄你的研究内容。Digg 按钮可以放在你的纸上，然后你的研究就可以被其他的 Digg 用户获取了	http://about.digg.com/
FriendFeed	聚合器	FriendFeed 会把你和你的联系人在所有不同的社交网站和书签网站的对话收集并显示在一个区域	http://friendfeed.com/
YouTube	多媒体分享	分享视频材料	www.youtube.com/
Flickr	多媒体分享	分享图片资料	www.flickr.com/
Podomatic	多媒体分享	录像和 / 或分享在网站上的视觉资料	www.podomatic.com
Ning	社交网络	创建你自己的社交网络	http://uk.ning.com/
Facebook	社交网络	创建你个人或者组织的社交主页	http://en-gb.facebook.com/

请注意，他们对学术传播的定义包括与更广泛的受众的沟通。该研究包括在线调查问卷（n=1477 人），以及 56 次半结构访谈。研究结果将研究人员分为频繁用户（13%）、偶尔用户（45%）和非用户（39%）。这个数据表明，大多数研究人员正在使用 Web 2.0 工具和服务进行学术传播，但很少有人定期进行。和大家所想的不同的是，这项研究表明使用 Web 2.0 不是年轻人的专项：在频繁使用者中，69%为 35 岁至 64 岁的人群，且多处于较高级的职位。频繁用户倾向于参与合作研究项目，且更有可能是男性。然而，他们确实发现在偶尔用户中，更多的是初级研究人员，他们倾向于使用社交网络工具用于相关的研究目的，例如

Twitter 和 Facebook。Letierce 等人的调查（n=66）支持了这一点，该调查显示 Web 2.0 中的社交网络工具往往被年轻的早期职业科学家所使用。使用这些网络服务的主要动机是：

- 分享有关其专业领域的知识 / 学习 / 工作（86%）；
- 传播一些他们的研究项目（80%）。

在 Web 2.0 上可用的服务中，推特（Twitter）是他们最爱的服务：92%的人拥有推特账户，第二名是脸书（Facebook）。使用 Web 2.0 技术进行学术传播仍处于起步阶段，但发展迅速。然而，它的使用并不是替代更传统的传播形式，而是对其进行加强。缺少正式的技能是一种使用障碍，我们应该知道什么可以用于什么和如何使用。Procter 等人表明，Web 2.0 有助于对非学术利益相关者产生研究影响。

8.9.1 博客

博客（Weblog）似乎是从在线评论演变而来的。实质上，一个博客是由一个群体或个人定期更新的网页创建而成（Kouper，2010）。这是一种群体 / 个人和公众之间的沟通方式，因为阅读博客的公众可以对其进行评论。图 8.5 提供了博客从源头到目的地的生命周期。在 21 世纪初，看起来容易而专业的博客软件被开发出来，这大大增加了博客的用户数量。发博客的地方称为博客圈。虽然从博客那里获得科学信息的公民人数很少，只有 2%（图 8.1），但那些公民却真正感觉学到了很多科学知识。

博客有利于科学传播的原因有很多：

1. 博客反应迅速——不仅可以立即传达关于新的研究或突破的信息，而且公民可以快速评论并进行对话；
2. 读者可以从博主的专业知识中受益匪浅；
3. 博客可以帮助科学界破除神秘化——科学论文的研究可以被博主引用到更广的其他工作范围中；
4. 博客可以报道不常被报纸所报道的科学政策。

《自然》杂志调查了 500 名科学记者，大多数人表示，他们使用科学家博客中的想法来创作故事。科学博客被视为社区新闻的一种形式。在谷歌（Google）中搜索“科学博客”会出现庞大的数量，其中一些在表 8.3 中被突出显示。

表 8.3　不同的科学博客

标题	网址
微生物字节 *Microbiology Bytes*	www.microbiologybytes.com/blog/
有线科学 *Wired Science*	www.wired.com/wiredscience/
雷德菲尔德实验室 *The Redfield Lab*	www.zoology.ubc.ca/redfield/index.htmt
时钟周围的博客 *A Blog around the Clock*	http://scienceblogs.com/clock/
咽部 *Pharyngula*	http://scienceblogs.com/pharyngula/
在管道中 *In the Pipeline*	www.corante.com/pipeline/
熊猫的拇指 *Panda's Thumb*	www.pandasthumb.com

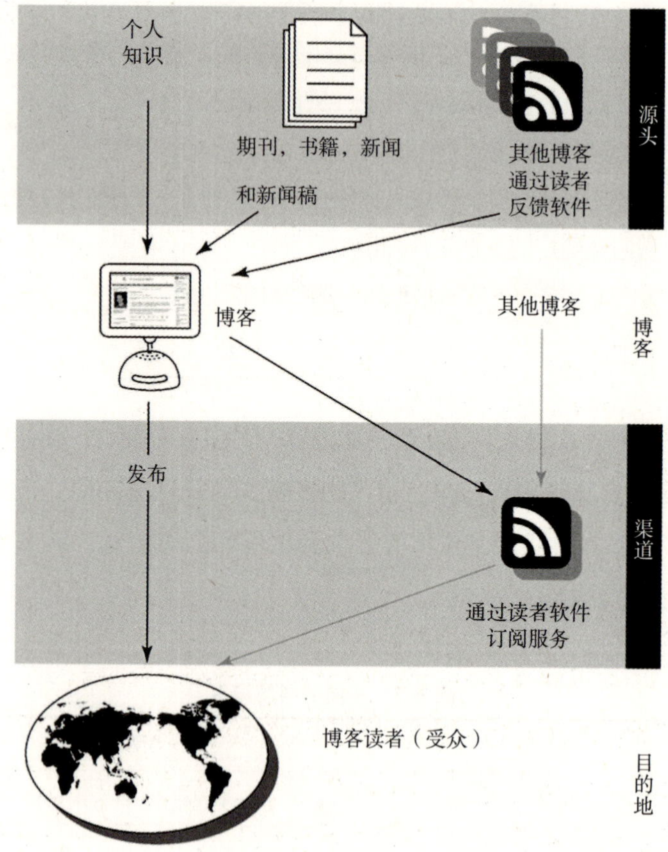

图 8.5 博客的生命周期

消息来源包括其他博客、新闻服务、期刊文章、流行媒体以及博主的个人知识。对于科学博客，帖子通常基于最近的科学公告，文章较少见。有时科学博主会发一些关于自己的研究的博客。

用博客搜索引擎 Technorati① 可以搜到 19881 个具有“科学标签”的博客，尽管其中许多博客被归类为“伪博客”。库伯（Kouper）分析了 11 种不同的科学博客，尝试确定博客在公众参与科学中的作用。科学博客往往是由科学家、位于职业生涯初期者以及其他教授写的；他们有些也是由专业的科学传播者和记者写的。博客的想法来自：

- 期刊文章；
- 最近科学公告；
- 个人经历；
- 对其他媒体的评论；
- 实验室研究。

Kouper 发现科学博客的观众往往与科学有一些现有的互动，即他们不是典型的外行观众。当一位博主被问到谁是他们的观众时，答案包括理科毕业生、博士后科学家和讲师。在 Kouper 的研究中，“有线科学”（Wired Science）是唯一一个拥有非科学家读者群体的博客。因此，撰写博客的科学家应该更加了解他们的观众，并欢迎非科学家。Pharyngula 是发展生物学教授保罗·泽·迈尔斯（Paul Z.Merers）的科学博客，涵盖宗教和政治内容的帖子吸引了大部分读者，每周的访问量超过 30 万人。

法伊（Fahy）和尼斯贝特（Nisber）指出，科学博客可以是非常有价值的，并且与常规的同行评审论文相辅相成。一些期刊甚至将他们的论文发送给博主，以确保有人来评论。南茜·芭伦（Nancy Baron）也指出，科学家们应该访问博客，因为它们变得越来越有影响力。

① http://technorati.com/。

博客的好处和障碍

博客对博主有几个好处：

- 博主将成为组成一个社区的一部分，可以访问该网络。一些博主已经根据他们的在线资料获得了工作；
- 博客科学家认为他们变成了更好的沟通者，对不同的科学问题也有了更广泛的了解。

自然科学与人文科学之间的障碍被破除。博客评论为研究问题对公众的影响提供了丰富的资源。

博客也有一些障碍。博主往往不到 30 岁，因此它被视为是早期职业科学家的媒介。有些科学家认为，如果他们作为博主进入博客圈，他们将被同龄人嘲笑。时间也是一个问题，博客要经常更新，每个博客都需要时间来撰写。一些科学家不喜欢博客的本质，因为这往往是基于意见的，可能与证据不符。从公众的角度来看，也很难及时对话。质量可能不足，没有编辑参与，有些博客作为科学博客实际上是“伪博客”。

对网络上科学传播的一个警告是它变化得太快了。Facebook 之前很少有人知道，但现在它已经成为一个全球现象。我们不能对一种类型的渠道感到太舒适——我们需要随时掌握最新的服务，并且到达人们所在的地方。

乔希·霍格阁（Josh Howgego）编写的案例研究 8.6 突出了建立博客是多么容易，并探索了他开始用博客的动机。他还谈到了博客给他带来的好处。

案例研究 8.6

标准 21（Benchtwentyone）

乔希·霍格阁

背景

2008年10月，我开始攻读博士学位，我非常兴奋可以做一些真正的科学。我很快发现，当人们说读博士是很困难的时候，他们并不是在开玩笑。我发现掌握研究中需要的技术所花费的时间比我预想的要长得多，而且在几个月的时间里，我发现自己仍然喜欢只把科学作为一个概念，同时我发现日常工作其实很困难，而且它经常和我的预期不一样。

为了让自己不完全绝望，我认为我应该对整个科学有更广泛的兴趣——在全球范围内努力了解更多关于我们的世界和宇宙——并把这些知识应用于某种更合适的地方。如果我能做到这一点，我就会知道，即使我只为这些努力做到了一小部分，努力本身也是很特别而且值得的事。

我从小学以来就一直喜欢写作和文字，我发现写作过程可以宣泄情绪并且也是有效凝练思想的方式。创建一个博客的想法很快就产生了，我决定应该去做这件事。

开始过程

我不知道该从哪里开始：没有关于如何创建或运作网页

或博客的技术知识，就像刚刚搬到一个新城市——布里斯托尔——几个月前，我不知道可以向谁寻求帮助。但实际上，对于有兴趣尝试某种形式的科学传播的科学家来说，博客的好处就是不需要任何资源就可以开始——只用一台电脑和一些时间。

设置博客

即使你对博客或编程一无所知，使用免费的博客托管服务很容易就能快速启动和运行。热门的选择包括 wordpress.com，posterrous.com，tumblr.com 和 blogger.com。只需搜索它们并提交你的电子邮件地址。

实际上利用 wordpress 或者其他随后的网站来设置一个博客真的很简单。这些网站会为你撰写帖子提供"所见即所得"（WYSIWYG：what you see is what you get）的编辑服务以及用户友好界面，你可以通过预先加载的主题控制你网站的外观。即使不会任何编程也可以设置一个外观漂亮的博客。难的是要把它变成你自己的以及写作本身。

我开始撰写我已经知道的一些主题，做一些更适合写作的研究。例如，作为一名化学家，我经常在一系列的帖子中写下有趣的分子，我称之为"本月的分子"。我也写了关于科学如何影响政府政策和法律——我认为与外行人有关的事情。

和预期不一样的东西

博客的一个问题是你不知道你为谁而写，一开始我经常为自己而写。这个过程对我很有帮助，而且我发现它很有趣。如果有人读的话，那就是一份奖励。我尊敬的博主们，比如博客"非完全火箭科学"（Not exactly rocket science）的博主 Ed Yong 在他们的博客上留言，他们特别要求读者们发表评论来解释他们自己是谁，这是找出谁读了你写的东西的唯一方法。

我很快就发现要写有趣的博客文章，就不得不阅读学术论文、检查事实、花费大量的时间写作和重写作品。我很喜欢它，但是我开始担心这一切是否都是浪费时间。没有人真的读了我的博客（可以用 wordpress 中的内置记录来查看），我不知道花费大量的时间来练习这样的写作是否有意义，毕竟我的博士学位本身也要求付出很多努力。

积极的结果

经过一年多零星的写作，我的博客在 2009 年被选入了《最佳科学写作》的选集，我很受鼓舞；这是一本名为《开放实验室》（*OpenLaboratory*）的书，是开放获取期刊《科学图书馆》编辑的心血之作之一。这很快给我的网站带来更多的流量，并给了我一种模糊的略微成功的温暖感觉。

基于此，我决定看看我能不能把我的科学写作卖给别的地方。我最终获得了为专栏写作的机会，它是由作家马丁·罗宾斯（Martin Robbins）主持和编辑的、更受欢迎的多作者博客，并继续为《卫报》撰写科学知识。

在接下来的 1 年左右时间，我发现，如果我想要更成功的话，我所取得的轻微成就也能给我创造相当多的机会。事实上，我有一篇博文显示出奉献精神，我想让人们更认真地对待我。例如，我参加了 2010 年的英国科学协会的科学传播会议并被授予了一份奖金，在那里我学到了很多，并与一些非常聪明的人进行交谈。然后，布里斯托大学的学生报纸同意让我在他们的纸质报纸中建立和编辑一个全新的科学栏目。这些新的经历也为博客提供了有趣的素材。

人们也偶尔写信给我，让我做一些科学传播的事情。最有趣的例子是一个名叫汤姆·马斯曼（Tom Marshman）的男人，他联系上我，让我帮他在一间单人剧场做一些关于局部麻醉手术的建议。

博客对科学的主流事业有好处吗？

我认为参与科学传播在某种程度上是所有科学家都应该做的事情。它迫使你从更广泛的角度来看你的研究。请记住，实际上普通公众可能至少支付了你所做科学的一部分经费，这使得人们可以对此做出批判，并使你去思考如何为自己的研究做辩护。

非常重要的是，它也迫使您专注于以准确、可理解和有趣的方式呈现你的工作。这是很难做到的，但学习如何与不同观众沟通的过程对于成为一名优秀的科学家至关重要。

经验总结

撰写个人科学博客可能不是使公众与科学本身相融合的最有效的方法，主要是因为——除非你很有名——看起来人们可能并不会阅读它。不过，我发现维持博客是一个非常有用的教育自己如何做好公众参与的工具。这是发展书面沟通能力和探索新思想的实践基础。对于像我这样的年轻科学家来说，它可以丰富你们的经验，开阔你的视野，将你的视野扩展到以前从未考虑过的思想领域和讨论领域。在这方面，维护一个博客是有价值和有启发性的事情。

最后，就我个人而言，我发现撰写博客对我在博士期间的研究动力和方向有帮助。它向我展示了其他人如何看待我做什么，并教会了我讲述故事对科学是多么重要。做无尽的实验是不好的——即使它们本身都是好的。要做有高影响力的科学，就必须仔细选择实验，将结果制作成一个别人可以很容易理解的故事。不管你喜欢与否，这就是广被阅读的科学期刊的工作机制，毕竟，如果我们不能有效地传达研究成果，那么没有人能从我们对科学的贡献中受益。

我如何运营博客？来自乔希的建议：

1. 首先，不要写太多的帖子。如果一段时间内没有写过任何东西，博客上就会很明显，但是不要因为这种压力而去写一些东西。
2. 挑选一些你已经很熟悉的主题——那么你就不用花几个小时的时间来研究它了。
3. 如果可以的话，要找到一个“诱饵”——某个特定的科学部分会使普遍读者感兴趣的原因。
4. 公共参与是理想的双向对话，写一个博客只能在公众阅读它时才能吸引公众。如果与其他活动——学校参观、会议、研讨会和节日一起进行的话，那么业余科学博客的效果才最好。这些不仅可以给你提供新的写作素材，还可以有机会宣传你已经写过的内容。
5. 博客提供的多个小部件（基本上可以插入到您帖子的框中），可以让你在选择问题上对读者进行调查。这些可以作为开始与受众对话的好方法，并且可以提供如何让读者更有效地参与的主意。
6. 通过给更多成熟博客的作者发送邮件并请求发布客贴，让自己增加曝光。他们通常会抓住这个机会让外部专家参与进他们的项目。

8.9.2 社交网络的其他形式

社交网络有 3 个主要组成部分：

1. 一个有关你细节的个人页面；
2. 将你与他人相连接的关系网络；
3. 允许你与你进行网络关系联系的消息功能。

例如 Facebook 和 MySpace，前者更大一点。大多数 Facebook 页面由个人管理，但其他的则由"群体"（如大学或大学部门）创建和维护。Facebook 的维护程度相当高，因为您需要更新最新的信息。但作为与人（例如你的校友）保持联系的媒介是非常有用的。

8.9.3 推特（Twitter）

Twitter 成立于 2006 年，在过去 5 年中迅速普及，现在全球拥有数以百万计的用户。Twitter 是一个微博，用户在一个帖子里最多只能使用 140 个字符。各种各样的人都在使用 Twitter，包括名人、政治家和记者，它有可能跨越许多不同的界限，包括科学家和公众的边界。在科学界，Twitter 通常被个人科学家，以及群体和大型组织（如大学和研究机构）使用。它可以用于各种目的：

- 个人更新的研究；
- 个人分享的新研究论文；
- 机构更新的新闻；
- 将要召开的科学会议——可以使用井号（#）标签来创建一个会议小组。

社会媒体的一个有趣的现象是对期刊在线发表的论文反应迅速。通过博客和推特，科学家已经很快地回应了论文中的错误。这有时可能意味着被撤回论文或作者要求撤回。NASA 天体生物研究所的科学家发表的一篇论文就是一个例子，他们声称在 DNA 骨架中发现了使用砷而不是磷的细菌。迅速的批评让作者感到沮丧，不知道该如何回复。虽然生物学家对这种快速反应感到忧虑，数学家和物理学家却对这种对话感到满意，实际上他们已将文件草稿发布到预先打印服务器（arXiv.org）上多年。这种快速反应现象也可以用于使用全球科学的力量。2011 年 5 月，德国遭遇严重的大肠杆菌爆发。很难初步确定疾病来源。DNA 测序的新速度和较低的成本给出了一种崭新的疾病来源鉴定方法。几个测序中心将大肠杆菌数据进行了排序并发布，以便大众用群智对其进行分析。通过博客、推特和私人网页进行的前所未有的全球合作，使科学家在同行评议过程之外，在互联网上共享数据。群智分析确定了大肠杆菌于几年前在非洲中部被分离出来的相对最相近的序列。

8.9.4 网站

无疑万维网在世界范围内被广泛接受和全球互联的迅速扩展给科学传播带来更广泛的受众，并提供了很多机会。很多专业的科学协会如英国皇家化学学会（RSC–Royal Society of Chemistry）和知名的科学机构（皇家学院）以及其他机构都利用网站提供了很多科学信息和最新的科学突破。例如，雷丁大学（Reading University）最近在其网站上建立了一个博客，邀请对最近发表的论文进行评论（专栏 8.8）。《自然》与《科学》杂志之类的顶级杂志都有相关的网站，它们包含了那些在这些期刊中所涵盖的科学突破的附加功能，包括免费获取选定的研究论文、特色科学故事摘要、评论、播客和邀请评论和传播的博客。作为科学家，重要的是我们考虑利用互联网提供的潜在的全球受众来广泛传播我们的科学。

我们有真正的机会将内容放在可吸引数千名观众的网站上（有关建议，请参阅专栏 8.9）。苹果 iTunes 商店和 YouTube 作为播客和视频剪辑的存储库的到来使得人们可以在全球范围内查看材料，特别是内容免费且易于访问。成功利用这种新媒体的科学传播项目的两个例子是：

- 已经安置在 iTunes 上的《直白的科学家》（*Naked Scientists*）播客的观众人数已经大大增加。①
- 诺丁汉大学化学学院（the University of Nottingham School of Chemistry）与活跃的研究人员和专业电影制作人布雷迪·哈兰（Brady Haran）合作。他们制作了一系列已经被放在 YouTube 上的周期表元素短片《视频周期表》，吸引了超过 10 万名的观众。②

专栏 8.8 雷丁大学论坛

▸ 雷丁大学最近在其网站上推出了一个新的博客——论坛。前提是每个月都会发表 2 ～ 3 篇突出大学内不同研究领域的文章。文章定期更新、积极邀请评论、观点和讨论，开展大学目前研究的双向交流。http://blogs.reading.ac.uk/the-forum/

① http://www.thenakedscientists.com/HTML/podcasts/。
② http://www.youtube.com/user/periodicvideos。

专栏 8.9　使你的网站对公众更友好

▸ 如果你有自己的个人网页或网站，你可以通过一些简单的步骤和改变，让你的科学可以传播给更广泛的受众。例如考虑以下几点：

- 查看你网页上发布的信息，并考虑是否可以更容易地让更广泛的受众接触到；
- 上传可以说明你的研究领域或更广泛的科学领域的有吸引力、信息丰富的图片；
- 提供你发表的文章的链接或访问权限，或你的研究论文或底稿的早期草稿；
- 把你的个人网页链接到你可能吸引更多受众的社交网页上；
- 建立一个与你的网页链接的科学博客。这可以使你专注于自己的研究过程，或你感兴趣并且可能会使你的观众感兴趣的科学领域（第 8.9.1 节）；
- 上传你剪辑的视频、你的研究实验室、你的研究生或你的同事正在谈论或正在进行的研究。

《直白的科学家》播客和《视频周期表》有相似处，因为它们都是吸引人的和专业的产品。它们也是人们不太可能访问您的网站的例子。作为替代方案，你不需要期望观众来找你，而是需要利用你的内容并使用不同的方法将其置于尽可能广泛的受众面前。这反过来可以使网络流量返回到你自己的网站。如果你正在考虑开发 Web 内容，请咨询来自《直白的科学家》的克里斯・斯密斯（Chris Smith）博士。他建议，减少内容并使它尽可能简单，可能不一定是最好的主意。相反，他建议你真正仔细地描述这些方法，并简化语言。如果你能清楚地向他们解释，人们就能理解任何事情，保留尽可能多的事实，但确保不用术语来迷惑人们。

你也可以为其他已建立的网站编写内容。专栏 8.10 显示了本科生如何在 UEA 的科学传播课程中参与了基于 Web 的 ARKive 项目的科学写作。

专栏 8.10　为 ARKive 写作

- 生物科学学院的学生在第三学年进行科学传播方面的活动，需在 ARKive 网站（http://www.arkive.org/）上发表了一些作品。ARKive 是由慈善机构 Wildscreen 运行的项目，Wildscreen 的赞助人是 David Attenborough 爵士。ARKive 旨在为世界濒危动物、植物和真菌制作最终的多媒体指南。
- 我们的学生被邀请为一种物种编写一个页面，从希尔德加德的墓蝙蝠（tomb bat）到黄金越南柏树。学生必须使用同行评议的材料研究他们所选择的物种，然后为公众写一份通俗易懂的简介。提交给 ARKive 后，所有简介都被发送给同行评议，并被接受出版。
- 作为这一过程的一部分，学生必须使用他们在学位课程中发展的一系列研究和写作技巧。完成后，他们知道他们的工作最终能通过同行评审并达到了出版标准，而且公众正在阅读他们的所写材料。

8.9.5　播客

播客是媒体文件，可以是音频或视频（vodcast）。这个术语是由

“iPod”和“广播”合并而成。播客被设计用来下载到 MP3 播放器或计算机上。许多组织，如皇家学会在其网站上发布播客。报纸（例如《卫报》）也有科学播客，《自然》杂志也是如此。播客既简单又便宜，不需要任何相关经历。你可以使用 iTunes 注册播客，只要条件符合。你注册之后，任何 iTunes 用户都可以下载。iTunes 还提供有关如何制作播客的建议[①]。

8.9.6 智能手机应用程序

随着智能手机的推出，有了一些可以下载的科学教育应用程序。这种技术对于最终用户来说是相对便宜的，并且代表了一种有趣的科学传播机制。科学智能手机应用程序包括一个将火星漫游器的图像下载到你手机上的应用程序、科学术语表、星图、元素周期表和野生动物识别指南。一些组织有自己的应用程序，例如美国科学促进会有“移动科学”（Science Mobile），使您能够从论文中阅读科学摘要、访问播客和其他媒体文件，并跟上最新的科学新闻。你可以通过 Appmakr[②]创建自己的应用程序。鲍考克（Pocock）和埃文斯（Evans）的公民科学项目（案例研究 8.4）用一个应用程序来帮助人们上传用于检测外来飞蛾的带有 GPS 位置的图像。应用程序很早就能用了，但它对科学传播的有效性几乎没有人做过研究。已被评估的一个项目是在杰克逊维尔动物园和花园（JZG）所进行的。在一个名为“呼唤野外”（Call the Wild）的项目中，JZG 为展出的企鹅和鳄鱼制作了一款智能手机应用程序，使参观者能够：

① http://www.apple.com/itunes/podcasts/specs.html。
② http://www.appmakr.com/。

- 找出有关这些物种的更多信息；
- 定位参展中的特定动物；
- 在屏幕上移动动物，以配合他们在展览中观察到的位置。

他们发现这款应用程序被访问者下载和使用，年轻的观众特别着迷。它显著延长了观众参观展览的时间。家庭成员之间可通过电话分享观看体验，人们对展览中动物的讨论和观察的时间长度要远比没有应用程序的时候长很多。

8.9.7 开放获取

科学家的关键作用是将研究成果传达给同行和同事，其中一个主要途径是在同行评议的期刊上发表。有效的出版流程可以共享研究结果，在确保通过有效的同行评审过程维护已发表作品的质量的同时，最大限度地提高研究影响。原始的出版流程包括生产和印刷费用，必须通过各种方式来支付，包括广告、付费查看费用以及支付出版费用等。因此出版过程对学术界和广大公众的许多人来说都是受到限制性访问的。互联网作为一种工具来存放、分发和存放原始文献，这为我们提供了新的可能性。开放存取（OA）的出现允许访问已发布的文本，因为它去掉了两个关键的障碍：

1. 从消费者的角度来看，与科学文献相关的成本已经消除；

2. 越来越多的万维网的成长和扩展使以前物理上无法获得的文献可以越来越多地通过点击进行访问。

有一种动力让人们利用因特网来开放获取科学知识。《关于科学和人文科学知识的柏林宣言（2003）》[*The Berlin Declaration*（*2003*）*on OA to Knowledge in the Sciences and Humanities*] 指出：

“互联网从根本上改变了传播科学知识的实际和经济现实……现在互联网提供了一个构成人类知识的全球化和互动化表达的机会。”

作为科学家，开放存取的吸引力在于你正在扩大潜在的受众，从而扩大研究的范围和影响力；实际上，你可能将你的科学研究传达给更广泛的社会团体。

所以什么才是“开放获取”？有这样一个定义：

1. 作者和著作权所有人向所有用户授予免费、不可撤销的、世界范围内、永久的访问权限，以及公开复制、使用、分发、传播和展示作品的许可权，制作和分发衍生作品，在任何数字媒体中用于任何负责任的目的，冠以适当的作者署名，以及少数印刷副本供其个人使用的权利。
2. 在著作的完整版本和所有补充材料（包括上述许可的复印件）中，以适当的标准电子格式存放在至少一个由学术机构、学术团体支持的用于开放获取和无限制分发的在线存储库、政府机构或其他完备的组织中。

——《贝塞斯达声明》（Bethseda Statement）（2003）

开放获取有两种主要形式：

1. “绿色或自我归档”：允许作者将其出版物存入他人可免费访问的电子档案中。有关存档或存储库的信息，请访问《开放获取存储目录》①（*OpenDOAR*）。
2. “发表或出版”：作者或作者的机构或授予机构在出版时支付费用，以便出版的材料可免费提供给其他人。请参阅《开放获取期刊目录》②（*the Directory of Open Access Journals*）

许多资金机构③都接受了这一理念，理解了科学研究的价值，而且赞同这种科学研究无障碍地传播给更广泛的受众。例如，医学研究委员会（the Medical Research Council）、惠康信托基金和国家卫生研究所制定了一些政策，要求公众可以在出版一年以内获得受他们资助的研究的资料。他们支持通过向作者提供资金来支付出版费用，或者为作者的机构提供资金，以支持通过开放存取路线出版研究，免费提供其发表的作品。

作为选择通过开放存取路线发表研究的科学家，为科学传播提供了机会。然而，有些科学家们会选择使用开放存取方法来发布，但是由于前期作者费用相关的成本而推迟。要记住的是，许多不是开放存取的期刊也要求提前发行费用。同样，开放存取期刊要求预付费用；然而，绝大多数开放存取期刊为作者提供免费出版④。另外，如果开放存取期刊要求收费，这可能由作者的发起人，如研究机构或其研究资助者支付⑤。如果真的是经济困难，那么费用将被取消。最后，请记住，在开放存取期

① http://www.opendoar.org/。
② http://www.doaj.org/。
③ http://www.mrc.ac.uk/Ourresearch/Ethicsresearchguidance/Openaccesspublishing/index. htm http://www.wellcome.ac.uk/About-us/Policy/Spotlight-issues/Open-access/index.htm http://grants.nih.gov/grants/guide/notice-files/NOT-OD-08-033.html。
④ http://www.earlham.edu/ ~ peters/fos/newsletter/11-02-06.htm#nofee。
⑤ http://www.wellcome.ac.uk/About-us/Policy/Spotlight-issues/Open-access/Guides/WTX 036803.htm。

刊支付前期费用的情况下，你通过提供开放获取你的科学研究的行为就是在传播科学。

8.10 结语

希望在关于公共科学传播的第 6、7、8 章中，你可以发现一种吸引了你的想象力并激励你更详细地探索不同方法的途径。我们的目的是，这些章节将为你提供各种选项，鼓励你找到适合你的需求和你目前职业发展道路的科学传播活动。我们承认，有些方法不适合胆小者或新手，但我们试图提供可以被所有有志于拓宽他们的科学传播活动的科学家所采用的方案和建议。

参考文献

[1] ALDISS B. Biographical note [M]//WELLS H G. The war of the worlds. London: Penguin Books, 2005.

[2] ARON W, BURKE W, FREEMAN M. Scientists versus whaling: science, advocacy, and errors of judgement [J]. BioScience, 2002, 52 (12): 1137–1140.

[3] BARON N. Escape from the Ivory Tower: a guide to making your science better [M]. Washington, DC: Island Press, 2010.

[4] BENNETT J. From flow to user flows: understanding 'good science' programming in the

UK digital television landscape [M]. Oxford: Oxford University Press, 2009.

[5] BIBBY C J. Fifty years of bird study [J]. Bird Study, 2003, 50: 194–210.

[6] BONETTA L. Scientists enter the blogosphere [J]. Cell, 2007, 129: 443–445.

[7] BRIER S. Ficta–remixing generalised symbolic media in the new scientific novel [J]. Public Understanding of Science, 2006, 15: 153–174.

[8] BROADWITH P. Reaching out [J]. Chemistry World, 2006, 8: 42–45.

[9] BUCCHI M, TRENCH B. Handbook of public communication of science and technology [M]. Abingdon: Routledge, 2008.

[10] CHRISTENSEN L L. The hands–on guide for science communicators [M]. Berlin: Springer, 2007.

[11] HAND E. People power [J]. Nature, 2010, 466: 685–687.

[12] MANDAVILLI A. Trial by Twitter [J]. Nature, 2011, 469: 286–287.

[13] ROHN J. Experimental fiction. Nature, 2006, 439: 269.

[14] ROHN J. More lab in the library. Nature, 2010, 465: 552.

学校科学知识传播入门

更有效的科学和技术教育将使越来越多的公民乐于参与其中，并在我们称之为科学的伟大的人类事业中感受到一种力量。

——芬尚（Fensham，2008）

9.1 介绍

如同第一章所讲的那样，科学协会与科学机构同样会对与公众相关的科学知识传播产生重大影响，同样也会对学校里老师们教授的科学知识产生类似的影响作用。在维多利亚时代，英国科学协会（British Science Association）想开设一门科学课程，其于 1867 年发表了一份关于将科学纳入学校课程方面的案例分析。报告指出，科学课程：

- 提供心理培训，促进演绎技巧和推理能力的培养；
- 成为所有学生素质教育的一部分；
- 为所有公民及整个社会带来重要的科学知识；
- 确保学习科学是有趣、实用的。

虽然这些观点早在 1989 年就在英国传播开来，但如今在全国统一课程中仍极具重要意义，并使得科学成为 5 岁至 16 岁学龄孩子的核心课程。有关学校教授科学课程的历史发展方面，其教学重点最初是放在心理培训方面的，具体针对的是科学方法，其次才是教授实际内容。想要教授科学方法的想法让实践科学纳入学校课程当中——学生可以通过调查过程重新认识这些科学道理。如今，实践科学在英国科学教育中仍然是一个重要组成部分，2011 年一份由教育代表科学社团（Science Community Representing Education，SCORE）发表的报告指出，相对其他国家，英国教育中针对实践科学的教育要更多。

本章将介绍：

- 在英国及其他国家，学生们对科学之态度的背景信息。这些信息会支撑你对“为什么在你有关科研经费申请的影响提案中，学生群体是目标受众”这方面做出判断；
- 一些关于让你如何能够融入学校科学交流环境中的建议；
- 提出一些你将管理主题的研究内容进行分解方面的建议；
- 学校指导科学交流方法方面的机制。

9.2 学校科学教育和科学素养

科学知识普及的缺失模式是将科学素养作为其核心理念。这种模式认为公民没有足够的科学知识储备，且不能很好地理解新科学的发展方向，从而会促成民众的反科学态度。我们在试图摆脱这种模式的影响，在跟公众交流科学时也或多或少地取得某些成效。科学素养的概念在一个正规学校的教育背景下是一项重要的促进因素，正规学校环境指的是在这里，获取知识仍然是学校重点关注的一环。许多国家，包括英国和美国，都极为关心民众的科学素养水平，而修改学校教育科目看起来是增进科学素养水平的默认机制。美国方面认为，只有少部分美国民众会在大学期间学习科学知识，如此可见其科学教育的地位了，科学教育会帮助民众就科学相关问题做出决定。美国也已经开展了一些项目来增进其民众的科学素养水平，比如，在《面向全体美国人的科学》（*Science for all Americans*）报告的发布之后，美国科学促进协会（AAAS）于1985年启动了“2061计划”（Project 2061）。“2061计划”是一项长期项目，旨在帮助所有美国人提高其科学、数学及技术素养水平。旨在改善科学教育的举措包括制定科学素养标准，基于此设定具体的学习目标，这些目标有助于日后课程的设定。

公众参与科学及科学素养背后的观念已经与学校里设定的科学课程产生了相互影响效果。在为大学科学学位储备基础的科学培训，与就相关科学问题教育民众以期达到更广泛的社会目的的科学知识之间，存在着某些张力关系。公众理解科学活动对教育改革明显造成了影响，并衍生出“科学与社会”这一概念。这一观点在一份于2008年提交给“纳菲尔德欧洲科学教育基金会”（Nuffield Foundation on Science Education in Europe）的报告中得到了很好的陈述。

> 对所有人提供科学教育这一概念是基于“科学会给所有民众带来普世价值观”，而不是“少数人会成为未来的科学家”。
>
> ——奥斯本与狄龙（Osborne，Dillon，2008）

这一问题似乎没有明确答案，但在英国，有各种各样的考试委员会开设的多种多样的科学课程，这些课程都是在学校里教授的。这些课程的侧重点各不相同，有的侧重于实践，有的则更注重从社会角度看待科学问题。前者包含A等级科目，比如索尔特高级化学课程（Salters’

Advanced Chemistry)(由纽约大学科学教育组织创设的)以及中学应用科学和科技教育协会课程。2008年，约有11万名学生获得了应用科学资格证书，尽管统计数据显示，这些应用课程是为在上学期间未能按时完成学业的学生们开设的。更注重社会层面的科学课程包括21世纪中学生科学知识及针对16～18岁适龄学生开设的公众理解科学AS级别课程。芬尚(Fensham)将这些课程称为“公民必备科学知识”。这在其他国家也比较常见：

- 在美国，基于问题的公众理解科学项目(SEPUP)；
- 在荷兰，普通自然科学课程作为所有16～17岁适龄学生的必修课，包括那些没能继续完成科学教育的学生。该课程是义务教育课程。

> 所有的学生都有机会发展科学素养，他们需要在现代民主社会中充分发挥作用。在现代民主社会中，科学和技术在塑造我们的生活中扮演着关键的角色——活跃和有见识的公民。
>
> ——奥斯本与狄龙(Osborne，Dillon，2008)

2008年，教科文组织科学教育政策制定报告指出，学校应该开设两门课程，一门是将学生作为未来公民的身份，另一门则是针对少数想成为科学家的人。想要开设科学课程来满足不同方面需要的问题在于，你要冒“任何目的都没达成”的风险，既不足以支撑学生们在未来获得科研学术方面的成功，也没完成好将学生视为公民进行科学知识普及的任务。然而，这两门课程有一个共同点，即在学校环境中，我们大部分人都接受了正规科学教育。因此，这在让学生从课程学习中获得兴趣和启发而言是非常重要的，其在学生未来学习及从事科学方面会扮演敲门砖的角色。

“公众对科学态度”的调查项目 2008 年对 643 名 16～24 岁的年轻人进行了调研。在被问及科学教育时，受访者认为，对于那些擅长科学或对科学感兴趣的人是充满乐趣的，但对其他人，科学教育像是一门很难的课程，且与日常生活的关联不大；27%的年轻人认为“学校教育让我打消了学好科学的念头”。因此，科学家、专业科学知识传播者和专业科学教师需要思考让科学更加贴近学生生活的更为有效的方法。这些方法没必要太过复杂，即使很简单的方法也能产生长期影响效果。

9.3 科学研究中缺乏技巧

有人认为，由于当今社会对科学技术越来越依赖，小学生们都没有学习科学的打算，越来越少的人选择将科学技术作为其职业发展路径。这样的情形并不乐观，最近由英国科学委员会进行的一项研究调查表明，在 2017 年，超过 58%的工作岗位会用到科学、技术、工程及数学方面的知识。尽管西方国家进行了多项尝试企图改变这一现状，但情况并没有得到改善，一项联合国教科文组织（UNESCO）针对科学教育政策制定的报告显示在科学技术培养方面的专业人才越来越少，需要即刻采取行动改善这一局面。在英国，高等教育基金委员会（HEFCE）已经推行出了国家高等教育 STEM 方案，试图鼓励更多人对 STEM 课题方面产生兴趣。该项目正在通过6所大学进行推广，并在伯明翰大学设有一个项目中心。[①]

与这项负面研究相反，曼彻斯特大学生物统计学家内森·格林（Nathan Green）为英国报纸《卫报》（*The Guardian*）撰写的文章指出，参加A等级数学考试的人数在5年时间内增加了40.2%，物理和化学同样在5年时间内分别增加了19.6%和19.4%。许多新闻报道将学习数学和科学人数的突然增加归因于物理学家和皇家社会学者布莱恩·考克斯（Brian Cox）教授带来的积极影响，他在BBC的一档节目《太阳系之奥妙》（*The Wonders of the Solar System*）与《宇宙之奥妙》（*The Wonders of the Universe*）吸引了400多万观众。内森·格林还指出其他可能的因素，包括全球经济衰退、上学成本增加促使学生们选择这些传统科目，同时还包括教学质量的提升。有趣的是，他还强调了由政府、学术协会、大学及专业机构等联合推崇的公共宣传项目的重要性，这些宣传项目促进并鼓励了更多人参与到这些课程的学习当中。

9.4 年轻人的科学态度和科学知识

近年来，有报告调查了在世界范围许多针对学龄儿童科学科目考试的成绩，及其对科学科目的态度，表9.1中有详细说明。这些调查带

① http://www.hestem.ac.uk/。

来了非常有用的统计数据，您可以将这些数据作为申请资金方案的实证（见第 3.5.1 节）。例如：

- 如果你的关注点是学校而不是公众，那么分析报告将会为你提供证据，以此支持你的决定；
- 如果你的关注点是女性学龄受众，比如女童军组织（Girlguiding organisations），那么这项报告也会为你的选择提供证据。如果这些组织位于贫困地区，那么你的目标受众就更加明确了，比如社会经济背景较差的女孩。

表 9.1 报告详情

报告	调查日期	报告日期	好消息	作者	委托人	网址
排名名列前茅，在 2006 年度的 PISA 中其科学成绩表现较好	2006 年	2009 年	不同国家科学和数学课程成绩的排名数据（15 岁学生）；成绩上的性别差异；课外活动影响课程成绩	—	OECD	www.pisa.oecd.org
学生们知道什么、可以做什么 –PISA2009 年度调查的关于学生在阅读、数学和科学等课程上的表现	2009 年	2010 年	参见上一行		OECD	www.pisa.oecd.org
科学教育政策制定：十一个新兴问题	—	2008 年	对科学感兴趣及关于科学方面的信息；科学素养；小学科学教育；科学老师的专业发展	Fensham	UNESCO	http://unesdoc.unesco.org/images/0015/001567/156700e.pdf

续表

报告	调查日期	报告日期	好消息	作者	委托人	网址
国际数学与科学评测趋势（TIMSS）					国际教育成就评估协会（IEA）	http://timss.bc.edu/
2007 年度关于英格兰国家的成就	2007 年	2008 年	英国学生（9～14 岁）对科学的态度及在科学课程上的表现	Sturman et al		
TIMSS2007 年度国际科学报告：IEA 针对第四和第八年级的国际数学与科学评测趋势研究发现	2007 年	2008 年	国际报告给出了学生在科学表现和态度（9～14 岁）方面的趋势	Michael et al		
英国科学教育项目（ROSE）的相关性	—	2006 年	给出了男孩和女孩感兴趣或不感兴趣的几个科学主题。给出了英国学生一般怎么看待学校科学教育及科学知识方面的信息	Jenkins and Pell	由挪威研究理事会、挪威教育部、奥斯陆大学和挪威科学教育中心共同提供支持	http://roseproject.no/
对科学的态度：针对 14～16 岁学生的调查	2011 年	2011 年	英国关于科学态度方面的数据	—	英国商务、创新与技能部（BIS）	www.bis.gov.uk/assets/biscore/science/docs/a/11-p112-attitudes-to-science-14-to-16

自 2000 年以来，英国商务、创新与技能部（The Department for Business，Innovation and Skills，BIS）一直资助有关公众对科技态度的调查（见第 6.2 节）。2011 年，他们还对正在读中学的 14～16 岁学龄的青

年学生进行了一份调查。英国商务、创新与技能部（BIS）委托“舆论小组”（Opinion Panel）（独立研究机构）使用了“学习小组”（The Learner Panel）的方法进行了一项调查。学习小组调查了英国全国的1000名学习者，这些人都在进行学校教育，年龄在14岁及以上。在总体态度方面，81%的学习者对我们取得的科学成就感到惊叹。他们都对科学科目感兴趣，甚至有16%的人表示科学是他们最喜欢的科目（科学考试的分数最高！）。这些喜欢科学的受访者大部分是男性，住在英国西北部，参加过科学和工程培训班。只有5%的受访者表示他们打算从事与科学相关的职业，但25%的人希望从事与STEM课程知识储备相关（例如医学和兽医学）的职业。在英国和威尔士16岁学龄学生接受的科学课程类型中，53%的学生学习3门科学课程，25%的学生学习两门科学课程，5%的学生只学习1门科学课程就可取得普通中等教育证书。17%的学生什么科学课程都没学。那些学习3门科学课程的学生更想在将来从事与科学相关的职业。①

英国商务、创新与技能部（BIS）的态度数据是针对英国而言的，但经济合作与发展组织（OECD）②的国际学生评估计划（PISA）及国际数学和科学研究趋势（TIMSS）等项目均进行了更大规模的研究，这些研究主要是针对科学知识或科学相关课题。PISA研究每3年开展1次，最近的一次研究是在2009年。2006年度的PISA主要针对的是科学研究，研究对象包括57个国家40万名15岁的学龄学生人群。③PISA研究目的旨在针对学生个体、国家、学校及教育体系，并对其学术水平及对科学的态度进行评测。该项研究包含一个2小时的开放式、多选项的测试环

① 该比例比预想的要高，BIS（2011）认为，有些调查对象并没有完全理解专业术语。

② 经济合作与发展组织（OECD）的成员国包括：澳大利亚，奥地利，比利时，加拿大，智利，捷克，丹麦，芬兰，法国，德国，希腊，匈牙利，冰岛，爱尔兰，以色列，意大利，日本，韩国，卢森堡，墨西哥，荷兰，新西兰，挪威，波兰，葡萄牙，斯洛伐克，斯洛文尼亚，西班牙，瑞典，瑞士，土耳其，英国和美国。

③ PISA针对科学的研究在2015年又做了一次。

节，测试结果会将学生们分为表现最佳、表现较好、表现适中、表现最差等不同等级。测试内容主要涉及 3 个方面：

1. 运用科学证据；
2. 识别科学问题；
3. 解释科学现象。

国际学生评估计划在 2006 年针对科学的调查过程中，学生们完成了一份关于他们自己的 30 分钟问卷，学校校长也完成了一份关于学校的调查问卷。此外，来自 16 个国家的父母也各自完成了 1 份问卷，问卷内容是关于他们在学生教育中的角色，及他们对科学相关职业和科学问题的看法。

在 2006 年调查结果的排名方面，芬兰人在科学方面“表现最佳”的人数最多，英国以 13.8%的比例排在第 8 位。英国“表现最佳”的人数多于美国但低于日本、澳大利亚及加拿大。在 2009 年的国际学生评估计划调查中，英国排名下滑到了第 12 位，“表现最佳”人数的比例只有 11.4%，但仍然远远高于经济合作与发展组织的平均水平。2006 年，英国在数学方面“表现最佳”人数的百分比非常低，只有 11.2%。这样让其总排名来到了第 23 位，低于经济合作与发展组织的平均水平，落后于冰岛、爱沙尼亚和斯洛维尼亚等国家。更为失望的是，2009 年的该项排名跌落到了第 13 位，“表现最佳”人数的百分比（9.9%）已经非常之低了。[①]

在性别方面，2006 年针对所有国家的国际学生评估计划调查中，男性和女性关于科学方面的平均表现水平并无太大差异。然而，在 17 个经合组织国家中，有 8 个国家，“表现最佳”者中，男性的比例明显要高，这 8 个国家中包含英国。相反，“表现最差”者中，男性的比例同样较高。有趣的是，女性在需要识别科学问题的回答方面，其表现要比男性好，而男性在需要科学解释的回答方面，其表现要比女性好。在需要使用科

① 这些排名是以所有调查国家中，“表现最佳”者的人数比例为基准的。2006 年的调查国家有 57 个，2009 年度的调查国家有 65 个。

学论据的问题回答方面，男性和女性并无太大差异。2009 年度的国际学生评估计划调查也表明，在英国，男孩在科学的表现方面要比女孩更好。

“表现最佳”者与社会经济地位有关，这部分人大多拥有优越的家庭或教育背景。这也不足为奇。来自优势社会经济背景的小孩，其父母也更有可能参与到他们的培养教育中，他们有更多教育方面的选择（比如公立学校），在课外时间参与到科学活动中的机会也更多。然而，劣势的社会经济背景并不会成为“表现最佳”者的限制条件，平均而言，超过 1/5 的“表现最佳”者，其社会经济背景要低于经合组织的平均水平，在中国香港和中国澳门，分别有 64%和 75%的“表现最佳”者来自劣势社会经济背景。这可能与新兴经济体国家对数学和科学教育的价值观有关。

在个人态度和经验方面，在科学方面“表现最佳”者的鲜明特点是其积极行动和全力投入的精神。他们科学研究的兴趣广泛、享受科学带给他们的乐趣，并能从科学中找到乐趣，即使有时科学会给他们带来挑战。2006 年度的国际学生评估计划调查同样表明，大多数人对科学是抱有积极态度的，87%的调查对象表示科学对社会非常重要；然而，有趣的是，只有 57%的人认为科学与他们的生活有关。

国际数学与科学教育成就趋势调查（TIMSS）2007 年度的调查研究包含 59 个国家的 425000 名学生。第五学年（四年级）的学生来自 36 个国家，第九学年（八年级）的学生来自 49 个国家（不同国家的学年划分标准见表 9.8）。因此，与国际学生评估计划的研究相比，本研究中的数据取自更为年轻的学生群体。这两项研究的另一个区别是，国际数学与科学教育成就趋势调查测试的是学生知道什么或能记住什么科学知识，而国际学生评估计划评估学生会应用他们掌握的科学知识去做些什么。在国际数学与科学教育成就趋势调查的研究中，英格兰和苏格兰的数据是分开收集。与其他大多数国家相比，英国学生在科学和数学方面的成绩较为突出，但学生能从这些科目中得到的乐趣却相对较少。

9.5 课外科学学习对成功的重要性

激发学生对科学兴趣的一个重要方面是提供额外的机会。英国商务、创新与技能部的研究表明，只有57%的学习者能够加入学校的科学及工程社团。在那些已经加入这样社团的人中，60%从未参加过社团活动，而只有5%定期参加。那些将科学课程视为最爱的学生，显然应该获得更多的机会加入这样的社团中。与前来学校的访问学者讨论科学与工程，也是让学生们了解校外科学知识的一个重要途径；只有7%的调查对象表示其学校有访问学者（不止一个学期），53%的调查对象表示，自其入学以来，他们学校从来没来过访问学者或只来过一个。

在国际学生评估计划2006年度的研究中，课外活动的重要性是显而易见的。更多在科学课程“表现最佳”者们会在校外参加一些与科学相关的活动；即使后来对社会经济状况进行了一番调整，这种结论仍然是一个有统计学意义的发现。绝大多数“表现最佳”者至少从10岁就已经开始参加与科学相关的活动了，我们从父母的调查问卷中也得出同样的几轮。报告指出：

> 决策者可以探索能够鼓励所有学生都能够参与到校外科学活动的方式，相应地，所有学生科学成绩的平均水平就会得到提高。
>
> ——国际学生评估计划（PISA，2006）

我自己关于成立小学课外科学社团的案例研究 10.3 是一种“刺激方式”的实例，这种“刺激方式”会在中学阶段促成更多的科学“表现最佳”者，因为他们对科学的热情在其早期教育阶段就已经被发掘出来了。

国际学生评估计划 2006 年度的研究报告也指出，只有一半的科学课程“表现最佳”者有将科学作为其职业发展的意愿。科学与教育相关性（Relevance of Science to Education，ROSE）的报告同样指出，不管男孩还是女孩都不认为科学会为他们敲开职业之门，给他们带来一份让人激动人心的工作。最近的一项“英国女童军”（Girlguiding UK）有关女孩对教育及职业态度的研究中发现，相比男孩，女孩更不可能考虑在科学或工程方面找一份工作。该报告同样指出，女孩们并不了解理工科专业会给她们带来什么样的就业机会。这表明你可以施加一种简单有效的“刺激方式”让女孩们逐渐对科学感兴趣（见专栏 9.1）。

专栏 9.1　谈一下你自己跟你的职业

- 证据表明，学生们并不了解学习科学知识会给他们带来怎样一份激动人心的就业机会。学校可以施加一种简单有效的“介入方式”，谈一下自己、职业规划、影响你的人和你的学习动力。这样既可以成为更普遍与职业相关课程的一部分，也可以将其作为一种具体方案。我们在图书网站上提供了一个 PPT 模板，您可以使用这个模板制作你的职业规划 PPT。我们还会举一个如何使用这个模板的例子。

保证教学质量要与培养学生校内校外参与科学课程学习并享受科学乐趣紧密结合。回报也是相当可观的：我们培养出一大批多元化人才，他们都已经做好了迎接科学事业挑战的准备。

——《班级第一名，在 2006 年国际学生评估项目中表现优异的学生》

9.6 在学校开始进行科学交流

在 2011 年的一期《自然》（*Nature*）的评论文章中指出：

“本世纪（21 世纪）将在生物医学方面取得重大进步，这要归功于我们对干细胞和基因工程的知识储备。如果科学家们希望公众把握这些科学发展的意义，他们就要亲身参与到改善教育制度的行动中。”

——米勒（Miller，2011）

迈出学校科学知识普及的第一步是相当困难的，但你可以选择图 9.1 中的任意一项帮助你度过开始阶段。一旦开始行动了，你就会发现机会越来越多。这会迅速变成一种不能自已的、令人满足且愉悦的体验。

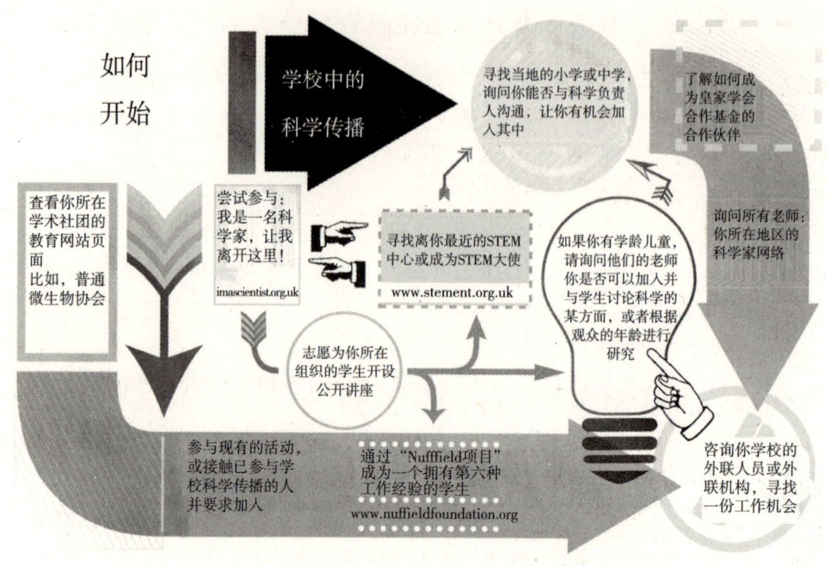

图 9.1　学校教育课程中启迪科学思想步骤

在决定如何参与之前，审视自己的知识储备及人际沟通技巧也是非常重要的。问自己一个问题：“你想和谁一起工作？”你可以参与任何阶段的学校教育，但如果你并没有太多与孩子相处的经验，尝试一些不同年级的学生也未尝不可，你还可基于此试探自己是否喜欢设计中小学教案、是否有兴趣教中小学年级的学生。你可能还会觉得，你更适合给成年人授课，或者你确实想与年轻的学童们在一起，在其早期教育中激发他们对科学的学习兴趣。查看 9.2 中列出的不同机构网站，这些网站包含大量与学校科学知识传播相关的有用信息。这些机构会在其网站上上传、维护与科学相关的知识数据。你可以从相关网站中直接找到具体细节描述。

表 9.2　实用英国机构的网址

机构	描述	网站
科学教育协会	该协会是由一群支持科学教育的老师、技术人员及其他专业人士组成的	www.ase.org.uk
生物学会	生物学会会给政府提供建议，影响政策制定。其还会推动教育及相关专业发展	www.societyofbiology.org
英国皇家学会	世界知名科学家社团。其目标是倡导科学发展及科学运用，并以此拓展知识阵地。其优先考虑的是促进科学和数学教育的发展	www.royalsociety.org
英国皇家化学学会	其在欧洲是推动化学科学事业向前发展的最大机构。其开展的教育活动可以满足各年龄段化学科学家的需要	www.rsc.org
英国物理学会	一个旨在促进物理研究、应用和教育的处于领先水平的科学协会，其将物理学家们集结在一起，为全球人类服务	www.iop.org
科学院	一个集结了科学研究及其应用之学术团体和专业机构的成员组织	www.sciencecouncil.co.uk
英国科学协会	一个旨在推动公众科学认识的慈善机构。其创办了国家科学与工程周	www.britishscienceassociation.org
英国工程协会	一个独立、非营利组织，旨在促进工程师及工程技术对社会的贡献	www.engineeringuk.com
卓越科学培训	由盖茨比慈善基金会成立的，SEP 旨在开发低成本资源，从而加强中学科学教育	www.sep.org.uk

9.6.1 思考你的活动计划过程

国际学生评估计划2006年度的调查显示，18个经合组织国家中，有12个国家，其有更多的科学“表现最佳”者们从事与科学模型或科学应用相关的职业。更为有趣的是，这些“表现最佳”者通常不会将科学调查作为其科学教学的一部分，同时他们与学生的课堂互动也较少。这一结果似乎与关注于实际调查优势的教育学研究背道而驰。这些优势包括获得实践及个人技能，更好地理解积极行动的概念及其努力等级的提高。我们认为，究其原因可能是基于这样一个事实：科学调查需要投入大量的时间成本。调查结果带来的问题往往比其回答的问题还要多（像我们知道的实际调查案例），因此有非常实际意义的课程对学龄15岁的学生而言，可能不是最好的通过学校正规课程获取广泛事实性知识的方式。这并没有削弱实际调查的重要性，而只是指出课程有一系列的教学方法，要有较高质量的实际意义，同时其学习目标也要明确。国际学生评估计划2006年度的研究显示，在做实际具体工作时所花费的时间不尽相同（表9.3）。如表9.4所示，学校里的实际工作大致可分为3类。如果你想让你的课程具有实际意义，那么这个表对你是很有帮助的，因为其会帮助你确定你选择的方法。而且，实践经验以及课外环境下的学习内容对于高质量的科学教育是至关重要的。

表9.3 回答“在学校学习科学课题时，通常你会多久做一次实验？”的学生百分比数

	英格兰	威尔士	北爱尔兰	芬兰	新西兰	日本	OECE平均
所有课程	—	3	2	2	3	3	4
大部分课程	24	17	16	20	18	7	16
某些课程	62	67	66	52	57	44	43
从来没有或几乎没有	11	13	16	25	12	45	30

注：在PISA2006年度研究中，芬兰“表现最佳”者的比例最高。

表 9.4 SCORE 确认的学校科学实践活动

核心活动	直接相关活动	补充活动
调查研究	设计、规划调查研究	相关科学走访
实验室步骤及方法	使用 ICT 分析数据	调查
实地研究	分析结果 教师示范 体验科学现象	演示及角色游戏 仿真，包括使用 ICT 模型及建模 小组讨论 文字记录小组

在你的规划过程开始之前，您需要考虑会对你的活动产生影响的不同阶段，图 9.2 给出了你需考虑内容的流程图。请记住，在你设定 SMART 目标的开始（见第 5.2 节）之时，你就要对你的活动进行评估了。

首先，思考你想从事的科学领域，以及你所使用的机制。从你自己的专业领域、研究兴趣或你熟知的课程开始是个不错的选择。你还可以选择其他领域，比如：

- 科学进程（参见案例研究 10.1）；
- 常见的科学迷思概念，例如转基因食品（该课题可能更适合高中调查对象）；
- 媒体中的科学争议，例如在研究中使用小动物；
- 伦理研究问题，例如胚胎干细胞的使用；
- 科学历史，例如疫苗的开发历程。

无论选择哪一个科学领域，你都必须确保你选择的信息适合你的受众，以及你是根据现有信息创作的（第 4.4 节）。要做到这一点，你可

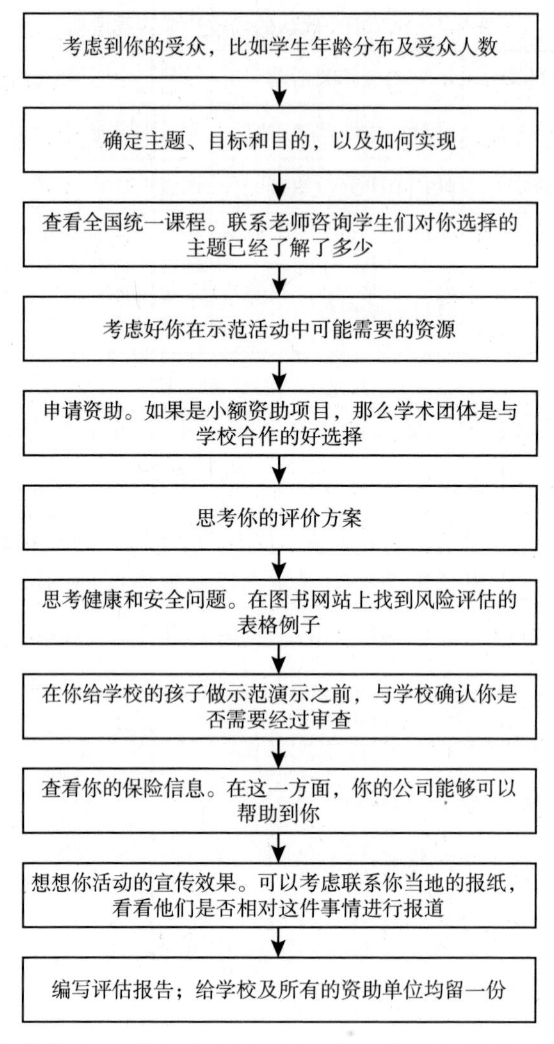

考虑到你的受众，比如学生年龄分布及受众人数
确定主题、目标和目的，以及如何实现
查看全国统一课程。联系老师咨询学生们对你选择的主题已经了解了多少
考虑好你在示范活动中可能需要的资源
申请资助。如果是小额资助项目，那么学术团体是与学校合作的好选择
思考你的评价方案
思考健康和安全问题。在图书网站上找到风险评估的表格例子
在你给学校的孩子做示范演示之前，与学校确认你是否需要经过审查
查看你的保险信息。在这一方面，你的公司能够可以帮助到你
想想你活动的宣传效果。可以考虑联系你当地的报纸，看看他们是否相对这件事情进行报道
编写评估报告；给学校及所有的资助单位均留一份

图 9.2 在规划一项学校科学普及活动时，需要考虑什么

以访问提供具体国家课程信息的网站，[①]还可以与你的联系老师沟通，了解学生们已经上过什么领域的课了。如果在授课活动开始之前，你还有

① http://curriculum.qcda.gov.uk/。

充裕的时间，那么你可以开展一项快速测验，以此收集受众的知识储备信息，或者，老师们也可以在其课程之前安排这样一项测验。小学生们喜欢表达自己学到的东西，但在高中阶段，想让学生们畅所欲言要更加困难，因为高中生的自我意识通常较强。我喜欢使用同行评议系统（PRS），特别是与高中学生一起，因为通过这一系统学生们不仅可以参与，而且不会感到尴尬。许多大学都有 PRS，学校会将其应用于本科教学，您可以借用一套试一下。

9.6.2 设计过程

通常情况下，你很难知道，如何让我们的研究为学生受众所理解、接受。以下 5 个步骤希望能在这一方面帮助到你，图 9.3 给出了这一方法如何应用到实践中：

1. 确定你活动的目标及目的；
2. 将你的研究领域分解为多个、更为广泛的主题；
3. 考虑你的受众及其原有的知识结构；
4. 用简单的语言或简单的活动每个不同主题逐一介绍；
5. 显示出你的研究兴趣是如何将这些主题联系到一起的。

我在做博士后研究的时候，其中一个项目是细菌如何获得它们生存所需的铁元素，研究重点放在了豆科植物——根瘤菌共生这一方面。仔细思考这一研究领域并应用上述步骤，你就会知道如何将我的研究传递给我们预设的学校受众，当然这一传递过程离不开实验室项目示范、讨论和总结。

你会注意到，在这个研究课题中，90%的时间是用来解释能够支撑

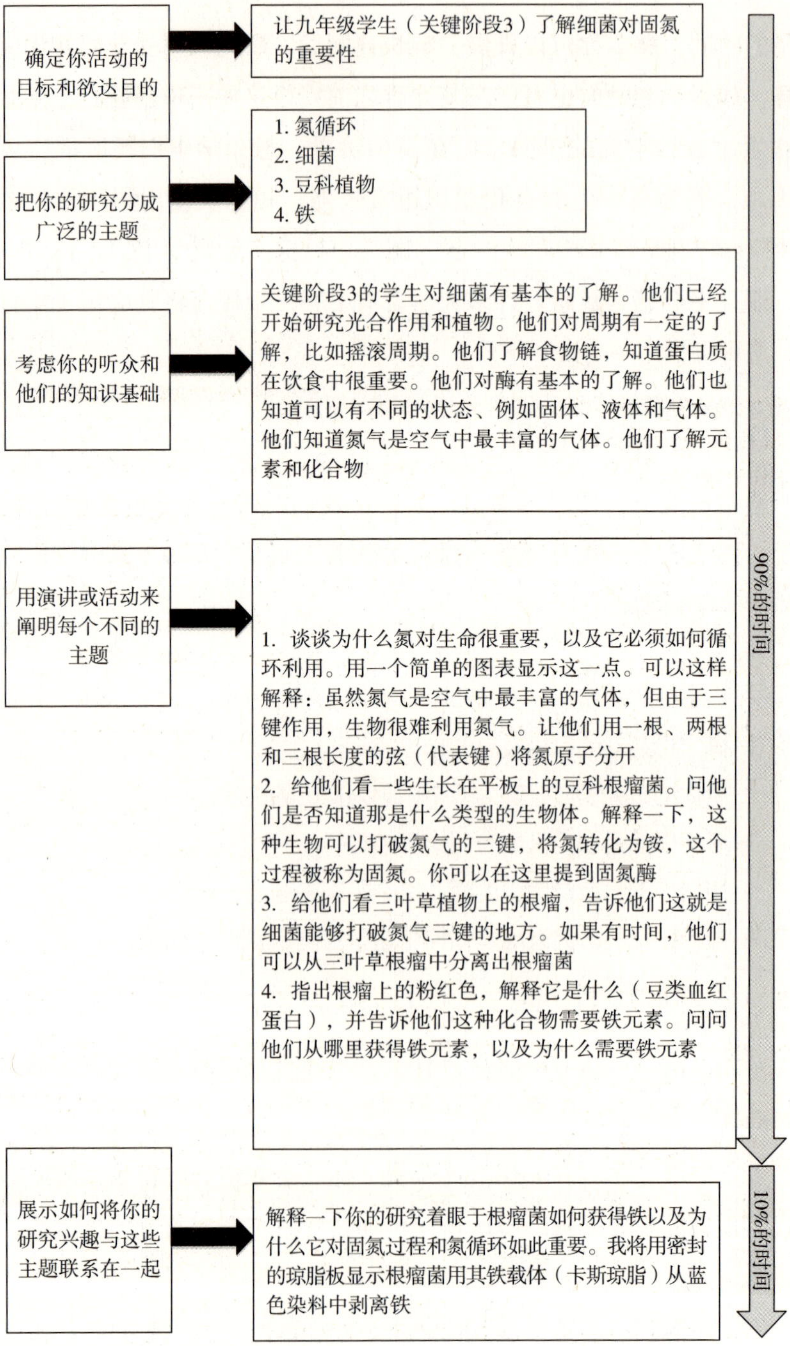

步骤	示例
确定你活动的目标和欲达目的	让九年级学生（关键阶段3）了解细菌对固氮的重要性
把你的研究分成广泛的主题	1. 氮循环 2. 细菌 3. 豆科植物 4. 铁
考虑你的听众和他们的知识基础	关键阶段3的学生对细菌有基本的了解。他们已经开始研究光合作用和植物。他们对周期有一定的了解，比如摇滚周期。他们了解食物链，知道蛋白质在饮食中很重要。他们对酶有基本的了解。他们也知道可以有不同的状态、例如固体、液体和气体。他们知道氮气是空气中最丰富的气体。他们了解元素和化合物
用演讲或活动来阐明每个不同的主题	1. 谈谈为什么氮对生命很重要，以及它必须如何循环利用。用一个简单的图表显示这一点。可以这样解释：虽然氮气是空气中最丰富的气体，但由于三键作用，生物很难利用氮气。让他们用一根、两根和三根长度的弦（代表键）将氮原子分开 2. 给他们看一些生长在平板上的豆科根瘤菌。问他们是否知道那是什么类型的生物体。解释一下，这种生物可以打破氮气的三键，将氮转化为铵，这个过程被称为固氮。你可以在这里提到固氮酶 3. 给他们看三叶草植物上的根瘤，告诉他们这就是细菌能够打破氮气三键的地方。如果有时间，他们可以从三叶草根瘤中分离出根瘤菌 4. 指出根瘤上的粉红色，解释它是什么（豆类血红蛋白），并告诉他们这种化合物需要铁元素。问问他们从哪里获得铁元素，以及为什么需要铁元素
展示如何将你的研究兴趣与这些主题联系在一起	解释一下你的研究着眼于根瘤菌如何获得铁以及为什么它对固氮过程和氮循环如此重要。我将用密封的琼脂板显示根瘤菌用其铁载体（卡斯琼脂）从蓝色染料中剥离铁

90%的时间（前四个步骤）

10%的时间（最后一个步骤）

图 9.3　将你的研究转化为学校示范活动的步骤

我研究的基础科学的。我只用了10%的时间来解释我对这一特殊研究的兴趣。如果你想让你的受众真正了解你的研究，90%的基础科学知识，10%的研究介绍是必不可少的。

表9.5a 男孩和女孩选择的前10个主题，这些主题是他们想要深入了解的

男孩	女孩
爆炸性化学品	我们睡觉时为什么会做梦，做梦意味着什么
在宇宙中失重是一种什么感觉	癌症——我们知道多少，我们又是如何治疗的
原子弹的威力如何	如何开展急救措施，如何使用基本的医疗工具
生物和化学武器以及它们对人体的危害	如何锻炼身体，让身体更匀称、更强壮
黑洞、超新星及其他外太空的壮美景象	性传播疾病及如何做好防护措施
流星、彗星或小行星怎样才会给地球上带来灾难	我们了解的艾滋病毒/艾滋病方面的知识有多少，以及如何控制艾滋病
外星人存在的可能性	生老病死及人类灵魂
电脑是怎么工作的	堕胎的生物学和人性
强电击和雷击对人体的影响	饮食失调，如厌食或贪食症
残忍、危险和威胁的动物	酒精和香烟是如何影响身体的

如果你有信心分享一些与你的研究不直接相关的资料，你可以考虑表9.5a中给出的项目，这些项目是能够引起学生兴趣的。针对英格兰的ROSE报告[①]表明，男孩和女孩想要更多了解的科学领域大不相同。我们列出了108个课题，有80个具有统计学显著差异。表9.5a给出前10名。与植物科学相关的方面，是男孩和女孩都最不感兴趣的课题（表9.5b）。考虑到植物科学对未来粮食安全问题的重要性，更多活跃于这一领域的科学家应当走进校园，鼓励学生在这些课题上产生研究兴趣。

① 英格兰的ROSE的调查项目结果来自34所学校的1284名被访者的调查结果。

9.6.3 示范科学知识活动的多种方法

如果你已经确定在哪一科学领域进行教学活动，接下来，你可通过多种机制来教授你选择的材料。表 9.6 给出了包含这些机制的完整清单，同时还包括这些机制的优缺点；在案例研究中，我们还给出了更多令人振奋的创新方法。这些类型的活动可以映射到由 Dolan 制作的图中（图 9.4），该图给出了你的科学知识普及活动对上课学生的潜在影响人数是怎么衡量的。时间密集型活动，如工作经验实习，虽然会有较少的学生参加，但其潜在影响也要比讲座演示大；对讲座演示而言，虽然其听众较多，但可衡量的影响人数却较少。

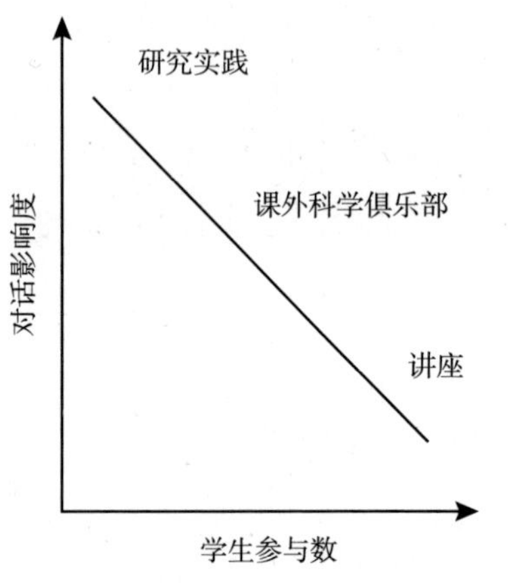

图 9.4 不同活动的潜在影响。摘自 Dolan E.（2008）《教育推广和公众参与》，并得到施普林格科学 + 商业媒体的授权许可

表 9.5b 男孩和女孩选择的前 10 个主题，这些主题是他们最不想要了解的

男孩	女孩
替代疗法	现代农业的好处及其潜在危害
现代农业的好处及其潜在危害	我周围的植物
著名科学家及其生活	有机和生态农业
有机和生态农业	科技是如何帮助我们处理废物、垃圾和污水的
植物如何生长繁殖	原子和分子
我周围的植物	汽油和柴油发动机是如何工作的
原油如何转化为其他材料	核电厂是如何运作的

续表

男孩	女孩
洗涤剂和肥皂	著名科学家及其生活
乳液、面霜和皮肤	树叶的对称性和图案
树叶的对称性和图案	原油如何转化为其他材料

校外活动同样也可能是非常有价值的学习经历，但课外活动要求：

- 学校的规划层面的范围要更广；
- 要考虑运输成本；
- 学校教师的能力范围及知识储备。

表 9.6 示范学校科学演示的不同方法

活动 / 示范类型	优点	缺点
演讲(通常是50分钟)	速度快 符合正常的学校课程 便宜 容易组织 不需要太多经验	除非你与学生互动,否则太"干" 不能进行更深入的探讨 后续跟进的机会不大
活动日（通常从早上9点到下午3点）。科学走进学校	更多科学实践机会 锻炼学生身体的好机会 会非常鼓舞人心 学校可以跟进在活动日当天完成的工作	比较贵 需要更多的组织过程 需要根据学校的课程安排，提前几个月准备
研讨会（通常为1～2次，每次持续50～120分钟）。通常是在学校环境下，但也可能发生在机构内部	可以适应正常的学校课程安排，可以连续几天或两个不同阶段进行组织 可以将干湿实验室活动混合起来 很好的讨论机会	您需要仔细设计活动过程，以此满足时间要求 比较贵 需要提前与学校一起安排 你设计的活动可能需要与学生的课程表匹配

续表

活动/示范类型	优点	缺点
科学社团（形式可能有所不同，但会议每周一次，持续几个月的时间）。社团通常位于学校内部，但是要利用课外时间	非常适合科学考察；一个项目可在较长的时间内进行 使学生探索科学过程 对研究主题，培养踏实努力和积极进取的精神	需要广泛的规划 比较贵 在做示范时，你需要其他人的帮助 俱乐部是在校外时间开展的，老师们可能帮不上什么忙
访问工作地点。老师们将带着学生去您的工作场所访问您	非常好的机会向学生们展示科学家是如何在现实世界中工作的 显示正在研究的真正科学课题 培养学生的理想抱负	学校需要征得家长的同意，组织交通及代课老师
工作实习：10 年级的许多学生都会进行工作实习，还有第六种形式的助学金计划，如纳菲尔德基金会	非常好的机会向学生们展示科学家是如何在现实世界中工作的 显示正在研究的真正科学课题 培养学生的理想抱负	时间——学生需要监督 组织——你需要通知你的人力资源部门 如果没有为学生提供资金支持，则会是比较贵的

由“更高目标”（AimHigher[①]）资助，耶沃门（Yeoman）和琼斯（Jones）开展了一项旨在提高郊区诺福克中学学校期望的研究，其研究报告指出，在询问调查对象其学校活动或 UEA 活动对提高期望值是否更有帮助时，所有老师都认为，科学家走进学校是个更好的方法。

普及科学知识一种机制是示范讲座。这种讲座形式，不管受众是在校内还是在校外，其效果都是一样的。蒂姆·哈里森（Tim Harrison）和达德利·沙尔克斯（Dudley Shallcross）教授的研究案例，给出了示范讲座在解释科学概念方面是如何真正起到帮助作用的。这种形式的讲座能适合不同年龄阶段及不同知识储备的学生。这种模式会给其他想要发表演示的科学家带来示范效果，为科学知识普及带来积极性及可持续性。

① 该计划于 2011 年结束。该项目资助并发表了吸引和激发学习者在学校和大学的潜在进入高等教育各种各样的活动的结果，其中包括对那些有潜质，但却接受教育程度较低、犹豫不决与缺乏信心的被访者的调查数据（http:www.aimhigher.ac.uk/sites/practitioner/home/）。

案例研究 9.1

污染物的演变

达德利·沙尔克斯和蒂姆·哈里森

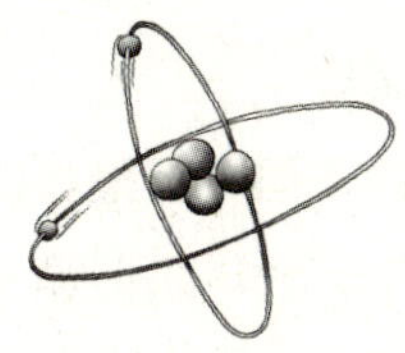

背景

“污染物的演变”（A Pollutant’s Tale，APT）课程是由达德利·沙尔克斯（Dudley Shallcross）和蒂姆·哈里森（Tim Harrison）于 2005 年共同创造出来的，达德利·沙尔克斯是大气化学与气候变化方面的教授，而蒂姆·哈里森是布里斯托大学化学学院的老师。这一概念创作的目的是向在校学生教授大气化学和气候变化。此门课程的教学活动成为实用化学英国优质教育中心（CETL），布里斯托化学实验室研究内容拓展的一环。关于污染物发展历程的演示可以在演示中心、学校礼堂、学校实验室、科学纪念场所及热带地区学校操场的遮阴网下等多个场所进行，每次可容纳 20 ～ 1000 名观众。示范讲座将实验、演示和观众参与融合到一起，即便这类演示是针对在校学生的，其还受到老师和公众的热情赞扬。

“污染物的演变”课程设计

“污染物的演变”演示不是“魔术表演”。实验会证实演示中的诸多方面，实际示范背后的理论也会一并带出；它们不仅仅是一系列串在一起的、没有任何说明的化学演示表演。我们将这类演示划分为不同版本的“污染物的演变”，这样便能适应不同年龄阶段及知识层面的人群：4 ~ 11 岁的版本被称为“空气中的气体”，演示时间为 40 分钟，而针对大学预科学生的整个演示时间为 75 分钟。对 11 ~ 16 岁的学生，通常会呈现大气中的化学组分或反应，但关于气候变化课题讨论的深度则取决于不同学生的知识储备。

针对中学生和教师的不同“污染物的演变”演示阶段

1.“污染物的演变”的第一阶段始于我们对太阳系其他行星大气中所含气体组分的了解。观众们的注意力从第一个例子开始就被吸引住了，这一例子给出的是充有 4 ~ 5 升氦气或氢气的气球的燃烧过程。我们对地球大气的主要化学组分——氮和氧的实例讨论，是通过液氮实验和过氧化氢分解为氧气泡沫（大象牙膏实验）实现的。无论你年纪多大，液氮都能激发你的想象力。

2. 然后，下一个演示话题是针对地球大气层的温度曲线，且一并对大气平流层温度上升这一现象进行解释，这一解释是针对高年级学生的臭氧反应的。

3. 在演示的第二阶段，其重点讨论对流层，并会讲到人为因素及生物因素对对流层挥发性有机化合物（VOC）负荷产生的影响。听众们首先会被问及他们是否知道挥发性有机化合物是什么——答案通常是否定的，因为学校课程不会特别针对这一概念进行讲述。我们会将从传统植物和动物体内提取出的挥发性有机化合物，以一种进行过颜色编码的香水“气味棒”形式演示给听众，这种“气味棒”是加厚吸墨纸的增滑剂。VOC 本身是一种天然的、具有相同性质的香料成分（乙醇中含

10%）。从两种动物提取出的香料分别是龙涎香（我们会告知观众这是鲸鱼呕吐物）和麝猫香，其最初是从麝猫的肛门腺中提取出来的。观众们会惊讶地发现，第一种香料的气味是会让人心旷神怡的，第二种则恰恰相反。我们会提问观众，这些气味（挥发性有机物）去了哪里，因为它们不可能停留在对流层中，且其溶解度不足以被雨水冲洗掉。

4. 第三阶段是找到挥发性有机化合物完全燃烧和不完全燃烧的原因。首先，乙炔气体由碳化钙和水合成的。添加洗涤剂后，乙炔就会变为泡沫，以一种黄色烟雾的火焰形式燃烧。在演示完不完全燃烧后，我们紧接着又在 18 升干燥的塑料水容器（whoosh 瓶实验）中，点燃甲醇蒸气演示其完全燃烧过程。水分是其燃烧产物。再次基于观众的知识储备，我们以一种非常简单的方式对通过羟基自由基进行光化学分解的原理进行了解释。

5. 我们会在第四阶段继续探讨气候真相，并挖掘一些关于气候变化的数据。

6. 倒数第二个示例是使用干冰，干冰是另一种能够捕捉学生想象力的教学工具。学生们会看到，干冰（固态 CO_2）不会融化，而是以一种升华状态存在。我们将几小块干冰绑在乳胶手套上，用一只手将其捂热，然后递给观众，这样他们就会发现，在手套的手指部位并没有液体出现，出现的反倒是一种类似于小牛乳房的物质。而后，干冰的化学性质通过将小块干冰投入大烧杯水中得到证实，其已经通过稀浓度的氢氧化钠（其中已经加入了通用指示剂）制备成碱。类似好莱坞特效的颜色变化及云雾形成得以通过二氧化碳的酸性性质得到解释。

7. 所有演示的第五阶段，也是最后一个阶段是针对中学生的，包括已经存在的、可用来抵消气候变化问题的方法，如果有足够的经济、政治和社会意愿去做。最后一项示范还是与氢气和氦气有关。如果时间允许，我们会召集观众上台点燃气球（如果条件允许，则有时会在黑暗的环境中操作），两个都是氢气球，因为示范表演必须要以气球爆炸发出“砰”的声响结束。

针对小学生和教师的“污染物的演变”

“大气中的气体构成”这一演示主题的主要版本采用了许多与上述相同的实验，但其关注点在于：

- 什么是气体；
- 哪些是不可逆化学反应，哪些不是不可逆化学反应；
- 状态变化。

示范表演持续了约 40 分钟，但应教师们的要求延长到了 80 分钟。对于低年级的学生，VOC 节作为 PPT 展示的部分易被忽略。观众的年龄分布小则 4 岁，大则 12 岁。作为一个示范者，你经常会看到老师及学生们坐在那看着演出，时不时发出惊讶的叹息！

健康和安全考虑因素

- 在 APT 演示中，我们将几小块干冰绑在乳胶手套中，用手将其焐热，然后传递给观众，此时应该提出一个健康安全警告，防止接触干冰的时间太长造成冻伤。乳胶过敏也是一个问题，可选用丁腈手套代替乳胶手套。
- 通常情况下，在给小学生们做示范时，学生们会盘腿坐在学校大厅的地板上，所以在浇注液氮时必须注意，确保液氮不会溢出。在此类演示情况下，我们建议年纪较小的孩子坐在礼堂的中间，因为有些人会因为奇怪的爆炸声而变得害怕起来。我们经常会看到，年纪小的孩子在观看演示的中间移到了老师的身旁寻找安全感。

把“污染物的演变”示范实验教学带到非洲南部

两个单独的机构正在非洲南部两个不同的地区进行“污染物的演变”示范实验教学。“污染物的演变”首先是在 2008 年的非洲科学展上由哈里森（Harrison）和肖克罗斯（Shallcross）在英国文化协会的赞助下进行的。作为促进化学知识宣传的一部分，东开普省的罗得岛大学化学系在经过布里斯托尔化学家的培训后，将这一示范教学方法带到了非洲南部。罗德斯大学在校最后一年的本科生和研究型学生会定期向当地的乡镇学校开展示范教学，他们在能够获得赞助的情况下，会去更远的地方进行此类教学工作。来自罗得岛的博士后化学家也于 2011 年替代哈里森和肖克罗斯在非洲科学展上进行了“污染物的演变”示范教学，这也展示出此示范教学项目的可持续性。

位于约翰内斯堡科学探索中心的几名工作人员也接受了培训，以期日后进行这方面的示范教学。2010 年，城市科学中心于 2010 年建造了一座新的能容纳 200 多名学生的演讲厅。在皇家化学学会分支机构的赞助支持下，蒂姆・哈里森（Tim Harrison）与参加培训的人员待了一周的时间，培训内容就是此类示范教学，以及其他科学推广活动。科学探索中心的工作人员用英语和方言两门语言进行示范教学，这样他们就能够将示范教学课堂引入到乡镇学校了。到 2010 年年底，非洲南部约有 25000 人参加了此类示范试验教学演示。

“污染物的演变”示范教学的未来规划

就示范试验教学而言，其发展潜力是巨大的。无论是在布里斯托尔化学试验中心的工作室，还是都柏林三一学院的部分暑期学校，抑或是在新加坡国立大学的冬季化学学校，或者作为一项单独的活动，“污染物的演变”都会定期与其他活动一起成为旨在普及学生科学知识活动的一部分。即使在布里斯托大学周边地区，仍有部分学生和老师并不为其看到的液氮和干冰试验所震撼，那就更不用提更为边远的地区了。即使已经看过四五次示范演示的当地老师，后面还是会带着新学生前来再次观看。即使不考虑其他国家的学生，对示范教学的需求也已经很大了。

我们目前仍在寻求赞助商，以期将 APT 示范教学带到非洲南部地区。纳米比亚的教育部门和博茨瓦纳及南非北部的大学也正一致努力，其目的是不仅让更多的中小学生、教师和大学生能够看到“污染物的演变”，同时还会给研究生化学家和学术界的相关人士进行培训，培训内容是如何为他们自己进行示范演示，等到 2011 年年底的时候，这些受训人员就能将这种方法延续下去。布里斯托尔与罗德斯大学联合举办了一系列的推广活动。来自罗德新闻学院的电影人员将会为示范教学的参与过程拍摄成纪录片，而收集的、关于示范教学影响评价的数据将由未来的化学外展研究员进行分析。

其发展前景还包括，马来西亚几所大学的研究生化学家会在示范教学时，使用包括用方言、阿拉伯语和英语 3 种语言为高中学生示范教学，这也是世界化学年的一部分。

9.6.4 很难吸引到学校受众

第 6.2.2 节给出了不同公众态度的组别，包括无目的怀疑论者。示范教学为学校观众与同类团体进行交流提供了一个非常好的机会。布里斯坦·伯恩（Tristan Bunn）博士给出的案例研究 9.2 就是一个很好的例子，其通过认真考虑演示或活动的设计过程，将无目的怀疑论者吸引到其观众阵营当中了。

案例研究 9.2

味觉和味道

布里斯坦·伯恩

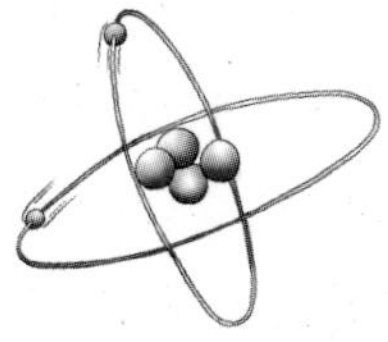

背景

将年轻人吸引过来永远是一项挑战。如何吸引他们的注意，以及真正让他们对科学感兴趣往往是一种可怕的想法。特别是那些有行为问题或并未接受过主流教育的学生，想让他们参与到示范教学中来的难度是可想而知的。我与地方教育局的顾问就增强中学生行为及出勤率的项目上进行过接触，我们为 11 ～ 13 岁区间的学生提供了丰富多彩的活动，这些活动不仅能够促成健康、可持续的生活方式，还会激发学生们对科学的热情。在授课主题是健康生活或科学时，创造一些东西让青少年们能够坐下并被所讲的内容所吸引，这也是一项非常有意思的挑战。

活动设计

我是从一项简单活动开始的，这项活动曾被之前的食品研究所科学家用过，其针对的是一般公众：味道和风味。为了让该项活动更加适合 11 ～ 13 岁区间的学生，我又添加了许多快速调查内容刺激感官，并给出了更多“介入因素”，同时还提供了调查自己的遗传性状、开发自己算术思维的机会。

我所采取的活动是组合式的，这样会根据所需时间及情景设置时间长短。活动适宜的年龄阶段也是较为广泛的，因为活动仅需将普通的饮食体验作为科学讨论的起点。从自己的基本味觉感官，到味觉和味觉的分子及遗传学基础知识，参与人员几乎可以学到所有内容。你还可以将活动与化学、生物学和食品科学等课程衔接起来，主题可以包括神经系统、健康饮食、遗传学、解剖学、分子生物学和有机化学等。

有 6 项关键活动：

1. 基本口味：什么是基本口味，你能识别出这些基本口味吗？

2. 味觉和味道：味觉和味道的区别在哪里？

3. **味觉和颜色**：颜色是如何影响你的味觉的？

4. **味觉和遗传学**：你的遗传学是如何影响你的味觉的？

5. **味觉和温度**：辛辣和薄荷的感觉分别是什么？

6. **味蕾**：你的味蕾是什么样子的？

开始活动需要哪些东西？

- 基本味道解决方案：盐、酸、苦、甜、鲜
- 喝水
- 舌头味觉图谱
- 味糖果：帕尔马紫罗兰特别有效
- 清味饮料或果冻和食用染料
- 遗传味道条谱：苯硫基脲（PTC）条可从 Blades Biological 中获得
- 塔巴斯科辣椒酱或辣椒粉
- 薄荷糖
- 蓝色食用色素
- 棉花棒
- 一次性杯子
- 镜子
- 灵活相机和显示器或投影机（可选）

开展对话

第一部分：基本口味

第一项活动的场景设定包括引入“基本口味”（甜味，咸味，酸味，鲜味和苦味）的概念。我们会提供 5 种明显不同的口味供学生品尝，让他们试着去判断基本味觉。这会让他们直

接开始测试他们的味觉感官。在这一阶段，你可以启发学生对味觉和味道的理解，并让其有一种先入为主的意识。我们使用的 5 种口味分别是糖、盐、柠檬酸、味精和开胃水，测试方法是将棉签在制备的不同溶液中浸泡，然后用舌头品尝。大家通常对鲜味会有不同的反应：有些人可能讨厌这种味道，其他人可能根本无法品尝出来，对这种味道的判断也多种多样，包括咸味、肉味、鱼味或醋味，甚至还被说成别的味道！

起初，一些学生不愿意尝试某些口味，特别是在他们看到其他人在尝到酸味时整个脸都拧巴起来了，或者有些人在尝到鲜味时，舌头都伸了出来，但这种情况很快发生了变化。而我发现好奇心最终会战胜学生内心的不情愿，那些郁郁寡欢的学生最终都渴望加入品尝队伍中来。过不了多久，等学生品尝完后，就开始提问题并描述他们感觉了。最值得注意的是，学生们对其他人的味觉报以相当部分的共鸣，同时也产生浓厚的兴趣，他们彼此讨论着味觉如何，向其他人诉说这种味道其是喜欢还是不喜欢。他们很快就会意识到，人们对同一种事物是如何报以喜欢和不喜欢两种截然不同的态度的，同时他们也会意识到，这种区别非但正常，同时也是非常有趣的。

一旦学生对这些味道熟悉起来，他们就可以对口味示意图开展调查了。学生们首先调查他们自己的口味，然后将他们的感官体验与口味示意图进行比较，看其判断是否正确。

通常来讲，你的舌头上有特定的区域，这一区域会将不同的味蕾区分开来，大部分人都已经看过味觉示意图，示意图给出了舌头的苦、甜、咸、酸等味觉区域。然而，味觉示意图并不完全正确，现在我们知道，味觉之所以非常复杂是因为有不同的味觉感受器细胞存在、不同的人味觉也存在差异，且味蕾随着年龄的增长也发生变化。

有些学生对味觉示意图比较熟悉，而有些就相对陌生。有趣的是，一些学生完全相信“味觉示意图”，因为其认为这比较权威，其他人会根据自己的体验对示意图产生部分怀疑。

第二部分：味觉和味道

对大多数人而言，味觉和味道是同义词。为了鼓励学生对这一问题进行思考，你可以要求他们思考这一问题：“味觉和味道有什么区别？”我们让学生捂住他们的鼻子，然后让他们闻下帕尔马紫罗兰（或类似的香糖甜味）的味道。让学生们继续捂住鼻子，并让他们说出他们品尝到了什么（活动本身就是为所有参与者带来愉悦感）。最典型的描述是他们闻到了甜甜的东西，这是帕尔马紫罗兰中的糖分。在他们松开鼻子的时候，他们会突然闻到一股味道，这是因为气味渗入了鼻腔。学生的反应有惊讶也有好奇，且不同的人闻到的味道也不尽相同，同时他们也认识到了帕尔马紫罗兰的味道。这表明，是嗅觉闻到了气味。就像你感冒的时候，食物对你而言没什么味道一样。

基本口味并不取决于气味，那么现在让学生们重新确认一下基本口味，不管他们有没有捂住鼻子，都是同样简单了。

第三部分：味觉和颜色

鉴于我们个人的生活经历和人类进化过程，食物的颜色对我们“喜欢”与“不喜欢”的判定会产生很大影响。我们会本能地避开有毒的食物，且会寻找有营养的食物。我们会给学生提供一系列添加食用色素的饮料，并试着让学生们鉴别不同饮料的味道。我们可以使用大部分超市都有销售的味道比较淡的饮料，然后在其中滴几滴食用色素。碳酸饮料由于溶解有二氧化碳而呈酸性，所以碳酸饮料对测试的效果不大。再有，柠檬果冻和不同数量的红色食用色素可用来制作黄色、橙色和红色果冻。通常情况下，学生们会受到同龄人推荐味道的严重影响。黑色食用色素往往会产生强烈的负面反应，这种反应是人类进化过程中的保守反应，以此来避免食用腐烂的食物。尽管如此，可乐饮料依然非常受欢迎。可以借此与学生讨论品牌、广告和客户期待方面的威力。

第四部分：味觉和遗传学

下一项活动内容为测试味道的遗传学基础，并比较“可品尝出者、不可品尝出者或超级可品尝出者”的人数。向学生发放苯硫基脲味道测试纸，并根据其品尝 PTC 的能力按不同等级进行划分。一些学生反应强烈，也有些学生反应适中或反应迟钝，而其他学生则什么东西都尝不出来。你可以根据学生们反应的强烈程度进行分类。整理该测试组的结果，并计算每个划分类别里的学生比例，并将该比例与总测试人数进行比较。能够尝出苯硫基脲是一项显性特征。西方国家中，有 66% ～ 75% 的人能够品尝出苯硫基脲。显性等位基因纯合的个体通常被称为“超级可品尝出者”。

第五部分：味觉和温度

进行遗传味觉测试后，可以将冷、热两种概念介绍给学生。辛辣食品在英国极受欢迎，学生们经常会非常热情地表达他们对火辣食物的喜爱。学生们可以尝一尝经过稀释的塔巴斯科辣椒酱，就像基本口味演示中他们所做的那样，随后，他们就极其希望获得那种薄荷清凉感了。由于感觉强烈及味蕾随后出现麻木状态，该项演示活动通常是在整个品尝体验的最后一步进行的。火辣的感觉是由某些物质引起的，比如辣椒和辣椒素，其同样可激活味蕾里的某个感受器，而该感受器通常是通过受热得到激活的。感受器与舌头、嘴巴和鼻子中的三叉神经相连接，三叉神经会受到各种化学“刺激物”的刺激，如洋葱。三叉神经中的感受器同样还可以检测到冷薄荷的感觉，并可检测温度的变化。

第六部分：味蕾

最后一项示范活动是将蓝色的食物放到舌头中，以此揭露“味蕾”的真面目，你可以使用镜子或辅以灵活相机在电视显示器上看到“味蕾”。着色的食物会让“味蕾”以粉红色的小点点呈现出来，而舌头的其他部分会被染成亮蓝色。这种视觉效果非常不错，会让学生们能够真正了解他们正在调查的内容。在活动结束后，他们也会想起这项演示，并将其作为有趣的谈资分享给他的朋友和家人。

在以前的示范活动中，有个脾气有点暴躁的女孩，我们说服她进行舌头染色试验，在其张开嘴的一刹那，她活泼的性格就暴露无遗了，她沉醉在被大家关注的状态中，急切地想让她的老师用手机拍一张她舌头味蕾的照片。

反应

回想起来，我们味觉和味道之间的联系，以及二者是如何促成我们个人偏好的健康或不健康生活方式就更加明确了。品尝一些诸如布鲁塞尔豆芽或西蓝花的食物——以此证实“超级可品尝出者”所描述的苦涩及其对某些健康食品的厌恶——也是一种活动类型，其会给出科学味道和饮食选择之间更为清晰的联系。在未来的示范活动中，我计划让学生品尝由食品研究所和约翰·英纳斯（John Innes）中心的科学家研制的超级绿花椰（Beneforte），这样学生们就会对有益化学物质“萝卜硫苷”（Glucoraphanin）有更高层面的理解。“萝卜硫苷”会降低心脏病和某些形式癌症的发病率，并会提高人体的抗氧化酶水平。

在整个示范教学期间，这些活动带出了许多问题，同时也鼓励到那些“不学无术”的年轻人，他们急切地想参与到活动中，且变得更加开放，更喜欢与同龄人及老师们交流。在对活动的评价中，他们说道：“我们所有人都认为科学是最有趣的……如果还有机会，我们会很乐意被邀请回来继续参与这种活动。”但这是年轻人自身发生的变化，其个人发展与情绪转变是活动取得的最有价值的成果。在活动开始之初，有当地教育局顾问询问学生名字时，有个学生回答得相当保守：“你为什么想要知道我的名字呢？”但在活动结束当天，他敞开了心扉，说被学校开除是多么愚蠢的一件事，并意识到他已经错过了太多。他的眼神坦然地看着大家，做好了将其弱点通盘说出的准备。

示范给一个无所事事学生看的一些要点

1. 准备简短、快速的活动，让学生能够控制他们自己的学习过程。

2. 解释活动的目的，并找到他们已经知道了什么。

3. 如果他们不想即刻参与到活动中来，保持友好、放松的状态，不要紧张。

4. 提出问题后，要为参与的学生准备好思考时间以及“适应”时间，这样可以确保学生们选择参与的是有意义的互动。

5. 添加竞争元素和情感元素，为活动赋予某种意义。

6. 列举一些他们能够想象得到的有趣、令人惊奇的事实。

7. 微笑，让活动成为一种有趣的体验，让自己享受其中；他们完全有可能想参加。

9.7 想想你的资源、消耗品及设备

在你已经确定活动设计内容及示范机制之后，你还需要考虑资源、消耗品及设备。一些资金资助来源会让你有购买设备的机会，如果你正在为科学示范活动组建一套设备，这笔资金将是非常有用的（见第 6.8 节）。多备几套设备也会是非常有用的，因为你会发现，从研究实验室中现取设备并不是一个合适的方法。①

对需要预先准备的这部分资源，你可以从一些优秀机构的网站上下载适合自己活动的材料（见表 6.7）。你还可以从几家公司购买质量好的、但价格合理的消费品，以及应用于学校项目的工具或设备，表 9.7 给出了你能够获得工具或设备的几个地方。

你的资源还包括帮助你组织活动或示范演示的这帮人。这不仅对学校，对公共科学知识普及也同样适用。如果你在大学工作，如果你需要助手，你可以随时安排人员，包括本科生和研究生。这些学习科学的年轻人是充满活力和激情的、非常好的资源。他们通常能够激励到学校学生，因为他们与这些学生的年纪相仿。我也发现，我的学生们会给我提供非常多的活动想法或建议，其中许多想法我屡试不爽。这种“人力资源”是可持续性的，因为每个学期都会有新的学生走进校园。我让学生们参加的一种方式是在一项科学普及的大学生模块里，在科学周举办期

① 为保险起见，可能会有多余的工具或设备，或者实验室可能也需要该工具或设备。

间，作为公共主题活动的一部分，学生们自主设计并示范了一项活动。学生们给我提供了非常宝贵的帮助，学生们自己获得了许多“通用技能”，同时也获得了一些课程学分。

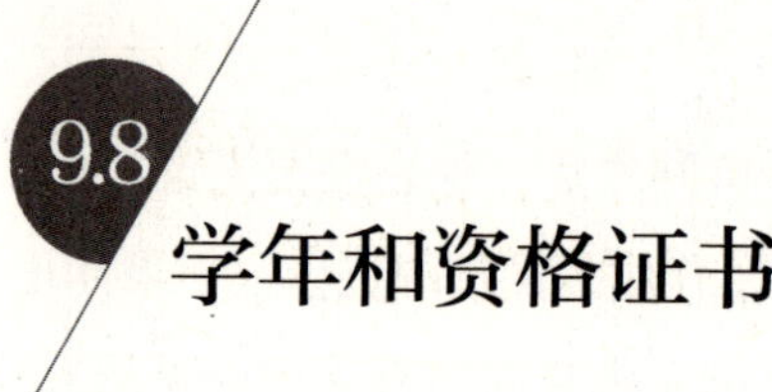

9.8 学年和资格证书

9.8.1 学年

本书中的几个案例研究都提到了学年这一概念。不同国家的学年是不一样的，有时一个国家内部不同城市的学年也会有所不同。表 9.8 中给出的信息会大体上帮助你将案例研究信息与你所在国家的学校结构联系起来。

9.8.2 在学校中获得的资格证书

资格证书多种多样，不同证书之间的差异也很大，这不只是针对国家之间而言的，国家内部也是这样。下文方框中信息旨在给出最常见的资格证书。

表 9.7 为教学和公司提供资源的组织机构

机构 / 公司	实用工具包 / 资源 / 设备和活动	网站
国家生物科技教育中心（NCBE）	DNA 活性试剂盒、廉价设备、生物反应器、细菌菌株	www.ncbe.reading.ac.uk
科学博物馆	课堂资源、关键阶段 3 和 4 的较好的示范活动安排	www.sciencemuseum.org.uk
英国科学协会	科学科技创意奖；铜奖、银奖和金奖。有针对不同年龄组别设计的活动。还有专门针对国家科学和工程周设计的活动包	www.britishscienceassoci-ation.org
实用化学、物理和生物学	实践实验，广泛的化学、物理和生物学教学资源	www.practicalchemistry.org www.practicalphysics.org www.practicalbiology.org
植物科学教育资源网（SAPS）	中小学植物教育资源	www-saps.plantsci.cam.ac.uk
Edvotek	生物科技教育公司拥有一系列的工具和设备	http://edvotek.co.uk/
BioRad	适用于课堂教学的各种工具和设备	www.bio-rad.com
卡罗莱纳州生物公司（一家美国公司 - 订购卡罗莱纳州生物制品通过 Blades Biological）	涵盖所有科学领域的各种工具、资源和设备	www.carolina.com www.blades-bio.co.uk
ESPO	这里有最廉价的艺术材料，也有一些学校用科学设备	www.espo.org
病房自然科学（一家美国公司）	病房有一些优秀的工具套件、模型及设备。这些都是美国生产的，但运输费用合理	http://wardsci.com/

- 在英格兰、威尔斯和北爱尔兰，学生通常在 15 ～ 16 岁年龄段获得中等教育普通证书，然后在 16 ～ 17 岁参加高级补充程度考试，在 17 ～ 18 岁时参加 A2 证书考试（A 级）。一些学校还会颁发国际文凭（IB）。
- 苏格兰学生会获得苏格兰资格证书（SQC），其次是高等考试，两种考试的年龄段分布分别为 14 ～ 15 岁和 16 ～ 18 岁。
- 在爱尔兰共和国，分别进行专科结业考试，然后进行毕业证书考试，两种考试的年龄段分布分别为 15 ～ 16 岁和 17 ～ 18 岁。

表 9.8　不同国家的学年对比

年龄阶段	美国	英格兰和威尔士	苏格兰	北爱尔兰	爱尔兰	澳大利亚
4 ～ 5	学前班	入学	小学 1 年级	小学 1 年级	初级幼儿	学前班
5 ～ 6	幼儿园	第 1 年	小学 2 年级	小学 2 年级	高级幼儿	幼儿园
6 ～ 7	1 年级	第 2 年	小学 3 年级	小学 3 年级	1 年级	第 1 年
7 ～ 8	2 年级	第 3 年	小学 4 年级	小学 4 年级	2 年级	第 2 年
8 ～ 9	3 年级	第 4 年	小学 5 年级	小学 5 年级	3 年级	第 3 年
9 ～ 10	4 年级	第 5 年	小学 6 年级	小学 6 年级	4 年级	第 4 年
10 ～ 11	5 年级	第 6 年	小学 7 年级	小学 7 年级	5 年级	第 5 年
11 ～ 12	6 年级	第 7 年	S1	第 8 年	6 年级	第 6 年
12 ～ 13	7 年级	第 8 年	S2	第 9 年	第 1 学年	第 7 年
13 ～ 14	8 年级	第 9 年	S3	第 10 年	第 2 学年	第 8 年
14 ～ 15	9 年级	第 10 年	S4	第 11 年	第 3 学年	第 9 年
15 ～ 16	10 年级	第 11 年	S5	第 12 年	第 4 学年	第 10 年
16 ～ 17	11 年级	第 12 年	S6	第 13 年	第 5 学年	第 11 年
17 ～ 18	12 年级	第 13 年	a	第 14 年	第 6 学年	第 12 年

- 欧洲学校会举办中学毕业会考，学生年龄在 17 ～ 19 岁。
- 美国和加拿大的学生高中毕业后（通常在 17 ～ 18 岁），会获得一个高中毕业文凭，虽然国际中学毕业会考越来越受到更多的欢迎。
- 澳大利亚的学生会获得中学教育证书（SSCE），年龄阶段通常在 16 ～ 18 岁之间。SSCE 证书是被大学录取的一项必备条件。

针对英国的许多研究案例都是国家课程中的重点阶段，详见表 9.9。

表 9.9 全国统一课程被分为 4 个关键阶段（英国、威尔士和北爱尔兰）

关键阶段	年龄分布	学年	资格考试
1	5 ～ 7	1 和 2	—
2	7 ～ 11	3、4、5 和 6	—
3	11 ～ 14	7、8 和 9	—
4	14 ～ 16	10 和 11	GCSE

9.9 结语

在你所进行的科学普及活动中，学龄学生这一目标人群是非常重要的，本章给出了一些理由。希望让你能够简要了解目前阶段不同国家对科学知识的态度，以及不同国家的学生在科学知识或课程方面的表现。本章还介绍了关于科学方面的不同类型的学校证书考试，这些证书考试在目前阶段都是由学校开展的。最后我们给出了一些关于如何在学校环境背景下，开始准备你的科学交流组合活动方面的一些建议。

[1] DOLAN E L. Education outreach and public engagement. Mentoring in academia and industry [M]. Berlin: Springer, 2008.

[2] DONGHONG C, SHUNKE S. The more, the earlier, the better: science communication supports science education [M]//CHENG D, CLAESSENS M, GASCOIGNE T. Communicating science in social contexts. Berlin: Springer, 2010.

[3] JENKINS E. School science: a questionable construct? [J]. Journal of Curriculum Studies, 2007, 39 (3): 265-282.

[4] MILLER J D. To improve science literacy, researchers should run for school board. Opinion [J]. Nature, 2011, 17 (1): 21.

[5] WOODLEY E. Practical work in school science-why is it important? [J]. School Science Review, 2009, 19 (335): 49-51.

科学家与学校间的相互影响

为了使科学与时代具有它们本应存在的关系，整个世界都应达成这样的共识：科学是在最大意义上服务于所有人的，而不是私有财产或一些人的奢侈品；它是人类智慧的最好的表现，而不是学校的胡言乱语；它引导人们走向光明，而不是令人眼花缭乱的迷雾。

——约翰·杰伊·尤曼斯（William Jay Youmans）

10.1 介绍

对于科学家来说，与学校进行合作能够获得诸多有益经验，如专业水平的提升和获取个人的满足感。在第 9 章中介绍了英国及其他国家在科学教育成果和意见方面的信息，以及在学校进行科学传播的建议。科学家和专业的科学传播者以各种不同的方式与学校接触：

1. 在校园中，协助增强与提升小学和中学课程中的科学课程；
2. 增加校外受众参与校园活动；
3. 开设中小学的跨学科的课程与活动；
4. 影响课程改革；
5. 让科学家走进校园；
6. 培训教师和技术人员。

图 10.1 展示了不同的参与机制和对应的受众，及其不同的关注点，如聚焦事实还是政策。科学家在与学校接触中的大多数机制偏向于事实，更明显的是以学生为中心。本章提出的案例研究旨在突出这些不同的科学家与学校进行的互动，并提供可为之与学校开展活动的想法。他们还提供背景信息、方法、潜在的风险、具体的安全建议、热门的技巧以及如何获取资源，使您能够重复和调整所需呈现的活动。本章中的案例研

究都包含了有关活动的方法和建议，我们认为你经过少量修改就可以直接使用。还有其他一些图表也提供了活动范例，更多活动的相关信息可以在本书的网站上获取。

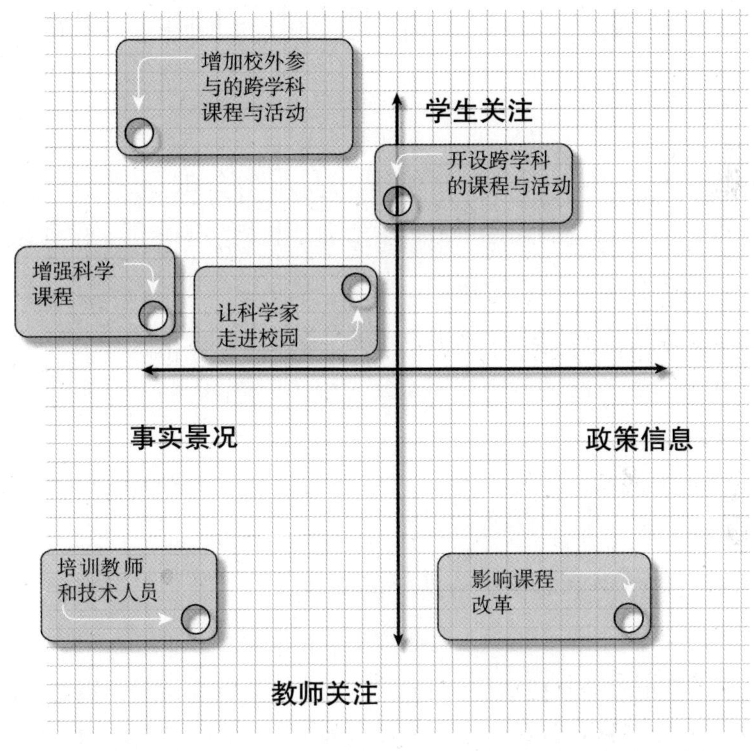

图 10.1　科学家用于参与学校教育的机制

10.2 在学校环境中，增强与提升科学课程

加强学校环境的课程包括校内活动和课外活动。这些可以从科学家谈论他们的职业生涯到完全的科学活动日和科学俱乐部，后者在更长的一段时间内运行。其优势在于，学生们在自己熟悉的环境中，会感到更加自信。其中参与的组织较少，例如学校不需要提供额外的教师覆盖或安排运输。本节的案例研究例子分为小学（第 10.2.1 节）和中学（第 10.2.3 节）。

10.2.1 小学课程提升

小学在科学教学时面临着特殊的问题。小学教师虽然能够非常熟练地作为通才教师进行教学，但通常不会接受科学的训练，对此也并没有信心。“国际数学和科学研究趋势”（TIMSS）研究显示，只有 16%的小学教师进行了专门的初级科学培训。澳大利亚的一项研究表明，只有 2.7%的课堂时间用于科学教育。澳大利亚已经认识到有必要提高小学科学教育的效果，并建立由澳大利亚科学院主管运行的项目。通过“基础连接”[①] 的专业研讨会和课程资源以支持教师工作。

营造校园中的科学环境也是一个问题：校园中没有专门的科学实验室，没有化学品储存设施，没有相关技术人员。但是，这不应该是学

① http://www.science. org. au/primaryconnections/。

校从事科学传播的障碍。《2011 数据实践科学》（*2011SCORE Practical Science*）报告指出，小学教师重视科学实践，并能够对调查实践的过程有所认识。在科学课程中，让学生理解科学的方法是一个极其重要却困难的教学理念。尼亚姆·尼·布莱恩博士（Niamh N'I Bhriain）的案例研究 10.1 显示了如何教小学生科学方法，告诉他们科学写作的重要性，这其中并不涉及湿实验室实验，只植根于学生现有的经验和理解进行讲授。活动设计精良，轻资源、可重复，可以利用学校现有的条件进行科学传播。在这个案例研究中采取的方法也对高中高年级学生受众同样适用。

案例研究 10.1

在讲俚语的地区中说巧克力是否危险？如何制作三明治？

尼亚姆·尼·布莱恩

背景

在爱尔兰为期 8 年工作中的最后一年，我与学生在一起工作，学生们大多在 11 ～ 13 岁之间。我的工作便是在一个普通的学校给 10 个班级的学生授课。我对本项目是信心满满的，利用生物学和微生物学作为科学分支的典范，来探讨如何理解欧洲的科学从古希腊到今天的发展。我们思考科学自身是如何发展的，科学如何与人们对科学的理解、技术协同发展的。比如，没有显微镜的出现［没有像列文·虎克（van Leeuenhoek）和胡克这样的人］，“微生物”就不会被发现，巴斯德就不会做出这样的发现促使他提出疾病的“细菌学说”，而科赫也不会证明这一假说。我们关注于当个人和社会面临一些问题时，科学家是如何解决的。我们看到亚里士多德、雷迪（Redi）、胡克、塞梅尔维斯（Semmelweiss）和巴斯德等，他们也只能在对待一些事情上做出正确的解释，而在其他方面则是错误的，并且他们也经常因为无法说服别人而感到沮丧。

为什么会有这样的项目？

目前，科学课在爱尔兰的中学阶段并不是必修的。因此，在小学阶段学生也无须完成任何额外的科学课程。我个人的目标是确保我的学生即使日后不再继续科学的学习，他们也能明白科学与科学家在他们的生活中扮演着重要的角色。我也希望那些选择学习科学课程的人能够意识到其中真正的挑战是什么，它不是简单地记住考试中会考到的话题和事件，而是要发展和凝练成为某种思考的方式——即科学的方法。

这个案例研究描述了第一学期的课程构成。其中，我有很多的教学目标。首先，也是最直接的是要了解班级的同学们并熟悉他们的动态。各班的老师通常会“标记”在个人学习能力或行为方面有异常的同学，但我需要做的是将班级作为一个整体去了解。这些是在课堂上能实现的，我向孩子们询问他们对科学、科学家以及他们工作方式的理解，然后与他们进行练习。如此互动能够提供充足必要的信息，以确保课程能够顺利进行——或至少在任何这样的课堂环境中能顺利进行。

还有三个是额外的目标：

1. 消除科学家做出“正确”或“错误”回答的实验中的神话；

2. 讨论关于科学写作应该是摒弃口语一事；

3. 确保呈现的实验方案和研究结果是全面且诚实的。

目标一：消除科学家做出“正确”或“错误”回答的实验中的神话

关于科学家的实验有对错之分的误解是一个国家探索科学过程中很不幸的一部分。每一个课程都有既定的学习目标。教师可能只接受过有限的科学训练而需要在他们的专业领域之外工作。课堂设计中选择的实验是可以提供明确且可重复的结果的。在课堂中探讨科学是有必要的，但这也存在一个主要的缺点，即学生们会认为在科学中——就像在初级数学中一样——总是有一个“正确的”答案。

实验的结果并没有“对”或“错”

我发现真正有帮助的是引入术语“假设”——这一可检验设想的特定词汇。我们讨论设想如何通过实验被检验，介绍科学方法的思想。

我们通过专栏 10.1 中的陈述，使用简单的例子，如：

经过这样一些简单的训练之后，就可以进行更多复杂的工作了。以下的训练工作十分有效，仅供参与。

专栏 10.1

- 科学家提出了一个想法或假设。
- 如果你想检验想法是否正确，你只能使用假设的术语来描述你的想法。
- 这些检验被称为实验。
- 你必须多次进行实验，以确保获得的结果是可靠的。
- 实验可以给出三种回答——正确、错误和无法确定。

- 如果你得到了一个证明假设正确的结果，这意味着你的假设可能是正确的；如果你得到了一个无法确定假设是否正确的结果，你可能需要再次进行实验，或者设计一个稍有不同的实验来获得一个明确的答案。
- 如果你得到假设错误的结果，那么这个假设可能是不正确的，你可能需要再考虑一下。
- 这种工作方法叫作科学方法。
- 如果大量实验表明一个假设是正确的，那么它可能被广泛接受为理论。
- 如果实验正确完成，结果将产生有用的信息 / 数据 / 结果。
- 如果这是全新的信息，这就成为一个发现。

我需要传达这样一个事实，即实验所传提供的是信息，而不是一个“正确”或“错误”的答案。

我的提问 / 班级回应

我：所有的孩子都喜欢运动。这是一个假设——我可以检验这个想法吗？

同学：是的。

我：应该怎样做呢？

同学：来问我们？

我：如果你喜欢运动，举起手来。

结果将是是、否或不确定。有些人可能会问，你所描述的

“运动”确指什么？这可以用来讨论问题的好坏与实验的好坏。

同学：你所说的运动是什么意思？

我：你的回答对我的假设意味着什么？

同学：“可能是对的”“这是错的”“它不能成为一个理论”“你不能肯定”。

我：我应该做些什么实验来获取更多的信息？

同学：询问其他班级的同学同样的问题，看看他们怎么说。

如果孩子们心情愉悦，并且先前吃了巧克力，他们在星期五早晨的拼写测试中会做得更好。

我：这是一个假设吗？

同学：是的

我：为什么？

同学：因为你可以验证它。

我：我应该怎样验证它呢？

同学：在听写测试之前给我们巧克力。

我：那将会发生什么呢？

同学：如果假设正确，听写测试中我们将有更好的成绩。

我：但是你们也许一直都有很好的听写成绩。

同学：我们没有！

我：但可能拼写测试一直都很容易……

思考时间，提问暂停。

目前为止，同学们对科学方法、实验设计的掌握都有了很大的提升。

短期加固

在课堂时间的最后5分钟，我给学生们发一张表格来评估他们学到了什么（见本书网站）。大多数的同学能够快速准确地完成它。少数的同学回答起来有些困难，可以给他们一些额外的关注。我问同学们，如果工作表要打分分级他们会如何准备。他们惊讶地发现于自己所学有如此之多，并热情地回答说他们会把工作表放在家里，将他们学到的新词语展示给家庭中的其他成员！

同学：你需要做的就是给我们一些巧克力。

我：好，那我要如何分这些巧克力呢？

同学：将班级分成两半，其中一半给巧克力，另一半不给。

我：那么将会发生什么？

同学：如果你的假设是对的，那么得到巧克力的同学拼写成绩会比未得到巧克力的同学好。

我：但我有可能恰巧把巧克力分给了原本拼写成绩就好的同学。

同学：这很容易检查出来。下一次把它进行交换，给另一半第一次没有获得巧克力的同学，然后做拼写测试。

我：那么将会发生什么？

同学：你会得到相反的结果——第一次做的较差的同学本次应该做得更好。

我：这告诉了我什么呢？

同学：你会获得一个证明假设正确的结果，因此你的假设可能是正确的。

我：我可以做些什么使得结果更加准确？

同学：将此再进行很多次实验。

我：还有什么吗？

同学：你可以在所有课程中进行相同的测试 / 实验。

我：这会是一个好方法吗？

同学：是的，因为你获得的实验结果越多，你越有把握确定你是正确的。

目标二：用专业的科学语言进行写作

科学写作应该是通俗易懂的。这个年龄段的孩子们，通常没能意识到他们日常所用的语言对他们圈子以外的人来说是难以理解的，或被完全解读成其他的意思。轻松的、常用习语表达的方式在自我表达中占有一席之地，但在科学写作中却是无益的。

以实际案例练习用科学语言写作

讲英语的孩子们用他们自己的语言是理所当然的。他们收看的电视新闻报道、假期的所见所闻等经验都告诉他们，英语的使用十分广泛，这很容易使他们陷入相信英语是普遍被理解的陷阱。我将用一种十分简单的方式打破这种自满。

我找了 3 位喜爱朗读的志愿者，其中两个人被告知他们将阅读热门小说（我使用了哈利 · 波特和阿特米斯系列书籍），第三人将阅读科学期刊上的内容，任何期刊的内容都可以，但是文章题目越长越好。给第一位志愿者一本书后，他开始朗读……

“停！”“为什么？”这篇文章的标题“熟悉”（familiar）是法语，不是英语。班上的同学哄堂大笑，朗读的同学连连表示抱歉。紧接着，第二位志愿者打开下一本书开始朗读。第二位志愿者朗读前先做了一个停顿，整段朗读都是谨慎而犹豫不决的。这篇文章是用爱尔兰语写的——大家对其语言都很熟悉，但理解文本却很困难。最后一篇文章选自期刊，志愿者能够自信而流利地阅读。我询问朗读者是否能够理解文章内容。他们说不能，接着我给他们施压说，这些英语文章中的单词大家都认识，所以要努力尝试去理解它们。班上的同学们也都同意了。

接着，我向同学们进行提问：

我：你们是如何去查找那些难懂词语的意思？

同学：用字典（或在线翻译）。

此时设计的场景是为了当天的第二堂课——当你为一本科学期刊写作时，必须仔细遴选所使用的词汇。我以在都柏林的“致命”一词的用法为例，它在日常的用法中被用来表示“非常好”“精妙”“十分满意”。

我们回到先前讨论的“巧克力假说”。

我：所以现在我已经整理出了我的实验。感觉真的很兴奋的……我们做了一个预实验来验证巧克力在提高学生拼写测试表现中的影响。结果令人十分满意……

接着我开始描述实验结果。

远在西伯利亚一个偏远村庄的伊万·伊万诺维奇正使用着他的电脑。他是当地的一名教师，而他的学生在拼写中遇到了诸多严重的问题。他为此十分担心，因为测评即将到来，他希望孩子们能做得很好。他想能找到一些切实有效的方法，所以在数据库中进行检索，并搜索“提高，拼写测试，结果”。他找到了我的文章并进行了阅读，用俄英字典进行翻译，因为他的英文并不是很好。

我：他会在测评之前给他班上的孩子吃巧克力吗？

同学：会。

我：你们确定吗？

同学：确定。

我：你们有十分的把握吗？

同学：不，他不会。这取决于他有多讨厌他班上的同学。

我：为什么他不会呢？

同学：因为他会考虑给同学吃巧克力会不会致死。

我：为什么呢？

同学：因为你说这一方法可能是致命的。

我：还有呢？

同学：如果他查字典，他知道“致命地（deadly）”一词意味着可能会杀死他们。

我：这是“致命地（deadly）”的意思吗？

同学：是的。这是在字典中的意思。

（让某位同学在字典中再次确认这一事实十分重要，需要以此来说服持怀疑态度的人这是真的。）

我：那么我应该用“邪恶的（wicked）”还是“甜美的（sweet）”来代替呢？

同学：不，它们都不是你想表达的意思。

我：他们有什么问题？

同学：这些都是俗语……

要点！

让一些志愿者参加这项训练非常重要。那些有信心自愿阅读的人，即使面临不熟悉的文本挑战，也不太可能感到尴尬或羞愧。“非英文”文本的选择显然可以根据当地情况而变化。

目标三：科学写作应是对已有的成果进行诚实与全面的说明

第三个目的是对实验方案和结果进行诚实与全面的记录，我提醒同学们注意这一点是因为，他们明白为什么或如何完成实验的部分，但他们不能假定他们记录的读者也同样认为这些是显而易见的。他们必须对自认为“显而易见”的部分进行陈述，并且对他们所做的工作给出准确而详细的说明。

当他们在课堂上撰写实验报告时，学生实际上正在做两件事情——它们是：

1. 报告他们做了什么；
2. 试图理解并解释所获得的新信息。

我想设计一个不需要额外任务的练习，用来评估表达的清晰度。

练习在执行简单而熟悉的任务时，如何写一个全面的报告

我在课堂上布置给同学们的第一个任务是：写出如何做夹心三明治的说明，以便让任何人都可以依照他们的步骤，做出他们喜欢吃的三明治。

这个训练最初看起来可能不是很“科学”，但这种方式有诸多优点：

1. 班上的所有同学，无论他们的学术能力如何，都能够自信地来接受这个任务。

2. 它没有“错误”的答案。虽然一些回答可能是薄弱或不完整的，我们可以为每个人提出具体的改进建议，但还有诸多值得赞扬的部分。

3. 对班级成绩进行概括性讨论，有助于加强实验写作中对清晰度和注意细节的要求。但因为没有人在训练中出现“错误”，因此“批评”是一些概括的并具有建设性的。

往往，学生们的成果中需要包括一个“图”——具有制作步骤和所完成的三明治的绘图。我将这些单独挑选出来进行表扬，是为了解释在一张图片中可以放多少信息，并节省大量的文字。对于科学家喜欢省事，他们也像其他的人群一样会偷懒的想法得以普遍接受，并在同学中加强了如果你想成为科学家，你不必是“特殊”或“不同”的这一观点。

课程要点

上述的练习方式可以良好地适用于各年龄段的人群，以及其他的环境。这样的教学方式除了能够教授科学的进程、科学的传播外，还能与班级成员建立良好的关系。这允许我以一种宏观并且相对轻松的方式与每一组孩子接触。那些向来认为“科学难”或“自己无法从事科学研究”的学生发现自己也能充分参与。我获得了大量的课堂反馈，并且了解了课堂动态，这对于决定如何进行后续的正式课程非常有用。

重点提要：

1. 当你要向学生们介绍一些生僻词的时候（如：假说，hypothesis），需要提前向大家预告，玩一些如“刽子手”

（hangman）一类的猜单词游戏，接着在黑板上一个字母、一个字母地写下生僻词，这对于学生的学习十分有效。这个年龄组同学的特点即喜欢在单词的中字母出现时发出该音节，并试图预测将完成的单词。

2. 获取一些当地的信息——问问学校老师是否有在特定的一周有时间安排测试。这样就可以让“巧克力假说”的场景以真实且吸引孩子的方式来呈现。

3. 如果课堂上有孩子的母语不是英语，请他们分享其所知道俚语中有困难或有趣的例子。

4. 请一位志愿者来描述如何泡一杯茶。课堂上的其他同学主动提出相矛盾的“建议”，然后以此为场景布置家庭作业。

从小培养对待科学的热情是十分重要的。2006 年 PISA（Programme for International Student Assessment）研究显示，较早与科学进行接触的人群中日后产生了更多对科学的“最佳表现者”，TIMSS 研究表明，在英格兰的五年级学生中只有 59%对科学有积极的态度。波特和帕文（Porter and Parvin）代表约克大学化学工业教育中心的进行的态度研究表明，让小学生在形成固有想法之前接触科学非常重要。大学的宣传策略普遍倾向专注于中学生，但研究表明，对小学就施以影响并非为时尚早，孩子们能够记住并将一直被他们的经历所影响。因此，科学家们有一个真正能有所作为的机会，用丰富的课程激发灵感和激情，让科学变得有趣。在阿莉姗 · 阿西贝博士（Alison Ashby）的案例研究 10.2 中，“玩转真菌”是小学课程改善中一个很好的例子。它显示了科学家如何通过参与这些活动来影响学校授课的内容。它还显示了利用各类网站上现有的资源设

计有效的课程，以弥补国家课程未覆盖到的科学领域。阿莉姗将真菌学的主题分解为 3 大领域：

1. 如何区分真菌与其他植物和动物；
2. 真菌的生存环境；
3. 我们生活中的真菌。

案例研究 10.2

小学生玩转真菌：一个课程改善项目

阿莉姗·阿西贝

研究背景

真菌界是一个被遗忘的王国。但真菌却是无处不在，并在我们这个星球上发挥着至关重要的作用。重要的是我们鼓励尽早地与真菌王国进行接触，并在整个学术领域进一步发展。在英国真菌学会（BMS）的支持下，将一整套用于小学的资源整合在一起，试验在小学的校园环境中进行科学传播。本项目的目的是提供一个平台，让孩子们可以在平台探索和参与到“真菌王国”中。

我们的目标是搭建一个平台，让孩子们可以在这个平台走进和探索“真菌王国”。平台资源包括一套以“厨房科学”和“艺术与工艺”为基础的活动，其设计旨在为义务教育阶段一和阶段二（5～11岁）的教育工作者使用，该平台目前可在英国真菌学会（BMS）小学栏目下访问。

项目介绍

最初，为了能让项目运行，我与孩子学校的老师取得了联系。接下来，我又与参加教学论坛（正式或非正式的形式讨论教学问题）的老师取得了进一步联系。

在剑桥私立小学之圣费斯学校，开展了“玩转真菌”日活动，这让我们有机会在真实的校园环境中对小学活动进行测试。这一天成了学校夏季活动周中丰富精彩的一部分。随后，“玩转真菌”日活动在当地其他小学陆续开展。

活动的主要目标是：

- 欢快和翔实的一天；
- 描述真菌是什么，它们与植物和动物有什么区别？
- 探索真菌能够为我们和我们的环境做些什么。

在活动日开始前会对真菌做一个简要介绍，整个年级组约有50位孩子理解了真正重要的信息，即真菌既非植物也非动物，而是一个独立的王国。孩子们学到：

- 真菌生存的范围能够从显微镜下到地球上最大的生物体；
- 地球上任何角落都能找到真菌；
- 真菌在地球上出现的时间比恐龙还早！

孩子们来扮演真菌，用绳子当作菌丝体（真菌的组成部分）消化腐烂的有机物（用面包棒代替腐烂的树枝）。短暂的阵雨（喷雾）过后，产生了子实体（鸡尾酒中配的小花雨伞），真菌的孢子（开花植物的种子，在此情形下闪闪发光）被释放出来。接着放映一个有关真菌的幻灯片，展示不同真菌子实体的颜色，大小和形状的多样性。使用道具，其中包括腐烂的草莓、青霉素、堆肥、巧克力和一篮杂货，演示真菌对人类和环境的重要性。然后，同一年级的同学被分为四个组，其余的时间集中在轮盘上进行四个平行的“动手”活动。

活动以一个“问答”会议进行收尾，从中能够看到许多真菌的惊人事实。在一天的校园活动结束后，每个孩子回家时都会带一本《蘑菇上的斑点》（由英国真菌学会免费提供）、一个带斑点的红色气球、一个黏土做成的真菌模型、一张印有菌褶和孢子的照片、一份证书以及一条巧克力（因为真菌有助于人们感受巧克力的美味！）。

同年 10 月，我们在英国真菌学会于爱丁堡皇家植物园主办的科学传播活动中尝试加入其他活动。这些活动也会在每年 3 月的剑桥科学节上公开举办。

资源和装置

我们使用英国皇家学会的资金，并从布鲁内尔显微镜公司购买了五台小型便携式立体显微镜。这些是观察菌褶和包括子实体在内的其他结构的理想选择。由大学的植物学系亲自提供复合显微镜、照相机和电视，让孩子们观察由沉积在显微镜载玻片上的蘑菇所产生的孢子。英国真菌学会为每个孩子提供一本关于蘑菇上的斑点是如何生长的小册子，并借给它们许多蘑菇模型。一个当地的蘑菇供应商友情捐赠了充足的波托贝洛蘑菇用于制作孢子印，以及一系列奇特的可食用蘑菇供孩子们研究。

活动的细节和网络资源可在表 10.1 和表 10.2 中查看。

表 10.1 “玩转真菌”活动及网络资源。

活动	网络资源
制作你喜欢的真菌	http://www.britmycolsoc.org.uk/education/resources-and-materials/primary-school-resources/introduction-to-fungi/activity-1-make-your-favourite-fungus/
做一个森林拼贴，展现真菌在森林栖息地中的重要性	http://www.britmycolsoc.org.uk/education/resources-and-materials/primary-school-resources/introduction-to-fungi/activity-5-making-a-collage-of-fungi-in-the-woodland-habitat/
使用显微镜和放大镜观察不同真菌的子实体、制作孢子印以及查看真菌的孢子	http://www.britmycolsoc.org.uk/education/resources-and-materials/primary-school-resources/introduction-to-fungi/activity-4-mushroom-detectives/ The mushrooms were all edible species and were donated by Produce Global Solutions Ltd http://www.britmycolsoc.org.uk/education/resources-and-materials/primary-school-resources/introduction-to-fungi/activity-3-watch-a-fungus-fizz/
观察一个真菌的起泡蘑菇如何长斑	http://www.britmycolsoc.org.uk/education/resources-and-materials/primary-school-resources/introduction-to-fungi/activity-2-how-the-mushroom-got-its-spots/

利用英国真菌学会的资源（孢子印工作表，蘑菇斑点的手册），我开发了蘑菇探寻活动。我提供来自英国真菌学会画廊的蘑菇图书，真菌学会的蘑菇海报，以及一系列的真菌子实体。观察真实环境下真菌的起泡与在《科学家发现》节目中有何不同。

斑点气球的活动又被英国真菌学会开发为新的资源，英国真菌学会并依此出版了手册《蘑菇斑是如何生长的？》。

表 10.2　部分实用网站

网站名称	网址
英国真菌学会教育资源	http://www.britmycolsoc.org.uk/index.php/education/ http://www.britmycolsoc.org.uk/education/resources-and-materials/primary-school-resources/introduction-to-fungi/
国家生物科技教育中心微生物资源，平菇的种植	http://www.ncbe.reading.ac.uk/NCBE/MATERIALS/MICROBIOLOGY/oyster.html
蘑菇面具	http://www.planet-science.com/outthere/lifemasks/fungi/toadstool/toadstool_bw.pdf
徽章	http://www.fungi4schools.org/GBF_web/Props&images/Props_Badges.pdf
布鲁内尔显微镜	http://www.brunelmicroscopes.co.uk/

这个活动又被开发为一个包括毒蝇伞生命周期的概要等内容。“森林拼贴”活动把之前来自英国真菌学会资源中的信息汇集在一起，比如“附录 14 真菌教学资源：了解森林中的真菌”，以及发表在《蘑菇斑是如何生长的？》上的“蘑菇谋杀之谜”。然而，对于年龄较小的孩子来说，其活动只是基于“艺术与工艺”主题下较简单的部分。

项目要点

整个项目中最有意义的经历，就是当我们进行蘑菇斑活动时所观察到孩子们的面容。他们真的非常惊讶！制作菌丝体并让孩子们扮演真菌的活动最好在数量较大的群体中进行，以便能够获得最佳的整体效果。

项目延伸

“玩转真菌”活动日安排十分紧凑，需要先用几天时间进行规划。可惜，目前这些活动日是在学校活动周开展而不是围绕课程主题进行的一部分。作为活动周的活动之一意味着没有时间以及进一步拓展的余地。不过，我很高兴的是在一所学校里，他们鼓励孩子们再学习两门科学课程，并利用他们学到有关“真菌王国”的一切编写一本手册。另外，孩子们在一个白色的圆圈上写下一个真菌的知识，形成毒蝇伞蘑菇的斑点张贴在教室的墙上。我们让一些同学根据计划自己种植平菇，并且可以使用由国家生物科技教育中心提供的牡蛎养殖的读物。一年来，全球生产咨询公司（PGS，剑桥郡伊利食用菌供应商）为整个年级组的孩子们提供了香菇生长包。孩子们喜欢种植自己的真菌，许多孩子都取得了成功。

个人收获

由于真菌的内容不在科学课程的教学内容中，大多数老师对于真菌的知识，真菌对人类、对地球的作用知之甚少。对于从事学术研究的我来说，最有价值的事情就是能够让真菌的知识给老师以启发。当然，老师们也很乐于接受学习中的挑战。

开展活动时须考虑的安全因素

1. 蘑菇购自超市或由蘑菇种植者供应的可食用品种，因此不存在中毒的风险。

2. 蘑菇可以产生孢子，如果子实体长时间保存在不通风的房间内，对真菌孢子敏感的个体可能会有潜在的风险。如果蘑菇过夜是在冰箱中储存，并且活动结束时立即被处理成黑袋废物或堆肥，则过敏的风险会降低。

要点提示

1. 提前完成一切计划。

2. 为老师提供充足的背景资料，确保他们对科学活动充满信心。这将有助于当你缺席时他们能够再次开展活动。

3. 确保教师知道当活动产生混乱时如何处理。

4. 确保孩子们可以带些东西回家，例如艺术作品或证书。

5. 设计一些延伸活动，让老师日后能够拓展此领域的教学。

6. 考虑使用不同组织提供的材料或设备。

7. 可以在学校或公共环境中开展相同的活动。

8. 可以将开发的资源放在网站上进行更广泛的传播。

9. 努力使活动既有趣又能学到知识。

其他需要注意的一般健康及安全因素，请参见第 6.10 节。

10.2.2 校园中的课外活动

课外活动的重要性已经得到了充分的证明。它为有天赋的学生提供了继续拓展的机会，让日常学习困难的学生能够取得成功。虽然在校园举办科学俱乐部活动时间紧凑，艾什巴赫（Aschbacher）等人的研究认为它无法弥补学校在日常科学教学中的差异，但它确实具有持久的影响力。我在皇家学会补助金的帮助下运营了我的第一个科学俱乐部（见第 6.8 节）。俱乐部的第一批学生现在已经上了大学，虽然我没有在正式的纵向研究中对学生情况进行跟踪，但是日后，我在科学俱乐部中又教过他们的兄弟姐妹，得知他们中至少有两人在大学从事科学研究。在我的参与下，科学俱乐部已经取得了诸多回报，对于正在考虑从事教学工作的本科生和研究生而言，这是一个理想的培训基地。案例研究 10.3 讲述了我如何用惠康信托的“人民奖”（Peoples Award）奖金来发展科学俱乐部。

案例研究 10.3

课外科学俱乐部的设计与授课

凯·瑶曼

背景

创立并发展这个项目，是因为我认为让孩子们分享他们对科学的热情十分重要。2007 年，我获得了惠康信托的“人民奖”，它旨在资助一个将生物医学领域的相关科学知识向英国诺福克地区不同人群受众进行传播的项目，即“家庭移动科学实验室”，项目资助将持续 3 年。作为项目的一部分，我在小学中创建了课外科学俱乐部，科学俱乐部主要面向入学第 6 年，正处于义务教学第二阶段的孩子们（10 ～ 11 岁）。已有教育研究文献表明，无论年龄段的高低，学生参与课外活动都能取得良好的效果。

项目介绍

科学俱乐部的活动选择放学后在学校进行。活动为期 5 周，每周的交流时间为 2 小时。科学俱乐部选择孩子看重的是孩子是否具有对科学的热情，而不是他们的学术能力。科学俱乐部主题有“从细胞到组织再到器官”“我那可见和不可见的身体”

和“完全令人惊讶的我！”科学俱乐部以一种能够适应不同学习风格和不同知识水平的方式，探索了人体的运转情况。我们亲手培养了微生物，并检验了是否洗手能将它们清除干净。学生们了解了人体的不同细胞——它们都存在于哪里并发挥着什么作用。他们已经了解了细胞的亚结构以及如何提取 DNA。科学俱乐部的成员们还测量了脑电波和心脏活动，并知道了运动对身体的影响。我惊讶于孩子们能以如此之快的速度学习这些知识，他们不仅要使用相当复杂的设备，还要去思考所产生的结果代表什么意义。我同一些其他俱乐部，已将招收的学生纳入英国科学协会的（见表 10.3）“青铜奖”奖励计划（Bronze Crest Award Scheme）。

表 10.3　一些有用的网站

网站	网址
由林顿仪器提供的生理记录仪 BioPac	http://www.lintoninst.co.uk/mp100_main.htm
有机膜	http://www.rapidonline.com/1/1/470-organ-tunic.html
儿童实验室外套	http://www.biz-e-kidz.co.uk/acatalog/Kid_s_Lab_Coat.html
英国科学促进协会克雷斯特奖	http://www.britishscienceassociation.org/web/ccaf/CREST/

资源与设备

幸运的是，我从惠康信托“人民奖”中获得了预算，使我能够购买设备。我买了一台生理记录仪（BioPac），它可以测量生理功能，如脑和心脏的活动。我还购买了一些其他设备，如细胞模型，一台可以进行显微摄影的照相机，还有汇总了之前准备的显微镜载玻片，包括了人体、寄生虫和微生物。这些都是很昂贵的物品，但可用于许多其他学校和公共活动。在耗材方面，俱乐部可以在运营中收取很便宜的费用（每个俱乐部每位学生收取20英镑）。我喜欢给孩子买一件实验室外套，因为这会使他们感觉自己像科学家，当俱乐部活动结束时，他们可以将外套带回家。我的俱乐部中重要的设计元素之一即是，孩子们每次交流活动后都可以带些东西回家（例如，印有器官的T恤、DNA项链或者模型）。这可以让他们为自己的工作感到自豪，并成为家庭话题进行讨论。

项目要点

我个人认为自己所做过的最棒的事情之一就是让一些三年级本科生参加了科学传播模块。其中模块学习的一部分就是运营科学俱乐部。每个学生都会主导一次会议，并提出能让孩子们参与的想法。学生们在俱乐部活动中总能提出新颖的想法，接着不断尝试，最后教授给参加俱乐部活动的小学生。这些年轻的男孩女孩（学生）对科学如此有热情，这对孩子们是一笔无形的财富，这些积极的榜样也成功地打破了对科学家的刻板印象。

活动的设计对于俱乐部的成功与否至关重要。人们的学习方式各有不同，重要的是通过尽可能多的方式，如视频材料、书面文字材料、音频材料或亲自动手学习（运动的）等，用以传达材料信息以适应不同的学习方式。例如，在人体俱乐部的会议上，我们通过口头交流简要介绍了各大器官的作用，通过讨论和使用有机膜（见有用的网站），了解了他们已经知道的内容。然后让他们使用工作表将器官的功能与图片相匹配。然后，他们可以将器官模板放置在T恤上，以此来绘制自己的器官T恤。最后用生理记录仪BioPac测量心脏活动，让孩子们更详细地观察心脏。

什么事情没有像预期的那样顺利？

我所经营的俱乐部有过非常紧张的经历，你需要知道如何自信地管理一群兴奋的 10～11 岁（或更年轻）的孩子。孩子中的有些行为问题实在令人吃惊，尽管这些大多都是由兴奋引起的。你还必须为意想不到的意外做准备：例如，在一次会议上，处置化学品水槽中的水龙头坏了；而另一次，数据投影仪因为整周都不工作而被拆除。

项目评估

该项目由惠康信托基金资助，获得资助的重要条件之一是进行评估。我使用一个简单的问卷来评估孩子们对科学俱乐部的感受以及他们所学到的东西。

孩子们会被问到下面四个问题：

1. 你认为我们的活动怎么样？

极好 □　　好 □　　很无聊 □　　糟糕 □

（此李克特量表被转化为分值为 1–5 用以数据分析。）

2. 你是否认为科学是有趣的？

是 □　　否 □　　不知道 □

3. 今天是否让你对科学有了不一样的认识？

是 □　　否 □　　不知道 □

4. 你认为你学到的内容中最令你感到惊讶的是什么？

自由写下回答

____

我们还对家长进行了一次问卷调查，其中包括以下问题：

1. 你的孩子在俱乐部中是否过得开心？

是 □　　否 □　　不知道 □

2. 孩子在家是否有谈起过俱乐部？

是 □　　否 □　　不知道 □

3. 你是否认为俱乐部帮助您的孩子理解科学？

是 □　　否 □　　不知道 □

4. 你是否认为俱乐部在您的孩子享受科学乐趣的过程中起作用？

很大作用 □　　一点作用 □

没有作用 □　　不知道 □

5. 你认为您的孩子是否会继续在“A—level”中选择学习科学课吗？

是 □　　否 □　　不知道 □

调查问卷有助于我们了解孩子们学到了什么，我们对他们所掌握的知识与水平感到惊讶和高兴（见表 10.4 和图 10.2）。

表 10.4　你学到的最令你惊讶的内容

你学到的内容中，最令你感到惊讶的是哪三项？
如果你没有均衡的饮食习惯可能就会生病
如果一个 DNA 基因改变了全身都可能会出错
我们学习了器官所在的位置以及它们的样子
细菌如何生长和扩张
紫外线如何伤害 DNA

续表

防晒霜能够遮挡紫外线
你可以把 DNA 从体内取出
只有当你需要时，你才能使用抗生素
DNA 存储在细胞核中
细菌有多么容易扩散
DNA 可以存储在芯片上
有数千个细胞能够同时倍增
细菌有不同的形状
我发现身体各处都有很多不同的细胞
有一个细胞可以变成任何细胞
你的身体里有众多不同的血细胞

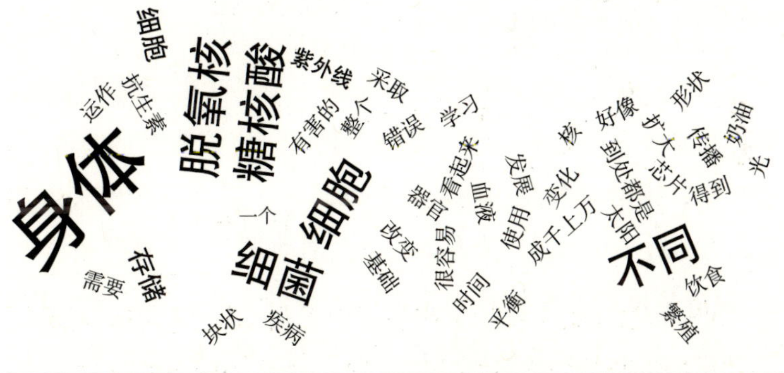

图 10.2 案例研究 10.3 中学生自由写下的词汇

个人收获

让孩子们对科学兴奋不已让我获得了一种难以置信的成就感。我认为科学俱乐部能够拓展孩子们的知识面，但更重要的是激发他们对科学的热情。所有的孩子都会获得证书和奖牌以祝贺他们的成功。这些通常会在有父母、老师、同伴的会议上进行。对所有参与俱乐部的人来说，这是个永远都值得骄傲的时刻。虽然科学知识会很有用，但俱乐部的目标不仅是让孩子学习科学知识，更重要的是给予他们信心以及科学并不特殊，享受科学带来的乐趣。

开展俱乐部活动时须考虑的安全因素

1. 通过信件告知父母孩子们在俱乐部中要做什么，并且需要父母同意孩子参加俱乐部活动。这是与学校进行任何拓展活动的重要组成部分。

2. 如果你打算使用自己的车辆将设备和耗材从你的工作地点运送到学校，请检查是否购买了正确的保险。

运营小学科学俱乐部的主要技巧

1. 往往联系一个小学看他们是否需要一个科学俱乐部十分困难。许多大学里会有一个外联办事处，这应该能够帮助你开始工作。我是对我儿子的学校展开了第一次与学校的接触，然后再通过小学教师经常参加的公共活动建立了其他联系。
2. 要很清楚你需要学校在俱乐部中扮演的角色以及学校对你的期望。如果需要教师协助运行俱乐部，请确保已经事先取得学校的同意。这一点在正常教学时间以外运营俱乐部时，尤为重要。
3. 在进行湿实验室活动时对俱乐部发放的物品检查清楚。有一些实验，例如，品尝盐、糖和柠檬的味道时需要低年级学生家长的许可。在我定期进行的一项面颊细胞 DNA 的提取实验时，我需要确保学生父母知道 DNA 是会匿名保管的，并且在俱乐部学期结束时，学校会将未带回家的 DNA 销毁。

4. 除非获得允许，否则你不能拍摄参与科学俱乐部时孩子的照片，学校可以帮助你拍摄一些照片，但重要的是必须事先得到许可。
5. 你需要知道如果在学校发生紧急情况时应该如何处理，联系人是谁？
6. 与学校商讨如何让孩子选择他们的俱乐部，我通常喜欢先到先得的原则，因为我想要的是有热情的孩子，而不想按能力来选择；不过，还是要以学校的意见作为指导。
7. 向学校确认参加俱乐部的孩子名单，以便为他们注册。如果你将来打算为成员颁发证书，这将非常有用。请注意，一些孩子在学习时可能需要特别关注，但学校可能不会告知于你。如果你担心这些，可以时常邀请老师加入。
8. 为即将进行的活动做好充分的准备，把握活动开展的时间。每个学期详细的课程计划对于俱乐部的顺利运行至关重要。要确保你为那些能快速完成的孩子准备有备份活动。
9. 寻求一些帮助以顺利完成学期的活动；大学生和研究生都很不错，他们普遍充满活力。
10. 为年龄较小的儿童（5～7岁）开办俱乐部活动时，要注意他们的能力。例如，有些孩子在剪刀的使用上还有问题。
11. 总之，提前去你要授课的地方看看是个好主意。这能让你想好如何摆放设备，你有多少空间，那里是否有楼梯以便搬运设备。

10.2.3 丰富中学的科学课程

在中学里，科学课程应由具有物理、化学和生物学专业学位的教师讲授。然而，只有14%的科学教师具有物理学学位，22%具有化学学位，44%具有生物学学位。这意味着像物理这样缺乏教师的学科，可能在由没有物理学专业学位的教师教授。缺乏专业教师会导致学生难以获得较好的成绩。为了扭转这种局面，中学教育行业需要吸引更多学习自然科学的顶尖毕业生，并为教授科学、技术、工程和数学（STEM）学科教师提供奖励。因此，让本科和研究生学生与中学学校合作一些课程是有价值的。在生物科学专业的大学生莎拉·霍姆斯进行的案例研究10.7中，显示了她如何通过最后一年的科学传播模块，她有机会设计并做出了具有天赋且才华横溢的活动，让她确定了自己未来的教学生涯。

在学校进行科学实践的益处已经被广泛报道，但增加科学实践活动仍存在一些障碍。

- 许多学校已经增大了实验室的空间，但实验设备和实验中消耗品的运行成本仍然限制了课堂上的实际任务量。学校必须平衡开支，因此实验室工作的成本必须与其他需求进行权衡。
- 在实践活动中，没有足够的技术支持也是一个问题。中学的技术人员需要获得更多的重视，并为他们提供持续专业进修（CPD）的机会。
- 学校对上课时间有限制，然而许多技术，如分子生物学的相关技术，很难在50分钟的课堂上完成。
- 许多科学教师对实验室的工作仍然缺乏信心，除非具有博士学位，否则很少有人进行过全面的培训。科学在不断地快速发展，

> 所以科学教师也需要与时俱进的进步；然而，这是十分耗时的。教师和技术人员需要参加持续专业进修课程。在 CLEAPSS 培训机构和科学学习中心确实有这些课程的存在，但实际上，教师们似乎没有参加或基本不被允许参加这些课程。

案例研究 10.4 是研究中学如何丰富科学课程的好案例，它是由劳拉·保沃特和科尔温·托马斯博士对“基因与健康”以及生物朋克科学俱乐部展开的研究（专栏 10.2）。

专栏 10.2　生物朋克——一个合成生物学俱乐部

凯·瑶曼

- 2011—2012 学年，我开始在当地的中学举办以合成生物学为主题的 9 年级学生科学俱乐部（13 ～ 14 岁的学生）。该俱乐部由东英吉利大学公众参与灯塔项目（CUE EAST），以及东英吉利大学设立的公众参与灯塔项目共同资助。参考了美国公民进行自己的合成生物学研究的活动，我决定将其命名为“生物朋克”俱乐部。根据学生的科学素养作为选择他们加入俱乐部的依据。他们目前正在努力争取英国科学促进会克雷斯特奖的银奖，这需要至少 40 小时的实验室工作时间。俱乐部创建一个咖啡因“生物传感器”的目标可谓雄心勃勃。为了实现这个目标，学生们要进行一系列的实验室工作，因此我教授他们与分子生物学相关的技术，其中包括转化、DNA 分离、PCR 技术和克隆技术。学生们还要接受科学写作以及演讲展示等额外技能的训练。

案例研究　10.4

基因与健康

劳拉·保沃特和科尔温·托马斯

背景

这个活动是以研讨会的形式进行的，主要将实际科学活动和与此相关的社会问题结合起来展开讨论。这个研讨会是在升学意愿较弱的学校中举办的。我们决定设计一个研讨会，让义务教育第四阶段的学生参加，主要讨论我们对人类基因知识的不断深入拓展及其对人类的健康和社会的影响。我们作此决定，是因为所有的学生在这个阶段都必须学习科学知识，而这项活动会在学生们选择他们六年级所要修读的课程前进行。

活动设计

该活动在设计时要适应科学课的双倍课时（每节课为 80 到 100 分钟）。活动在校园中开展，为期 6 周。我们选择了 6 所诺福克的学校，每次参与讨论的学生最多 30 人。活动设计了几个独立的模块，其中包括：

最初的会谈是讨论 DNA 结构和基因遗传的过程；所有

的学生都将进行从个人的面颊细胞中分离 DNA 的实验室核心实验。该活动旨在突出可用于遗传分析的 DNA 是如此的易于分离。

一个课堂讨论的补充，向学生介绍遗传学和生物技术的发展情况，并让学生就遗传学和生物技术可能对社会带来的影响展开讨论。

由我们推动，所有学生主导，以小组为基础的补充讨论：提供一个假设性的案例研究，提出对遗传基因进行筛选相关的一些伦理问题。鼓励学生讨论伦理问题，并考虑可能的解决办法。

我们考虑的要点

- 联系学校，告知我们所开展活动的细节，并邀请学校参加是十分耗时的。在现阶段，充分利用已知各所学校联络点非常有用。我们也使用了大学负责外联活动的团队负责人。
- 将活动融入学校课堂的优点是不必让学生删除当天计划参加的其他课程。学校不需要为学生支付路费、场地费或陪同的教师劳务费。但是，我们需要支付差旅以及材料的费用。
- 我们获得了来自大学宣传基金的资金，这能帮助我们支付项目的成本。
- 我们注意确保内容与学校课程相衔接，并为日后涵盖的课程知识做准备。
- 我们选择投放的活动必须便捷，满足所有学生在学校实验室进行实验。

- 我们意识到可能有一些学生对科学感兴趣，但可能并不喜欢实验室的工作。为了让这些学生参与活动，我们认为提供一个活动鼓励他们积极思考科学与社会的关系是很有必要的。为此设计了关注科学伦理道德的议题展开小组讨论。
- 当学校同意参加时，我们会向他们提前提供课程计划。同时还会包括一份书面风险评估表，其中有关于所有实验设备和危险性材料的安全防护说明。我们提供手套和护目镜等安全设备，我们要求在整个学期，老师都会在课堂，并负责课堂的管理工作。

哪些活动开展得不错？

1. 将活动分成不同类型的子活动非常有效，并确保学生能够在整个研讨会期间保持专注。有趣的是，不同的学生喜欢不同的活动，一些学生喜欢科学伦理道德的小组讨论，而其他一些学生喜欢实验。“当我思考科学的伦理道德时我感到 DNA 是如此有趣。”

2. 有关科学伦理道德的讨论是有效的，因为学生们在道德讨论上有勇气发表意见（不像他们对科学的态度），这些讨论没有正确或错误的答案，每个人的意见都是有意义的，都会被考虑。这显然鼓励了几乎所有学生在小组讨论中积极参与。

3. 有教师评价道，一直以来在科学课上沉默寡言的学生都积极参与到科学伦理道德的讨论中。几位老师也说道，未来，他们会在课程中使用一部分这样的活动。

将来我们还需要做哪些改变？

1. 为了开展这个活动，我们投入了大量的时间和资源，但我们只在 6 所不同的学校开展。回想起来，其实我们可以花更多的时间用以联系更多的学校，并让更多的学生和教师参与活动，这意味着我们会有“更好的原始投资回报”。

2. 这个活动是在教学学期内进行的，这对在学校举办活动至关重要，但也意味着与我们本科生的上课时间相冲突。这样，我们就无法让本科生来协助完成这些研讨会。我认为学生失去大学生同其交流经验、理想，并一直关心他们的机会是一笔损失。学生能够从大学生介绍个人为何选择从事科学研究中获益。但最后，我们也没有为本科生提供参与科学传播活动的机会。

公民科学（见 8.7）也可以在校园环境中完成。亚当·哈特教授在蜜蜂保护基金会进行的案例研究 10.5 很好地展现了学生如何尽早践行公民科学。

案例研究　10.5

调查红壁蜂的巢穴特点：一个校园公民科学项目

亚当·哈特

背景

蜜蜂保护基金会（BGF）是一个旨在提高人们保护蜜蜂的意识的教育保护组织。由于我的研究涉及蜜蜂，所以我以科学家的身份参与了蜜蜂保护基金会。但是，很明显，蜜蜂保护基金会的活动、研讨会以及对公众参与的态度已经与我的对外宣传活动相当。蜜蜂保护基金会已经非常擅长吸引年轻人和热衷保护蜜蜂的家庭，但他们仍然致力于使活动展现更具科学性的一面。

英国现在有超过 250 种不同的蜂类，其中绝大多数不会像大黄蜂和蜜蜂这样群居生活。那些被称为独居蜂，它们往往独自活动。许多蜂类的雌性寻求一些自然界中的空腔来将它们细分成“细胞”，并填充花蜜和花粉来培养自己所产的卵发育的幼虫。尽管独居蜂是非常重要的传粉者，并且花园中充满了“堆砌的蜂巢”和“独立的蜂房”，但我们对于它们喜欢什么样的巢型（例如，蜂巢的巢管可以由纸板、竹子或钻孔木头构成）以及蜜蜂是否能在人造巢箱中良好繁殖却知之甚少。我和蜜蜂保护基金会决定通过成立一个以学校为基础的科学研究项目来调查特定种类的独居蜂（红壁蜂）的巢型偏好，用以填补这一知识空缺。如果收集到足够的数据，那么接下来的目标是与学生共同合作完成一篇科学论文。

项目

斯特劳德中学（The Stroud High School）和蜜蜂保护基金会共同申请了皇家学会的合作计划，资助用以设计、研制和运营实验性蜂房，该实验在学校中进行并由学生负责。我将从蜜蜂生物学、实验设计和实验结果分析等方面提供专业建议，而一个由 14 至 17 岁学生组成的小组进行实验性蜂房的设计和研制，这将使我们能够确定哪种巢型（纸板，竹子或钻孔木头）是蜜蜂最喜欢的，以及对饲养蜜蜂的数量有什么影响。他们还将担任蜜蜂保护基金会的顾问，为未来蜜蜂保护基金会项目提供蜂巢建设方面的建议。这给项目带来了“现实世界”的感受，使学生成为像科学家一样的专业顾问。

根据我们共同讨论出的一些基本设计限定和科学标准，将学生们分成几组，提出实验性蜂房的设计方案。6个小组全都设计出了可操作的实验，但是特别之处在于，所有的组都有采用一些新颖而实用的设计元素。评审团在答辩后发现很难决定要采用哪种设计，根据学生的建议，最终的设计是集所有设计之大成。

方案执行阶段所有人表现都很出色，学生和工作人员在半年中放弃了休息时间去制作蜂房，最终使得产品顺利完成，并且完美地满足了项目的各项科学需求。

当蜂箱被推到实验场地，学生就设计了一个监测方案，定期检查所有箱子以及蜜蜂的活动。这个想法是为了监测蜜蜂使用哪个巢管（纸，竹子或钻孔木头），并分析统计数据，以确定蜜蜂是否表现出对某种特定类型的偏好。除此之外的拓展性工作是监测蜜蜂在不同材料中的成功率。不幸的是，学校的蜜蜂数量很少，这意味着我们的蜂箱没有获得足够的蜜蜂来获取任何有统计意义的数据。然而，这也意味着学生们必须对实验的不足做出快速反应，庆幸的是他们已经有新的计划，通过种植更多的“蜜蜂友好型”树木和植物来吸引蜜蜂到学校。此外，这种“失败”也可以使学生们更深刻地反思“现实世界”的科学问题。希望所做的更改能够在将来收集到有用的数据（该项目正在进行中）。

项目亮点

皇家学会选择了这个项目作为“皇家学会合作计划”的代表作品参加了在伦敦举行的350周年夏季科学节。这对学校和蜜蜂保护基金会来说是一种荣幸，它还让学生有机会向数千人展示和谈论他们的项目以及蜜蜂生物学。学生通过这些项目获得的科学素养只是其中的一部分，更重要的是，在这样一场浩大的科学盛事中，他们的项目被看重给了他们极大的信心。

安全考虑

1. 在项目建设阶段使用的一些专业工具，例如激光切割机和计算机控制的路由器，需要有专家支持。

2. 学校场地相当开阔，实验性蜂房分散地相当广泛。有关学生在检查这些蜂房安全性方面的任何疑虑都应被有经验的学校工作人员迅速消除，他们确保学生们能够团结合作，并知道蜂房在哪里。

3. 对于学校的工作来说，无犯罪检查是很有用的，即使它在技术上不是必需的。我的无犯罪检查纪录是通过参与科学和工程大使计划免费获得的。

个人成果

外展工作通常被视为一条单行道路——付出全部却不从众索取毫厘。这当然不是这样，我从这个项目中获得了很大的成就。除了为我正在进行的蜜蜂研究提供数据，该项目通过皇家学会的 350 周年纪念展览，也帮助了本地和全国蜜蜂保护基金会进行宣传。

重要提示

1. 与你将要合作的老师建立良好的关系，以确保他们从一开始就像你一样参与项目。

2. 参与另一个外部团体，在这个案例中，全国蜜蜂保护基金会是一个很好的选择。它不仅负责传播，还提供了许多的专家支持，并向学生展示了现实世界中的项目和企业如何进行协作。

3. 考虑项目的位置，如果能够放在一所学校，并且能够使用学校内的所有设施（我们基于生物学，但仍需要设计和技术）是保障该项目成功的巨大优势。

4. 尝试使项目吸引更多的学生参与进来，能够执行设计，技术以及科学的项目意味着参与的学生不单单只是精于科学。

5. 学校的工作需要进行无犯罪检查。

6. 考虑具体的安全问题，例如，在项目数据收集时，学生需要检查蜂箱。如果我有任何安全问题，与他们分享我在户外开设课程的经验通常是一个很好的破冰机会。

一些有用的网站

1. Stemnet：

www.stemnet.org.uk/

2. Bee Guardian Foundation：

www.beeguardianfoundation.org/

3. Royal Society Partnership Grants：

http://royalsociety.org/education/partnership/

10.3 在小学和中学开展跨学科活动与课程项目

跨学科教育打破了不同学科之间的鸿沟，因为同样的材料是从不同的主题角度来讲授的。比如，学校开展达尔文 200 周年诞辰及《物种起源》出版 150 周年的活动时，其内容可以从以下几个角度教授：

历史角度——了解维多利亚时代的英国，科学和科学家；

地理角度——绘制“小猎犬号”的航程，调查访问的地方的地质和气候条件；

科学角度——通过观察他发现的不同植物和动物来探索自然选择的进化理论。

约翰斯顿确信跨学科方法有很大的优势：

1. 使学习过程中关联更紧密，学生学习动力更强；
2. 使孩子们看到不同的学科间是彼此相关；
3. 可以覆盖更广泛的课程内容。

跨学科的学习更类似于现实生活中的经验，同时能够激发创造力。跨学科学习的理念并不是要在每个学科的内容都稀释一点，而是要创建一个能统领这些学科总和的学习体系。这样能够促进不同学科教师间的沟通交流，彼此更好地了解对方的学科领域。它还可以建立动态的资源规划和工作计划，要求具备通用技能，如解决问题、翻译、评估、团队合作和传播。专栏 10.3 介绍了数学和历史之间的跨学科项目。其他成功的跨学科项目还包括艺术与科学。以下是安妮·奥斯本教授和珍妮·朗特博士的案例研究 10.6，展示了艺术与科学之间的强大联系。

专栏 10.3 千禧年数学工程

- 千禧年数学工程（http://mmp.maths.org/）起源于剑桥大学，主要面向 5 至 19 岁的儿童以及大众。目的是为数学教育提供帮助，同时使大家乐于分享，理解数学的重要性。跨学科项目包括“巴比伦数学”和“数学与健康”。
- “巴比伦数学”项目是为处于义务教育第二阶段即将升入第三阶段的孩子准备的，了解四千年前的儿童如何学习数学知识。并且通过文物遗迹学习数学史和考古学。
- “数学与健康”探讨了数学知识的实践应用。这是为处于第三和第四阶段的孩子设计的，并且检测与医学研究有关的概率和统计。例如，检测吃培根三明治和患肠癌风险之间的联系。

案例研究 10.6

科学、艺术和写作计划（SAW）基金

珍妮·朗特和安妮·奥斯本

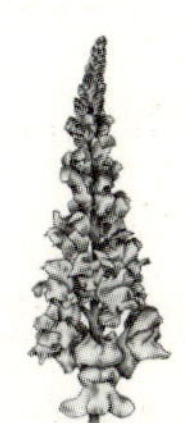

背景

科学、艺术和写作（SAW）计划是一个创造性的科学教育计划，可以解决科学和艺术之间的障碍，通过具有视觉冲击感的科学图像和科学实验激发学生学习能力和创造力。孩子们不会简单局限于在“条条框框”中学习，比如将科学与艺术割裂开来。但是，对学校而言，基于特定课程的教学方式，更容易传授课程内容。在过去的 6 年间，SAW 计划开发的最佳实践项目使科学家、艺术家和作家能够以不同方式将当代科学活动传授给各年龄段的儿童。这些项目旨在打破艺术和科学之间存在的障碍，建立起不同学科间的桥梁，以增强它们之间的联系。

SAW 项目具有很强的灵活性，适用于所有年龄段和不同能力的儿童，活动开展时间短为 1 天，长至 1 周，可根据不同的需求进行选择。项目以科学主题为中心，辅以一系列有趣的科学图像，用于将科学实验与创意写作、艺术结合在一起。学校可以利用这一理念运行“内部”项目，也可以通过邀请科学家、艺术家和作家，通过与他们合作来丰富项目内容。SAW 项目已在诺福克和英国其他几个地区的 70 多所学校开展了各种各样的主题活动，其中一部分课题为国家课程要求的内容，另一部分则是由学校自由选定的课题（例如与学校地理环境有关的课题）和其他有关前沿研究课题的项目。以此项目为例，阐述 SAW 如何指导活动的运行。该项目中有关天然植物产品的有 3 大主题，其设计和传达机制与“智慧细胞”（smartcell）——一个欧洲主要的科学联盟基本相同。

彩色颜料项目

彩色颜料的 SAW 项目以植物天然产物为主题，在 60 名 5～6 岁的小学生中进行。首先，科学家与老师会面进行商讨，挑选认为可用来激发好奇心和创造力的科学图像。最终的那一套图像在本书的彩色版中提供。其中一些图片来自在线数据库——科学图库（http://sciencephoto.com），学校能够以优惠价格使用这些数据，而其他数据则由内部制作。值得格外注意的是，从外部采购的图像可能受到版权保护，因此在使用之前可能需要获得许可。

一些当地艺术家和作家被邀请加入该项目，并对其简要介绍作图像的主题并给他们一些图片副本。由于这是一个为期1天的项目，这一天以科学课程开始，然后休息一段时间，接下来是写作时间，直到午休，下午的主题是艺术。科学家、艺术家和作家随后会独立地设计各自的会谈、练习和实践活动，他们同时还需要考虑在与目标年龄段进行沟通时如何开展适宜的对话。经过几个星期的规划，SAW团队在学校会面，与老师讨论会议内容，查看可使用的空间和资源，并讨论任何可能出现的健康和安全问题。这是规划过程中非常有价值的一部分，因为它可以确保项目顺利进行，同时教师也有机会在项目当天纳入一些课程，最大限度发挥学生学习的潜力。学校还须在开始SAW项目之前签署协议，以确保所有风险评估和版权问题无异议。

科学

该项目在校内举行，共有60名儿童分散在10张桌子上。每张桌子的6名儿童都有1名成年人帮助（共有1名老师、1名科学家、1名艺术家、1名作家和2名课堂助理），每张桌子上的孩子分3组进行工作。我们有10个植物样品，孩子们从放在桌子上的植物样品中提取颜色颜料，作为一类。每张桌子上放置一个简单的指南，供成年人使用来指导孩子。学校为孩子们提供围裙和护目镜。学生通过在浓度为 75%（v/v）的乙醇中研磨植物样品来提取颜料。然后用塑料滴管将液体样品转移到小瓶中。大厅中间的另一张桌子设置为“色谱站”，孩子们可以让大人帮他们装好提取物。我有一个同事帮忙做这件事，但年龄较大的孩子可能会自己装样本。然后，孩子们通过向他们喜欢的样品中加入酸（柠檬）或碱（碳酸氢盐）溶液来探索 pH 值对颜色的影响。一些样品的颜色变化也在色谱纸上显示。不同桌子上的样本可以进行交换，以便每个人都可以探索各种颜料。当孩子们进行清洁整理和短暂休息的时候，色谱发生了分离，之后我们一起观察结果，他们惊讶地发现一些颜色是由多种成分组成的！

诗歌

每张桌子上放置一组图片，在科学活动期间，孩子们通常会热衷于讨论，所以在写作时，鼓励他们参与小组讨论，对图片进行描述。当我们让孩子们表达意见时，他们会变得非常兴奋，听他们讲述自己对眼中图像的感受是一件令人惊奇的事。作家要求他们挑选一张图片来写诗歌。在这个年龄段，孩子并不缺乏创造性写作的灵感，但许多孩子的词汇量非常有限，往往无法拼写和阅读！这也不是一个问题，因为我们并不期待这个年龄段的孩子在成人的帮助下能够创作出一句或两句话，重要的是儿童与周边成年人之间的对话。同时在这些对话中会出现更多的科学问题，因为这些能够引导孩子们激发创造力，建立信心。最后，有些孩子向全班朗读了他们的诗。

艺术

艺术家使用一种 Brusho 牌的彩色粉末制作的颜料，在纸上以不同的速度进行扩散，来制作花卉图，最后展示在学校大厅。

孩子们使用蜡笔将花纹画在滤纸上，然后将纸打湿并把少量不同颜色的 Brusho 颜料放在上面。颜色以不同的速度扩散，遇到蜡则停止。然后将纸吸管装饰成花茎，当纸上的花干燥后，把花切割下来并组装到墙上，供其他学校参观。

全体会议

在一天结束的时候，我们问孩子们是否喜欢这一天，当他们长大时，有多少人想要成为科学家、艺术家或作家，所有的孩子都表示想！对于大龄儿童，我们有时会要求他们填写一份简短的问卷调查，以了解项目内容的包容性和学习的价值。我们一整天的活动涵盖了大量的主题，孩子们都能够很好地参与各方面的工作。设想一个老师来一个由这些 5、6 岁小孩子组成的班级，要教他们植物可以制作不同颜色的化合物，如果教授的方式不够创新，恐怕是没法让孩子们接受的。

SAW 已经在国际范围内覆盖许多国家，并且参与项目的科学家、艺术家、作家、教师、儿童受到广泛称赞（项目案例见 www.sawtrust.org）。

成功开展 SAW 项目的主要技巧

- SAW 项目开始于 1 名老师和 1 名科学家，共同对要开展的活动选择一个主题和高质量的科学图像。
- 然后进行会议设计并调整细节以适应年龄范围。
- 实践活动应事先彩排并计时，最重要的是，需要与老师和 SAW 团队进行至少 1 次会议讨论该项目。看看有哪些可用的空间和资源，并解决健康和安全问题。
- 可以通过网站获得更多关于 SAW 项目的信息和帮助。www.sawtrust.org

致谢

本项目的资金由欧盟智川提供。

诗歌部分由麦克·得里斯科尔设计与开发。

艺术部分由克里斯·汉设计与开发。

外星人的世界

黏性树保护了南瓜的生长。
外星世界的飞船着陆了。

弗雷迪（6 岁）

（Alien World Sticky trees protecting the pumpkin.
Alien world with a spaceship landed.
Freddy，aged 6）

绿色外星人

巨大的外星人落到皮肤上，
它吸我们的血，
它浑身尖刺。
它长着红红的眼睛，
皮肤是绿色的，
它饱含黄色毒汁。
它有六条腿，
它的触角是绿色的，强劲有力。

伊曼纽尔（6 岁）

（A Green Alien
A big alien walking on skin，
It sucks blood，
It has spikes on it.
Its got red eyes，
Its skin is green，
It has a yellow poisoner.
Its got six legs
And its antennae are green and mighty.
Emmanuel，aged 6）

刺猬

小蜜蜂在花朵上采花蜜，
刺猬浑身都是刺，
吓人的，多毛的麦克风在盯着鲜花！

里根（6 岁）

（Hedgehog
Little nectar flecter on the flowers，
Hedgehogs are spiky，
And frighty，
Hairy microphone looking at the flower!
Regan，aged 6）

我的鲜花

我的鲜花是好药材，
花蕊让我想起荨麻，
紫色、黄色，这些颜色
就是我的花色。

卡蒂（6岁）

（My Flower
My flower is good medicine，
The middle reminds me of nettle，
Violet and yellow，those are the colours
Of my flower.
Caty，aged 6）

跨学科教育可用于各年龄段。专栏 10.4 提供了一组“AS”级学生的例子，他们将科学知识与商业技能相结合。在开设一家生物技术公司的同时，他们还需要考虑经济和伦理因素，并训练他们的演讲技巧。

专栏 10.4　有关天然产品与生物技术的商业竞赛

凯·瑶曼（东英吉利大学），瑞秋·拉罗德（怀蒙德汉姆高中）

- 东英吉利大学（东英吉利大学公众参与灯塔项目）为已完成 A-level（AS 分级）第一年学业要求的学生设计了一个生物科技公司的商业竞赛。其主要形式是在大学的生物科学学院开设为期两天的研讨会，其中包括实验室操作部分（使用 BioRad 提供的教学套件），以及天然产品、商业、营销和伦理的讲座。
- 研讨会是基于一个于美国南部偏远雨林的村庄中发现的一种植物，它历来被用来治疗许多不同的疾病。使用世界卫生组织的数据，学生来决定为哪种疾病开发新药是最优选择。然后，他们开始组建一家生物技术公司，包括公司名称、企业标识和产品名称，并考虑如何将公司发展壮大，其间他们还需考虑到研发时的经费问题。他们需要研究已经在市场上也开发治疗同类疾病的竞争对手。他们还需要考虑他们的行为是否符合伦理。在两天的研讨会结束时，学生们把他们的公司和产品“投入”作为“商业天使”的科学家专家团队。专家团队会选出最具投资潜力的获胜公司。
- 更多有关生物科技商业竞赛的详细信息，请访问本书网站。

10.4 增强校园外与学校观众的活动

2011 年 BIS 一项态度研究（14 ～ 16 岁）表明，受众获得科学信息的途径中，最常见的是电视新闻（35%），其次是书籍（25%）和其他电视节目（23%）。最受欢迎的活动场所是主题公园（57%）和现场音乐会（53%）。最受欢迎的课外科学活动是能联系学校、社区或大学的有关活动。在表 10.5 中可以看出，不同的背景可能会导致学生们参访不同的活动与地点。如果你正在尝试接触某类特定的受众群体，那么这可能有助于你决定举办活动的地点或是否举行此活动。有的学员们似乎在进行一些教育旅行，例如，与家人一起去博物馆和画廊。这意味着父母或监护人在影响学生参与更多科学活动中的重要性。学生们更有可能参与他们学校开展的科学活动，例如一些演讲与讲座，或在大学举办的科学活动。已有证据证明家长的参与对学生学习成绩和人生成就至关重要，他们不仅是要提供一个稳定的生活环境，还要提供一个能够激发灵感的氛围，有讨论，有良好的榜样和不断的鼓励。父母的参与程度也会受到社会阶层的影响，有趣的是，还与母亲接受教育的水平有关。

研究表明，课外活动有许多积极的作用，其中包括提高学习成绩，提升生活目标期望并且有助于建立自信。这也可能会阻止学生幼龄辍学。

你所在学校的活动可能涉及不同的组织者，如学校、你个人所在的组织、其他资助组织机构。每个组织都是你的项目的利益相关者，并且可能对活动有不同的要求。莎拉·霍姆斯的案例研究 10.7 显示了如何与几个不同的利益相关者组织一个活动。

表 10.5　参观不同活动与地点的人员背景（SEG：社会经济分组）

背景	区别
性别	女性更喜欢去艺术画廊、科学探索中心，男性则更偏爱博物馆、现场音乐会或动物园
年龄	年龄较小的学员比年龄较大的学员更有可能在 NSEW 期间参加一次活动。年龄较大的学员则更可能在校外参加科学话题的现场音乐会或讲座 / 演讲活动
种族	白人学员要比非白人学员参访过更多的活动与地点。他们尤其会更多去艺术画廊、博物馆或现场音乐会
社会经济分组	社会经济地位较高的人相对较低者会参访更多的活动与地点。并更有可能去科学探索中心、艺术画廊或现场音乐会
喜欢的科目	喜欢科学的学员更可能参加科学相关的活动或去与科学相关的场所
参加的俱乐部	参加科学或工程俱乐部的学员平均比未参加的学员参访过更多地方，参加过更多的活动。尤其是他们喜欢参加科学活动，去与科学相关的场所

案例研究　10.7

有生命的还是无生命的：为十年级中天资优异的学生开展自然历史标本伦理研讨会

莎拉·霍姆斯

背景

课外活动是与年轻人进行交流的重要组成部分，尤其是在资优人才（G & T）项目中。研究表明，参加课外活动对年轻人会有积极的影响。被认为是天资优异的学生也会受到比其他同龄人更高标准的要求。资优人才项目负责为 4 ～ 19 岁的资优学生提供支持：他们为学生提供参与活动的机会，让学生得到眼界的拓展并不断挑战自我。然而，2010 年，资优人才项目青年部被凯德（Capital）取代，该公司也同时负责国家战略计划。自 2011 年 6 月以来，国家战略计划被叫停。目前，卓越中心无法获得外部资金，只能寄希望于学校能为其天资优异的学生提供全面支持，但仍没有任何“专项资金”。

项目介绍

该项目面向东英吉利各地中学里的十年级的天资优异的学生，是一场以“有生命的还是无生命的”为主题，在诺维奇城堡博物馆进行的为期两天的研讨会。活动的目标是让学生自己创作对自然历史收藏中伦理探讨的纪录片。该项目通过基于东英吉利大学的卓越东方进行组织安排，同时，我们还与 BBC 音乐合作。BBC 音乐是一个媒体，同时也是制作单位，它为个人和团队提供免费的电影制作和广播编辑研讨会。他们向社区提供这些服务，帮助公众制作自己的电影和音乐。他们也在我们的项目中发挥了很大的作用，如提供摄影培训、摄影器材以及在采编中给予帮助。我们的活动主要在诺维奇体育馆开展，部分在诺维奇城堡博物馆进行。

活动设计

诺维奇城堡博物馆最近翻新了他们的自然历史收藏，以便更好地、更大限度地展示标本的年代特征，而不再是基于分类法进行样本布局。该活动旨在探索标本收集背后的伦理观念，而不仅仅是博物馆的展览。活动第二天，学生开始拍摄纪录片的材料。

学生们认为拍摄和编辑的活动部分最为愉快，但这两天他们热情地参与到活动中。然而，令人惊讶的是，我们发现多数学生都带着先入为主的观念来到活动中，即认为进行自然历史收藏是不道德的，这是一个很难打消的障碍。

活动亮点

这个活动最棒的是所有的学生都喜欢它！他们很高兴参与拍摄，似乎喜欢了解自然历史收藏，即使他们确实发现难以呈现平衡的观点。

能让活动顺利举行的重要因素是我们亲自与三家有关机构——卓越东方、英国广播电台和诺维奇城堡博物馆进行联系。这意味着即使活动过程中个人的联系方式发生变化（与卓越东方合作时出现过），我们也能继续保持联络。与三个组织机构时常保持也意味着我们能够减少问题和误解的产生。

引入一些外部的组织如BBC和诺维奇城堡博物馆是有益的，因为我们无法在没有他们的帮助和提供的设备下开展这样一个高品质的活动。博物馆工作人员还举行了一场有关演讲技巧的演讲，并进行了一个有关分类学的问答环节。这些都很有效，因为他们能够以比我们在给定的更短时间中以更好的方式呈现这些信息。同时，让更多的学科专家参与进来也是一个好主意。

活动优化

虽然试图同时满足几个不同组织的需求可能是一个巨大挑战，但我试着采取略有不同的结构安排。在提供新资料之前，我将首先解决学生目前存在的误解。接着我会给学生时间和机会对新的知识和概念进行思考与探索。

虽然我们能够在博物馆对公众开放的时间之前进行拍摄，在没有人群的情况下拍摄是有益的，尤其是在能在半年内完成拍摄。按照指导拍摄时，很难对所有的种群进行跟踪。

与卓越东方、BBC 和诺维奇城堡博物馆一起活动也是一个挑战。当与这样的三个组织机构联络时，可能难以确保他们所有的需求都能得以实现，因此在必要的时候需要协调某些组织机构做一些妥协。例如，BBC 在拍摄时建议不要让标本在玻璃后面，博物馆工作人员则很高兴地打开橱窗让学生拍摄。

我们面临的主要困难是如何做广告。这次活动是由卓越东方在诺福克联系了学校专为我们的活动做广告的海报。然后将其拓展到整个东英吉利的学校，最终有 13 名学生参加了这次活动。我们最初设想有 20 个名额，但是 BBC 建议将名额减少至 12 个。

个人收获

这两天中，学生积极参与活动，我也获得了很强的成就感。有天赋和有才华的学生如果没有被置于正确的“智力”层面，很快就会脱离活动。我们很高兴地对所有学生返回的评估表结构和内容进行反思，表明这次活动符合他们的能力水平。

我非常享受开展活动这项工作。它不仅是一次欢乐的体验与良好的经验，还坚定了我决定走上教学生涯的决心，并帮助我获得随后作为一名教师需要的技能。该活动让我与天资聪颖的学生合作，同时也大大增加了我与此类团队合作的经验。它教会了我如何进行有效的沟通，这不仅在我与孩子们教学和交流时受用，而且当我在为组织机构的活动进行传播时，与成年人间的沟通也同样受用。

安全提示

拍摄时，由于对儿童的保护和隐私等问题，我们必须确保学生没有在博物馆内拍摄到其他孩子，这在博物馆人流较大时是很困难的。我们说服了这个博物馆允许我们提前进入，以便我们可以在没有公众参观的博物馆内完成大部分的拍摄。

实用建议

1. 研究你的受众，尤其是当你以前没有和他们一起工作过的时候。这样您才更能让你的活动达到所期待的水平，并且知道他们对活动的期待是什么。
2. 查看国家课程中对学龄期学生所安排的内容，以确保这些天资聪颖学生的知识面和思维得到拓展，而不是强化他们在学校可能已经学到的知识。国家课程网站（国家课程重点阶段 2007 年 3 月 4 日）是你开始着手准备的好地方。其他如各种普通中等教育证书考试委员会（AQA）、OCR 和 Edexcel 规范可能也会有所帮助。
3. 与多个不同组织间开展活动时，请确保双方详细检查了所有信息，并尽可能提前计划所有内容。因为可能难以适应每个人的需要，所以先前的规划至关重要。
4. 尽可能让专家参与。

10.5 影响课程的改变

通常，科学家能够对科学课程所做的改变并不明显。在英国，有许多不同的考试机构提供 GCSE 和 A-level 的课程，例如 OCR、AQA 和 Edexcel。

目前，英国政府正在对国家课程进行评审，并已经进行了第一次磋商。一些学术团体，如普通微生物学学会（SEG）通过生物学会对此进行回应，它与物理协会和皇家化学学会通过 SCORE 进行了联合的回应。他们正赶在 2012 年第二次磋商之前对证据进行评审。要参与课程的变更，最好的方法是让你所在的学术团体加入并通过他们表达意见。皇家学会最近公布了一个新项目，旨在为 5 ～ 19 岁的学生制定科学教育和数学教育的未来规划。2012 年 1 月，该项目以在线问卷调查的形式征集意见。该项目将调查以下 5 个领域；

1. 教师和广大员工；
2. 领导能力和理念；
3. 基础设施水平；
4. 教学技能、课程设置以及评估体系；
5. 责任机制。

10.6 科学家走进校园

许多国家和国际组织计划让科学家走近校园，其中一些在表 10.6 中概述。

表 10.6 世界各地组织旨在让科学家与学校合作的组织机构

组织机构	地点	简介	网址
科学家进校园	澳大利亚	创建并支持教师与科学家建立长期合作关系的国家计划	www.scientistsinschools.edu.au
科学家进校园（SIS）	加拿大	一个让孩子对科学感兴趣的慈善机构	www.scientistsinschool.ca
科学与健康合作伙伴（SEP）	美国	促进科学家与从事 K-12 教育的老师建立合作关系	http://biochemistry.ucsf.edu/programs/sep/about-sep.html
东北科学学习中心	美国（东北）	教师科学家网络让科学家在该地区的大学中与教师合作。同时还有一个“科学家来了”计划，即让科学家与学生合作科学项目	www.slcne.org.uk/tsn/
布里斯托教师－科学家网络	英格兰，布里斯托	发展教师与科学家间的合作关系	www.clifton-scientific.Org/partnership.htm
国家科学基金会 GK-12	美国	为修读 STEM 课程的研究生提供资金，并通过 K-12 教育计划中的合作伙伴让学生获得更多的技能	www.gk12.org

续表

组织机构	地点	简介	网址
教师科学家网络（TSN）	美国（东英格兰）	联系诺维奇研究园（NRP）学术团体与英格兰东部科学教师的组织	www.tsn.org.uk

发展学校与科学家之间的合作关系对双方而言都是大有裨益的。

- 学生接触在一线工作的科学家将有所收获。这会为他们树立积极的榜样，使学生能够了解科学中不同的职业生涯。学生也能提升技能，有机会接触相关领域的知识与仪器设备。
- 教师能够获取更加丰富的专业知识，并且对科学研究的过程更加熟悉。这种伙伴关系也会为他们彼此的职业生涯提供更多的机会。
- 科学家们可能会因此而重拾对其领域的热情。看见一个对你研究着迷的听众真的会使你获得激励。由于学生们经常有独到的观点，这可能会使你开辟一种新的研究方法。科学家也可以从中获得良好的沟通交流能力，从而改善本科生与研究生的教学。年轻的科研工作者可以从中获得执教生涯的经验，有些人会选择在获得博士学位或第一个博士后考取教师资格以进一步提升。
- 成功的伙伴关系可以让科学家获得更多的拓展机会。

案例研究 10.8 中，MBE 的菲尔·史密斯博士介绍了在诺维奇研究园（NRP）运行的教师—科学家网络的发展情况。

案例研究 10.8

教师与科学家间的网络：实践中的合作伙伴

菲尔·史密斯

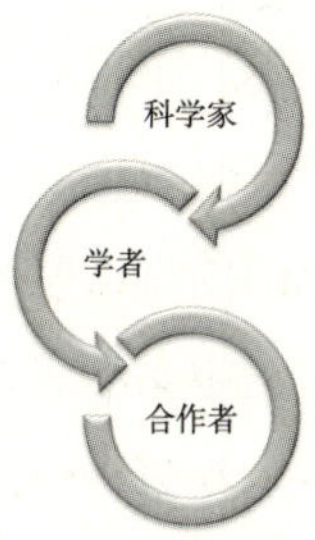

背景

1994年，一个相当偶然的机会，英帝国勋章获得者凯斯·罗伯特（Keith Roberts）教授，后担任约翰·英纳斯中心细胞生物学系（the Cell Biology Department at the John Innes Centre）主任，经人介绍认识了一名当地（诺福克教育局）科学顾问——弗兰克·切内尔（Frank Chennell）。国家的教学课程从1989年开始分段推行，这意味着初中生以及小学生首次拥有了学习科学的权利。各个年级的老师都很紧张——这次改变对以往的教学实践、教学期望、评估标准（17个基本标准）来说都是革命性的。小学老师必须教科学课，因为现在科学是一门核心课程。大多数老师没有自然科学的专业学位，他们大多数人的科学正式科学水平证明还是初、高中时的考试成绩。这将不可避免地导致老师无法高效教授科学知识——20年来这种情况几乎没有改变。对此担心的不仅是小学教师，高中教师也担心自己的理论和实践知识都过时了，并且他们中大多数人动手能力也很匮乏。目前的状况是，虽然教育已取得了很大的进步并有了积极的改变，但这些挑战依然在科学教育之中存在。学术界也在不断变化，这是公众理解科学的时代，学术界与公众间相互参与交流的文化才刚刚兴起，学校也是众多的“公众”之一。

教师科学家网络的发展（TSN）

在对这个挑战做出回应时，已有一个先例可循——由凯斯在加州的同事布鲁斯·艾尔伯特教授发起的科学与健康合作计划（http://biochemistry.ucsf.edu/programs/sep/）。凯斯与弗兰克分享了他对这个计划的了解，并迅速组建了一个小组以评估在诺福克实施的可行性。重要的是，从一开始，这个群体中就有大部分教师代表。这依然是今天诺福克教师科学家网络的核心理念——让教师主导，并对教师的需求做出回应。在不到 5 个月的时间里，一个抽象的想法就变成了现实。这一理念就是建立教师和科学家之间的合作计划。在调查时，对人员的选择是随机的，但必须是有理想的，以此设立了 30 组教师和科学家的目标案例。凯斯和弗兰克分别在科学界和教育界发出强有力的声音，大幅推广了这一理念。在 1994 年 6 月 30 日的会议上，这个网络建立起来了，令 50 名科学家与 50 名教师进行联系，开始计划如何共同合作。

盖茨比慈善基金会（The Gatsby Charitable Foundation，www.gatsby.org.uk/）为项目提供了为期两年的高达 20000 英镑的启动资金。基金受托人表示在未来十年内继续大力支持该计划，从这时起组织正式化为教师科学家网络（TSN）项目。教师科学家网络达成了一个任务概述，制作了一个标志，并聘请弗兰克担任兼职协调人。教师们陆陆续续的想法构成了教师科学家网络的基础。

教师科学家网络的任务是获得当地科学界对科学教育的支持，让科学界参与诺福克和北萨福克学校的科学教育：

- 鼓励科学界和教育界间开展双赢的活动；
- 向参与网络的教师和科学家提供支持、建议和资源；
- 定期检查网络中成员需求的变化，调整和更新活动。

详见 www.tsn.org.uk/index.htm

当然，这并不是一帆风顺的，但教师科学家网络从已出版的书籍《科教融合，科学家与教师操作手册》中受益匪浅，作者以此确立了 10 个方法步骤用于开展合作项目。

教师科学家网络如何工作?

初始匹配

在项目开始前悉心归纳并建立匹配的合作伙伴关系，对日后的工作开展至关重要。最重要的是平衡合作伙伴之间的期望，并确保双方了解各自的责任。花一些时间向双方强调沟通的重要性，联系时间与联系方式都是非常有价值的。有了这些想法，便开始着手归纳并为每个人搭建合作伙伴。所以教师和科学家间的第一次会议是一个三方会谈，负责项目协调工作的人员主持会议，确保每组伙伴关系的期望都能得到表达，并能达成一致。通过参与每个活动的共同规划，合作伙伴在会议中也有一定的所有权。

角色与责任

伙伴关系在字典中的定义是，两人或更多人之间，为实现共同的目标而扮演的角色。所以我们的合作伙伴的共同目标是：提升老师和学生的科学经验。但合作伙伴中每个人的角色是什么？如下是教师和科学家分别需要扮演的角色。

课堂管理——这依旧是老师的责任。这不是让你的科学家伙伴来帮你上课而自己休息。科学家经常会在课堂中开展小组活动，但你也需要保证不会离得太远。最常见的合作形式是进行团队教学，这种合作的效果会更好，你们在一起工作的次数也会更多。

课堂语言——教师需要指导他们的合作伙伴在面对学生时使用最适合课堂的语言。这不意味着要让科学“降低身价”；这一切都是为了学生能够理解，同时要符合科学用语的规范，还需要指导科学家对不同年龄组、不同能力的学生展开教学。

课堂与课程内容——你已经同意科学家将他二氧化碳“海洋酸化”的成果开展研讨会，但要考虑这确实适合课堂吗？它同其他领域有什么联系？这些可能是酸、碱、气候变化等。给予科学家这方面的建议会帮助他们制订计划，也能让他们具有更广阔的视野。这些内容可能会让他们引入其他相关观点，并进一步加丰富学期活动。

科学知识及其更新——有些老师可能没有针对 16 岁以上学生的科学教学资格，其他人可能没有博士学位，每个人与科学家合作时都会有不同的动机。实践型科学家会掌握该课题近期的发展情况，现有的技术并普遍具有更多的科学知识（至少在特定的科学领域）。即使具有极高素质的老师也很难“跟上”科学发展的脚步，这也经常是科学家参与教师科学家网络的原因之一。与教师及其学生分享这些知识，当其以恰当的方式得以很好地完成，这才是合作伙伴关系真正有价值的地方。教师科学家网络的合作关系，远不是教室多一个帮手而已。

规划实验——我们发现，很难在教师及其学生（特别是小学生）中开展大规模的活动，进行一个具有可信度并计划好的科学调查是一个真正的挑战。每周能与科学家一起工作，可以说是非常有价值的，它远比教科书中的科学研究更具有指导意义——毕竟科学是一个具有实践性的科目。同样，科学家也可以从教师那里学习到如何上一堂有计划的课程。

维持伙伴关系

合作关系在初次见面后都是自主管理的。合作伙伴在进行合作计划时对时间的协商非常重要，TSN 会为教师和科学家想在校外进行二次会面时提供半天的场地。在这次会议上，合作伙伴会计划未来的合作时间与合作方式。在成功的合作中，科学家的投入一定能适合学校现有的科学课程（不仅是课堂时间的限制），老师必须合理利用科学家的身份。教师与科学家的真正合作是在校内开展活动。我们发现，将教师与科学家的技能结合起来，能够使得活动有效开展，并为学生提供了重塑对科学及科学家态度的机会。

教师科学家网络的活动范围

1. 教师科学家网络的发展主要关注的是在科学家和教师之间建立长期的合作关系。关注点是为教师提供支持。也有其他不以教师为主要关注点的项目，如为科学家与学生交流的短期活动。许多合作伙伴关系都超过 3 年。

2. 经过一系列备受欢迎且开展较为成功的“快速反应”谈话后，于 1997 年开展了硕士研讨班项目并进行了大范围的推广，再次为教师的需求做出回应。活动时间为 1 天，旨在为高中教师提供本领域最新的理念和理解，丰富教师在本领域的知识储备，其中的许多内容与观点还未写入教科书中。TSN 的第一个研讨班，其主题是“气候变化”，来自东英吉利大学环境科学学院的几位杰出科学家出席了有关气候变化的模拟对话并牵头了系列活动。随着其硕士研讨班课程的发展，教师科学家网络现在有能力广泛支持所有年龄段上开展科学活动。

3. 教师科学家网络意识到，让教师参加重点学科知识的活动是很有价值的，而占用了课堂以外的时间却成了教师们参与的障碍。因此，教师科学家网络也会为每一位参加硕士班的教师提供相应的保障，并且为参与合作伙伴项目的老师提供半天的保障。

4. 建立教师科学家伙伴关系一直供不应求。1999 年，有人建议提供一些工具包，可供学校使用。这些工具包可以填补课程材料的空白并支持亲自动手学科学。在研究员约翰·马洛特（John Mallott）的支持下，学校获得了最初的 6 个工具包，涵盖了显微镜和初级物理学的各个方面。通过电话或发送电子邮件进行预定（www.tsn.org.uk/KitClub.htm），由老师负责领取及退还借用的工具包。这种方式也能很好地消除当地对从事生命科学研究的科学家的误解。拥有超过 11 万人的诺维奇研究园（NRP），在健康、食品与环境科学研究方面是欧洲最大的单点聚集区之一（www.nrp.org.uk）。

5. 教师科学家网络一直支持开发同类网络（在剑桥、加的夫和达勒姆），但在撰写本文时，只有在东北部的网络仍在运行（http://www.slcne.org.uk/tsn）。

6. 诺福克的 TSN 处在“科学热点”的中心位置，并得到了 NRP 组织的支持，这为其长久发展大有裨益。

7. 教师科学家网络会继续以教师为主导的指导小组，其中包括来自NRP主要科学组织机构的代表。这种真正“自下而上”的方式，我们对来自老师的需求做出回应而非由我们决定老师需要什么是TSN成功的关键。目前TSN支持的所有核心活动——硕士班项目、小学科学研讨会、教师科学家合作伙伴，出资购买科学工具包，以及提供持续的专业发展机会，都是根据教师的反馈而发展起来的。此外，这些活动间能够相互支持，比如这些工具包为科学家在早期开展校园活动期间就成了“顶梁柱”。

对学生、教师、科学家的益处

教师科学家网络为学生、教师和科学家带来的益处，请参考案例研究3.3。有关更多TSN活动的细节可以在我们的网站上找到（www.tsn.org.uk）。

致谢

衷心感谢本案例研究的作者，现任教师科学家网络协调员，MBE的凯斯·罗伯特教授和Chennell先生为建立此网络的构想与努力。1994年至今，所有指导小组都受到来自盖茨比慈善基金会和GTEP计划受托人提供的长期资金投入。

10.7 对教师的培训

许多研究已经表明教授科学课的教师需要通过持续专业发展（CPD）

课程来更新他们的专业知识。该课程是由不同组织联盟运行的项目，其主要的领导机构是科学教育协会。该组织在实施过程中提供了小学、中学和后教育实践科学领域的持续专业发展课程。

名为“我的科学”的政府资助组织于2005年在英国白玫瑰大学联盟成立。“我的科学”组织运营管理了英国科学学习中心，该中心也为教师和学校技术人员提供持续专业发展课程。科学学习中心主持一些寄宿制的项目，这些项目由主修科学教育学的人员进行管理。ENTHUSE在2009—2010年度的一份报告显示，这些持续专业发展课程能够帮助教师提高课堂教学效果，学生们受益匪浅，具有更强动机与收获的科学家也可以参与设计和提供持续专业发展课程的计划。专栏10.5提供了一个由科学家为基因和健康领域的教师设计持续专业发展方案的例子。

专栏10.5　基因与健康：科学在社会中的作用（劳拉·保沃特）

- 该项目由东英吉利大学的外联项目提供资金支持，为当地学校从事义务教育（GCSE）第四阶段的中学科学教师、课堂助理组织了1天的课程。与中学教师进行初步讨论，建立了成功的招聘策略。课程讲习班于GCSE和A-level考试期间在东英吉利大学举行，时间主要集中在暑假结束之前。
- 研讨会的重点是探讨人类遗传学和生物技术领域的先进知识，特别是基因如何影响我们的健康。此外，我们还想探索对遗传物质进行分析的可能性，降低人类疾病的风险，并引导更有效的治疗策略，包括“个性化医学”。我们也重点关注与这些技术进步引起对相关伦理问题的活动，以及我们如何利用社会中遗传信息使用相关需求的增长。研讨会主要内容包括以下部分：

1. 介绍遗传和人类遗传疾病的理论；
2. 鼓励能够展示支持遗传分析的理论或技术的实验和应用；

- 通过研讨会互动讨论有关基因分析的伦理问题。
- 研讨会有来自中学的 36 名学校职员。 在参加会议之前，研讨会为教师提供了讲习班的方案以及安全处理所有设备和潜在危险物质的书面指南，并要求参与者遵守良好的实验室操作规范。活动设计时考虑到综合不同的学习形式，如讲座、基于实验室操作的讨论、围绕科技中的道德困境进行小组讨论，和最后的总结会议。研讨会的评估显示，教师们日后融合了各种教学方式，融合了伦理与科学的话题，将讲习班内容结合到学科教学中，并在课堂上进一步探索扩展的主题。此外，90%的教师报告说，他们认识到研讨会所涉及的话题与时俱进的，会议内容对当下的教学工作非常有用。所有教师都报告说，他们在课程中发现返校后他们可以承担更多的东西。这包括“讨论科技中的伦理道德问题”“更新有关癌症的课程”和“勇于使用学校 DNA 电泳试剂盒来观察 DNA”。在讲习班之后，研讨会收到了一些教师希望获得学习材料的请求，包括 PPT 材料、实验室使用说明和道德讨论课的课程计划。这些附加材料都会发送给提出要求教师的电子邮箱。值得一提的是这些材料已被用于后续的研讨会中。

10.8 结语

与学校互动会对学生和科学家产生长期且有益影响。我们认为我们与学校和学术团体的广泛合作对每个人都产生了实实在在的影响。也许这些年轻人不会成为科学家（对我们来说，这并不是最重要的），但是他们会保持对科学的兴趣和热情，并且认识到科学家不是特别的，也不是超级聪明的，只是一群怀着好奇心的普通人。我们最后的建议是让学校一定要参与到互动中。你没有什么可失去的，所以你可以尝试一下，即使发现它不适合你，也没关系。但是，如果你喜欢它，你的人生就会有更多新的可能，这可能形成一整套新的认知，甚至可以促进你的研究、提高你的职业水平。

参考文献

[1] ANGUS M，OLNEY H，AINLEY J，et al. The sufficiency of resources for Australian primary schools [M]. Canberra：DEST，2004.

[2] ASCHBACHER P R，LI E，ROTH E J. Is science me? High school students' identities，participation and aspirations in science，engineering，and medicine [J]. Journal of Research in Science Teaching，2010，47（5）：564–582.

[3] BRODIE E，THOMPSON M. Double crossed：exploring science and history through cross–curricular teaching [J]. School Science Review，2009，90（332）：4752.

[4] DOLAN E L. Education outreach and public engagement. Mentoring in academia and industry [M]. Berlin: Springer, 2008.

[5] HACKLING M, PEERS S, PRAIN V. Primary connections: reforming science teaching in Australian primary schools [J]. Teaching Science, 2007, 53 (3): 12–16.

[6] Holland A, ANDRE T. Participation in extracurricular activities in secondary school: what is known, what needs to be known? [J]. Review of Educational Research, 1987, 57: 437–466.

[7] MAHONEY J L, CAIRNS B D, FARMER T W. Promoting interpersonal competence and educational success through extracurricular activity participation [J]. Journal of Educational Psychology, 2003, 95 (2): 409–418.

[8] SUSSMA A. Science education partnerships: manual for scientists and K–12 teachers. [M]. California: University of California, 2003.

图片注释

图片 1 《盛开的金鱼草》：一部描绘 20 世纪初女科学家奋斗历程的话剧。案例研究 7.6

图片 2 《蜜蜂发明家："红色石蜂"》，学校公民科学项目。案例研究 10.5

图片 3 为小学生设计的活动——“真菌的乐趣”。案例研究 10.2

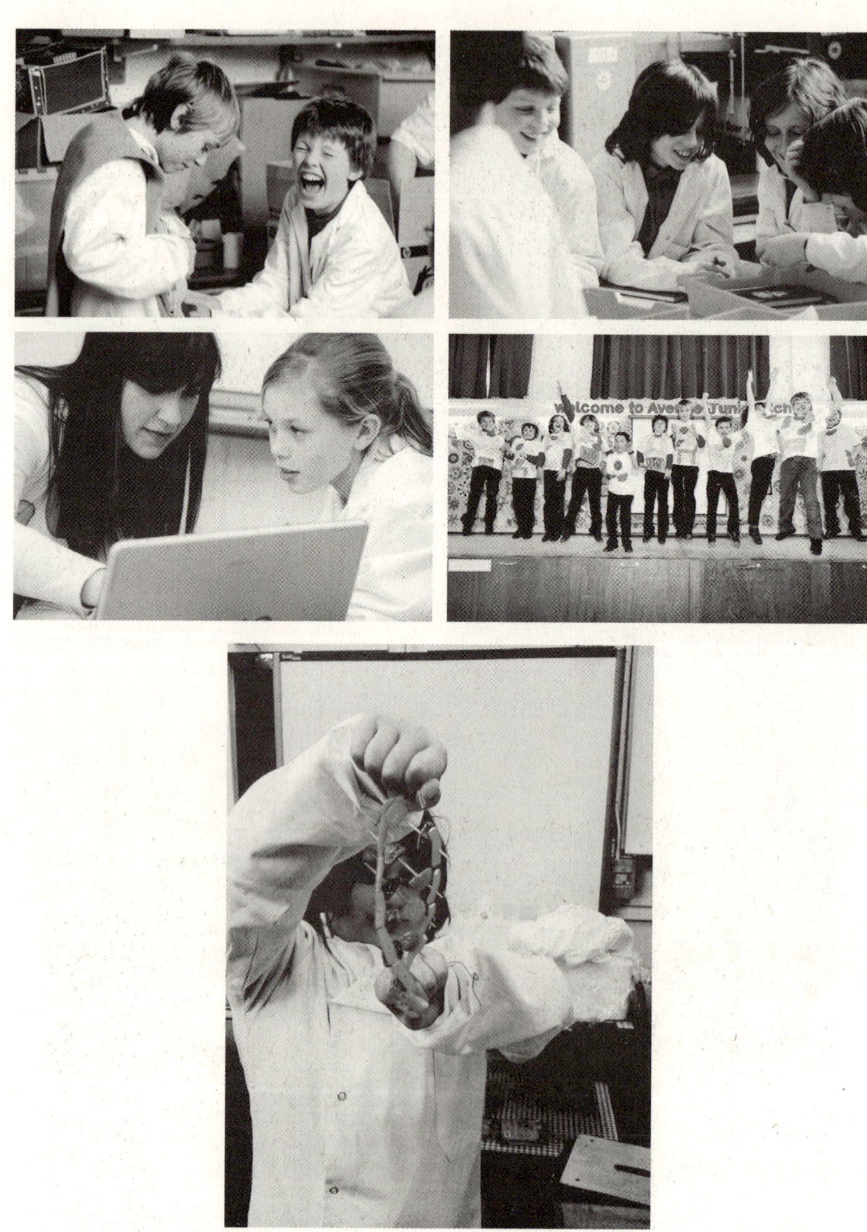

图片 4　放学后的俱乐部：移动家庭科学实验室。

案例研究 10.3，经英国惠康图书馆允许转载

图片5　臭虫图书俱乐部。案例研究 7.8，来源：www.hsri.mmu.ac.uk/badbugsbookclub（2012年8月访问）

图片6　阿伯丁科学咖啡馆。案例研究 7.7

图片 7（a） 周期表中的元素。案例研究 7.3，A，B：版权所属 2011 玛德琳·谢泼德（Madeleine Shepherd）

图片 7（b） 完成的元素周期表。案例研究 7.3，A，B：版权所属 2011 玛德琳·谢泼德（Madeleine Shepherd）

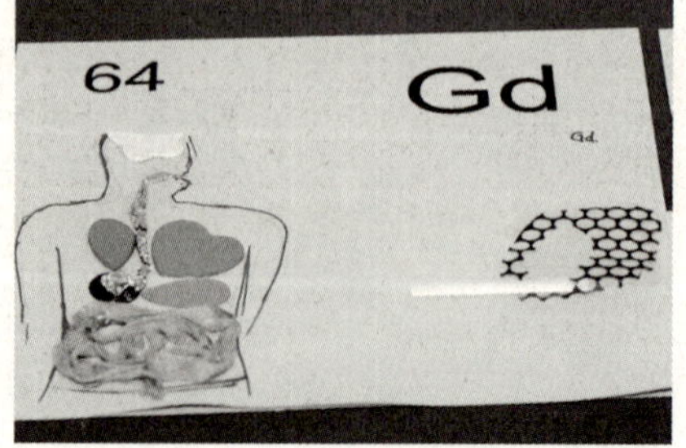

图片 7（c） 来自周期表的元素。案例研究 7.3，C，D：版权所属 2011 马修·R. 法罗（Matthew R. Farrow）

Blooming Snapdragons

A play depicting the struggle of women scientists in the early 1900s

Wednesday 14th July 2010

The Royal Institution of Great Britain

19:00

Followed by a post show debate "What makes a good scientist?"

Tickets cost £8, £6 concessions, £4 RI members

Further info @ www.rigb.org

www.jic.ac.uk

图片 8　案例研究 7.6 中所描述的《盛开的金鱼草》话剧的传单，该话剧也在伦敦的英国皇家协会上演。关于传单的更多信息请见第 6.9 节

图片 9　在诺维奇城堡博物馆举行的“诺福克科学的过去、现在和未来”活动。案例研究 4.1 和案例研究 5.2

图片 10　与韩国建立国际联系。案例研究 7.4

图片 11（a） 在邓迪“感觉”科学中心举行的“神奇微生物”活动。案例研究 6.2，来源：http://www.sgm.ac.uk/pubs/micro_today/pdf/081009.pdf（2012 年 8 月）

图片 11（b） 在诺维奇论坛举行的“适者生存：互动展览”。这个活动旨在庆祝与查尔斯·达尔文相关的纪念日，展览展示了微生物为了适应周围环境的变化是如何快速进化的。案例研究 6.2

图片 11（c） 移动家庭科学实验室精选之孩子们制作的微生物

图片 12　罗伯特·D. 威尔斯（Robert D. Wells）博士（FASEB 主席 2003-2004）与副总统理查德·切内（Richard Cheney）交谈。位于威尔斯博士侧面的（从左到右）是诺贝尔奖获得者阿尔·吉尔曼（Al Gilman）博士（美国得克萨斯州西南医学院），希德·奥特曼（Sid Altman）博士（耶鲁大学），舍伍德·罗兰（Sherwood Rowland）博士（加利福尼亚大学尔湾分校），托马斯·切克（Thomas Cech）博士（霍华德·休斯医学研究所，主席），接着是帕特·瓦特（Pat white）先生（FASEB 立法官员）以及两个切内副总统办公室的工作人员和尊敬的鲍勃·米歇尔（Bob Michel）（前众议院少数党领袖）。这一会面在白宫西翼的罗斯福会议室进行。壁炉上方放着泰迪·罗斯福（Teddy Roosevelt）总统的画像，远处墙面上的灯的上方放着他的诺贝尔奖。案例研究 7.9，来源：http://www.faseb.org/LinkClick.aspx?fileticket=6CJbV%2BQu%2Flo%3D&tabid=390（2012 年 8 月）

图片 13　参加 SAW 信托活动的儿童使用的图像。案例研究 10.6。(a) 氰化物分子，经 Melissa Dokarry 许可转载。(b) 蚜虫食用树叶，沃尔克·史蒂格摄影。来源：http://www.sciencephoto.com/。经许可转载。(c) 用科学之眼观察薰衣草叶。来源：http://www.sciencephoto.com/。经许可转载。(d) 角堇，安德鲁·戴维斯，JIC 摄影

图片 14 “手提箱里的科学”，沃斯特德节。案例研究 7.5

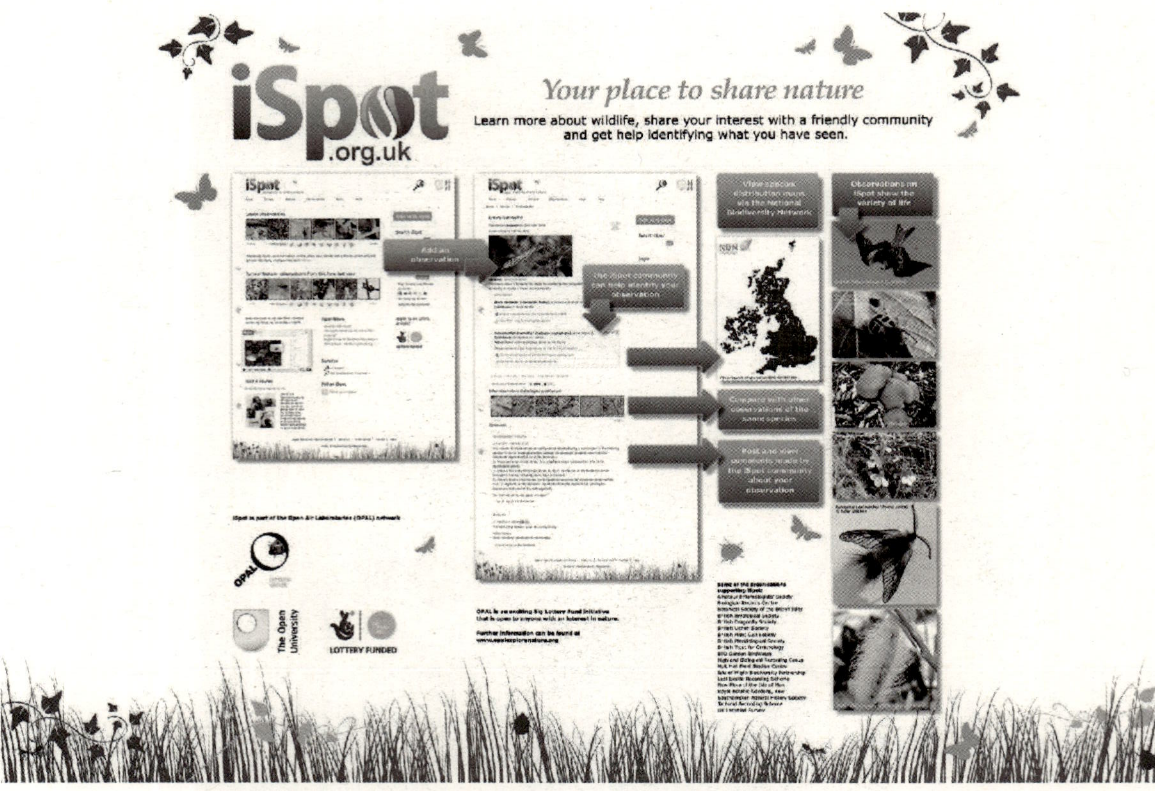

图片 15（a） iSpot 公民科学项目。案例研究 8.5

图片 15（b） iSpot 与大叶黄杨斑蛾。案例研究 8.5

后　记

这本书受益于科学家、教师和专业科学传播者撰写的案例研究的深度和广度。如果没有他们的宝贵贡献，这本书就不可能被写出来，它的重点在于阐述了我们与不同听众交流的许多不同方式。科学传播的实际经历，无论是面对面的，还是远程的，在这本书里都有相关内容，其案例数量随着年代增长也在增多，但这些案例在科学传播的文献中是很少出现的，文献倾向于更多地关注过程而不是实践。本文的案例研究为科学传播的有效实践提供了丰富的证据资源。

当我们开始写这本书并开始联系国内外的科学传播者时，我们越来越意识到科学家与公众接触的方式是各种各样的、创新的和令人兴奋的。很明显，我们强调“更多对话”的信息已经传达到了科学家那里，其实他们已经本能地采用了这种方法，那就是用讨论的方法传播科学。在个案研究中所描述的许多事件和活动采用了混合的方法，提供事实和对话结合在一起会产生巨大的影响。然而，请注意，社会科学家真正的意思是通过对话——产生一个更有力量的公民和更民主的科学文化——并不很容易转化为实践。然而，如果以科学家的名义假设对话的意愿不存在，这将是一种误解。

这本书的创作目的之一就是我们在科学家“做”科学传播与社会科学家“研究”中，弥合所做工作的过程和效率之间的鸿沟。这本书向科学家概述了科学传播是如何发展的，以及说明传播和学习过程的模型。

我们概述了从科学传播活动尝试开始到深入地参与到这个活动中获得益处与遇到的障碍。我们尝试着提供关于如何开始与学校学生和普通公众进行科学交流的思想，其中的案例研究已经说明了这些传播项目可以随着时间发展产生许多不同的和创新的方式。

我们希望这本书能启发你在科学传播方面进行尝试，或者可能对你目前所做的事情有所助益。我们也希望这本书为你提供实现这一目标所需的实际步骤。我们只能重申，这是一个强大的、个人的、具有变革经验的、实用的科学传播的基本实践模式。而且，对于科学家来说，他们可能会失去任何东西，而在参与中却可以获得很多。

祝你好运！

缩写和首字母缩写

AAAS　美国科学促进协会

BBSRC　生物技术与生物科学研究委员会(英国)

BAAS　英国科学促进协会

BAYS　英国青年科学家协会

BSE　牛脑海绵状病，俗称“疯牛病”

CLEAPSS　地方教育当局提供科学服务联盟

CSA　公众科学联盟

COPUS　公众理解科学联盟（美国）

COPUS　公众科学理解联合会（英国）

CoSHH《危险物质控制规程》

CRB　犯罪记录局

CUE EAST　东英吉利大学公众参与灯塔项目

EPSRC　工程与物理科学研究委员会

EUSCEA　欧洲科学活动协会

FEC　全部经济成本

GMAG　基因操作咨询小组

GM　转基因技术

HEFCE　英格兰高等教育资助委员会

HEI　英国高等教育机构

KISS　简明扼要

KS　关键阶段

NCBE　国家生物技术教育中心

NCCPE　国家公众参与协调中心

NSEW　国家科学与工程周（英国）

OECD　经济合作与发展组织（经合组织）

OPAL　露天实验室（英国）

PAS　公众对科学的鉴赏

PAS　公众态度调查

PAT　便携式设备测试

PCST　公众科学与技术传播大会

PEST　公众参与科学与技术

PUS　公众理解科学

QR　质量相关的资金

RAE　研究评估考核

REF　卓越研究框架

RCUK　英国研究理事会

RI　英国皇家科学普及学会

ROSE　英国科学相关性研究

SCOPE　科学外联和公众参与

SCORE　教育代表科学社团

SAW　科学、艺术和写作计划

SGM　普通微生物学会(英国）

STEM　科学、技术、工程和数学

TIMSS　国际数学和科学研究趋势

UEA　东英吉利大学

UK　英国

US　美国

VARK　视觉，听觉，读/写，运动感觉